Frei Caneca
Xavier da Veiga
David Moreira Caldas
Costa Rego
Auricélio Penteado
Jorge Antônio Salomão
Carlos Rizzini
Alceu Amoroso Lima
Roberto Marinho
Danton Jobim
José Reis
Vera Giangrande
Adalgisa Nery
Aparício Torelly
Josué de Castro
Pompeu de Sousa
Erico Verissimo
Vladimir Herzog

Imprensa Brasileira
Personagens Que Fizeram História

vol. 3

**GOVERNO DO ESTADO
DE SÃO PAULO**

Governador   José Serra

   IMPRENSA OFICIAL DO ESTADO DE SÃO PAULO

Diretor-presidente   **Hubert Alquéres**
Diretor Industrial   **Teiji Tomioka**
Diretor Financeiro   **Clodoaldo Pelissioni**
Diretora de Gestão de Negócios   **Lucia Maria Dal Medico**

UNIVERSIDADE METODISTA DE SÃO PAULO

Reitor   **Marcio de Moraes**
Vice-Reitor   **Clovis Pinto de Castro**

CONSELHO DIRETOR
Presidente   **Luis Antonio Aparício Callaú**
Vice-Presidente   **Joel Lemes da Silveira**
Secretária   **Rosilene Gomes da Silva Rodrigues**
Assistente   **André Fernandes Ribeiro Maia**
   Graciela Duarte Rito Rodrigues Aço
   Nelson Custódio Fer

Editora Executiva   Léia Alves de Souza

Frei Caneca
Xavier da Veiga
David Moreira Caldas
Costa Rego
Auricélio Penteado
Jorge Antônio Salomão
Carlos Rizzini
Alceu Amoroso Lima
Roberto Marinho
Danton Jobim
José Reis
Vera Giangrande
Adalgisa Nery
Aparício Torelly
Josué de Castro
Pompeu de Sousa
Erico Verissimo
Vladimir Herzog

Imprensa Brasileira
Personagens Que Fizeram História

vol. 3

José Marques de Melo
Professor Emérito da Universidade de São Paulo
Diretor da Cátedra UNESCO de Comunicação
da Universidade Metodista de São Paulo

 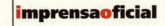

São Paulo, 2008

Co-autores

Aline Strelow (Rio Grande do Sul)
Ana Arruda Callado (Rio de Janeiro),
Ana Baumworcel (Rio de Janeiro)
Ana Regina Barros Rêgo Leal (Piauí)
Antonio Hohlfeldt (Rio Grande do Sul)
Aparecida Ribeiro dos Santos (São Paulo)
Enio Moraes Junior (Alagoas)
Gabriel Collares (Rio de Janeiro)
Jairo Faria Mendes (Minas Gerais)
José Marques de Melo (São Paulo)
Linair de Jesus Martins (São Paulo)
Lana CristinaNascimento Santos (São Paulo)
Maria Cristina Gobbi (São Paulo)
Marialva Barbosa (Rio de Janeiro)
Marcelo Januário (São Paulo)
Marco Morel (Rio de Janeiro)
Osmar Mendes Júnior (São Paulo)
Osni Tadeu Dias (Mato Grosso do Sul)
Rosemary Bars Mendez (São Paulo)
William Pereira de Araújo (São Paulo)

Dados Internacionais de Catalogação na Publicação (CIP)
(Câmara Brasileira do Livro, SP, Brasil)

Imprensa brasileira : personagens que fizeram história,
    vol. III / Adalgisa Nery / Alceu Amoroso Lima / Aparício Torelly / Auricélio Penteado /
Carlos Rizzini / Costa Rego / Danton Jobim / David Moreira Caldas / Erico Verissimo / Frei
Caneca / Jorge Antonio Salomão / José Reis / Josué de Castro / Pompeu de Sousa / Roberto
Marinho / Vera Giangrande / Vladimir Herzog / Xavier da Veig. - - São Paulo : Imprensa
Oficial do Estado de São Paulo ; São Bernardo do Campo, SP : Universidade Metodista de
São Paulo, 2008.

MARQUES DE MELO, José, coordenador
    Imprensa Brasileira: Personagens que fizeram História
    Vol. 3, São Paulo: Universidade Metodista de São Paulo / Imprensa Oficial do Estado
de São Paulo, 2008

ISBN 978.85.7060.587-0 (Imprensa Oficial)

1. Comunicação – Brasil – Historia 2. Mídia – História 3. Jornalismo – Brasil 4. Imprensa
– Brasil 5. Radio – Brasil 6. Televisão – Brasil 7. Brasil – Biografia

00000   CDD – 00000

Índices para catálogo sistemático:
1. Brasil : Imprensa : Jornais e jornalismo : História 079.81

Foi feito o depósito legal na Biblioteca Nacional (Lei nº 10.994, de 14-12-2004)
Direitos reservados e protegidos pela Lei nº 9.610/98

Universidade Metodista de São Paulo (Umesp)
Rua do Sacramento, 230 – Rudge Ramos
09640-000 – São Bernardo do Campo – SP
Tel. (11) 4366-5537
Fax (11) 4366-5728
http://editora.metodista.br
editora@metodista.br

Imprensa Oficial do Estado de São Paulo
Rua da Mooca, 1921 Mooca
03103 902 São Paulo SP
www.imprensaoficial.com.br
livros@imprensaoficial.com.br
SAC Grande São Paulo 011 5013 5108 | 5109
SAC Demais Localidades 0800 0123 401

Sumário

PREFÁCIO 07

APRESENTAÇÃO 11

1. FREI CANECA, O LENDÁRIO PUBLICISTA PERNAMBUCANO QUE SE FEZ
MÁRTIR DA CIDADANIA BRASILEIRA
Marco Morel e Enio Moraes Junior 13

2. XAVIER DA VEIGA, O PRECURSOR DOS ESTUDOS JORNALÍSTICOS MINEIROS
Jairo Faria Mendes 27

3. DAVID MOREIRA CALDAS: OS IDEAIS REPUBLICANOS NA IMPRENSA
PIAUIENSE
Ana Regina Barros Rêgo Leal 39

4. COSTA REGO, JORNALISTA QUE FEZ ESCOLA, USANDO A PEDAGOGIA
DA AUSTERIDADE
José Marques de Melo 59

5. AURICÉLIO DE OLIVEIRA PENTEADO: O JORNALISTA QUE FUNDOU O IBOPE
William Pereira de Araújo 71

6. JORGE ANTONIO SALOMÃO, O PRECURSOR DO RÁDIO EM DOURADOS
Osni Tadeu Dias 81

7. CARLOS RIZZINI: PIONEIRO DA INVESTIGAÇÃO JORNALÍSTICA BRASILEIRA
Osmar Mendes Júnior 97

8. ALCEU AMOROSO LIMA: HUMANISMO E CULTURA NO JORNALISMO NACIONAL
Marcelo Januário 115

9. ROBERTO MARINHO, JORNALISTA-EMPRESÁRIO: O HOMEM E O MITO
Gabriel Collares Barbosa 127

10. DANTON JOBIM, INOVADOR NA PROFISSÃO E PRECURSOR NA ACADEMIA
José Marques de Melo 149

11. JOSÉ REIS, DO CIENTISTA-JORNALISTA AO JORNALISTA-EDUCADOR
Linair de Jesus Martins 163

12. VERA GIANGRANDE, A MULHER-OMBUDSMAN QUE SIMBOLIZOU A DEFESA DO CONSUMIDOR
Maria Cristina Gobbi, Aparecida Ribeiro dos Santos e
Lana CristinaNascimento Santos 181

13. ADALGISA NERY, A JORNALISTA QUE REVOLUCIONOU O COMENTÁRIO POLÍTICO
ANA ARRUDA CALLADO. 193

14. APARÍCIO TORELLY, O BARÃO DE ITARARÉ: DO HUMORISMO CÁUSTICO À IRONIA DEMOLIDORA
MARIALVA BARBOSA. 203

15. JOSUÉ DE CASTRO, O DIVULGADOR CIENTÍFICO QUE AGENDOU A FOME NO MAPA MUNDIAL
JOSÉ MARQUES DE MELO. 213

16. POMPEU DE SOUSA, O JORNALISTA QUE TRANSFORMOU O JORNALISMO BRASILEIRO
Rosemary Bars Mendez. 225

17. ERICO VERISSIMO, PERMANENTE JORNALISTA MILITANTE
Antonio Hohlfeldt e Aline Strelow. 241

18. VLADIMIR HERZOG, UM DEFENSOR DO JORNALISMO PÚBLICO
Ana Baumworcel. 261

APÊNDICE: JORNAL DA REDE ALFREDO DE CARVALHO. 277

Prefácio

José Marques de Melo
Professor Emérito da Universidade de São Paulo e
Diretor da Cátedra Unesco de Comunicação
da Universidade Metodista de São Paulo

Há quase 100 anos, o Brasil testemunhava iniciativa emblemática no sentido de resgatar a memória da nossa imprensa.

O historiador pernambucano Alfredo de Carvalho, que, no anoitecer do século 19, havia feito pesquisas essenciais para desvendar enigmas persistentes no itinerário da mídia impressa brasileira, propõe-se, na alvorada do século 20, a uma nova e difícil empreitada. Ele inspira um mutirão intelectual destinado a inventariar o panorama dos jornais e revistas publicados no país, durante o primeiro século da sua vigência em território nacional.

A idéia de Alfredo de Carvalho, imediatamente acolhida e endossada por Max Fleuiss, então secretário perpétuo do Instituto Histórico e Geográfico Brasileiro (IHGB)[1], transforma-se em projeto coletivo, respaldado pelo governo nacional, gerando uma exposição jornalística, aberta ao público na capital republicana e em outros estados da federação brasileira em 1908.

Como resultado desse esforço incomensurável, do qual participaram ilustres historiadores e hemerógrafos de várias províncias, são editados dois volumes da revista do IHGB, reproduzindo os catálogos elaborados pelos pesquisadores estaduais das Regiões Norte-Nordeste, bem como o ensaio monográfico escrito magnificamente por Alfredo de Carvalho[2].

1 A comunicação desse projeto foi efetuada aos sócios do IHGB pelo secretário perpétuo em sessão realizada na 13ª sessão ordinária da instituição, no dia 29 de julho de 1907. FLEUISS, Max – Apresentação, Revista do Instituto Histórico e Geográfico Brasileiro, Tomo consagrado à Exposição Comemorativa do Primeiro Centenário da Imprensa Periódica no Brasil, Tomo I, Rio de Janeiro, 1908, pp. V-XIII.

2 CARVALHO, Alfredo de – Gênese e Progressos da Imprensa Periódica no Brasil, Revista do Instituto Histórico e Geográfico Brasileiro, Tomo consagrado à Exposição Comemorativa do Primeiro Centenário da Imprensa Periódica no Brasil, Tomo I, Rio de Janeiro, 1908, pp.1-89.

Infelizmente os catálogos referentes às regiões situadas ao sul do território nacional, tendo como divisor geopolítico a Bahia, desapareceram em função do incêndio que, naquela ocasião, destruiu preciosos originais depositados nos prelos da Imprensa Nacional. Esse episódio sinaliza a maldição que se projetaria sobre a memória da nossa imprensa, penalizada pela incúria institucional e desprezada pelas nossas vanguardas intelectuais.

Não fosse a ação preservacionista da Biblioteca Nacional e de algumas bibliotecas estaduais/municipais ou a dedicação laboriosa de alguns colecionadores particulares, o itinerário percorrido pela nossa imprensa no século 20 teria sido apagado definitivamente da memória brasileira. Todo esse acervo foi mapeado e em seguida microfilmado, graças à cruzada documental liderada quixotescamente por Esther Bertoletti[3], que acalenta o sonho de ver instalado em nosso país uma hemeroteca nacional, a exemplo do que ocorre em outros países europeus ou norte-americanos.

Esse descaso em relação à memória da imprensa traduz em certo sentido a atitude pátria referente à própria memória nacional, principalmente no âmbito da cultura não erudita, condenando ao esquecimento as instituições, os fatos e os personagens que também fizeram história. Tanto assim que as novas gerações de profissionais midiáticos – jornalistas, publicitários, radialistas ou teledifusores – formados pelas nossas universidades mostram escasso conhecimento sobre a trajetória midiática brasileira.

Isso os transforma em reféns involuntários dos gêneros e formatos alienígenas, reproduzindo contínuamente modelos oriundos das matrizes geradoras da cultura pós-moderna, quase sempre à margem da nossa realidade. Trata-se de fenômeno determinado pela ignorância em relação aos padrões midiáticos já testados em território nacional, ausentes das lições que tiveram dos seus mestres, tanto na academia quanto na indústria.

Foi precisamente com a intenção de neutralizar essa lacuna cognitiva que tomamos a iniciativa de encetar um novo movimento cultural, buscando ao mesmo tempo preservar a memória da imprensa e construir a história midiática nacional. Nossa meta é desenvolver ações voluntárias e independentes, embora metodologicamente articuladas, no sentido de completar o inventário desencadeado há um século e ao mesmo tempo tecer a malha que dá sentido ao complexo midiático brasileiro[4].

Nada mais justo do que homenagear o precursor desse mutirão, atribuindo o nome de Alfredo de Carvalho à rede nacional que se constitui no ano 2000, tendo a adesão inicial da revista Imprensa.

O descortino que vem caracterizando a trajetória jornalística de Sinval de Itacarambi Leão e a imensa generosidade que o qualifica como ser humano singular o motivaram a acolher a idéia que lhe apresentei na ocasião, franqueando 8 páginas da sua revista mensal para o desenvolvimento do projeto destinado a biografar personalidades que se destacaram na história da mídia brasileira[5].

Tais encartes foram sendo produzidos regularmente, com a participação voluntária de pesquisadores situados em diferentes quadrantes do território nacional, identificando figuras emblemáticas cujo desempenho profissional, empresarial ou cívico pode servir de parâmetro às novas gerações que vão diligenciar os conteúdos a serem difundidos pela mídia nacional no século 21.

---

3 BERTOLETTI, Esther – Nota Prévia, Periódicos Brasileiros em Microforma, Catálogo Coletivo, Rio de Janeiro, Biblioteca Nacional, 1985, pp. 13-16.

4 MARQUES DE MELO, José – O pragmatismo utópico da Rede Alfredo de Carvalho, In: PONTES TAVARES, Luis Guilherme, org. – Rumo ao Bicentenário da Imprensa Brasileira, Salvador, NEHIB / Editora da UFBA, 2002, pp. 9-32.

5 No editorial em que apresenta a série aos leitores da revista, ele diz textualmente: "Esta edição nº 149 de IMPRENSA tem (...) um caderno de oito páginas sobre o novo dia da imprensa... (...) O prof. José Marques de Melo conta-nos (...) a história de Hipólito da Costa. (...) A partir deste caderno, surgiu o Projeto 200 anos da imprensa brasileira, 1808-2008, pelo qual a revista Imprensa vai preparar, com textos resgatados e novos, uma expectativa proveitosa dessas futuras comemorações".

Os colaboradores deste projeto conformaram o núcleo seminal da Rede Alfredo de Carvalho, que começou a institucionalizar-se no ano seguinte, em cerimônia realizada na Sala Barbosa Lima Sobrinho da Associação Brasileira de Imprensa – ABI, na cidade do Rio de Janeiro. Desde então, a Rede Alcar vem se ampliando, com a criação de núcleos regionais, bem como a realização de encontros nacionais preparatórios para o Congresso Brasileiro de História Midiática previsto para 2008, destinado a celebrar o bicentenário da implantação da nossa imprensa.

A adesão de instituições publicamente legitimadas, além da ABI, como o Instituto Histórico e Geográfico Brasileiro – IHGB -, a Academia Brasileira de Letras – ABL, a Sociedade Brasileira de Estudos Interdisciplinares da Comunicação – Intercom, bem como as Cátedras Unesco de Comunicação (Universidade Metodista de São Paulo) e Fenaj de Jornalismo (Universidade Federal de Santa Catarina), significa o fortalecimento da Rede Alcar e sua projeção em todo o território nacional.

Esse reconhecimento institucional completa-se, agora, com a participação da Imprensa Oficial do Estado de São Paulo, que assume o compromisso de editar os 6 volumes da série "Imprensa Brasileira: Personagens que fizeram história". Desta maneira, os perfis biográficos originalmente publicados pela revista Imprensa, desde junho do ano 2000 até outubro de 2003, enfeixados nos dois primeiros volumes da série, ganham difusão ampla nas universidades brasileiras, bem como nas empresas midiáticas e nos centros culturais de todo o país.

É importante ressalvar que esta série idealizada pela Rede Alfredo de Carvalho foi conscientemente prevista como ação de divulgação científica, destinada a difundir perfis biográficos e sumarizar idéias que marcaram a trajetória das indústrias midiáticas brasileiras, indicando fontes que podem servir de referência para os que desejam aprofundar conhecimentos.

Nela está implícita também a ambição de motivar jovens pesquisadores para a retomada das hipóteses e roteiros aqui esboçados, dando continuidade ao plano fundamental. Ou seja, construir a história midiática brasileira, resgatando os dois séculos já palmilhados e ao mesmo tempo iluminando as ações a serem empreendidas nesta conjuntura em que alimentamos a utopia de fincar a bandeira nacional no novo mapa do mundo.

Apresentação

Hubert Alquéres
Diretor-presidente da Imprensa Oficial
do Estado de São Paulo

A MÍDIA E SEUS CONSTRUTORES

O jornalista é, antes de tudo, um repórter. Cabe-lhe a árdua tarefa de sair em busca da notícia fresca, da entrevista inédita, do acidente que acabou de ocorrer, da pesquisa que ainda será divulgada. Reconstruindo os novos acontecimentos e registrando opiniões e depoimentos relevantes, escreve a história imediata, mantendo os leitores atualizados e legando, aos autores da historiografia de longo prazo, fontes informativas de valor inestimável.

A reportagem não esgota, porém, os gêneros jornalísticos. Por mais importante que seja, principalmente na imprensa moderna, ela não substitui os editoriais orientadores, os artigos de opinião, as colunas analíticas, as críticas de arte, ou as deliciosas crônicas de costumes, infelizmente cada vez mais raras. E nenhuma dessas informações, análises e apreciações críticas chegaria aos leitores sem a liderança e a ousadia dos empreendedores que lançam e mantêm os veículos de todos esses gêneros.

Esta obra coletiva, organizada pelo professor José Marques de Melo, oferece uma introdução acessível e cativante à trajetória diversificada da mídia brasileira. Concentrando-se nos perfis biográficos de alguns realizadores da imprensa nacional, amplia o conhecimento dessa história já longa, mas ainda pouco pesquisada e difundida. O capítulo sobre Carlos Drummond de Andrade, que, além de poeta, foi cronista de vários jornais e revistas, poderia servir de exemplo: sintetiza os dados biográficos do escritor mineiro, inclui uma bibliografia de suas coletâneas de crônicas e reproduz dois textos do biografado, saborosos e muito bem escolhidos.

Este volume abre uma série idealizada pela Rede Alfredo de Carvalho com o propósito de construir gradativamente, com a participação de jovens pesquisadores, uma história da mídia brasileira. A Imprensa Oficial do Estado de São Paulo associa-se com satisfação a esse projeto meritório, empenhado em levar ao conhecimento de um público mais amplo os talentosos e muitas vezes esquecidos profissionais, responsáveis pela vitalidade da orquestra de muitos instrumentos que tem sido a mídia brasileira.

Frei Caneca
Xavier da Veiga
David Moreira Caldas
Costa Rego
Auricélio Penteado
Jorge Antônio Salomão
Carlos Rizzini
Alceu Amoroso Lima
Roberto Marinho
Danton Jobim
José Reis
Vera Giangrande
Adalgisa Nery
Aparício Torelly
Josué de Castro
Pompeu de Sousa
Erico Verissimo
Vladimir Herzog

FREI CANECA
O lendário publicista pernambucano que se fez mártir da cidadania brasileira

Marco Morel
Enio Moraes Junior

Versão resumida da palestra proferida pelo autor durante o III Encontro Nacional de História da Mídia, promovido pela Rede Alcar, em abril de 2005, no campus do Centro Universitário FEEVALE (Novo Hamburgo – RS).

Marco Morel é mestre em História do Brasil pela Universidade Federal do Rio de Janeiro, Doutor em História pela Université de Paris I (Panthéon-Sorbonne) e jornalista profissional. Professor do Departamento de História da Universidade do Estado do Rio de Janeiro (UERJ) e Pesquisador do CNPq. Autor, entre outros trabalhos, dos livros: *Frei Caneca: entre Marília e a Pátria*, Rio de Janeiro: FGV, 2000; *Cipriano Barata na Sentinela da Liberdade*, Salvador: Academia de Letras da Bahia / Assembléia Legislativa do Estado, 2001; *Palavra, imagem e poder: o surgimento da imprensa no Brasil do século XIX*, Rio de Janeiro: DP&A, 2003; *As transformações dos espaços públicos: imprensa, atores políticos e sociabilidades na cidade imperial (1820 – 1840)*, São Paulo: Hucitec, 2005.

Enio Moraes Junior é jornalista, especialista em Jornalismo Político. Mestrando em Comunicação pela Escola de Comunicações e Artes da Universidade de São Paulo. Professor do Curso de Comunicação Social da Universidade Federal de Sergipe (licenciado).

igura mitológica, o pernambucano e frade carmelita Joaquim do Amor Divino Rabelo Caneca (1779 – 1825) teve atuação importante na primeira geração da imprensa brasileira, no início do século XIX. Embora num período curto, pois só imprimiu textos entre 1822 e 1824 em Recife, sua presença foi marcante na cena pública no momento decisivo de passagem do Brasil de pertencimento à nação portuguesa para Império independente. Através do jornal *Tifis Pernambucano* e de escritos avulsos, influiu para a formação de um projeto de nação que, afinal, não vingou plenamente no momento da Independência e definição dos rumos da sociedade brasileira.

O perfil político e intelectual de frei Caneca tinha várias facetas e situava-se no chamado clero constitucional, ou seja, entre setores da Igreja católica romana que incorporaram os ideais de liberdade e modernidade oriundos da Revolução Francesa, cuja complexidade e variadas vertentes impedem de ser facilmente rotulada como portadora de "ideologia burguesa". Portanto, Caneca viveu numa época híbrida, de mutações. De um lado, era um típico homem de letras do período colonial, isto é, da era do Antigo Regime e do Iluminismo do século XVIII e, ao mesmo tempo, caracterizava-se como um novo tipo de intelectual que emergia no século XIX, comprometido publicamente com as causas políticas, patrióticas e seus embates em defesa da soberania nacional, que se davam, sobretudo, através da imprensa.

O jornal de frei Caneca

"Quando a nau da pátria se acha combatida por ventos embravecidos; quando, pelo furor das ondas, ela ora se sobe às nuvens, ora se submerge nos abismos; quando, le-

vada do furor dos euripos, feita o ludibrio dos mares, ela ameaça naufrágio e morte, todo cidadão é marinheiro."

A frase acima foi a primeira do periódico publicado por frei Caneca e consolida nova fase em sua vida, como cidadão-navegador. Associar naufrágio e morte à cidadania era significativo na nova nação que se construía. Não se pode negar certo caráter premonitório - e trágico - ao carmelita pernambucano ao escolher o nome de seu primeiro e único jornal. Não tanto pela inspiração greco-latina em voga no século XIX, dentro do registro neo-clássico, quando proliferaram Argos, Júpiter, Minerva, etc., em títulos de periódicos. Tifis, na mitologia grega e latina, era um dos argonautas que partiu atrás do Carneiro de Ouro, em busca do imprescindível e até então inatingível objeto de culto. Viajaram no Argos, embarcação que carregou uns cinqüenta homens imbuídos do princípio de que navegar era preciso. Tifis era o maior destes "gigantes" e pretendia alcançar o céu. Acabou fulminado por Júpiter (deus que fazia questão de comandar o céu e a terra, aceitando partilhar apenas o mar e o inferno) e prolongou-se na lenda como herói e mártir. O mito greco-romano estava para ser revivido em tons de epopéia e tragédia, gerando novas legendas. Naqueles começos da imprensa brasileira, o jornal de Caneca é um dos que inaugura e aponta características que permanecerão, outras desaparecerão ou enfraquecerão ao longo do século XIX.

O *Tifis Pernambucano* começou a circular no dia de Natal de 1823, sob o impacto da notícia da dissolução da Assembléia Constituinte que acabara de chegar à província. Dias antes Cipriano Barata fora preso em Recife (onde editava seu jornal *Sentinela da Liberdade na Guarita de Pernambuco. Alerta!!!*) e frei Caneca assim cumpriu dois objetivos lançando sua publicação: substituir o amigo e doutrinário de sua corrente política colocado fora de combate e formular por escrito a resposta aos rumos centralizadores que a nação brasileira tomava, ao se desmembrar formalmente de Portugal. O periódico redigido pelo carmelita pernambucano teve 28 números, impressos na Tipografia de Miranda & Cia., e os dois últimos na Tipografia Nacional, encerrando-se em 5 de agosto de 1824, com a derrocada da Confederação do Equador, movimento republicano e federalista de contestação à ordem monárquica centralizadora do qual frei Caneca foi um dos expoentes e que abrangeu as principais províncias do Nordeste.

Nesta primeira geração da imprensa brasileira não havia incompatibilidade entre o local, o nacional e internacional: o cotidiano e questões locais, com discussões doutrinárias dos rumos que o Estado e a nação deveriam tomar, ao lado de notícias nacionais, internacionais e interprovinciais.

Destacam-se diálogos, alianças e críticas com a primeira geração da imprensa no Brasil, revelando a circulação eficaz dos impressos entre as províncias da nação que se organizava. Ainda que situado em Pernambuco, o *Tifis Pernambucano* teve repercussão e era lido ao longo do país, como comprovam as cartas de leitores, manifestos e abaixo-assinados vindos do Rio de Janeiro, Piauí, Bahia, Ceará, Sergipe, Paraíba, Pará e de Pernambuco, entre outras províncias, sem esquecer a correspondência de Portugal também citada com freqüência. Eram redes de comunicação que atuavam na consolidação do corpo político nacional em inícios do XIX: os jornais citavam-se com freqüência, para elogiar ou polemizar, isto é, como forma de contato.

A imprensa deste período, portanto, pertencia a uma ainda mal dimensionada rede de comunicação política que, mesmo sem ser um partido na contemporânea concepção do termo, significava uma forma palpável de articulação e pertencimento político a nível nacional, que se ligava à outros mecanismos de participação, como as eleições e atuação parlamentar, as mobilizações de ruas, recursos à luta armada, vínculos pessoais e coletivos a partir de fidelidades intelectuais, regionais, familiares, profissionais, de trabalho, de atividade econômica, entre outras dimensões.

O editor de frei Caneca

Os anos 1820-30 caracterizaram-se por nítida politização das tipografias: às vezes as posições políticas se sobrepunham aos interesses econômicos mais imediatos. Neste sentido é importante conhecer o impressor do jornal e de vários textos de frei Caneca, o ex-padre, professor de Retórica do Seminário de Olinda e tipógrafo Antonio José de Miranda Falcão, um dos pioneiros da tipografia em Pernambuco. Este foi o impressor oficial da Confederação do Equador, publicando, em 1824, proclamações do governo republicano e textos de Caneca, de João Soares Lisboa (redator do *Correio do Rio de Janeiro*, deportado por D. Pedro I, morreu de armas na mão no interior de Pernambuco) e de outros que foram mortos pela repressão ao movimento. Após passar alguns meses na cadeia, Miranda Falcão acaba comprando do governo a Tipografia Nacional, de Pernambuco e em 1825 cria o *Diário de Pernambuco*, ainda hoje, como se sabe, o mais antigo jornal em circulação na América Latina. Miranda Falcão, além de tipógrafo de vários pe-

Para conhecer Frei Caneca

Marco Morel

Os textos citados de frei Caneca, neste capítulo, incluindo os jornais, foram tirados do volume Obras Politicas e Litterarias de Frei Joaquim do Amor Divino Caneca, organizadas por Antonio Joaquim de Melo, Recife: Tipografia Mercantil, 1875 (reimpressão em fac-símile, Recife: Assembléia Legislativa de Pernambuco, 1972).

Mais recente é a edição parcial das obras organizada por Evaldo Cabral de Melo: Frei Joaquim do Amor Divino Caneca, São Paulo: Editora 34, 2001.

Há trabalhos importantes, como os de Barbosa Lima Sobrinho, Pernambuco: da Independência à Confederação do Equador, Recife: Conselho Estadual de Cultura, 1979; e A gloriosa sotaina do Primeiro Império (Frei Caneca), de José Gabriel Lemos de Britto, São Paulo: Cia. Editora Nacional, 1937.

Entre os estudos atuais: "Pátria do cidadão: a concepção de pátria/nação em Frei Caneca", de Maria de Lourdes Viana Lyra, Revista Brasileira de História, São Paulo: ANPUH/FAPESP/Humanitas, vol. 18, n° 36, 1998; e a biografia Frei Caneca: entre Marília e a Pátria, de Marco Morel, Rio de Janeiro: Editora FGV, 2000.

riódicos, redigiu também jornais e pode ter sido o redator coadjuvante de Cipriano Barata na *Sentinela da Liberdade* em sua última fase. O *Diário de Pernambuco* foi adquirido em fevereiro de 1835 por Manoel Figueiroa de Faria, tipógrafo olindense filho de portugueses e que desde 1831 tinha sua própria tipografia, denominada Pinheiro, Faria e Cia.

A cidade de Recife em 1821

Novas sociabilidades

Nos anos 1817 – 1824, Recife era atravessada pela disputa entre "patriotas" brasileiros e "déspotas" portugueses. Não era possível, aqui, entrever o porto da paz. Tiroteios, estado de sítio, bloqueio naval - a terra parecia movediça como as águas; e o mar, por sua vez, sólido como os rochedos. Cidade colonial encravada no Novo Mundo, num contexto de processo de independência, de uma nação que era construída.

Entretanto, em meio a tantas transformações, ficava o peso da permanência, cotidiano que fluía, rotinas, hierarquias, laços, afetos e desafetos: era preciso se alimentar, dormir, enfim, praticar os gestos universais. A ordem continuava a reproduzir-se apesar dos embates.

Em 1821 os presos políticos da República de 1817 tinham recebido anistia e, depois de quatro anos nos cárceres baianos, voltavam a pôr os pés em sua pátria pernambucana. O Antigo Regime absolutista decompunha-se tendo como cenário o espaço urbano (centro de comércio mercantil e também cultural e ao mesmo tempo periférico em relação ao poder central) onde novas formas de sociabilidade e de participação política vinham à luz. A cena pública não era mais a mesma e o olhar de Frei Caneca sobre a sociedade também transformava-se. Colocava-se com força naquele momento o projeto de construção de uma nação baseada nas "novas idéias" - e a novidade é que tal postura não era mais escondida, fazia-se às claras. Nação portuguesa para uns, luso-brasileira para outros, brasileira para alguns, federação das províncias da altura do Equador talvez - mas dentro de duas opções: ou fundada nas liberdades modernas e nos princípios da soberania nacional ou, ao contrário, na tradição da monarquia absolutista. De qualquer maneira, tudo parecia impregnado de outra atmosfera.

Reconquistar a cidade, construir uma nação. As dezenas de ex-presos políticos articulam-se com outros setores da sociedade e começam a investir contra o capitão-general de Pernambuco, Luis do Rego Barreto, que comandara a repressão à República de 1817. Nesta aliança entrariam também os proprietários rurais em conflito com a burocracia portuguesa e militares nascidos no Brasil. A pressão contra o governador da Capitania (representante do "despotismo") foi tamanha que acabou tornando-se uma rebelião - e um "Governo Provisório" liberal estabeleceu-se na cidade de Goiana.

Nada seria como antes. Rompidas as barras da prisão, a percepção do ex-preso político frei Caneca sobre a cidade é agora bastante significativa:

"Pernambuco, a cidade do refúgio dos homens honrados, o baluarte da liberdade, o viveiro dos mártires brazílicos, a bússola das províncias árticas, a muralha imper-

O estilo panfletário de frei Caneca

Marco Morel

Os textos não periódicos de frei Caneca, publicados em Recife entre 1822 e 1824, abrangem polêmicas e pronunciamentos políticos, alguns em estilo panfletário e doutrinário, outros em linguagem religiosa, bem como votos e pareceres públicos. O autor escreveu, além destes que foram impressos, manuscritos que só viriam a ser publicados três décadas após sua morte. Sabe-se também de seu único livro, História de Pernambuco, que, inédito, foi destruído ou subtraído por um de seus filhos espúrios, no que foi qualificado de parricídio póstumo pelos editores das obras do carmelita.

Frei Caneca, como todos os homens de letras de sua geração, independente do posicionamento político, escrevia no chamado estilo panfletário, que expressou uma das fases mais criativas e vigorosas dos debates políticos mundiais e da imprensa brasileira em particular, só vindo a desaparecer na segunda metade do século XX. O estilo panfletário (difícil de ser redigido com qualidade e hoje em franco desuso na imprensa) alcançava eficácia por várias características interligadas, como: capacidade de convencer e de atacar, espírito mordaz e crítico, retórica literária, sátira, requerendo ao mesmo tempo densidade doutrinária e ideológica e agilidade para expressar em situações específicas e circunstanciais uma visão de mundo geral e definida. Textos de Caneca como as Cartas de Pítia a Damão e os ataques ao jornal Arara Pernambucana são dos melhores exemplos do estilo panfletário no Brasil. Por outro lado, seus Votos e pareceres, bem como a Dissertação sobre o conceito de pátria, são exemplos de teoria política aplicada a determinados contextos históricos.

Não se deve esquecer que frei Caneca era um religioso: outros de seus impressos eram sermões que haviam sido recitados oralmente – o peso do catolicismo na sociedade ainda hoje é marcante. A transposição de sermões para os prelos das tipografias foi constante no século XIX em vários autores. E, no caso de Caneca, unem reflexão e doutrina teológica com Filosofia e pensamento político. O sermão do carmelita na aclamação de D. Pedro I como Imperador em Pernambuco, 1822, equivaleu à cerimônia de proclamação da independência brasileira naquela província e ainda está aguardando alguém que o queira analisar mais profundamente em suas diversas implicações.

- Dissertação sobre o que se deve entender por pátria do cidadão e deveres deste para com a mesma pátria.

- Resposta às calúnias e falsidades da Arara Pernambucana, redigida por José Fernandes Gama, preso na Corte do Rio de Janeiro.

- O Caçador atirando à Arara Pernambucana em que se transformou o rei dos ratos José Fernandes Gama.

- Na solenidade da Aclamação de D. Pedro de Alcântara em Primeiro Imperador do Brasil (sermão).

- Sobre a oração (sermão).

- Cartas de Pítia a Damão (compostas de 10 textos de polêmicas, embates, propostas, doutrinas e posicionamentos políticos).

- Votos (pareceres políticos tornados públicos em assembléias sobre questões do momento, como críticas ao governo de Francisco Paes Barreto na província de Pernambuco, a invasão de Alagoas e contrário ao juramento do projeto de Constituição apresentado por D. Pedro I após a dissolução da Assembléia Constituinte).

transível aos Tártaros do sul, formidável aos absolutos do império, indomável às forças externas (...)."

A linguagem do carmelita não era das mais acessíveis para o público que não tinha acesso sistemático às letras. Mas os conteúdos soavam nítidos e contundentes. Pernambuco - província e cidade mescladas numa mesma dimensão - era o cenário vivo para o processo de edificação de uma pátria inspirada nas liberdades modernas e legitimada pelas antigas tradições. Frei Joaquim do Amor Divino Rabelo Caneca passaria a ser um dos atores de destaque neste enredo, atuando com a força do Verbo falado e impresso. Orador e escritor do momento.

A decomposição do Antigo Regime correspondia a uma cena pública em transformação, composta de lugares de sociabilidade. Frei Caneca publicou dentro de suas *Cartas de Pítia a Damão* dois textos sobre estas novas associações: as sociedades secretas e as maçonarias. Textos eruditos, de posição política clara, mas bastante discretos quanto aos nomes dos envolvidos. Em primeiro lugar, ele reconhecia tais agremiações como embrião das formulações liberais, destacando-se assim do discurso católico anti-maçônico. Mas não parece que Frei Caneca tenha participado diretamente de nenhum destes grupos. Até porque quem participava tinha em geral dois comportamentos: ou tornava público seu engajamento ou então simplesmente calava sobre o assunto diante dos profanos. Ao tratar do tema, o carmelita pernambucano deixa claro que pertencia a outra instituição, a Ordem do Carmo, que também tinha suas imperfeições e paradoxos.

Repressão à imprensa

Quando as tropas imperiais invadiram Recife para acabar com a Confederação do Equador, o confronto foi desigual, apesar de deixar dezenas de cadáveres espalhados de ambos os lados. Logo o presidente da Confederação, Manoel de Carvalho Paes de Andrade, abandona o Palácio do Governo em companhia de frei Caneca e de poucos correligionários. Decidem procurar as tropas que partiam para o interior a fim de tentarem a união com as forças republicanas do Ceará. A certa altura frei Caneca incorpora-se a uma das guerrilhas e segue adiante. Paes de Andrade volta a Recife - parece que na tentativa de chamar outros grupos armados a seguir o mesmo rumo. Percebendo que seu caminho estava cortado pelas tropas imperiais, o presidente da Confederação embarca numa jangada e pede asilo num navio inglês com sua família - no momento em que sua casa era saqueada pelos soldados do Império. Enquanto isso, uma das primeiras providências do brigadeiro Lima e Silva ao chegar a Pernambuco foi solicitar uma coleção completa do *Tifis Pernambucano*.

Começa nova jornada de frei Caneca. O *Tifis Pernambucano* deixa de circular, mas seu redator continua como argonauta cujo mar transforma-se nos sertões do Brasil. Reacende em frei Caneca a lembrança dos tempos amenos das liras de Marília, agora definitivamente para trás. Da comodidade particular no convento à entrada no turbilhão das causas públicas sua vida mudará rapidamente, assim como as condições políticas do Brasil. Na mocidade ele sonhara várias vezes em viajar pelo sertão para fazer pesquisas científicas ou simplesmente conhecer aquele fascinante e obscuro mundo dentro de seu país. Agora, via-se à frente de um autêntico exército de Brancaleone, autodenominado

Divisão Constitucional da Confederação do Equador. O destino era o Ceará, onde as tropas que se opunham à "tirania do Rio de Janeiro" eram as mais numerosas e entusiasmadas. A junção dos rebeldes em armas de Pernambuco com os do Ceará era a única esperança de manter viva a flama da rebelião. Não havia mais o que esperar ou negociar com o Império brasileiro. A Coluna percorria o sertão em combates e escaramuças diárias. O carmelita via gente morrer dos dois lados, às centenas: cadáveres dos rebeldes patriotas se espalhavam pelos sertões. Ao final de meses de combates, os sobreviventes foram presos. Ao chegar a Recife, Caneca foi interrogado pela Comissão Militar, interessada em condená-lo pelas atividades na imprensa, como se depreende de seu interrogatório que, ao final, condenou o preso à morte:

- Sabe ou suspeita a causa de sua prisão?
- Fui preso por me achar na divisão das tropas que daqui marcharam para o interior da província na ocasião em que entrava o exército imperial.
- Já publicou ou propagou idéias ou escritos subversivos da boa ordem?
- Fui redator do periódico Tifis Pernambucano, que contém as idéias que propaguei, aliás as mesmas de outros periódicos até da Corte. Como nunca fui chamado ao Tribunal dos Jurados, me regulo pela lei que então existia sobre os abusos de liberdade de imprensa. Toda vez que atacava os desmandos públicos dirigia-me ao ministério apenas.
- Em seus escritos disseminou idéias tendentes a promover a desunião das províncias e ataque à integridade do Império?
- Me parece que nunca manifestei nenhuma idéia desta natureza em meus escritos. Se alguma proposição existir d'onde isso se possa coligir só a mim compete interpretá-la.

Morte dramática

No dia da execução da sentença, 13 de janeiro de 1825, frei Caneca foi acordado no oratório por frei Carlos de São José: dormira profundamente a noite toda e levantou com tranquilidade, como se começasse mais uma jornada comum. A população de Recife viu então sair às ruas, no relato de um dos presentes, um homem com "idade de 50 anos ou pouco mais, corado, alvas cãs, meio cheio de corpo, ar honesto e notavelmente resignado, sem mostra exterior de susto nem ostentação de coragem."

Aí começa outra história. A morte de frei Caneca tem tons épicos e impressionantes. Drama no mais puro sentido da palavra. E tudo talvez tenha começado a partir de um detalhe da sentença, que o condenou "simplesmente" à "morte natural". Porque simplesmente, já que a morte é a mesma? A diferença está em que havia outros tipos de sentença, como a de "morte natural para sempre", que constava em mutilação do cadáver do condenado, que ficaria exposto, sem ser enterrado. Mas omitindo no caso do carmelita o "para sempre", a Coroa brasileira não ostentava a mesma onipotência dos reinados portugueses anteriores, sobretudo os de D. Maria I e D. João VI, quando as mutilações de cadáveres de condenados políticos eram usuais no Brasil - haja visto os casos das Conjurações Mineira e Baiana e da República de 1817.

Execução de
Frei Caneca (detalhe)
Óleo de Murilo
la Greca

Se a execução da pena de morte constituía, nas tradicionais monarquias absolutistas um verdadeiro espetáculo de punição, pedagogia e terror, com rituais públicos juridicamente estabelecidos, as novas monarquias constitucionais, marcadas pela modernidade política do liberalismo, vacilavam ao usar tal expediente. E foi neste "vacilo", típico do momento histórico de transição do Antigo Regime para o liberalismo constitucional, que surge a possibilidade do condenado, ainda que levado à morte, apropriar-se do espetáculo final e de sua memória.

Os símbolos do poder religioso foram palco de um embate em torno do condenado. O Cabido Diocesano, cônegos e religiosos de todas as Ordens da capital pernambucana dirigiram-se em procissão até o Palácio do Governo, com cruz alçada à frente, para rogar ao brigadeiro Lima e Silva que suspendesse a execução para aguardar resposta do pedido de clemência que enviariam ao Imperador. O militar recusou-se a recebê-los e ameaçou a todos de prisão por crime de rebelião. Depois, em frente da Igreja Nossa Senhora do Terço, frei Caneca sofre a degradação eclesiástica: vestido como se fosse celebrar missa, tiram-lhe todos os paramentos, entre borrifadas de incenso e água benta, deixando-o de camisa e calça; as mãos são raspadas e a tonsura do cabelo é desfeita. No relato de um espectador, "a paciência e a resignação da vítima foi completa". Historiadores, clérigos e juristas são unânimes em caracterizar tal degradação de ilegal, na medida em que não foi precedida de nenhum processo canônico em tribunal eclesiástico. Vestido com a alva branca dos condenados, frei Caneca marcha até a forca, no largo das Cinco Pontas, cercado por tropas de baionetas em riste contra a população que assistia à cena.

O preso Agostinho Vieira, "pardo", retirado da cadeia para ser carrasco, recusa-se a cumprir seu papel. O enredo do "espetáculo" da punição começava a ser alterado. Recusando-se a ser o "braço da Coroa", o ator não cumpriu a contento o papel que lhe cabia. Acenaram-lhe com alívio da pena, nada. Ameaçaram, passaram das ameaças para a violência, espancaram o preso a socos, pontapés e golpes de baioneta. Ele gritava que preferia ser morto. Foi deixado sangrando no chão, "por morto", mas não serviu de carrasco. Dois negros então foram retirados da cadeia, anônimos, acorrentados e conduzidos ao pé da forca para realizarem o serviço. Os dois recusaram-se. Promessas, ameaças, espancamentos. Os dois também foram atores do espetáculo, mas alterando o script que lhes cabia. Não aceitaram servir como braço do poder do monarca.

A Comissão Militar reúne-se e, com a rapidez já característica, altera a sentença para fuzilamento, dispensando a forca. Um batalhão perfila-se e marcha a passos marciais. Frei Caneca assiste a tudo tranqüilamente, ladeado por frei Carlos de São José. No momento em que as armas são apontadas o soldado João da Costa Palma, negro, integrante do pelotão de fuzilamento, tem uma síncope e cai fulminado. Uma mulher desmaia no meio do público, soluços e exclamações surgem abafados diante das baionetas em riste que cercam o local. O soldado é rapidamente afastado. Frei Caneca pede aos soldados que não o deixem sofrer e indica aos mais próximos o local para o alvo. Em seguida, o carmelita faz um gesto de quem vai começar a falar ao público, mas a um sinal de frei Carlos obedece e cala-se. Os fuzis disparam.

CAPÍTULO I

Memória histórica do carmelita revolucionário

O nome de frei Caneca logo começa a virar lenda. Já nos anos 1830, um dos membros de loja maçônica secreta, da Grande Loja Brasileira, utilizava o apelido de "Caneca 2". O exemplo e a herança política frutificavam entre contemporâneos, na busca de soluções para os problemas da sociedade questionados pelo carmelita pernambucano e ainda sem solução. O Instituto Arqueológico e Geográfico Pernambucano (criado em 1862, com a participação de sobreviventes de 1817 e 1824), também cuidou de propagar a memória em torno de frei Caneca, com destaque para sua identidade pernambucana. Da mesma forma que diversos intelectuais republicanos, no Império e nos primórdios da República, pretendiam ver a figura do carmelita erguida em símbolo da independência do Brasil, em detrimento, por exemplo, de Tiradentes. Até mesmo no regime ditatorial nos anos 1970 a lembrança de Frei Caneca foi valorizada institucionalmente, em solenidades em Recife. No Rio de Janeiro, paradoxalmente, o carmelita dá nome a um complexo penitenciário. E, sobretudo, os momentos em torno de sua morte passam a ser associados à própria feição da cidade de Recife, como que servindo para traçar o perfil de um passado rebelde na memória urbana. Frei Caneca cantado em prosa e verso: cantadores de cordel, nas escolas, por escritores e políticos de variados matizes e estilos, sem falar no primoroso Auto do Frade, do pernambucano João Cabral de Melo Neto. Muitas vezes, entretanto, a memória histórica fossiliza personagens e eventos, fazendo com que antigos exemplos de rebeldia sejam usados para legitimar novas situações de poder e pontos de vista conservadores.

Liberdade de Imprensa

Os jornais eram publicações recentes no Brasil. D. Pedro I havia garantido a liberdade de imprensa na Constituição que acabara de outorgar. Frei Caneca faz desta liberdade seu maior álibi e escreve um dos primeiros manifestos da imprensa livre no país:

"Conquanto parecesse ao réu que as doutrinas de seus impressos não formam objeto do conhecimento desta comissão, por já estar determinado o tribunal dos jurados, como privativo dos abusos da liberdade de imprensa; contudo ignorando o réu as ordens imperiais, de que está escudada a mesma comissão, e que este reto juízo não ultrapassará os termos que lhe foram prescritos por sua majestade o imperador, não hesita de si nestes artigos, que passa a expender" (CANECA,2001: 629).

O pensamento jornalístico de Frei Caneca

Enio Moraes Júnior[1]

Os familiares de Frei Caneca destruíram muitos dos seus escritos. Dos que restaram, o texto que, ao lado do Typhis, melhor apresenta os elementos do seu pensamento jornalístico e onde estes aparecem mais claramente, é a defesa que apresentou em seu julgamento sumário pelo crime de rebelião.

A defesa pioneira da liberdade de imprensa, o uso da retórica como expressão do jornalismo de opinião e a prática também pioneira do jornalismo comparado presente na analogia que faz entre o Typhis, o Regulador Brasileiro e o Conciliador Nacional, constituem os marcos do pensamento jornalístico do Frei Caneca.

[1] Jornalista. Especialista em Jornalismo Político. Mestrando em Comunicação pela Escola de Comunicações e Artes da Universidade de São Paulo. Professor do Curso de Comunicação Social da Universidade Federal de Sergipe (licenciado).

Retórica como expressão do jornalismo opinativo

A retórica sempre foi a aliada mais próxima do político Frei Caneca. Nas assembléias ele era um grande arrecadador de votos. A retórica se tornou seu ofício. Nas praças, seus discursos o fizeram popular, respeitado e querido. A tal ponto chegou sua popularidade que, quando condenados à morte, três presos recusaram o perdão de suas penas em troca de assumir a função de carrasco. Na defesa, Caneca abusa da retórica deixando sua marca nos primeiros passos do jornalismo opinativo que reinaria quase absoluto no Brasil até meados do século XX.

"A enormidade da acusação é tão grande que de por si basta para aterrar o varão mais forte, e o faria temer, se acaso se não lembrasse que eram seus juizes varões brasileiros, cheios de retidão, e que sabem dar descontos às fraquezas da humanidade, imitando a piedade e beneficência do príncipe magnânimo, que os revestiu de tão alta autoridade. Esta idéia consoladora anima o réu, e lhe alivia os espíritos abatidos, para alçar a trêmula voz e fazer chegar ao conhecimento deste juízo os argumentos em que funda sua defesa, e mostrar sua constante adesão e obediência ao supremo imperante da nação brasileira" (CANECA, 2001: 628).

Jornalismo Comparado

A comparação que Caneca elaborou dos artigos do Typhis com os textos dos jornais O Regulador Brasileiro e O Conciliador Nacional são grandes estratégias de sua defesa e uma das primeiras manifestações nacionais de Jornalismo Comparado:

"Que a soberania reside na nação, que a nação é quem se constitui e por meio dos seus representantes em Cortes – dois pontos cardeais em que rola toda a doutrina do Typhis – são duas verdades confessadas por sua majestade no decreto de 8 de junho de 1822, no manifesto de 6 de agosto do mesmo ano aos povos e nações amigas, além de outras ocasiões".

"Que sua majestade, depois de ter chamado seus súditos para serem felizes, não lhes pode dizer 'não quero que o sejam mais' – disse o Regulador Brasileiro à face do mesmo trono, sem a menor censura. É destes princípios pois que nasce o juízo feito sobre a dissolução da Assembléia do Rio de Janeiro, expostos nos números 1, 2 e 3 do Typhis".

"O réu escrevia em Pernambuco, onde por um bando do governo de 14 de maio de 1823, se publicou o decreto de sua majestade o imperador, quando príncipe regente, de 18 de junho do ano antecedente sobre a liberdade da imprensa; e o que escreveu sujeitando-se a esta lei nunca pelas autoridades foi julgado subversivo, anárquico e afrontoso à pessoa de sua majestade, nem oposto aos seus direitos; pois que no dilatado espaço de oito meses, que durou o seu periódico, nunca foi chamado ao jurado, como devia no caso dos abusos da liberdade de imprensa; assim como não foi chamado a dar conta de sua doutrina e opiniões o redator do Conciliador Nacional, que escreveu muito antes do réu que 'A soberania estava nos povos' (números 3,18,22,30); 'Os povos não são herança de ninguém' (número 40); 'Deus não quer sujeitar milhões

de seus filhos ao capricho de um só' (número 17); 'Os reis não são emanação da divindade, são autoridades constituídas etc'" (CANECA,2001: 629).

Cronologia de um argonauta

Enio Moraes Junior

1779: nasce, no Recife Velho, o mestiço Joaquim da Silva Rabelo; filho do lisboeta português Domingos da Silva Rabelo e da mameluca pernambucana Francisca Alexandrina de Siqueira

1796: toma o hábito no Convento da Ordem do Carmo de Recife, passando a se chamar Joaquim do Amor Divino;

1797: professa na Ordem;

1801: ordena-se frei carmelita, aos 22 anos, adotando o nome Caneca em homenagem à profissão paterna;

1802: a partir deste período já dá aulas de filosofia aos carmelitas e, no ano seguinte, de geometria e retórica;

1809: é nomeado secretário do visitador da Ordem Carmelita Frei Carlos de São José e Souza;

1809 a 1817: como produto dos seus esforços intelectuais e de seu trabalho como professor, escreve o *Tratado de Eloqüência: extrahido dos melhores escritos* e as *Táboas Symópticas do Sistema Rhetórico de Fábio Quintiliano.*

1817: participa da Insurreição (ou Revolta) de 1817;

1817 a 1821: neste período, Caneca fica preso na Bahia por sua participação na Revolução de 1817. Na prisão, dá aulas e escreve o *Breve Compêndio da Gramática Portuguesa;*

1822: escreve a Dissertação sobre o que se deve entender por pátria do cidadão e deveres deste para com a mesma pátria. Neste texto, de alto teor iluminista, Caneca preocupa-se em "instruir o povo" sobre "a possibilidade da união entre os portugueses de ambos os hemisférios, sobre os auspícios da monarquia constitucional" (*Rebeldes Brasileiros,* 2002: 393);

1823: publica as *Cartas de Pítia a Damão* no *Correio do Rio de Janeiro.* Publica também *O Caçador atirando à Arara Pernambucana;*

1823 a 1824: dirige e edita o *Typhis Pernambucano.* Publicado a partir de dezembro de 1823, é seu espaço, por excelência, de atuação jornalística;

1824: dissolvida a Assembléia Constituinte, é preparado o projeto da Constituição a ser outorgada e é enviado à Câmara dos Deputados do Recife. Frei Caneca coloca-se contra a proposta e a critica no documento Crítica da Constituição Outorgada; a postura que assume será usada para sua condenação à morte;

1824: participa da Confederação do Equador;

1824: escreve *Itinerário,* texto em que narra os momentos que se seguem à Confederação do Equador, incluindo sua tentativa de fuga até o Ceará e seus dias de prisão a partir do momento em que é capturado. O texto também é considerado um importante marco descritivo da geografia da região nordestina;

1825: no dia 13 de janeiro, é fuzilado em Recife, em praça pública;

1875: grande parte da obra de Frei Caneca integra o texto *Obras Polypticas e Litterárias de Frei Joaquim do Amor Divino Caneca,* organizada por Antônio Joaquim de Melo, publicada em sua primeira edição no Recife, em 1875;

1917: no local do fuzilamento de Caneca, em Recife, é erguido um busto do Frei. Na placa, lê-se: "Neste largo foi espingardeado junto a forca a 13 de janeiro de 1825 por não haver reo que se prestasse a garroteá-lo o patriota Frei Joaquim do Amor Divino Caneca, republicano de 1817 e a figura mais notável da Confederação do Equador em 1824. Homenagem do Instituto Arqueológico e Geográfico de Pernambuco".

Frei Caneca
Xavier da Veiga
David Moreira Caldas
Costa Rego
Auricélio Penteado
Jorge Antônio Salomão
Carlos Rizzini
Alceu Amoroso Lima
Roberto Marinho
Danton Jobim
José Reis
Vera Giangrande
Adalgisa Nery
Aparício Torelly
Josué de Castro
Pompeu de Sousa
Erico Verissimo
Vladimir Herzog

XAVIER DA VEIGA
O precursor dos estudos jornalísticos mineiros

Jairo Faria Mendes

Ensaio apresentado ao NP 02 - Jornalismo, do IV Encontro dos Núcleos de Pesquisa da Intercom, durante o Congresso Brasileiro de Ciências da Comunicação, realizado na cidade de Belo Horizonte, em setembro de 2004.

Jairo Faria Mendes é mestre em Comunicação e Cultura pela UFRJ, doutor em Comunicação Social pela UMESP e professor da PUC Minas Arcos. É autor do livro O Ombudsman e o Leitor, e administrador do sítio www.ombudsmaneoleitor.jor.br.
E-mail: jairo@ombudsmaneoleitor.jor.br

A imprensa mineira ainda estava se consolidando. Os diários de Juiz de Fora se destacavam pela qualidade e influência, e a capital se transferia de Ouro Preto para Belo Horizonte, que na época de sua fundação já contava com cinco periódicos. Assim eram as Minas quando surgia o primeiro estudo sobre os jornais do Estado. José Pedro Xavier da Veiga publicava a monografia *A imprensa de Minas Gerais 1807-1897* (in: *Revista do Arquivo Público Mineiro*, Ano III, 1898, pp. 169-249).

Ele era um grande conhecedor da história da imprensa mineira, e tinha uma coleção de jornais antigos. Além disso, ele foi o fundador e o primeiro diretor do Arquivo Público Mineiro, onde conseguiu reunir um grande número de publicações do século XIX. Por isso, teve condições de realizar o estudo pioneiro. Seu acervo pessoal, Xavier da Veiga doou ao Arquivo Público Mineiro e fez uma campanha pedindo doações. Ele conseguiu deixar para a instituição coleções de importantes jornais, além de "336 números de diversos periódicos mineiros antigos, dos quais 127 representam o primeiro número" (in: Revista do Arquivo Público Mineiro, 1901, p. 25).

Xavier da Veiga foi um dos grandes intelectuais mineiros do século XIX, destacando-se como jornalista, historiador e político. Como jornalista, ele criou e foi redator de dois dos principais jornais mineiros do século XIX: *A Província de Minas* e *A Ordem*. Como historiador fundou o Arquivo Público Mineiro e a revista da entidade, e realizou inúmeras publicações importantes. Como político teve muita influência na Província.

Ele era de uma família de grande tradição na política, na imprensa e na cultura, como descreve CARNEIRO; NEVES (in: Veiga, 1998). Os seus familiares criaram diversas publicações, na cidade de Campanha, nas Minas Gerais: *Opinião Campanhense* (1832 a 1837), *Nova Província* (defendendo a criação da Província no Sul das Minas, 1854 e 1855), *O Sul de Minas* (1859 a 1863), *O Monitor Sul Mineiro* (1872 a 1898) e almanaques. O maior destaque foi seu tio Evaristo da Veiga, com a *Aurora Fluminense*, no Rio de Janeiro, uma referência do jornalismo brasileiro no século XIX.

Laços de família

Seu avô, Francisco Luís Saturnino da Veiga, veio de Portugal em 1784, com 13 anos, e foi morar no Rio de Janeiro. Lá exerceu inicialmente o ofício de professor, mas, pouco tempo depois, tornou-se livreiro, o que contribuiu muito para que seus descendentes ganhassem amor pelos livros.

Entre os filhos de Saturnino da Veiga estavam figuras brilhantes. Evaristo, grande jornalista e político, eleito três vezes deputado pelas Minas Gerais. Bernardo, duas vezes exerceu a presidência da Província das Minas, e foi representante na Câmara dos Deputados do Império durante muitos anos, e deputado provincial. Lourenço, o pai de José Pedro Xavier da Veiga, criou jornais e foi um defensor da fundação de uma nova Província no Sul das Minas.

Cultura e Política

No dia 13 de abril de 1846, nasceu Xavier da Veiga, em Campanha-MG. Até os 10 anos não freqüentou a escola, por ter uma saúde muito frágil, sendo alfabetizado por seu pai. O convívio com sua família, que era culta e participava muito da vida política, o incentivou a tornar um intelectual e militante.

Aos 11 anos, mudou-se para o Rio de Janeiro, trabalhando por cinco anos na livraria de seu tio João Pedro. Com 12 anos, participou da fundação da Sociedade de Ensaios Literários, e na revista da entidade publicou seus primeiros textos. Na primeira edição da revista, em 1863, ele escreveu o artigo *"Estrela do Sul (Província de Minas)"*, defendendo a bandeira de sua família, ou seja, a criação de uma nova Província no Sul das Minas.

Um artigo publicado no oficial *Minas Gerais*, em 10 de agosto de 1900, constitui evidência de que, nesse momento, surgiu o grande jornalista:

> *"Pode-se dizer que Xavier da Veiga iniciou sua vida de imprensa aos 12 anos, pois foi justamente nessa quadra, em que as crianças apreciam mais os folguedos e a convivência com seus amigos, que ele, recolhido ao seu quarto, sozinho, lançava no papel as premissas de seu fulgurante talento." (apud LIMA, 1911, p. 41)*

Em 1867, Xavier da Veiga vai para São Paulo cursar a Faculdade de Direito. Lá tem a oportunidade de conviver com pessoas que influenciariam a história das Minas e do Brasil, como Silviano Brandão, Afonso Pena, Feliciano Pena e Crispim Jacques Bias Fortes. No entanto, por problemas pulmonares, teve que retornar à Campanha antes de terminar o curso.

Casa em que morou Xavier da Veiga onde foi instalado o Arquivo Público Mineiro, em Ouro Preto

De 1870 a 1878, foi escrivão dos Órfãos, em Lavras, onde estabeleceu um cartório e passou a militar no Partido Conservador. Ele seria uma das lideranças conservadoras da Província (depois Estado), elegendo-se em vários pleitos como deputado estadual e uma vez senador, e se destacaria defendendo questões nobres como a educação pública e a abolição da escravatura. Em seu principal livro, *Efemérides Mineiras*, refere-se à Lei Áurea, como "lei grandiosa e santa".

Na defesa da educação pública, Xavier da Veiga dedicou boa parte de sua carreira política. Em 1872, quando ainda era escrivão em Lavras, fundou a Sociedade Propagadora da Instrução. "Pautando-se sempre pela defesa da instrução pública e ampliando seu enfoque para além das propostas de ensino primário, propôs em anos posteriores a criação de cadeiras noturnas e de escolas de ensino profissional e agrícola" (Introdução de CARNEIRO; NEVES, in: Veiga, 1998, p. 23).

Sua última luta política foi contra a mudança da capital das Minas, de Ouro Preto. Quando foi administrar o Arquivo Público Mineiro, largou a vida política.

O Jornalista

Em 1878, Xavier da Veiga mudou-se para Ouro Preto e comprou, junto com Pedro Maria da Silva Brandão, a ótima tipografia em que se imprimia o *Diário de Minas*, um importante jornal ouropretano. No ano seguinte os sócios lançavam o jornal *A Província de Minas*, que se apresentava como *Órgão do Partido Conservador*. No primeiro número a publicação explicava que tinha como objetivo defender os conservadores de "injustiças cruéis" e "perseguições revoltantes". O jornal circulou até novembro de 1889, quando ocorre a proclamação da República.

Apesar de ser *Órgão do Partido Conservador*, o jornal era bastante informativo, e com qualidade muito superior de seu antecessor (*Diário de Minas*), contribuindo para a consolidação do jornalismo mineiro.

A partir de 27 de novembro de 1889, pouco depois da Proclamação da República, Xavier da Veiga passou a publicar o jornal *A Ordem*. O novo jornal era continuidade de *A Província de Minas*. Mas a mudança do nome tinha grande importância, pois mostrava seu objetivo a partir daquele momento: apoiar o novo regime para evitar conflitos. "Inaugurando um novo propósito: demonstrar a necessidade de que o novo regime republicano fosse aceito pacificamente em Minas Gerais" (Introdução de CARNEIRO; NEVES, in: VEIGA, 1998, p. 20). A publicação circulou até 31 de dezembro de 1892.

Xavier da Veiga era um apaixonado monarquista, mas foi defensor da república depois que esta foi instituída. Pode parecer um paradoxo, mas ele justificava sua atitude dizendo preferir a república para não ver a ordem ameaçada. "(...) acabo de declarar franca e lealmente que a monarquia, não obstante os grandes serviços que dela recebeu o Brasil, é um fato do passado, que a sua restauração seria uma calamidade pública" (VEIGA apud LIMA, 1911, p.60).

Uma outra grande contribuição de Xavier da Veiga foi a criação da *Revista do Arquivo Público Mineiro*, em 1896. Um ano antes ele havia abandonado sua cadeira de senador para fundar o Arquivo Público Mineiro (APM). O órgão seguia os princípios do Instituto Histórico e Geográfico Brasileiro (IHGB), e tinha como objetivo reunir fontes primárias importantes para a história e geografia das Minas Gerais.

O feliz acaso tipográfico

O português, residente em Vila Rica (mais tarde viraria Ouro Preto), Manoel José Barbosa Pimenta e Sal tinha costume de folhear um Dicionário de Ciências em Artes, em Francês, dando atenção à parte que descrevia uma tipografia. Um acaso feliz aproximou o português do padre Viegas, que traduziu a parte referente à tipografia, explicando como ela funcionava.

Depois, os dois juntos resolveram fundir os tipos e construir um prelo. Por isso, ela se chamaria *Patrícia* (com referência a pátria), pois até o chumbo utilizado vinha da região. Nessa tipografia seriam impressos muitos jornais. Ela, certamente, foi decisiva no nascimento e evolução do jornalismo nas Minas.

No decreto de criação do Arquivo Público Mineiro estava prevista a criação de uma revista, o que foi feito por Xavier da Veiga. O primeiro número, de 1896, organizado em quatro fascículos, publicou muitas fontes primárias. Na revista, saíram ensaios de grande importância para a historiografia mineira. O próprio Xavier da Veiga escreveu importantes textos, como *A imprensa em Minas Gerais (1807-1897)*, que inaugurou os estudos jornalísticos no estado, e *Minas Gerais e Rio de Janeiro (Questão de Limites)*, que ajudou na negociação sobre a fronteira entre os dois Estados.

Ele trabalhou no APM até falecer e foi responsável pelos cinco primeiros números da revista, que depois ficaria a cargo do também importante jornalista, político e historiador Augusto de Lima.

Como era norma para todos que entravam na Academia Mineira de Letras fazer a biografia de algum mineiro importante, Augusto de Lima, ao ser acolhido na instituição, escolheu falar de Xavier da Veiga, por quem demonstrou grande admiração.

Pioneiro dos estudos jornalísticos

A monografia de Xavier da Veiga, publicada na Revista do Arquivo Público, nº 3, de 1898, com o título *A imprensa em Minas Gerais (1807-1897)*, faz nascer os estudos sobre jornalismo no Estado. Com 80 páginas, o texto faz um relato dos primeiros 90 anos da imprensa nas Minas, e traz um inventário das publicações que surgiram até 1897.

O estudo, até hoje, é utilizado por historiadores e pesquisadores do jornalismo. Sua monografia continua sendo uma referência sobre a história da imprensa mineira. Talvez a razão disso esteja na falta de estudos mais profundos. Surgiram registros e análises de fatos isolados, de jornalistas ou da história do jornalismo em cidades das Minas; mas são raros os trabalhos que tenham um olhar "macro" sobre a memória da imprensa no Estado.

Dos estudos sobre a imprensa mineira que surgiram posteriormente, destaca-se o de Joaquim Nabuco Linhares, que só foi publicado em 1995, 49 anos após

Expansão da imprensa mineira

Os jornais começaram em Ouro Preto, em 1823. A segunda localidade foi São João Del Rei, que em 20 de novembro de 1827, ganhou o *Astro de Minas*, considerado "brilhante" por Xavier da Veiga. Depois, o Arraial do Tijuco (hoje cidade de Diamantina) ganhou o *Echo do Serro*, em 1828.

Em 1830, três localidades passaram a ter jornais: Mariana (*Estrella Mariannense*), Serro (*Sentinela do Serro*, de Teófilo Otoni, seguindo a linha editorial da *Sentinela da Liberdade*, de Cipriano Barata) e Pouso Alegre (*Pregoeiro Constitucional*).

Outros locais que ganharam publicação foram: Itambé do Serro (7º lugar), Campanha (8º lugar), Sabará (9º lugar) e Caeté (10º lugar).

Xavier da Veiga, o precursor nos estudos jornalísticos no Estado

o falecimento de seu autor. Linhares tinha um acervo de jornais antigos de Belo Horizonte com 836 títulos, os quais catalogou e escreveu resenhas sobre cada um. Também são importantes os estudos de Sandoval Campos e Amynthas Lobo (1922), em comemoração ao primeiro centenário da Independência (1822-1922); e o artigo de Eduardo Frieiro (1962) *Notas sobre a imprensa mineira*. No entanto, são estudos superficiais.

A monografia de Xavier da Veiga, em suas 80 páginas, também não consegue tratar com profundidade todas as nove primeiras décadas da imprensa mineira. Ela se centra mais na primeira experiência de impressão e nos periódicos precursores. O autor não consegue mostrar a evolução dos jornais das Gerais no período oitocentista.

O autor também comete alguns enganos, pagando o preço de ser pioneiro. O maior deles é sobre o primeiro jornal mineiro, que ele diz ser o *Abelha do Itaculumy*, criado em 1824. No entanto, a primazia é do *Compilador Mineiro*, fundado um ano antes.

O erro foi cometido porque na época em que Xavier da Veiga escreveu sua monografia não se conhecia nenhum número do *Compilador*. Somente em 1908, quando José Carlos Rodrigues, que era diretor do *Jornal do Commercio*, do Rio de Janeiro, publicou o artigo *Curiosas e interessantes notas referentes ao Compilador Mineiro*, o jornal tornou-se conhecido dos historiadores. Rodrigues tinha 25 das 29 edições publicadas do periódico.

Xavier da Veiga começa fazendo um rápido histórico, que passa pelo invento de Gutenberg; a oficina de Antônio Isidoro da Fonseca, no Rio de Janeiro, fechada em 1747; e os primeiros jornais brasileiros. No entanto, gasta apenas cinco páginas para essa introdução, e entra no que lhe interessava, a memória da imprensa mineira.

Ele descreve com detalhes a primeira impressão feita nas Minas, em 1807, pelo padre José Joaquim Viegas de Menezes. O poeta e cronista Diogo Pereira Vasconcelos escreveu um canto panegírico (um poema) homenageando o governador da Capitania, Pedro Maria Xavier de Atayde. Apesar das atividades gráficas serem desestimuladas na colônia, o governador querendo ver o texto impresso procurou o padre Viegas, o único que poderia atender o seu desejo.

Depois de três meses de trabalho, o padre imprimiu um poema, utilizando uma técnica chamada calcográfica, que consiste no uso de chapas fixas de bronze, que são gravadas em baixo relevo. Esse é um dos grandes momentos da imprensa brasileira. A experiência é descrita por SODRÉ (1999, p. 34) como "proeza extraordinária para a colônia".

Xavier da Veiga transcreve uma conversa (já publicada em 1859, e depois republicada em 1906 na *Revista do Arquivo Público Mineiro*) que o padre Viegas teria tido com o governador da Capitania sobre esta primeira impressão. O próprio Viegas repetia constantemente esta conversa a seus amigos, de acordo com sua biografia.

"- *Meu Viegas, lhe disse, está resolvido o problema.*
- *Como, sr.?*
- *Como lhe digo; querendo o meu Padre dar-me mais uma prova de sua dedicação e amizade.*
- *Todas, quantas v. excia. de mim exija e caibam em minhas forças e pequena habilidade.*
- *Pois bem; o meu Padre tem já feito alguns ensaios de trabalhos calcográficos, imprimindo para o seu divertimento e para brindar alguns amigos, diversas estampas, nas quais têm gravado não só os nomes dos santinhos, como também algum dístico alusivo aos mesmos etc., ora, não é tão possível levar esses ensaios a um ponto maior, gravando estes versinhos que tanto me agradam?*
- *Já tive a honra de assegurar a v. excia. que estava pronto a fazer quanto em mim coubesse para comprazer-lhe, entretanto permita v. excia. uma pequena reflexão...*
- *Sobre o grande trabalho que vai ter em conseqüência da extensão da poesia?*
- *Não, sr.; é sobre o comprometimento que a v. excia. possa provir, atenta a proibição de trabalhos tais, em vista das ordens que do reino tem sido expedidas.*
- *Oh! Si é só isso não se aflija, tomo sobre mim toda a responsabilidade: mãos a obra, meu Padre."* (DUARTE, 1906, p. 258)

Balas tipográficas

O *Universal* foi criado pelo polêmico político Bernardo Vasconcelos, que o dirigiu até 1833. Depois, o jornal mudou de direção e tornou-se mais combativo.

Em 1842, seu diretor, José Pedro Dias de Carvalho, tomou uma das decisões mais ousadas da história da imprensa brasileira. Ele derreteu os tipos do jornal, fabricando balas para a revolução liberal que estourava na Província.

Na monografia também é feita uma rápida biografia do herói da imprensa mineira, o padre Viegas. Ele, além da impressão calcográfica de 1807, foi responsável pela primeira tipografia construída nas Gerais (inicia o trabalho em 1820). Xavier da Veiga também se equivoca ao dizer que esta foi a primeira tipografia construída no país.

Para falar do padre, é fácil de identificar (apesar dele não citar isto na monografia), que Xavier da Veiga utilizou como sua principal fonte um trabalho biográfico publicado no *Correio Official de Minas*, de 10 a 13 de janeiro de 1859. Esse texto, apesar de bem anterior ao seu, não pode ser classificado como um estudo sobre imprensa. É uma correspondência (assinada apenas com as iniciais A.M.), de alguém que dizia ser amigo de Viegas, trazendo uma biografia, escrita no estilo do jornalismo da época, rebuscada, em tom apologético, mas bem redigida.

Depois, Xavier da Veiga descreve os primeiros jornais da Província além da *Abelha do Itaculumy* (1824), o *Compilador Mineiro* (1823), do qual mostra ter muitas dúvidas sobre onde era impresso e quem o dirigia. O *Universal* recebe destaque na monografia. É fácil entender a ênfase dada a esse periódico, por ser o primeiro jornal com expressão na Província.

Em seguida, vem a descrição das primeiras localidades mineiras com jornais.

A parte mais importante do trabalho de Xavier da Veiga vem depois, o inventário da imprensa nos seus primeiros 90 anos. Em 34 páginas, ele lista as centenas de publicações criadas nas Minas, no período, em 87 localidades.

Pelo inventário, é clara a grande importância de Ouro Preto neste primeiro século de jornalismo, principalmente nas primeiras décadas. São listados 163 periódicos na cidade. Outros municípios com bom número de publicações foram: Uberaba (57), Juiz de Fora (55), Diamantina (45), São João Del Rei (41) e Campanha (33). Belo Horizonte, que acabava de ser inaugurada, já tinha quatro periódicos listados por Xavier da Veiga.

O inventário mostra que nas Minas algumas regiões povoadas tardiamente tiveram uma imprensa muito forte. Isso refletia as mudanças que as Gerais viveram no século XIX, e fizeram com que sua imprensa se deslocasse a medida que outras regiões foram se desenvolvendo. Com a decadência da exploração do ouro e diamantes, gradativamente, localidades que cresceram com a mineração (Ouro Preto, São João Del Rei, Sabará, Mariana, Diamantina etc) foram perdendo importância, e outras ganharam grande impulso (principalmente na Zona da Mata e no Sul das Minas). Por isso, o centro da imprensa mineira, no período oitocentista, deslocou-se de Ouro Preto para Juiz de Fora.

No final, Xavier da Veiga traz um relato da imprensa nas Minas, em 1897. Segundo ele, dos 123 municípios que o estado tinha na época, 69 possuíam periódicos. Ouro Preto ainda tem destaque, apesar de já não ser o centro da imprensa do Estado. Aparece com seis publicações, sendo que duas delas são de grande importância: o jornal oficial *Minas Gerais* e a *Revista do Arquivo Público Mineiro*. O *Minas Gerais* se destaca por ser a única publicação importante, do século XIX, que sobrevive até os dias de hoje. Belo Horizonte, que foi fundada no mesmo ano da publicação do estudo (com o nome Cidade de Minas), já contava com cinco publicações: *A Capital*, *O Bello Horizonte* (este o primeiro jornal da cidade), *Aurora*, *Tiradentes* e *O Bohemio*.

Efemérides Mineiras

Sua obra prima sobre a história mineira, com mais de mil páginas

Em 1897, Xavier da Veiga lançou pela Imprensa Oficial do Estado de Minas Gerais, sua extensa *Efemérides Mineira*. É a sua grande obra, em quatro volumes. Ele gastou quase 18 anos de trabalho duro para produzi-la.

A Fundação João Pinheiro lançou em 1998 uma reedição da obra, com dois volumes, que possuem juntos 1.115 páginas.

No livro, Xavier da Veiga faz uma cronologia detalhada da história mineira, mas um pouco confusa pela forma com que o autor organiza as informações.

As *Efemeridades* foram financiadas pelo Governo das Minas Gerais. Já nos termos da lei de criação do Arquivo Público Mineiro, estava prevista a produção de "efemérides sociais e políticas". O APM seguia a linha do Instituto Histórico Geográfico Brasileiro, que promoveu a publicação de edições históricas.

Uma vez, alguém procurou Xavier da Veiga querendo informações para escrever a biografia deste. Sua reação foi entregar os volumes das *Efemérides Mineiras*. "(...) como quem disse: - Eis-me nesse monumento pátrio" (LIMA, 1991, p. 39).

Para estudar a imprensa mineira

CAMPOS, Sandoval; LOBO, Amynthas. *Imprensa Mineira: Memória histórica – Edição comemorativa do centenário da independência (1822-1922)*. Belo Horizonte: Typ. Oliveira, Costa & Comp., 1922. 169 pp.

CARRATO, José Ferreira. O pai da imprensa mineira e o seu mundo. In: *Revista da Escola de Comunicações Culturais da USP.* São Paulo. V. 1, n. 1, 1968. pp. 65-100.

CARVALHO, André & BARBOSA, Waldemar. *Dicionário Biográfico Imprensa Mineira*. Belo Horizonte: Armazém de Idéias, 1994. 259 pp.

COSTA FILHO, Miguel. A imprensa mineira no Primeiro Reinado. *Tese apresentada ao VI Congresso Nacional de Jornalistas.* Rio de Janeiro: 1955, (ed. não identificada). 62 pp.

CUNHA, Lygya da Fonseca Fernandes da. *Uma raridade bibliográfica: O canto encomiástico de Diogo Pereira Vasconcelos impresso pelo padre José Joaquim Viegas de Menezes, 1806.* Rio de Janeiro: Biblioteca Nacional, 1986. 69 pp.

FRIEIRO, Eduardo. Notas sobre a imprensa mineira. *Revista da Universidade de Minas Gerais.* Separata nº 12. Jan. 1962. pp. 64-83.

GOODWIN JÚNIOR, James William. *A luz do progresso em Juiz de Fora: O jornal Pharol nas décadas de 1870-1880.* In: Rev. Varia História. UFMG. n. 17. mar. 1997. pp. 195-219.

LINHARES, Joaquim Nabuco de. Imprensa em Belo Horizonte. In: *Revista do Arquivo Público Mineiro,* ano VIII, 1903, pp. 585-614.

_____. *Itinerário da imprensa de Belo Horizonte: 1895-1954.* Belo Horizonte: Fundação João Pinheiro, Centro de Estudos Históricos e Culturais, 1995. 588 pp.

OLIVEIRA, Almir de. *A imprensa em Juiz de Fora.* Juiz de Fora: s.e., 1981. 59 pp.

VEIGA, José Pedro Xavier da. A imprensa de Minas Gerais (1807-1897). In: *Revista do Arquivo Público Mineiro,* Ano III, 1898. pp. 169-249.

Fontes da imprensa brasileira

BAHIA, Juarez. *Jornal, história e técnica.* São Paulo: Ibrasa, 1972. 3ª ed. 247 pp.

MARQUES DE MELO, José. *Sociologia da imprensa brasileira.* Petrópolis: Vozes, 1973. 163 pp.

NEVES, João Alves das. *História breve da imprensa de língua portuguesa no mundo.* Lisboa: Dir. Geral das Comunicações Sociais, 1989. 166p.

PASSOS, Alexandre. *A imprensa no período colonial.* Rio de Janeiro: Ministério da Educação e Saúde, 1952. 72 pp.

RIZZINI, Carlos. *O jornalismo antes da tipografia.* São Paulo: Companhia Editorial Nacional, 1968. 204 pp.

SODRÉ, Nelson Werneck. *História da imprensa no Brasil.* Rio de Janeiro: Civilização Brasileira, 1966. 583 pp.

VIANA, Hélio. *Contribuição à história da imprensa brasileira (1812-1897).* Rio de Janeiro: 1945.

Outras Referências Bibliográficas

DUARTE, José Rodrigo. O padre José Joaquim Viegas de Menezes (N. em 1778 - M. no dia 1 de julho de 1841). *Revista do Arquivo Público Mineiro,* Belo Horizonte, vol. 11, p.255-274. 1906.

CARNEIRO, Edilaine Maria de Almeida & NEVES, Marta Eloísa Melgaço. Introdução. In: *Efemérides Mineiras.* Belo Horizonte: Fundação João Pinheiro, Centro de Estudos Históricos e Culturais, 1998. 1115 pp.

JOSÉ Pedro Xavier da Veiga: Esboço biográfico. *Revista do Arquivo Público Mineiro,* Belo Horizonte, ano VI, 1901,v. 6. 3-25 pp.

LIMA, Augusto. Comendador José Pedro Xavier da Veiga. In: *Revista do Arquivo Público Mineiro,* ano XVI, v. I, 1911. 37-106 pp.

Frei Caneca
Xavier da Veiga
David Moreira Caldas
Costa Rego
Auricélio Penteado
Jorge Antônio Salomão
Carlos Rizzini
Alceu Amoroso Lima
Roberto Marinho
Danton Jobim
José Reis
Vera Giangrande
Adalgisa Nery
Aparício Torelly
Josué de Castro
Pompeu de Sousa
Erico Verissimo
Vladimir Herzog

DAVID MOREIRA CALDAS
Os ideais republicanos na imprensa piauiense

Ana Regina Barros Rêgo Leal

Ana Regina Barros Rêgo Leal é professora. Assistente do Curso de Comunicação da Universidade Federal do Piauí – UFPI.
Mestra em Comunicação e Cultura – ECO-UFRJ e Doutoranda em Comunicação Social – UMESP

A produção jornalística do Piauí no século XIX, no tocante à questão política, aspecto considerado importante, ainda não chegou a ser suficientemente analisada. Existem registros importantes sobre a origem e o desenvolvimento dos jornais impressos no Piauí, entre 1832 a 1900, mas poucos se detêm no aspecto político do jornalismo praticado à época.

Sem dúvida, em âmbito nacional, o movimento republicano desperta interesse e atenção de vários pesquisadores, alguns dos quais com trabalhos expressivos, que conseguem dissecar a complexa composição desse partido. No caso específico do Piauí, David Caldas é o principal alvo para o qual se dirigem as pesquisas sobre a temática e é sobre sua atuação que iremos discorrer.

Movimento republicano

As fontes bibliográficas que, de forma direta ou indireta, referem-se ao assunto em questão, não permitem emitir parecer preciso sobre as posições ideológicas das pessoas que de algum modo contribuem para a causa republicana. Seguem, pois, características do movimento pró-república piauiense, sob o enquadramento presente nos livros consultados e sob a análise dos periódicos, a qual permite visualização mais definida sobre as idéias propagadas na época, no Piauí.

George Boehrer (1950, p.377), em estudo sobre a história do Partido Republicano no Brasil, aborda o movimento no Piauí, afirmando que *"...a atividade repu-*

David Moreira Caldas, o profeta da República

blicana na província do Piauí foi mais pronunciada do que no Ceará, não atingindo porém um grau notável...".

Entretanto, para Teresinha Queiroz (1994, p. 218), "...*no Piauí, a propaganda republicana vinha da década de 1870, com a ação jornalística e política de David Caldas, que, para isso, fundou os jornais 'Oitenta e Nove' e 'O Amigo do Povo', este como repercussão imediata do manifesto de 1870. A ação de David Caldas teria sido individual, e um movimento mais amplo nesse sentido só estaria presente, no Piauí, nos meados da década de 1880, tendo à frente os novos bacharéis da Escola do Recife, dentre os quais nomeadamente Clodoaldo Freitas, Joaquim Ribeiro Gonçalves, César do Rêgo Monteiro e Hygino Cunha, cada um com raio de atuação diferente, mas com algo em comum, que era o republicanismo literário."*

O certo é que os princípios republicanos chegam ao Piauí trazidos pela propaganda feita nação afora por integrantes do novo partido, que, em 1870, lançam o Manifesto Republicano.

Propagação pré-republicana

A chama pré-republicana encontra em David Moreira Caldas a voz ideal para sua propagação. Originalmente liberal, é eleito deputado por este partido, mas abandona o mandato e a carreira de político, dedicando-se, a partir de então, ao jornalismo. Em 1868, funda *O Amigo do Povo*, cujo subtítulo, a partir de 1871, passa a ser assim enunciado: Órgão do Partido Republicano do Piauí.

Nessa época, David Caldas, consciente das idéias constantes no Manifesto de Quintino Bocaiúva e Saldanha Marinho, as quais coincidem com suas próprias concepções, adere de imediato ao movimento, transformando seu jornal em veículo de difusão dos anseios do Partido Republicano, do qual se faz representante e interlocutor.

Para muitos autores que citam a obra de David Caldas, o seu maior feito consiste na mudança de nome do jornal *O Amigo do Povo* para *Oitenta e Nove*, em fevereiro de 1873. O que mais impressiona é o conteúdo do editorial de lançamento da nova folha, carregado de um tom, para alguns profético, mas no qual, por meio de figuras metafóricas, o autor reporta-se a grandes acontecimentos do passado ocorridos, sempre, no ano 89.

Assim, conforme a leitura mais comum, profetiza: "...*enquanto, porém, não avançamos tanto a ponto de chegar a uma idade quase angélica seja-nos permitido ter a fé robusta de ver a República Federativa estabelecida no Brasil, pelo menos daqui a 17 anos, ou em 1889, tempo assaz suficiente, segundo pensamos para a educação livre de uma nova geração, para a qual ousamos apelar, cheios de maior confiança.*" (apud Pinheiro Filho, 1972, p. 30).

Personagem controvertido

Existem controvérsias entre os historiadores quando o assunto é David Caldas. Celso Pinheiro Filho não encontra em seus escritos, vestígios de uma ideologia mais arraigada. Sobre *O Amigo do Povo* é categórico: "*...poucos foram os artigos literários ou doutrinários publicados no jornal. Como todos da época limitava-se a criticar os atos governamentais, e refletir pequenas lutas políticas do interior da Província. Para livrar-se dos problemas com o Código Criminal do Império, na parte relativa à imprensa, comentava os fatos do dia como se tivessem acontecido na China ou na Turquia, tratando os personagens por paxás ou mandarins, utilizando conhecida figura de retórica.*" (Pinheiro Filho,1972, pp. 26-27).

Abdias Neves, ao analisar o editorial declarado profético conclui que "*...desse título, Oitenta e Nove e da má interpretação de seu artigo inicial, formou-se a lenda de que David Caldas profetizara a futura mudança de forma de governo, em 1889...*" (apud Pinheiro Filho,1972, p. 27).

A este respeito, Queiroz (1994, p. 218) não só contesta a tese da profecia como identifica idéias iluministas, "*as alusões à Revolução Francesa tanto eram feitas pelo redator liberal, como por David Caldas no editorial do primeiro número do 'Oitenta e Nove', editorial que foi inúmeras vezes referido como sendo carregado de um sentido e de um conteúdo proféticos. Nossa interpretação não corrobora esse sentido e sim evidencia a apropriação e a divulgação das idéias iluministas no Piauí, ressalta o sentido revolucionário sugerido por David Caldas em seu jornal radical.*"

Jornal *A Imprensa* – jornal de maior longevidade no segundo reinado: 25 anos

No entanto, os historiadores acordam com o fato de que David Caldas é único, como republicano, em seu tempo, não conseguindo seguidores para fundar um partido ou mesmo um clube republicano.

Se não existe na província do Piauí um partido republicano devidamente organizado, ao certo, encontram-se simpatizantes e adeptos da causa, uma vez que ele conseguiu imprimir seus jornais por vários anos, tendo sempre um seleto público-leitor. É bem verdade que sua aproximação com os liberais e, conseqüentemente, com o seu antigo partido, facilitam o livre trânsito dos seus impressos na Província.

Ostracismo e apatia

É ponto pacífico, pois, que outras questões ocupam o espaço na imprensa, enquanto o republicanismo no Piauí emerge no ostracismo. Segundo Pinheiro Filho (1972, p. 32), com a morte de David Caldas até a proclamação da República, a atividade jornalística no Piauí se processa "*...nos velhos moldes, sem apresentar nada de novo, pois que a Província ficou à margem da fermentação republicana...*"

Deste modo, a mudança na forma de governo com o exílio do Imperador surpreende o povo piauiense. Na verdade, se no Rio de Janeiro, capital do País, local onde a

Crítica radical

"...*em janeiro de 1875 ainda circulava o jornal 'Oitenta e Nove'. David Caldas, então, via-se às voltas para suprir o déficit de suas contas e equilibrar receitas e despesas. Durante o ano de 1874, havia recebido apenas o valor de 66 assinaturas e rogava aos devedores que tivessem 'a bondade de mandar satisfazer seus compromissos'. Pelo teor do anúncio, o número de assinantes do jornal deveria ser bem superior às 66 assinaturas, cujo pagamento fora integralizado. E, é claro, o jornal também tinha vendagem avulsa. É possível que a tiragem fosse superior a 200 exemplares. Essa observação se contrapõe mesmo às versões do período, informando ao Governo Imperial sobre o nenhum desenvolvimento da idéia de república na Província. Se não havia um movimento formalmente organizado em torno de David Caldas, existia público e interesse pela crítica radical ao regime. É provável que as idéias veiculadas no jornal estivessem próximas das posições do Partido Liberal no ostracismo, mas certamente teriam uma marca própria. Com relação ao republicanismo no Piauí, são válidas as mesmas observações feitas para com o ateísmo e os movimentos similares. A falta de reconhecimento e de atribuição de importância era uma das formas de negação e de desqualificação sociais desses movimentos.*" (Queiroz, 1994, p. 21).

propaganda é mais intensa e as conspirações tomam corpo, o povo assiste, nas palavras de Aristides Lobo, à mudança do Império para República, "bestializado", o que dizer do povo do Piauí, onde pouco ou quase nada se sabe ou se fala sobre República?

Contudo, encontram-se traços republicanos em outras personalidades, mesmo que estas não se posicionem, explicitamente, como republicanos.

Clodoaldo Freitas enquadra-se neste perfil. Chega mesmo a ser homenageado como republicano histórico após a mudança de regime. Filiado ao Partido Liberal, assim como, Hygino Cunha, e acusado de republicano pelos conservadores, entre eles Coelho de Resende, funda, ao lado de Antônio Rubim e Marianno Gil Castello Branco, o jornal *A Reforma*, em 1887, de tendência abolicionista e republicana, o que lhe causa transtornos com a direção de seu partido e com o Marquês de Paranaguá. Mas se durante a Monarquia, Clodoaldo é acusado de republicano, nos primeiros anos de República, é acusado de monarquista.

Hygino Cunha vive trajetória parecida com a de Clodoaldo Freitas. Também vinculado ao Partido Liberal escreve, assim como Clodoaldo, no jornal *A Imprensa*. Ao que consta, ambos, além de rápidas incursões na política, no caso de Hygino Cunha, bem mais que Clodoaldo, ainda exercem carreira como magistrado e utilizam o cabedal de conhecimentos ideológicos positivistas adquiridos na Academia de Direito do Recife com Tobias Barreto, mormente na questão religiosa, ou simplesmente, na disputa entre Igreja Católica e Estado.

Considera-se, também, como republicano, Joaquim Nogueira Paranaguá. Este, em dezembro de 1888, implanta, em Corrente, cidade localizada no extremo sul do Estado, um clube republicano, fato que pouco repercute na capital ou na Província, em decorrência da distância geográfica entre Corrente e Teresina.

Acrescenta-se que o Piauí, como o Brasil, ingressa na República, apaticamente, sem levante com participação popular. A notícia chega a Teresina através de telegrama transmitido no dia 16 de novembro. O povo, ainda surpreso, reúne-se no telégrafo em busca de mais notícias, onde discursam o Capitão Francisco Pedro de Sampaio e o telegrafista Leonel Caetano da Silva, proclamando a República no Piauí. A seguir, se dá a deposição do presidente da Província, Lourenço Valente Figueiredo, e se organiza junta governativa, constituída pelos Capitães Nemésio Reginaldo de Sá e Nelson Pereira do Nascimento e pelo alferes João de Deus Moreira de Carvalho, todos do exército nacional.

David Moreira Caldas, idealista visionário

Falar do movimento republicano no Piauí significa falar de David Moreira Caldas, que se confunde, intrinsecamente, com o movimento. Não existem limites entre a sua pessoa e a propagação das idéias na Província.

David Caldas é possuidor de uma personalidade atípica para o seu tempo. Não consegue se amoldar aos ditames da sociedade monárquica, mas, mesmo assim, começa a trabalhar muito cedo. Aos 19 anos, é promotor público de Campo Maior, cargo que renuncia face a sintomas de depressão nervosa. Dois anos depois, estréia no jornalismo com a folha *O Arrebol*. Após sua tentativa de estudar direito em Recife, e seu retorno ao Piauí, retoma suas atividades jornalísticas. Em 1863, associa-se a Deolindo Moura e como colaborador, começa no periódico liberal *Liga e Progresso*, passando, em seguida, para *A Imprensa* e depois, já com idéias republicanas, ainda que indefinidas, edita o jornal *O Amigo do Povo*.

Jornal *Liga e Progresso* – jornal do partido liberal onde David Caldas foi redator no início da década de 1860

Ao longo de sua trajetória, muitos componentes pessoais e políticos juntam-se ao seu caráter e ao seu conhecimento. Ser o propagador das idéias republicanas no Piauí é o maior título, sobretudo, por ser praticamente o único, salvo a curta atuação de Nogueira Paranaguá já no desembocar da República. Mas, destaca-se ainda, como professor, escritor, político, poeta, linotipista e geógrafo.

As leituras que giram em torno de sua pessoa e os seus próprios escritos abrem, mais e mais, túneis iluminados para uma face desconhecida. Como jornalista, não se limita, como seus contemporâneos, ao debate político em torno de questões pequenas e particulares, mas investe na propagação de idéias maiores. Seus jornais, embora propagadores da ideologia republicana, exploram grande variedade temática. Neles, encontram-se, desde discursos de conservadores sobre questões com os quais o redator concorda, até dados estatísticos da Europa e dos EUA. A literatura também é uma constante em sua vida. Lê a maioria dos livros lançados, tanto de autores nacionais como europeus, enviados, mensalmente, por livreiros do Rio de Janeiro. Após a leitura, traça comentários via imprensa, indicando ou não, sua aquisição e leitura, à semelhança das resenhas mantidas nas revistas informativas brasileiras da atualidade.

Montar o "quebra-cabeça" de personalidade tão polêmica e idealista, talvez nunca seja completamente possível. Citado por alguns historiadores como louco e visionário. Abdias Neves e Teresinha Queiroz contestam essa classificação, dizendo que David Caldas é, na realidade, um místico. Seus escritos transparecem um crente feroz e dão indícios de que ele mesmo se acreditasse dotado de dons sobrenaturais, embora não haja elementos suficientes para considerá-lo visionário. Fatos registrados mostram o quanto acredita em sua capacidade de premonição, como o relato redigido por ele mesmo no *Oitenta e Nove*, fascículo do dia 24 de abril de 1874, número 22. Na nota Sonho Certo, conta que um dos seus sonhos antevê o acidente acontecido com o vapor Junqueira, no rio Parnaíba. No exemplar de 21 de novembro de 1874, número 31, em artigo esotérico, publicado como folhetim, lança os princípios de uma nova ciência, a coincidenciologia, e não conscienciologia, como registram alguns historiadores. Nesse texto, declara-se em formação de trindade humana com Gonçalves Dias e Deolindo Moura, o que tenta provar através de cálculos coincidenciológicos.

Contudo, a sua intrigante personalidade foge, mais ainda, dos padrões do século XIX. David Caldas liberal, depois republicano, consegue se relacionar com alguns políticos oposicionistas, juntando-se a eles quando os projetos que defendem são benéficos

O império e o gênio do mal

Jornal *O amigo do povo* – primeiro jornal republicano do Piauí

"De súbito appareceo na corte um horrendo cataclysmo; fazendo tremer convulsamente - em sua base - o império todo! (...). O que foi isto? De 16 a 20 de julho, o imperial Vesúvio deitou terríveis lavas sobre a Herculanum constitucional, que jazia descuidadosa na base da montanha traidora (...). N'outros termos: foi uma dessas revoluções que, por mais desastrosas que sejão jamais se reputão criminosas! (...). Foi uma revolução monarchica; dessas que o gênio do mal apatrocina sempre!..." (ERUPÇÃO vulcânica, 1868, paginação irregular).

O alvo principal do jornal é, de fato, a Monarquia, a figura do Imperador e todos que o rodeiam. *O Amigo do Povo* não poupa ministros, deputados, familiares ou quem quer que se beneficie com o sistema monárquico. Se tivesse um cartunista para retratar as denominações que o redator atribui ao Imperador, seria, decerto, mais rico do que a Revista Illustrada (Rio de Janeiro). É válido observar que as críticas não são infundadas. Em geral, há publicação de estudos comparativos entre o Império brasileiro com repúblicas, quase sempre a norte-americana.

CAPÍTULO III

para a Província. Coelho Rodrigues, conservador ferrenho, chega a imprimir na sua gráfica, o jornal O Conservador. Entretanto, conforme discussão anterior, David Caldas torna-se mais admirado e conhecido pelo conteúdo do editorial de lançamento do Oitenta e Nove, que suscita uma série de questionamentos. Será que a sua "previsão" da promulgação da República em 1889 não foi fruto de uma profunda consciência política e filosófica? Será que resulta de reflexo de sua influência jacobina, cujos adeptos radicais pregam uma insurreição para o centenário da Revolução Francesa? Será que é profecia? Será que é mais uma de suas "coincidências" e por isso, possível de se provar via cálculos coincidenciológicos?

Perfil republicano

Enquadrar David Caldas numa das três facções do Brasil pré-republicano é anexar o seu pensamento a uma das correntes filosóficas que predominam nessas vertentes e isso diminui e muito a abrangência de seu trabalho. Na verdade, faltam elementos suficientes para uma identificação inquestionável, que justifique rotulá-lo como jacobino, liberal ou positivista.

No período de sua atuação, o positivismo ainda é emergente no Brasil e o jacobinismo ainda pouco difundido, como bandeira de luta. Os jacobinistras Lopes Trovão e Silva Jardim dão muito mais trabalho ao Império na década de 1880. As escolas de direito reproduzem o positivismo com maior afinco, a partir também de 1880. Os militares, nos anos de 1870, começam a se inquietar, mas o positivismo só se reproduz com maior força, a partir de 1885, dentro das escolas militares. Resta, então, a David Caldas, a influência do liberalismo e de sua versão norte-americana, visível ao longo de seus escritos, o que não significa que a Revolução Francesa não esteja presente. Ao contrário, desde os tempos de *A Imprensa*, David apregoa os ideais de liberdade, igualdade e fraternidade, ao lado da democracia, e mesmo sendo crente em Deus, discorda das relações Igreja x Estado, o que lhe vale um sepultamento do lado externo do cemitério São José, em Teresina.

Acredita-se em maior inclinação de David Caldas para o liberalismo. A princípio, por sua escola ser o Partido Liberal, e iniciar as suas proposições políticas, sob a influência dos grandes teóricos liberais. Depois porque, desde o Manifesto Republicano, identifica-se com Quintino Bocaiúva e Saldanha Marinho, reproduzindo, invariavelmente, artigos que saem da pena dos membros do Partido Republicano, no Rio de Janeiro e, mais adiante, após a realização do Congresso Republicano Paulista, também acompanha de perto a evolução do republicanismo naquele estado. Outro fator que denuncia a sua propaganda nos moldes de Quintino Bocaiúva, ou seja, de forma contundente, mas não tão agressiva, é o seu relacionamento com o Partido Liberal.

O contrato social de Rousseau que prega a democracia participativa ou direta, e, contrariamente a este, o pacto social norte-americano que defende uma democracia representativa, fascinam David Caldas, com a mesma intensidade. No entanto, de certa forma, inclina-se mais a concordar com o sistema representativo, que restringe a participação dos populares no poder, os quais devem se fazer presentes através do voto direto, uma de suas aspirações. A Federação ou a descentralização também são bandeiras dos jornais republicanos no Piauí, que citam a excessiva centralização como um dos mais graves empecilhos para o bom desempenho do sistema monárquico no País, além das dificuldades ocasionadas pelas proporções continentais do Brasil.

Quanto à composição das alas republicanas, que, em nível nacional, têm maior ou menor participação de determinados grupos sociais, parece impossível a identificação no Piauí. Não que se concorde com a idéia de que David Caldas exerce sua pregação "no deserto", como afirmam historiadores, como Abdias Neves e Celso Pinheiro Filho (1972). Mesmo sem identificar, com precisão, a procedência de seus correligionários, o certo é que não estão entre os grandes proprietários de terra. Mas a prova mais contundente de que ele não pregou à toa, é que o *Oitenta e Nove* alcança tiragem de 400 a 450 exemplares semanais, figurando como o terceiro maior jornal da Província, igualado somente aos dos órgãos liberal e conservador. Outro fato comprobatório do valor de sua pregação é representado pelas adesões de piauienses ao republicanismo, declaradas em *O Amigo do Povo*.

Os jornais de David Caldas

Aqui apresentamos os jornais que, de fato, são de propriedade de David Caldas e o têm como redator principal, quais sejam, *O Amigo do Povo, Oitenta e Nove* e *O Ferro em Braza*. Os dois primeiros representam o espaço específico destinado à propaganda republicana impressa em terras piauienses, e o último destaca-se por suas peculiaridades panfletárias.

Nesses jornais, que chegam a uma tiragem expressiva dentro do universo jornalístico da província do Piauí, David Caldas demonstra autoconsciência institucional, advinda, sobretudo, de sua convivência com outras produções jornalísticas, literárias e científicas do Brasil e do mundo. Mantém expressiva variação temática, com seções em áreas distintas do conhecimento, como ciências, geografia, artes, literatura e religião, divergindo, totalmente, da produção jornalística do Piauí de então.

O Amigo do Povo

O Amigo do Povo nasce em 28 de julho de 1868, no auge da crise ministerial, em meio à queda do gabinete progressista acarretada por conflitos internos e como reflexo da longa Guerra do Paraguai. As transformações bruscas operadas por Sua Majestade, substituindo-o por um gabinete ultra-conservador e as decepções de David com seu próprio partido, durante o mandato de deputado, faz com que se posicione de forma diferente em relação ao sistema monárquico constitucional. Assim, a linha discursiva de David Caldas muda drasticamente. Possui referenciais políticos definidos e desacredita da Monarquia como regime ideal para um país com as dimensões do Brasil.

Em *O Amigo do Povo*, realiza-se não só como político e difusor de idéias, mas como jornalista, com estilo totalmente diverso do praticado pela imprensa local. Nos primeiros números, nota-se liberação maior e fluência verbal não experimentada nos demais periódicos. Critica a Monarquia e os partidos monárquicos, não obstante mantenha-se condescendente com o Partido Liberal. O foco em que concentra todas as suas energias de ataque é a Corte e o Imperador, sem esquecer o esquema conservador que prevalece em todos os cantos do País.

CAPÍTULO III

Adesão republicana

"Achavamo-nos fora desta cidade, no lugar Boa Esperança, cerca de 2 kilômetros acima da villa de União, quando, a 30 de janeiro último, tivemos de ler bellos artigos de despedidados illustrados redactores do 'Ipiranga'. Quando vimos Salvador de Mendonça declarar-se republicano, foi tal a commoção que sentimos que, digamo-lo com franqueza - chegamos a chorar de prazer!" (EDITORIAL, 1870, paginação irregular).

No exemplar de 14 de fevereiro de 1871, *O Amigo do Povo* transcreve, na íntegra, o Manifesto Republicano, de 1870. A partir desse número, assume, oficialmente, a função de órgão republicano, aqui, no Piauí. Agora, o espaço destinado aos artigos e à defesa da República é mais significativo, enquanto o das intrigas provincianas, cada vez mais reduzido.

A defesa da República

"Em uma república muda-se a administração periodicamente. Abre-se livre accesso às idéas novas que se tem condensado na atmosfera da opinião pública, e o representante dellas vae poder realisá-las. As resistências naturalmente provém de uma ordem de cousas estabelecidas e consagradas pelos costumes, se atenuam, se suavisam, se applanam, gradualmente, ao atrito constante da discussão, do exame, da luz scientífica." (EDITORIAL, 1872, paginação irregular).

Na visão do seu redator, a causa republicana está acima de disputas menores e pessoais. As críticas aos partidos monárquicos ocorrem não como debates sobre questões do dia-a-dia das administrações, mas no patamar da composição e das ideologias por eles defendidas, de tal forma que a democracia, como elemento da propaganda republicana tem espaço garantido em *O Amigo do Povo*.

Eficácia da democracia

"Há um argumentar contra as idéas novas que perdeu todo o prestígio e a força de ser desmentido pela História – é a ironia com que os que fazem timbre de positivismo acolhem facilmente os princípios como abstrações da theoria, mas os desdenham logo como impossíveis de serem traduzidos no mundo da realidade (...). Não é de hoje que taxa a democracia de pura illusão de poetas, e se escreve o qualificativo de utopia ao lado da crença fervorosa da república. Rousseau que entrevia o ideal da soberania do povo através do servilismo monarchico do reinado de Luiz XIV, descreu da efficacia da democracia, e proclamando quando há de perfeito n'essa forma social, remeteu-se ao céu como só possível aos anjos!..." (UTOPIAS, 1871, paginação irregular).

No que concerne aos seguidores de David Caldas, que muitos afirmam não existirem, acredita-se que o Partido Republicano não chegou a se organizar no Piauí nem os adeptos alcançaram número expressivo, e nem mesmo se pode precisar quantos. Mas o fato é que existiram, o que é comprovado em declarações de adesões, encontradas tanto em *O Amigo do Povo* como no *Oitenta e Nove*:

As mazelas do trono

"A moderna hydra de Lerna não é combatida por um hércules; entretanto as 7 cabeças renascem sempre que o monstro se lembra de mudar de pelle conforme a sua hedionda constituição..." (MÁXIMAS e pensamentos, 1868, paginação irregular).

"A hereditariedade do trono é, na verdade uma usança absurda só admitida entre povos habituados a se considerarem como um rebanho de ovelhas, destinado a ser exclusivamente herdado pelo primogênito, ou na falta - por qualquer outro parente - daquelle respeitabillíssimo posto que tem por cajado um sceptro!" (EDITORIAL, 1868, paginação irregular).

"Dissemos mais que os Estados Unidos em 20 presidentes, em 80 annos, não havião gasto talvez um terço do terço do que tinhamos gasto em 38 annos com um só rei. Enganamo-nos involuntariamente (...). Os 37:010:661$000 que despendemos com a família imperial em 38 annos; nos Estados Unidos darião para pagar-se, durante o longo espaço de MIL ANOS, a 250 presidentes da república." ($37:010:661$000, 1869, paginação irregular).

Para relatar fatos ocorridos no interior da Província, na Corte ou nos demais estados, *O Amigo do Povo* recorre a um estilo diferente, despertando a curiosidade do povo. Nele David Caldas situa o Brasil como o reino da Turquia; as províncias, como pachalatos; as cidades, sandjakats ou livahs; o Imperador, sultão ou padichah; os presidentes das províncias, pachás; e os prefeitos, sandjaks ou pachás de uma só cauda. Assim as notícias são publicadas, como neste exemplo: "No livahs de Piripiri o pachá mandou aprisionar o escravo alforriado..."

A admiração pela república vigente nos EUA é perceptível e, invariavelmente, *O Amigo do Povo* traz artigos do próprio David ou transcrições de outros jornais nacionais, em que os filósofos liberais são quase sempre citados, como a seguir:

Uma sociedade inteiramente nova

"No norte o admirável desenvolvimento dos Estados Unidos, onde a energia e a perseverança das raças da Germânia, argumentadas pelas crenças vigorosas dos velhos puritanos, tirou do seio fecundo da terra a opulência, e do seio ainda mais fecundo das verdades de 43, de 68, e de 89 a liberdade, as idéias de alguns publicitas que a Europa chama de sonhos enganadores são magníficas realidades e o progresso é rápido como ainda não se viu em parte alguma (...). A vida está ahi sobretudo nas grandes aspirações da liberdade que vae cada dia transformando o direito público e privado segundo as mais avançadas idéias da o philosofia (...). Quando menos, a tendência progressiva, que precipita a actividade dos outros grupos americanos, se faria sentir em nossas cousas de maneira que pudéssemos no parallelo das nações mais adiantadas da Europa (...). Querer fundar uma sociedade inteiramente nova, sem laços com

o passado, como o fizeram Lycurgo, Locke e Sieyes, varrer bem o solo onde se há de fazer a edificação..." (O QUE são e o que serão os liberaes, 1868, paginação irregular).

Acredita-se que *O Amigo do Povo* já nasce republicano. Apenas não possui essa denominação, uma vez que não existe uma doutrina e um partido constituídos, no Brasil, na data de sua fundação. Os liberais radicais afastam-se mais dos princípios monárquicos e David Caldas, como redator e proprietário do jornal, acompanha tal tendência, mesmo de longe, através de outros impressos que lhe chegam às mãos, dos quais, com freqüência, faz reproduções e retira deles inspiração para a elaboração de suas matérias. Em 1868, já acredita na República, como se vê abaixo:

A traição monárquica

"A monarchia no Brazil é uma traição de homem sedento dos gozos da realeza. O Brasil descoberto por accaso por um portuguez, pertencia a Portugual, como se por ventura pertencesse aos índios, como Portugual aos portuguezes (...). Se não tivesse havido a independência, o Brasil seria governado pelo mesmo Pedro por morte do tal João VI, ora com a independência ficou o mesmo Pedro governando; logo, a independência foi apenas um nome; não representava o grandioso pensamento da Liberdade. Pedro foi um traidor. Declarada a independência elle devia esperar que o Povo escolhesse não só a sua forma de governo, como também o seu chefe. Assim não foi. Pelo contrário, tudo foi imposto: Independência, forma de governo, e chefe! (...). Deus lhe inspire os meios de alcançar essa rehabilitação moral, constituindo-se em República Federativa..." (A MONARCHIA no Brasil, 1868, paginação irregular).

A consolidação, tanto do jornal como do seu redator como republicanos, só acontece, em 1871, após muitas adesões às novas idéias que se propagam pelo Brasil. Em Sorocaba, São Paulo, em 1868, os componentes dos Partidos Liberal e Conservador recusam-se a participar da eleição provincial e unem-se para a formação do Partido Republicano. Este fato, embora sem maior repercussão nacional, aparece em O Amigo do Povo, 25 de novembro de 1868, número 10.

Os liberais radicais conspiram em todo o País e tendem mais e mais a romper com os princípios monárquicos e com seu partido de origem. Em dezembro de 1869, Salvador de Mendonça declara-se republicano em artigo que David Caldas lê um mês depois, e que lhe traz emoção, como antes mencionado.

Engrossando as fileiras republicanas

"Estamos autorisados a fazer público que desde 4 do corrente se declarou republicano, sem nem uma reserva, o nosso amigo Sr. Evaristo Cícero de Moraes, pertencente a uma das mais illustres famílias da província, a do fallecido Dr. Casimiro J. de Moraes Sarmento, Piauhyense notável pela sua illustração e severidade de costumes (...). É com verdadeira satisfação que estampamos hoje este pequeno artigo; justamente ao completar um anno que deixamos a redacção da Imprensa, órgão do partido liberal, a fim de nos declararmos franca e ostensivamente - soldado militante e em serviço activo das fileiras republicanas." (ADHESÃO e anniversario, 1872, paginação irregular).

Oitenta e Nove

No início de 1873, David Caldas muda o nome do seu jornal *O Amigo do Povo* para *Oitenta e Nove*, que traz a inscrição *Monitor Republicano do Piauhy*. Nessa época, o Partido Republicano e suas idéias começam a se consolidar no contexto nacional. Os paulistas realizam o I Congresso Republicano, com a presença de representantes de 17 municípios, do qual sai novo manifesto. A questão religiosa está em plena efervescência.

David Caldas parece mais entusiasmado com a possibilidade de um governo republicano, o que transparece em seus artigos, a começar pelo editorial de lançamento, que, como discutido antes, prevê a República para o ano de 1889.

De qualquer forma, em termos genéricos, continua com o mesmo estilo do jornal anterior, ou seja, com artigos pró-republicanos e democráticos, denúncias concernentes à situação do Brasil e ao governo monárquico, críticas à Casa Imperial e à figura do Imperador, embora mais amenas. Usa metáforas e comparações para exprimir e noticiar fatos ocorridos no País e na Província, e retratar as polêmicas sobre a questão religiosa, diversificando a temática. A geografia aparece com maior freqüência. Divulga laudas inteiras com dados estatísticos, ora das províncias do Brasil, com detalhes de população total, população escrava, povoação, número de escravos; ora com detalhes de cidades européias e norte-americanas. A coluna de crítica literária conquista mais espaço. Ao que parece, tem, agora, acesso a um número maior de publicações, em geral, doados pela livraria Garnier, do Rio de Janeiro. Livros de Júlio Verne, Victor Hugo, G. Ferry etc. são comentados e indicados para compra.

As notícias não se passam mais na Turquia. O emprego de metáforas diminui e o espaço voltado para o debate público local aumenta. O *Oitenta e Nove* passa a se intrometer, timidamente, nos problemas políticos locais, quase sempre, quando entre os envolvidos está algum amigo pessoal do redator David Caldas, com a observação de que maior abertura para as polêmicas locais não compromete a divulgação da causa maior do jornal, a República.

Jornal *Oitenta e Nove* – periódico no qual David Caldas publicaria o seu manifesto predizendo em 1872, que a República seria proclamada em 1889

O excessivo poder do monarca continua em pauta, tanto na esfera dos republicanos, como na dos liberais, que propagam os seus malefícios para o processo desenvolvimentista nacional. Assim, o regime monárquico e o Imperador são "bombardeados" não só pelo Monitor Republicano do Piauí, mas por todos os jornais republicanos do País. Do Amazonas ao Rio Grande do Sul, formam-se, pouco a pouco, núcleos republicanos, cuja providência primeira é, sempre, editar um jornal para divulgar seus ideais. O fascículo 22, de 24 de abril de 1874, transcreve artigo publicado no jornal *A República*, do Rio de Janeiro.

A imprensa sufocada

"Que os governos monarchicos são com raríssimas excepções governos corrompidos, sabemo-lo pela história e por tristes experiências do nosso próprio paiz (...). Bem que estejamos sob regimen de um absolutismo hypocrita, cumpre ouvir os instumentos da monarchia o nome a que elles tem feito direito, em quanto a voz da imprensa não é suffocada pela açaina do poder (...). Venha lembrar-nos que estamos em um regimen monarchico o orgam official e officioso desse beccio anonymo chamado povo, assevere mais uma vez que elle leva muito a bem as delapidações do erario para abonar a firma relapsa de qualquer extravagante incorrígivel que se prenda á real estirpe." (DUAS palavras sobre a questão D'Aquila, 1874, paginação irregular).

Jornal *O Papiro* – um dos primeiros periódicos literários do Piauí

O *Oitenta e Nove*, a exemplo de *O Amigo do Povo*, é impresso em tamanho próximo do A4, e perdura até meados de 1875, quando por falta de verbas e de pagamento das assinaturas, não pode mais ser impresso. Sem condições para continuar com o jornal, David Caldas também não tem forças para organizar o Partido Republicano, de forma adequada, até porque atua num Estado, onde os grandes estão a favor do sistema monárquico; os que não estão, não possuem coragem suficiente para declarar; e os que o fazem, não têm coragem para prosseguir na empreitada.

Diante de tal realidade, após a extinção do periódico, ele retorna, por convite expresso do Partido Liberal, para *A Imprensa*, adotando estilo mais moderado, mas sempre como republicano e opositor da Monarquia. Segundo ele, faz um acordo com o Partido Liberal enquanto este se mantiver fora das garras monárquicas. Em *O Papyro*, periódico literário publicado em sua tipografia, tem pequena participação como colaborador e publica poesias de sua autoria.

O Ferro em Braza

Sobre esse jornal não há muito que falar. David Caldas o lança em 27 de agosto de 1877 para fazer frente à propaganda "popelineira", segundo sua epígrafe. Combater o Barão de Cotegipe e sua política "ditatorial" e "corrupta" é o principal objetivo, mas tem duração efêmera. É curioso o fato de ser impresso em papel vermelho para, segundo o proprietário, dar ao ferro a cor da brasa. As transcrições contidas nos boxes dão melhor visão do conteúdo do jornal, também impresso em tamanho A4 e em duas colunas como o *Amigo do Povo*.

Danças do poder

A história política do Segundo Reinado reflete a formação econômica de um país, que, nos verdes anos da infância, ainda se encontra em processo de formação econômica, social e política. Para construir e estruturar o Brasil, os políticos fazem vigorar a Monarquia Constitucional, que termina por se levantar contra seus próprios feitores. O monarca cresce e passa a manobrar os "fantoches" no teatro da conciliação, fazendo a bel-prazer, o que mais lhe convém, ou melhor, o que os senhores do dinheiro lhe impõem.

O Piauí desse tempo acompanha as "danças do poder", e a imprensa reflete tão-somente as disputas partidárias, cujas distorções projetam-se nas páginas impressas. A idéia de que política e jornalismo caminham lado a lado remonta há décadas. O fim da conciliação faz o caráter político do jornalismo tornar-se mais nítido, ao tempo em que, acirra as divergências entre liberais e conservadores, que para David Caldas, não são conceituais e, muitas vezes, têm caráter pessoal. A ambigüidade das idéias propagadas pelos partidos monárquicos chega a confundir correligionários e povo, que, da platéia, não consegue diferenciar "gregos de troianos".

A grande maioria dos jornais ocupa-se com o debate infrutífero em torno da luta pelo poder, cuja visibilidade torna-se maior, à medida que o Imperador opera suas constantes mudanças, que trazem ao País incertezas e prejuízos .

A imprensa piauiense transparece, no período pré-republicano, um perfil que se não chega a ser panfletário, é agressivo, e, muitas vezes, ao extremo. Os jornais de cunho político, principalmente os monárquicos, ocupam-se em colocar nas páginas impressas as brigas e intrigas do cotidiano, ocorridas em todos os lugares da Província e até do País. Muitas vezes, não há preocupação com o progresso nacional ou com os destinos da Província. Não debatem nas suas matérias os fins que devem dar aos recursos orçamentários. Não abrem espaço para a divulgação de idéias opostas às linhas definidas pelos monarquistas. A propaganda republicana não consegue espaço nos jornais de cunho monarquista. Acredita-se que o espaço dado às idéias republicanas no âmbito da imprensa piauiense seja expressivo qualitativamente, mas reduzido em termos quantitativos, principalmente porque os grandes jornais são monarquistas e estão ocupados com suas disputas internas e não somente porque tratem de outras questões, como o abolicionismo, a questão religiosa e a questão militar; que, sem dúvida, são debatidas, principalmente as duas primeiras, mas que não constituem oposição à divulgação dos princípios da democracia e da República.

Neste contexto, David Caldas constitui exceção e, por isso mesmo, a expressão maior da propaganda republicana do Piauí. A sua prática política e jornalística evolui ao ponto de diferenciar-se totalmente da prática jornalística vigente na Província, aproximando-se, cada vez, da dinâmica da imprensa escrita dos grandes centros brasileiros, dos quais invariavelmente recebe jornais, e nos quais, busca inspiração. Considera-se como espaço efetivo dado à causa republicana as páginas dos jornais O Amigo do Povo, que atua por quase cinco anos ininterruptos, e o Oitenta e Nove, que permanece ativo por quase dois anos. Neles, David Caldas consegue expressar o que pensa sobre Monarquia e República, comparando a extensão dos dois sistemas de governo, o papel do Estado em cada um deles, a atuação do chefe de governo, a questão da representatividade, o papel da sociedade civil. Coloca-se, sempre, ao lado da República democrática, pois, em sua opinião, apresenta maiores oportunidades para o progresso do País e engrandecimento filosófico e ideológico dos partidos políticos.

Presume-se que a propaganda republicana por ele praticada sofre influências de, pelo menos, duas das correntes doutrinárias que atuam no Partido Republicano, a liberal e a jacobina, embora seja impossível rotulá-lo numa delas, porquanto seus escritos mesclam, de forma quase harmoniosa, princípios das duas. Todavia, é nítida maior inclinação para o liberalismo, como visto. Primeiro, porque sua formação se completa nas fileiras liberais. É por orientação dos teóricos do liberalismo, que inicia seus questionamentos sobre a Monarquia. Segundo, tem, nos EUA, o maior e melhor exemplo de uma República bem sucedida. Mas entre um texto e outro, encontra-se exaltação à Revolução Francesa. Por outro lado, encampa o combate ao poder exercido pela Igreja dentro do Estado, talvez influenciado por idéias positivistas, consiga divisar o mal dessa união.

A atuação de David Caldas traduz, de maneira geral, a falta de uma centralidade de princípios sobre o republicanismo como forma de governo. Dentro de uma conjuntura desigual, alguns almejam a República representativa e a unidade entre as classes sociais; outros, apenas a Federação e o poder para si; e há quem anseie pela participação popular. David Caldas procura concatenar os princípios básicos de cada uma das correntes, idealizando uma República perfeita e, por isso, utópica. A sua posterior dispersão, acredita-se, constitui fruto provável do seu isolamento geográfico e da distância em relação aos grandes centros de ebulição dos movimentos republicanos.

Alguns outros periódicos políticos, como *A Imprensa* e *A Reforma,* abordam a causa republicana, mas sem grande significação no contexto da evolução do movimento republicano, já que não assumem o ideal apregoado por David Caldas.

Diante do exposto, conclui-se que a atuação da propaganda republicana no Piauí é significativa. Considerando os anos em que se iniciam as contestações ao trono até a proclamação da República, cerca de 22 anos, os jornais de David Caldas estão presentes ao longo de sete anos, com uma tiragem representativa, em sua visão, igual a dos veículos liberal e conservador, editados concomitantemente. Com a sua morte, tudo o que resta de seus escritos são os jornais. Da sua biblioteca particular, presumidamente, vasta, não há registros de seu paradeiro, assim como de seu espólio de escritos geográficos e poéticos.

A República chega, conforme cálculos e previsões de David Caldas, mas não como ele a idealiza. O povo, tanto na Corte, como no resto do Brasil, não participa das decisões que levam ao destronamento de D. Pedro II, nem é convidado para opinar sobre o seu destino. O que se instala é uma República militar e ditatorial, que coíbe as ações do Partido Republicano e contraria os princípios democráticos, aceitando os monarquistas convertidos e excluindo a população como um todo. Crê-se que David Caldas, assim como Aristides Lobo, teria se desgostado tanto da forma como a República fora instalada, como do direcionamento dado pelos militares nos primeiros momentos. A sua utopia não permitiria que aceitasse a cruel realidade do Brasil republicano, no início dos anos de 1890.

Jornal *O Ferro em Braza* impresso em vermelho para dar do ferro a cor em brasa

Em favor da boa fama

"...Não se receiem do Ferro em Braza os homens de bem, d'este ou d'aquelle partido de idéas mais ou menos sãs: pois que a nossa folha será menos um órgão político do que um simples vingador dos brios da nação ultrajada. Embora incandescente, é este um protesto, positivamente: em favor da boa fama da nossa patria, a quem filhos indignos pretendem entregar ao vilipendio de todos os povos civilisados que têm um lugar qualquer no mappa das nações! (...). O que não podemos tolerar é que se constituão os popelineiros como que uns lémares visíveis, a perturbarem o socego público, a crearem embaraços a acção dos vivos ou d'aquelles que sentem deveras palpitar-lhes o generoso coração, onde está grava a imagem da dignidade humana e d'esta terra deslumbrante que nos vio nascer!" (EDITORIAL, 1877, paginação irregular).

Não há espaço para a propagação das idéias republicanas, apenas o reforço de que como republicano não poderia tolerar as inconstâncias do governo conservador. Todas as suas páginas são direcionadas ao combate direto aos "popelineiros" e ao barão de Cotegipe:

Corrupto Cadáver

"Por supporem na gloria ao barão de Cotegipe, muitas felicitações têm sido dirigidas ao seu corrupto cadaver; por uma multidão de fanaticos de todos os pontos do paiz, que alias não é ainda completamente dos obscurantistas como elles julgão." (NOTICIÁRIO, 1877, paginação irregular).

Enfim, o discurso político de David Caldas muda de direção com *O Ferro em Braza*. Seus exemplares não mais transparecem empolgação com a causa republicana, talvez por não ser este o objetivo do jornal ou por descontentamento ante o esfacelamento de seu partido no Piauí e, conseqüentemente, a extinção de seus jornais republicanos.

Bibliografia

PINHEIRO FILHO, Celso. *História da Imprensa no Piauí*. Teresina: COMEPI, 1972.

QUEIROZ, Teresinha. *Os literatos e a República: Clodoaldo Freitas e Hygino Cunha e as tiranias do tempo*. Teresina: Fundação Cultural Monsenhor Chaves, 2001.

RÊGO, Ana Regina Barros Leal. *Imprensa Piauiense- atuação política no século XIX*. Teresina: Fundação Cultural Monsenhor Chaves, 2001.

Hemerografia

ADHESÃO e anniversario. *O Amigo do Povo*. Teresina, v.5, n.73, 16 jan 1972.

APONTAMENTOS para uma nova ciência. *Oitenta e nove*.Teresina, v.2, n.31, 21 nov 1874.

DUAS palavras sobre a questão D'Aquila. *Oitenta e nove*.Teresina, v.2, n.22, 24 abr 1874.

EDITORIAL. *O Amigo do Povo*. Teresina, v.1, n.8, 12 nov 1868.

_____._____. Teresina, v.2, n.32, 14 fev 1870.

_____._____. Teresina, v.5,n.76, 29 fev 1872.

_____. *O Ferro em braza*. Teresina, v.1, n.1, 27 ago 1877.

ERUPÇÃO vulcânica. *O Amigo do Povo*. Teresina, v.l, n.3, 26 ago 1868.

MÁXIMAS e pensamentos. *O Amigo do Povo*. Teresina, v.1, n.6, 14 ago 1868.

A MONARCHIA no Brasil. *O Amigo do Povo*. Teresina, v. 1, n.7, 28 out 1868.

NOTICIÁRIO. *O Ferro em braza*. Teresina, v.1,n.1, 27 ago 1877.

O QUE são e o que serão os liberaes. *O Amigo do Povo*. Teresina, v. 1, n.2, 13 ago 1868.

$ 37:010:661$000. *O Amigo do Povo*. Teresina, v. 2, n.25, 04 out 1869.

UTOPIAS. *O Amigo do Povo*. Teresina, v.4, n.64, 31 ago 1871.

Frei Caneca
Xavier da Veiga
David Moreira Caldas
Costa Rego
Auricélio Penteado
Jorge Antônio Salomão
Carlos Rizzini
Alceu Amoroso Lima
Roberto Marinho
Danton Jobim
José Reis
Vera Giangrande
Adalgisa Nery
Aparício Torelly
Josué de Castro
Pompeu de Sousa
Erico Verissimo
Vladimir Herzog

COSTA REGO
O jornalista que fez escola, usando a pedagogia da austeridade

José Marques de Melo

José Marques de Melo é bacharel em Jornalismo e doutor em Ciências da Comunicação. Professor Emérito da Escola de Comunicações e Artes da Universidade de São Paulo. Idealizador da Rede Alfredo de Carvalho para a Preservação da Memória e a Construção da História da Imprensa no Brasil.

edro da Costa Rego ocupou, durante vários anos, o importante cargo de redator-chefe do influente jornal carioca *Correio da Manhã*. Seus comentários, lidos atentamente pelo ditador Getúlio Vargas, causavam temor ao aparato burocrático do Estado Novo. Ele formou toda uma geração de profissionais que renovaria o jornalismo brasileiro, na conjuntura democrática do pós-guerra.

Aurélio Buarque de Holanda, então militando na imprensa, fazia questão de identificá-lo como o "jornalista ideal", pela precisão e síntese com que escrevia artigos e editoriais.

Depois da morte (1954), Costa Rego tornou-se vítima do esquecimento nacional, como vem ocorrendo com tantos outros jornalistas que não deixaram obra literária. Sua volumosa produção intelectual jaz nas coleções do *Correio da Manhã*, à espera de resgate, análise e interpretação.

Ilustre desconhecido

Quem foi o hoje "ilustre desconhecido" Costa Rego? Para recompor seu perfil biográfico, recorremos ao verbete incluído no volume *Brasil e Brasileiros de Hoje*, vol. II, organizado sob a liderança de Afrânio Coutinho e publicado no Rio de Janeiro, em 1961.

As informações para aquele inventário foram prestadas pelos próprios biografados, de acordo com questionário elaborado pelos organizadores da coleta e posteriormente arquivadas no Museu Histórico Nacional do Rio de Janeiro. Os organizadores do volume redigiram cada verbete com base nos dados recolhidos. Mas como Costa Rego havia falecido há 5 anos, certamente o familiar ou amigo que preparou sua ficha biográfica o fez comedidamente, fiel ao despojamento que sempre caracterizou sua personalidade.

COSTA REGO   O jornalista que fez escola, usando a pedagogia da austeridade

Costa Rego, jornalista

Pedro Costa Rego nasceu na cidade de Pilar, Alagoas, em 12 de março de 1889. Pais: Pedro Costa Rego e Rosa Costa Rego. Casado com Alzira Costa Rego. Filhos: Rosa Fernanda, Alzira e Maria de Lourdes. Carreira: Redator "Correio da Manhã", desde 1907; Secretário da Agricultura. Alagoas, 1912; Deputado Federal pelo Estado de Alagoas, nas legislaturas 1915-23 e 1928-29; Governador do Estado de Alagoas, período 1924-28; Senador Federal por Alagoas, legislaturas 1929-30 e 1935-37; etc. Membro da Associação Brasileira de Imprensa – ABI. Títulos honoríficos: Legião Honra França; Comendador da Polônia; Grande Oficial, Mérito Chile. Endereço de residência: Av. Gomes Freire, 81, Rio de Janeiro, Guanabara. (Antonio COUTINHO, 1961-II: 335-6)

Essa modéstia se evidencia quando fazemos um confronto de tal síntese curricular com a história de vida que lhe dedicou o biógrafo alagoano Antonio Sapucaia.

Costa Rego, cidadão

"Pedro da COSTA REGO Filho nasceu em Pilar, no dia 12 de março de 1889. Filho de Pedro da Costa Rego e de Rosa de Oliveira Costa Rego, aos 8 anos perdeu o pai, e, aos 10 anos, perdeu a mãe. Sacudido à orfandade, foi acolhido por uma tia materna, Ana de Oliveira e Silva, que o encaminhou, aos 11 anos de idade, para o Rio de Janeiro, em companhia de um irmão, Rosalvo da Costa Rego, ficando os dois sob os cuidados de um tio, o jornalista Antonio José de Oliveira e Silva, que os acolheu e os educou. Rosalvo da Costa Rego tornou-se arcebispo do Rio de Janeiro, e Costa Rego fez-se um jornalista dos respeitados no Brasil. Secretário da Agricultura de Alagoas (1912); deputado federal em três legislaturas (1915-1917, 1918-1920 e 1921-1923); governador de Alagoas (1924-1928) e senador (1929-1930 e 1935-1937), faleceu no Rio de Janeiro, aos 65 anos de idade, às primeiras horas do dia 6 de julho de 1954, vítima de um tumor maligno que lhe atingiu o baço, sendo sepultado no dia seguinte, às 10 horas, no Cemitério São João Batista. Deixou viúva, dona Alzira Lopes Costa Rego, hoje falecida, e três filhas: Maria de Lourdes, Alzira Rosa e Fernanda Costa Rego. Dizem que era sisudo, falava pouco e pausado..."(Antonio SAPUCAIA, 1989: 6)

Contemporaneamente, quem reconheceu o seu valor foi o escritor paulista Fernando de Azevedo, que o inclui numa lista dos proeminentes jornalistas brasileiros do século XX. A primeira edição da sua obra clássica *A Cultura Brasileira* foi escrita em 1943. Na quarta edição, publicada em 1963, encontramos uma longa nota de rodapé, elencando as figuras mais importantes da imprensa contemporânea. Entre elas está Costa Rego.

Proeminentes jornalistas de profissão

"Não caberia certamente nos limites de uma obra de síntese a citação de todas as figuras que se destacaram, sob alguns aspectos, no jornalismo do período republicano. Aliás não é reduzido o número de profissionais de outras carreiras e de homens de letras que foram 'episodicamente' jornalistas, sob a pressão da vida pública, com a qual se abriam e se encerravam suas atividades de imprensa. Mas, entre os grandes jornalistas 'de profissão' não seria possível esquecer os nomes ilustres de Quintino Bocaiúva (Rio, 1836-1912), que já se havia imposto na campanha abolicionista e republicana; Alcindo Guanabara (Estado do Rio, 1865-1918); José Carlos Rodrigues (Estado do Rio, 1844-1923), diretor do Jornal do Comércio; *Eduardo Salonde e João Lage de* O País; *Edmundo Bittencourt, fundador e diretor do* Correio da Manhã; *Júlio Mesquita, de* O Estado de São Paulo, *e, mais recentemente, José Eduardo Macedo Soares, fundador e diretor de* O Imparcial, *Costa Rego do* Correio da Manhã, *e Assis Chateaubriand – um dos mais notáveis jornalistas que já teve o Brasil, fundador dos* Diários Associados *– a mais vasta e poderosa rede nacional de jornais, revistas e estações de rádio, disseminados pelo país." (Fernando AZEVEDO, 1963: 697)*

Duas facetas

Na trajetória pública de Costas Rego, destacam-se duas facetas: a de jornalista e a de político.

O jornalismo serviu-lhe de escada para ascender na política. As duas atividades confluíram para uma terceira vertente – o escritor –, esta motivada pelo convívio com os literatos que habitavam o cenário do *Correio da Manhã*, estimulando-o à publicação de três livros.

"Personalidade multifacetária, Costa Rego teve no jornalismo a sua atividade maior, servindo-lhe de fanal à navegabilidade dos seus sonhos, e guiando-lhe condições de aportar na Secretaria de Agricultura, aos 23 anos, em cargos parlamentares, como deputado e senador; no governo de Alagoas, aos 35 anos de idade. Exerceu o cargo de governador do Estado na plenitude de sua autoridade, pujante de severidade e rigor. Fê-lo com coragem espartana e determinação de suicida, cuja administração não teve precedentes e nem criou sucessores. A austeridade e a honestidade foram o timbre principal da sua atividade de governo, e ninguém o excedeu, sob esses aspectos. A sua administração foi marcadamente polêmica e, por vezes, contraditória, frente ao modo pessoal e inusitado que nela introduziu. Não lhe faltam críticas ásperas e, às vezes, injustas, mas igualmente lhe sobraram aplausos e reconhecimento. (...)". (SAPUCAIA, 1989: 6)

Os jovens historiadores da política alagoana começam a fazer justiça a Costa Rego, ressaltando a ação modernizadora do seu governo.

TENÓRIO (1997: 129) encontra uma fenda no pacto oligárquico, representada pela sua intervenção na política alagoana. "A escolha pessoal, por Fernandes Lima, de seu sucessor, o jornalista alagoano Costa Rego, radicado no sul e de grande prestígio intelectual,

Costa Rego, ao tempo em que era governador de Alagoas (1924-1928)

evidencia um sinal de esgotamento da hegemonia política da elite rural e de transformações no horizonte".

VERÇOSA (1996: 147-148) destaca a mudança que ele introduz no modo de governar. "Personalidade forte, logo vai romper com seu mentor, afastando-se de alguns coronéis que vinham dando as cartas ao jogo político no período anterior". Em função disso, " procurava atenuar o quadro de profundo arcaísmo que emoldurava Alagoas". Mas, adverte o autor: "Essa forma de agir na política alagoana, de que se veriam ainda outros exemplos, não foi até hoje devidamente analisada pelos estudiosos da história de Alagoas nem por interessados em compreender a mentalidade política brasileira".

MIRANDA (1998: 67) identifica-o como "merecedor do reconhecimento dos alagoanos que lhe devotavam imenso respeito e solidariedade pela firme disposição de obstar a criminalidade existente em sua época".

Se o desempenho político de Costa Rego suscitou controvérsias, sua ação jornalística mostra-se consistente e coerente. Foi um profissional sério, disciplinado, rigoroso e respeitado pela sua corporação. Daí o convite que lhe fizeram os dirigentes da UDF para implantar a primeira Cátedra de Jornalismo do Brasil. (Box 4)

"Como jornalista, foi de uma magistralidade notável, nivelando-se aos mais sábios de sua época. Atingiu, com relativa brevidade, às cumeeiras da profissão. O jornalismo lhe estava na alma, no sangue, nas entranhas, e dele não se parou nem mesmo quando se dedicou à faina política. Seus pendores para a atividade jornalística foram despertados ainda no Mosteiro de São Bento, quando fundou a revista literária *Véritas*, onde escrevia sob o pseudônimo de 'Celestino Pompéa'. Depois, iniciou-se no jornal *O Século*, de Brício Filho, e mais tarde se transferiu para o *Correio da Manhã*, onde começou como revisor e terminou redator-chefe". (SAPUCAIA, 1989: 9/10)

Desde então, o único testemunho de sua trajetória intelectual viria a ser publicado, no ano do seu centenário de nascimento, como decorrência da admiração que lhe dedica o conterrâneo Antonio Sapucaia.

No opúsculo "*Costa Rego, esse esquecido*", o escritor alagoano lamenta: "Com relação a Costa Rego, um jornalista de nomeada, que governou Alagoas e exerceu os cargos de deputado federal e senador, não se sabe ao menos a casa em que nasceu. Asila-se-o, assim, em brutal e incompreensível olvidamento".

Inconformado, reivindicava: "É preciso recompor a personalidade de Costa Rego – fragmentada nos seus escritos de juventude, na ação de governo, na sublimação da pobreza de origem – para que a juventude de Alagoas, especialmente do Pilar, tenha um edificante exemplo a lhe servir de inspiração. Do contrário, permite-se que o tempo, aos poucos e inexoravelmente, vá engolindo a exemplaridade da sua vida, digerindo-a no estômago do esquecimento". (Antonio SAPUCAIA, 1989: 6)

Para preencher essa lacuna histórica, ele próprio desenvolveu instigante pesquisa documental sobre o itinerário do intelectual alagoano, publicando o livro "O legendário Costa Rego" (Maceió, Edufal, 2000).

Primeiro Professor de Jornalismo

"Há um quarto de século, reivindico para COSTA REGO o título de Primeiro Catedrático Brasileiro de Jornalismo, tomando como fonte fidedigna a educadora Nair Fortes Abu-Merhy. Em tese apresentada ao Congresso Nacional de Jornalistas que se reuniu em São Paulo, em 1949, ela analisava a "Posição da Escola de Jornalismo no Sistema Universitário Brasileiro", desvendando a natureza desse curso pioneiro, mantido pela Universidade do Distrito Federal.

Acompanha-me na sustentação dessa tese o Decano dos Professores de Jornalismo do Brasil, Erasmo de Freitas Nuzzi, hoje Diretor da Faculdade de Comunicação Social Cásper Líbero, a mais antiga do país. (NUZZI, 1992: 23)

"O governador do Distrito Federal, Pedro Ernesto, empolgado pela idéia da criação de uma universidade, convidou o insigne educador baiano, prof. Anísio Teixeira, para elaborar um projeto da instituição de ensino superior em moldes inéditos e avançados, congregando faculdades que abrangessem os vários ramos do saber e da cultura. No plano preparado por Anísio Teixeira figurava um curso ou cátedra de jornalismo, cuja organização foi entregue ao brilhante jornalista Costa Rego, editor do Correio da Manhã. A louvável iniciativa, cujos planos foram elaborados a partir de 1935 e começaram a ser postos em prática 1936/37, teve vida curta, pois a Universidade do Distrito Federal foi extinta, em consequência do golpe do Estado Novo, desfechado pelo presidente Getúlio Vargas, em 10 de novembro de 1937. Vieram, então, as sombras do período ditatorial que o país viveu até 1945."

Costa Rego se orgulhava da condição de sócio da ABI, tendo participado da sua diretoria na primeira gestão de Herbert Moses (MOREL, 1985: 119), Não obstante, o nosso Primeiro Catedrático viria a adotar na UDF um enfoque pedagógico que se assemelhava menos ao modelo norte-americano propugnado por João Guedes de Melo e muito mais às "experiências européias, cujas diretrizes buscavam valorizar a formação humanística do profissional, incutindo-lhe também os valores éticos". (MARQUES DE MELO, 1974: 17) Tal orientação explica-se pela circunstância de ser ele culturalmente francófilo, como se depreende da leitura de suas obras jornalísticas." (José MARQUES DE MELO, 2003, pp. 302-303)

Pedagogia da austeridade

Sua pedagogia da austeridade fez escola, embora mantivesse, fora da redação do jornal, relações cordiais com seus colaboradores. Ele se tornou figura lendária na imprensa carioca, motivando depoimentos de seus aprendizes de jornalismo, como Otto Lara Resende.

O homem e a lenda

"Eu já conhecia Costa Rego e merecia dele uma atenção quase carinhosa, se considerarmos a alma de mandacaru que primava em ostentar. Através de Paulo Mendes Campos, seu jovem favorito, filava-lhe com freqüência a carona, a caminho da Zona Sul. O velho Senador – não era tão velho assim e já não era senador, mas guardava o título – era pontualíssimo; saía irrevogavelmente às onze horas; dirigia devagarinho dentro da noite pacata, com uma prudência anedótica, dois carros que alternava dia sim, dia não; um Citroen e, se não me engano, um Chevrolet. Aos interlocutores, cabíamos quase sempre só a honra e o prazer de ouvintes – eram casos da República Velha, trechos da vida da imprensa, bengaladas em plena rua, campanha contra o jogo, ferozes históricas de Alagoas (estado de que Costa Rego tinha sido governador)." (Otto Lara RESENDE, 1994: 78)

Na década de 40, o *Correio da Manhã* liderava a imprensa da capital da República. Na cúpula da redação, pontificava uma "República das Alagoas", chefiada por Costa Rego, e integrada por Aurélio Buarque de Holanda, Graciliano Ramos e Rodolfo Mota Lima. "Mandão, exigente e irritadiço, porém competente, o redator-chefe zelava pela *ortografia da casa*, expressão cunhada por Paulo Bittencourt pra definir o jeito de ser do jornal". (MORAES, 1992: 241).

Antonio Callado, que seria o sucessor de Costa Rego da chefia da redação, assim descreve a atuação daquele grupo: "Os alagoanos, na prática, cuidavam do texto. Não tinham nada da ranhetas, não; apenas fiscalizavam a linguagem e o estilo. Naquela época, aprendia-se português muito melhor do que hoje, havia mais consciência do valor da língua". (MORAES, 1992: 241).

Se no topo figuravam os alagoanos, o conjunto da redação era formado por uma equipe de qualidade, pois Costa Rego se esmerava em recrutar jornalistas competentes.

Uma equipe de qualidade

"A redação funcionava num grande salão, onde se misturavam as seções de política, economia, esporte, polícia, reportagem, internacional e cultura. O centro dessa balbúrdia era a mesa enorme - que os repórteres chamavam de trono - do secretário Edmundo de Castro. (...) Graciliano ocupava uma mesa numa sala contígua à de Costa Rego, batizada de Petit Trianon, por abrigar celebridades como os editorialistas Otto Maria Carpeaux e Álvaro Lins. (...) A equipe incluía Mário Pedrosa, que escrevia artigos assinados e editava a seção de artes; Luiz Alberto Bahia (mais tarde redator-chefe) e Heráclio Salles, na reportagem política; o português Thomaz Ribeiro Colaço, meio reacionário e antiesquerdista, mas culto e excelente redator de assuntos internacionais; redatores da envergadura de Franklin de Oliveira: Otto Lara Resende, Gondim da Fonseca e Paulo Mendes Campos; o crítico Moniz Vianna, célebre adversário do cinema nacional; Achilles Chirol e Walter Mesquita, na área de esportes; Paschoal Carlos Magno, Jorge Leão Teixeira, Jayme Maurício e José Condé, especializados em artes e literatura; colaboradores do calibre de José Lins do Rego e Octávio Tarquínio de Souza. Como focas da redação despontavam Luciano de Moraes, Fuad Atala, Aloísio Branco e Raul Pragana."(Denis de MORAES, 1992: 241/242).

Graciliano Ramos, o revisor do chefe

O episódio da contratação de Graciliano Ramos para integrar aquela redação é reconstituído por sua filha Clara Ramos:

"... Mestre Graça...(...) começou a trabalhar ali, no prediozinho da Rua Gomes Freire, quando Aurélio Buarque de Holanda o indicou para o lugar de revisor de tópicos e editoriais. Não existe na época a figura do copy-desk nas redações. Graciliano foi lembrado para exercer função análoga. E embora o redator-chefe Costa Rego estivesse carecendo de um sujeito que endireitasse a sintaxe e o estilo do pessoal, refutara a indicação:
- Graciliano é um homem rico e não há de aceitar esse tipo de emprego.
Aurélio garantiu que o amigo vivia na prontidão. O outro não se convencera:
- Você está certo disso? Graciliano é o único alagoano que até hoje não me pediu coisa nenhuma. No dia em que o romancista começou a trabalhar, o redator-chefe comentou que, pelo modo como o homem arregaçou as mangas e dispôs na mesa os papéis, viu logo tratar-se de profissional." (RAMOS, 1979: 206)

As relações entre Costa Rego e Graciliano Ramos eram mutuamente respeitosas e cordiais. *"Correndo contra o relógio, Costa Rego e Graciliano Ramos raramente conversavam durante o fechamento. O redator-chefe fazia questão de que seus artigos fossem lidos previamente por Graciliano, que, concentrado na tarefa, com ar grave, desestimulava os que pretendiam abordá-lo". (MORAES, 1992: 242)*

Eles se conheciam desde os tempos em que haviam militado na política alagoana. *"O redator-chefe do Correio, desde 1940, era o alagoano Pedro da Costa Rego. Três vezes deputado federal, senador e diplomata, Costa Rego conhecia Graciliano da época em que governava Alagoas e ele administrava Palmeira dos Índios. Conviveram por pouco tempo, já que o governador estava em fim de mandato. Com o passar dos anos, Costa Rego acompanharia, com admiração, a trajetória do romancista." (MORAES, 1992: 242)*

Jornalista ideal

Aurélio Buarque de Holanda, o amigo que reaproximou Costa Rego de Graciliano Ramos, nele identificava qualidades literárias, além da origem territorial comum. Cabe-lhe a iniciativa de encorajar Costa Rego para reunir em livro uma seleção dos seus escritos jornalísticos e de seus discursos políticos, convencendo-o do mérito literário que possuíam. Prontificou-se a redigir-lhe o prefácio, onde o designa como "jornalista ideal" pelo cultivo de dois atributos da escrita: precisão e síntese.

Por isso, seu biógrafo não se equivoca ao dizer: "O jornalista e o escritor formavam uma simbiose perfeita. Os artigos, as crônicas e os discursos que produziu, todos se somam na beleza do estilo, que se alicerça em frases bem construídas. São escritos altamente conceituosos, e muitos chegam a ser antológicos. Alguns deles estão aconchegados nas páginas de *Águas Passadas*, *Na terra natal* e *Economia mal dirigida*, dimensionando a arte de escrever do jornalista-escritor". (SAPUCAIA, 1989: 10)

Caricatura de Costa Rego criada pelo lápis de Carlos de Gusmão

As melhores qualidades do ofício

"Ao escritor excelente que há nesse homem de imprensa serviu a experiência do jornal para dar-lhe as melhores qualidades do ofício, sem lhe embotar a sensibilidade e gosto literário. E a vocação e amor da literatura não se lhe acusam apenas em numerosos traços do estilo, mas ainda no pendor para tratar de assuntos relativos às letras. Há, pois, nesse homem de jornal um ser dividido entre jornalismo e literatura - e não raro é possível imaginar-lhe uns toques de mágoa por não se haver entregue de todo a esta, pois o seu alto espírito público bem cedo o arrastou para aquele. (...) Estas Águas Passadas oferecem imagem completa da rica personalidade do autor: o jornalista, o orador, o conferencista, o ensaísta, o homem público ... (...), do jornalista propriamente, a maioria delas. De um jornalista, porém, que não se divorcia do escritor, escritor notável por um conjunto de qualidades que, sendo próprias do homem de jornal, nem sempre nele se vêem, e de outras peculiares ao homem de letras". (Aurélio Buarque de HOLANDA, 1952: IX-XIV)

Obra dispersa

Todavia, para melhor desvendar a pujança da sua personalidade multifaceta, torna-se oportuno reiterar a proposta já feita quando foi comemorado seu centenário de nascimento.

"À guisa de sugestão, lembramos que uma homenagem oportuna e coerente seria o governo do Estado, através de uma comissão, mandar reunir em livro dezenas de artigos que foram escritos e publicados quando da sua morte – e o *Correio da Manhã* fornece excelente manancial – e, separadamente, enfeixar algumas das centenas de artigos que escreveu e publicou, do que nasceria, em letras de forma, uma visão robusta da individualidade de Costa Rego". (SAPUCAIA, 1989: 15)

Para ser completa, essa reconstituição precisaria incluir a sua atividade docente. Ela se resume, contudo, a um traço no seu registro biográfico.

"Mesmo sem ter frequentado nenhum curso superior, já que no Rio estudou apenas no Mosteiro de São Bento, tornou-se professor do Curso de Jornalismo da Faculdade de Filosofia, no Rio de Janeiro, lecionando a cadeira de História das Américas, fato este que diz da sua inteligência e da sua capacidade intelectual". (SAPUCAIA, 1989: 10).

A idéia da restauração seletiva de sua obra permanece válida. Trata-se de desafio que pode ser enfrentado através de uma monografia de graduação ou tese de pós-graduação, independentemente da ação que compete ao poder público.

Funeral de estadista

Quando faleceu, em 1954, a sociedade carioca tributava a Costa Rego homenagem de estadista, assim descrita por seu crítico Romeu de Avelar:

"Com um cortejo pompeante e grave de Presidente da República ou ídolo popular, foi enterrado o velho jornalista Costa Rego. Este fanático e predestinado homem de imprensa, foi um verdadeiro personagem balzaqueano na sua profissão, que viveu intensamente e à maneira do seu temperamento de excêntrico e intransigente da rotina". (SAPUCAIA, 1989: 11)

Quando foi celebrado o cinquentário da sua morte, em 2004, a comunidade acadêmica das ciências da comunicação pôde rememorar sua condição de nosso Primeiro Catedrático de Jornalismo, documentada criticamente no ensaio que publiquei em meu livro "História do Pensamento Comunicacional" (São Paulo, Paulus, 2003, pp. 295-316)

Concepções jornalísticas

A obra publicada de Costa Rego compõe-se de três volumes. O conteúdo dos dois primeiros – *Na terra natal* (1928) e *Economia mal dirigida* (?) – refere-se à sua intervenção exclusivamente na política.

Flagrante do sepultamento de Costa Rego, dia 7-7-1954, no cemitério de São João Batista

Somente *Águas Passadas* (1952) contém pistas da sua atuação jornalística. Ela inclui também o ensaio que produziu em 1930 - *Como foi que persegui a imprensa* -, defendendo-se das acusações dos seus adversários na política alagoana de que havia perseguido a imprensa durante sua gestão governamental.

Por esta razão nela devem os seus exegetas buscar fundamentos para explorar e tentar compreender suas concepções sobre jornalismo.

O livro tem duas partes. A primeira é uma coletânea de discursos e ensaios sobre temas diversos. A segunda enfeixa as notas da viagem que o autor fez à Europa em 1948.

A concisa nota que abre o volume, datada de outubro de 1951, tem o sentido de um balanço de vida e denota um certo sabor de despedida.

> "Estas águas correram de várias fontes. Havendo passado no curso de muitos anos e em diferentes circunstâncias, guardam algumas delas certas impurezas dos sítios percorridos, mas espelham outras os dias amoráveis de minha. Se as reúno, é para que tenham um estuário; e esse estuário, ai de mim! representa o fim das coisas em que me deixei consumir até à idade provecta."
> (COSTA REGO, 1952: V)

Do conjunto da obra, quatro capítulos são dedicados específicamente ao jornalismo. Três são peças de oratória e um se configura como ensaio de combate (melhor dizendo: de defesa) política. Examinando cada um desses textos é possível identificar as concepções jornalísticas esposadas por Costa Rego. Elas estão situadas em quatro eixos temáticos: a) Natureza do Jornalismo; b) Missão do Jornalista; c) Direito de Resposta; d) Relação entre imprensa e governo.

Desvendá-las e examiná-las criticamente, à luz do seu tempo e contemplando suas projeções no cenário contemporâneo, representa uma lacuna a desafiar os jovens pesquisadores de jornalismo brasileiro.

Bibliografia de Costa Rego

Na terra natal (1924-1928), Maceió, Imprensa Oficial, 1928

Como foi que persegui a imprensa, Rio de Janeiro, edição particular, 1930

Águas passadas, Rio de Janeiro, José Olimpio, 1952

Para conhecer Costa Rego

SAPUCAIA, Antonio. *Costa Rego, esse esquecido,* Maceió, Sergasa, 1989.
_____. *O legendário Costa Rego,* Maceió, Edufal, 2000

MARQUES DE MELO, José Costa Rego, pioneiro do ensino de comunicação, In: *História do Pensamento Comunicacional,* São Paulo, Paulinas, 2003, p. 295-316

RESENDE, Otto Lara Costa Rego. Da imortalidade dos jornais. In: *O príncipe e o sabiá (e outros perfis),* São Paulo, Companhia das Letras, 1994, p. 77

HOLANDA, Aurélio Buarque de. Prefácio, In: COSTA REGO - *Águas passadas,* Rio de Janeiro, José Olimpio, 1952

Costa Rego na História do Brasil

AZEVEDO, Fernando de. *A CulturaBrasileira - Introdução ao estudo da cultura no Brasil,* 4ª. ed., Brasília, Editora Universidade de Brasília, 1963

MIRANDA, Bernardino Araújo. *História Contemporânea das Alagoas,* Maceió, São Bento, 1997

MORAES, Dênis de. *O Velho Graça - Uma Biografia de Graciliano Ramos,* Rio de Janeiro, José Olimpio, 1992

NUZZI, Erasmo. 40 anos de ensino de jornalismo no Brasil: relato histórico, In: KUNSCH, Margarida, org. - *O ensino de comunicação - análises, tendências e perspectivas,* São Paulo, ABECOM, 1992 , p. 20-39

RAMOS, Clara. *Mestre Graciliano - Confirmação Humana de uma Obra,* Rio de Janeiro, Civilização Brasileira, 1979

TENÓRIO, Douglas Apratto. *A Metamorfose das Oligarquias,* Curitiba, HD Livros, 1997

VERÇOSA, Elcio de Gusmão. *Cultura e Educação nas Alagoas: História, Histórias,* Maceió, EDUFAL, 1996

Frei Caneca
Xavier da Veiga
David Moreira Caldas
Costa Rego
Auricélio Penteado
Jorge Antônio Salomão
Carlos Rizzini
Alceu Amoroso Lima
Roberto Marinho
Danton Jobim
José Reis
Vera Giangrande
Adalgisa Nery
Aparício Torelly
Josué de Castro
Pompeu de Sousa
Erico Verissimo
Vladimir Herzog

AURICÉLIO DE OLIVEIRA PENTEADO
O jornalista que fundou o Ibope

William Pereira de Araújo

William Pereira de Araújo é Doutorando em Comunicação Social da Universidade Metodista de São Paulo – UMESP, instituição na qual desenvolveu, em 1999, dissertação de mestrado, sob a orientação do Prof. Dr. José Marques de Melo, sobre o desenvolvimento histórico do Ibope, destinando capítulo ao fundador daquele instituto de pesquisa.

A história da pesquisa midiática no Brasil, no início do século XX, foi construída basicamente pelas agências de publicidade, que possuíam um objetivo bastante específico: enxergar as possibilidades do mercado para expor aos clientes, otimizando assim as ações publicitárias. Na década de 40, precisamente no ano de 1943, esta trajetória das pesquisas ganharia uma nuance diferenciada, pois nesta data materializava-se a proposta do speaker e redator de rádio e de propaganda, gerente de clube de assistência automobilística e organizador de corridas de automóveis, vendedor de casas e terrenos, vendedor de bueiros e promotor público —entre outras qualificações— Auricélio de Oliveira Penteado, nascido no Rio de Janeiro em 12 de agosto de 1908, mas que, por ter vindo ainda pequeno para São Paulo, passou a ser considerado paulista quatrocentão pelos amigos da época.

Na análise da biografia deste pioneiro das pesquisas da comunicação, é possível perceber que o nascimento do IBOPE ocorreu vagarosamente, maturação que considerou, por exemplo, a visão multifacetada de Oliveira Penteado no tocante ao Brasil. Isso foi possível contingencialmente, já que seu pai, juiz a serviço do governo da época, precisava deslocar-se por vários Estados. Da mesma forma, há que se considerar seu perfil observador e criterioso, qualidade que teve início já nos bancos escolares do Colégio São Bento, acentuados posteriormente na Escola Politécnica, de onde foi expulso, "por não se conformar com os métodos de ensino excessivamente teóricos e nada objetivos" que ali eram adotados.

Outro aspecto que também parece ter sido fundamental para a criação do Ibope foi a averiguação e a experiência obtida no exterior, especialmente nos EUA, onde predomi-

AURICÉLIO DE OLIVEIRA PENTEADO   O jornalista que fundou o Ibope

Auricélio de Oliveira Penteado – sargento na Revolução de 32

nava os trabalhos do Instituto Gallup. De volta ao Brasil, elaborou pesquisa para sondar a posição da emissora Kosmos —na qual era sócio— e, averiguando a posição desfavorável da mesma no *ranquing*, resolveu vender sua parcela e ingressar decididamente no universo da pesquisa. A rádio, criada pela Organização Byington em 4 de novembro de 1933, denominava-se PRE-7 Sociedade Rádio Kosmos. Com o slogan, "a estação das grandes iniciativas", teve suas transmissões iniciadas em 17 de agosto de 1934, porém com inauguração oficial somente em 15 de outubro de 1.934. Estas mudanças evidenciadas a partir da 10 de maio de 1.937, quando a Cosmos foi transformada em sociedade anônima, culminam na passagem desta para a denominação rádio América S.A, em 8 de maio de 1.945, emissora que ainda ocupa espaço no dial e briga por espaço na audiência.

Fundação

Diante destas condições, o surgimento do Ibope dá-se em São Paulo, em 13 de maio de 1942, período em que, na política, o regime de Getúlio Vargas mostrava seu "vigor" após golpe promovido em 1937, dando origem ao tal "Governo Forte" —com claro apoio aos ideais totalitários e imperialista do nazi-fascismo—, cenário também caracterizado por vários estudiosos como de fundamentação da industrialização e, culturalmente, pela reprodução dos símbolos nacionalistas traduzidos nas promoções de shows, cinema, peças radiofônicas, escolas de samba, entre outros.

Para a filha Rosa Penteado e o amigo Arnaldo Rocha e Silva, Auricélio parecia adorar desafios e tão logo os superasse passava para outros e assim sucessivamente. Uma espécie de obstinação que demonstrou ainda jovem quando resolveu e montou seu próprio automóvel, bem como ao tomar a decisão de largar a Kosmos, negociando sua cota acionária com a família Montenegro.

A iniciativa de Auricélio Penteado em implantar um instituto de pesquisa no Brasil, ao contrário do que se diz, não foi exclusivamente em virtude de suas estadias nos EUA, nem de um suposto curso com George Gallup. Segundo seu amigo Arnaldo da Rocha e Silva, o principal motivo foi um pedido formulado por um diretor da agência Standard, que queria fazer frente a uma concorrente que vinha para o Brasil, no caso, a Gessy Lever . A prova de que havia começado pelo "caminho mais árduo —o da experiência"— é confirmada por Auricélio, em entrevista concedida à revista Publicidade e Negócios em julho de 1948, pois ele também ia a campo para fazer entrevistas. Nesse sentido, sua conduta procurava se basear em não exigir "de seus colaboradores senão aquilo que ele pessoalmente é capaz de fazer melhor e mais depressa".

Para reforçar essa idéia, o amigo Rocha e Silva lembra quando foi convidado a atuar no IBOPE: "Auricélio chegou à minha casa e solicitou que eu fosse trabalhar com ele no IBOPE, aí eu disse que não sabia nada de pesquisa. De imediato, Auricélio respondeu: 'Eu também não'"

No início de sua atuação pelo IBOPE, o instituto possuía um nome mais pomposo do que sua própria estrutura. Na realidade, a organização era composta basicamente por dois homens: o diretor —Auricélio Penteado— que acumulava as funções de fundador, *contact man*, tabulador, comentador, datilógrafo, guarda-livros e cobrador, e um *office-boy* que desempenhava todos os demais cargos, tal como registra o Boletim das Classes Dirigentes da primeira semana de abril de 1951. Isso provavelmente ocorreu no primeiro mês de trabalho, porque, logo em seguida, Auricélio Penteado recorreu ao amigo Arnaldo da Rocha e Silva —que conhecia desde a infância—, tendo-o deixado como gerente em São Paulo, com o encargo de coordenar, acompanhar e conquistar novos clientes.

Ainda segundo o boletim editado à época pelo instituto, na ocasião as reservas do IBOPE resumiam-se em Cr$ 40.000,00, dinheiro que foi todo empregado na compra de móveis, utensílios e impressos, bem como na cobertura do déficit existente. Na realidade, em seu início o instituto passou por sérios problemas, situação que só pôde ser restabelecida com a adoção de cotas patrimoniais, em 1946, quatro anos depois de sua fundação.

É nesta época que Paulo de Tarso Montenegro se associa à Penteado, atitude também adotada por José Perigault, em 1947. A visão Montenegro e de Perigault parece ter considerado as reais possibilidades da empresa e do negócio, uma vez que ambos figuravam, respectivamente, como auxiliares no escritório do Rio de Janeiro e de São Paulo. Auricélio Penteado continuou como diretor do IBOPE até 1953, quando seu desligamento foi efetivado. Os registros, no entanto, mostram que este afastamento foi parcial, na medida em que assume a condição de consultor do instituto por alguns anos.

Incompreensão

Os motivos que levaram Oliveira Penteado a desistir do IBOPE ainda permanecem nebulosos, mas antes de morrer, em visita ao amigo Rocha e Silva, o pioneiro das pesquisas paramidiáticas do Brasil demonstra seu desânimo, tratando as causas de modo genérico, apontando, por exemplo, a incompreensão de muitos quanto à importância das pesquisas e dos dados que as mesmas evidenciavam. Esforços no sentido de esclarecer os procedimentos de pesquisa e a polêmica que seus dados traziam — sobretudo para os que não ocupavam os primeiros lugares— foram arregimentados várias vezes pelo fundador do Ibope. Estes textos poderiam ser classificados como didáticos, na medida em que procuram explicar e convencer as pessoas e os clientes, diferentes dos textos ideológicos —com viés político— e os provocativos, construídos em vários momentos de sua atuação neste meio.

Penteado publicou seus artigos e cartas basicamente na Revista Publicidade e Negócios —editada no Rio de Janeiro sob a direção de Genival Rabelo e Manoel de Vasconcelos—, bem como nos jornais Diário do Comércio, Diário de Notícias e A Tribuna da Imprensa, criado em 1949 e comandado pelo jornalista Carlos Lacerda. É em PN que seus artigos ganham expressividade, pois neles ficam claro seu posicionamento tanto para com o trabalho científico que vinha realizando, quanto para os problemas que afligiam o Brasil na época.

De um modo geral percebe-se no corpo de sua produção o interesse em transmitir conhecimentos sobre os critérios, a metodologia, a abrangência e a importância dos trabalhos de pesquisa voltados para a mídia; neste caso, os textos são geralmente assinados como diretor do IBOPE. Nesta condição, Oliveira Penteado procura ser didático, estratégia que usa tanto para convencer os que se opunham ou criticavam a veracidade dos dados das pesquisas do instituto, bem como para despertar no público a importância desse serviço, que considerava fundamental para apontar a audiência das emissoras e o que elas poderiam fazer em termos de mudança, visando conquistar o público final.

Na condição de articulista, Penteado se apresenta como um pertinente instigador, polêmico e, às vezes, até contundente no que diz respeito aos assuntos ligados ao Brasil. Nesse sentido e em determinadas temáticas, poder-se-ia dizer, Penteado se assemelha bastante aos nacionalistas que à época não eram muito simpáticos às intervenções provenientes dos EUA. Em ambos os casos, no entanto, é inquestionável a preocupação com o desenvolvimento do país e dos meios, sendo a pesquisa apenas uma ferramenta. Nesse sentido, não abre mão de explicar, passo a passo, aquilo que conseguiu descobrir e visualizar em determinados estudos .

Nas ocasiões em que foi convidado para escrever como diretor do IBOPE, Penteado procurou demonstrar, em seus temas, idéias, conceitos e hipóteses, uma fundamentação lógica sempre referenciada nos dados científicos e no sucesso oriundo das metodologias e técnicas praticadas no exterior, sem desprezar as dificuldades e as possibilidades encontradas no cenário brasileiro.

Ao escrever na Revista Publicidade e Negócios de julho de 1947, ocasião em que expõe sua participação na Conferência da Associação Paulista de Propaganda, Oliveira Penteado recorre às explicações oferecidas por George Gallup, referentes aos procedimentos e ao processamento das pesquisas de opinião pública, instrumento adotado pelo IBOPE desde seu surgimento e que eram denominados de inquéritos.

Política (sem) pesquisa

A pesquisa do IBOPE, a exemplo do que ocorria no âmbito das agências de publicidade, visava basicamente as indústrias de consumo. Pesquisas políticas até então eram proibidas, jejum que seria quebrado com a consulta pública para a sucessão de Vargas, disputa que tinha como concorrentes o general Eurico Gaspar Dutra —candidato de Getúlio Vargas— e o brigadeiro Eduardo Gomes —candidato das oposições. Na pesquisa do IBOPE, feita com amostra de mil pessoas só de São Paulo, quem estava na frente era Eduardo Gomes.

Quem lê os textos de Auricélio Penteado publicados à época — basicamente— na revista Publicidade e Negócio, dificilmente concordaria com o que ele afirmava, ou seja, que não era adepto de nenhum partido. Suas idéias eram marcantemente nacionalistas, enxergando nos americanos uma ameaça que, nas letras, traduz de um modo vigoroso e sarcástico. Oliveira Penteado dizia que não era partidário, mas em seus escritos fazia questão de criticar o *american way of life*, deixando transparecer uma inclinação socialista, motivo pelo qual foi detido várias vezes para oferecer explicações em inquéritos policiais. Aliás, de inquérito ele parecia conhecer bastante, pois esta era a denominação atribuída às pesquisas da época.

Usando a metodologia científica e os critérios de análise do universo da pesquisa, Oliveira Penteado tecia críticas ferozes aos produtos americanos e ao ingresso deles no Brasil. Muitos de seus textos ficaram conhecidos e foram motivo de discussões nos bastidores, como por exemplo o intitulado :"De como o Brasil não resolve seus problemas", no qual aponta uma "saída" para solucionar um problema vital para a economia brasileira, no caso o incremento da cultura do xuxú, depois que um americano descobre, neste legume, "as fabulosas vitaminas 'x' e 'ú'. A partir disso, articulando sarcasmo, provocação e muita inventividade, percorre a trajetória desta descoberta e em cujo caminho envolve tudo o que é possível e que mereça destaque.

Para tanto, "a imprensa, que não sabe bem para que servem as vitaminas "x" e "u" divulga e discute o fato. "Seleções", entre uma história de esquilo sábio e uma passagem da vida de Houdini, publica um artigo sobre como a vitamina "x" resolveu o problema das inundações do Mississipi e o efeito da vitamina "u" na cura das verrugas. E pronto! Daí por diante, a vitamina "x" e a vitamina "u" são o assunto do dia, nas entrevistas de Hamilton Nogueira na conversa em família da Rádio Globo; nas colunas de "hiperdietética", da Helena Sangirardi, no "Cruzeiro"; no Almanaque do Eu sei Tudo; no Digesto Econômico; no Boletim Semanal da Associação Comercial; nos ônibus, no lotação, na praia, no futebol e onde quer mais que haja alguém disposto a dois dedos de prosa."

Outro exemplo é o texto publicado na revista Publicidade e Negócios nº 151 de dezembro de 1951, intitulado "Os norte-americanos são mesmo burros ou é só aparência?", crítica feita à esperteza americana quando da vinda, instalação e envio de profissionais americanos para trabalhar nas empresas oriundas deste país, em detrimento da capacidade dos brasileiros. Oliveira Penteado diz que "tudo começou quando o meu amigo lançou uma boa blague:

> — *Você sabe qual é a diferença entre uma vaca que rumina e um americano que masca chiclets?"*
> — *"Não! Qual é?"*
> — *"É o olhar inteligente da vaca!"*
> *Depois, o "snap-shot" criou mais nitidez, quando um outro amigo, colaborador de PN, me disse, com seu ar característico de bonhomia, sempre sério e piadístico:*
> — *"Os Estados Unidos é um país muito vulnerável, n'uma guerra. Com três bombas bem encestadas eles estarão derrotados. Basta jogar uma bomba na fábrica de Coca Cola, outra na fábrica de Chiclets e outra na fábrica de óculos Ray ban. Sem estes três assessórios eles não poderão combater".*

Em 1954, a aversão aos americanos parecia persistir, pois com a crônica "Hommo Maccarthyensis", publicada em Publicidade e Negócios de julho, Oliveira Penteado destila sua indignação contra estes, na medida em que os compara a vermes. 'Homo maccarthyensis', como as minhocas e as amebas, se reproduzem por cissiparidade ou por fotossíntese ou por geração espontânea" A seu ver, esta espécie é proveniente de uma escala zoológica, cuja linhagem branca é constituída por italianos, holandeses, tchecos, dinamarqueses, russos brancos, portugueses, alemães, franceses, suecos, noruegueses, húngaros, judeus de todas as nacionalidades, entre outros.

Nesse texto, reconhece que a "raça maccarthyense tem sido vítima de estranhas moléstias de caráter epidêmico", tais como a yo-yo, produzida por um ultra-virus importado das Filipinas, a do '*Kilroy was here*', produzida pela tensão nervosa das trincheiras e o Maccarthyococus, com sintomas semelhantes aos da famosa Inquisição do Santo Ofício" .

O único momento de fraqueza evidenciado neste "combate ideológico" mantido contra os norte-americanos só foi observado em abril de 1948 —no texto *"Coca-Cola e o cangaço"*— , quando após um a reflexão mantida com o escritor Valdomiro Silveira, sobre o efeito desse refrigerante no hábito do brasileiro, surge o entendimento de que esse refrigerante trazia consigo novos métodos comerciais, caracterizando "um ar de renovação, de progresso, de mocidade, de limpeza, de eficiência" (...) "símbolo de uma geração e de uma ordem econômica e social" e, justamente por isso, promovia "a condenação das 'chopadas' e 'cervejadas' em ambientes escusos e viciosos".

A partir dessas características e dessa inovação promovida pelo refrigerante americano, Penteado chega a afirmar que a Coca-Cola, além de ser incompatível com [a] burocracia, com [o] Lloyd Brasileiro, com [a] Estrada Central do Brasil e com [a] Repartição de Correios e Telégrafos"(...), é "um elemento democratizante por excelência, que ridiculariza os 'figurões' artificiais, energúmenos tão vazios de idéias e realizações, quanto empolados no traje, na pose e na linguagem." A seu ver, Coca-Cola exalta o homem em manga de camisa, que não necessita fazer propaganda de si próprio"

Vale observar que a partir desta participação midiática historicamente pouco lembrada, o fundador do IBOPE, em suas aparições, delineou, mesmo polemicamente, o retrato ou facetas da industrialização pela qual passava o país. A curiosidade reside no fato de haver uma contradição entre o objetivo das pesquisas midiáticas desenvolvidas por Oliveira Penteado ter como mote o crescimento dos meios de comunicação —e portanto de uma indústria consumerista — ao mesmo tempo em que criticava os novos hábitos que vinham no bojo destas mudanças e da tecnologia subjacente. De outro modo, parece sugerir uma espécie de adaptação e não uma assimilação sistemática destes hábitos. Só este entendimento permite compreender um de seus desejos, sugerido à época, e que diziam respeito à construção, no Brasil, de um carro ideal: "Por que não cogita a Fábrica Nacional de Motores de construir um carro popular como o Ford 29 ou como o Opel Olympia? Por que não manda às favas as decrépitas licenças Pratt Whtney, para adquirir os moldes e licenças do Ford 29, velhas mas atuais para o Brasil?"

Isso sem contar suas conjecturas quanto à importância de o país produzir suas geladeiras, ampliando isso para outros produtos que poderiam ser elaborados em solo brasileiro. Era o desejo de industrialização sem o ranço ideológico e político observado por ele.

Oliveira Penteado não parecia muito preocupado com o impacto provocado por suas idéias e textos, pois nem mesmo o governo escapava de seus apontamentos. Certa vez, mostrando uma faceta do modelo político da época, acentuou que "a distinção que há entre um governo de força e um governo democrático é, precisamente, a de que este último não se impõe pela pata de cavalo, nem pelas bombas lacrimogêneas, mas sim pelo uso inteligente das modernas técnicas de persuasão."

Mas nem todos aceitavam passivamente seus rompantes. Um contemporâneo que redarguiu com ele foi Genival Rabelo, sobretudo após comentário desairoso de Oliveira

Penteado para com a revista Publicidade e Negócios, apontando-a como tendenciosa nas pesquisas que realizava paralelamente ao instituto, contrapondo certos dados ligados à audiência da mídia radiofônica em algumas praças. Sob o título "Não faça harakiri, Penteado!", Rabelo, após elogios, recoloca a discussão, expondo ser uma "pena que as pesquisas feitas fora do Rio-São Paulo não tenham por parte de Auricélio Penteado, a crítica e o policiamento que o conhecimento dos mercados, "in loco", lhe permitiria. Esta é a diferença fundamental entre os trabalhos que vimos fazendo por todo o país e os do IBOPE", atribuindo tal falha ao aprisionamento das pesquisas no eixo Rio-São Paulo e às atividades que o mesmo vinha exercendo na Auditoria Militar, como advogado.

Inquietudes

A inquietude de Oliveira Penteado ajuda a entender vários aspectos de sua vida, tanto no que diz respeito à criação do IBOPE, quanto às discórdias criadas. Suas provocações deixam transparecer uma época bastante rica e efervescente da comunicação brasileira e de seus bastidores. E isso aparecia vez ou outra como instigação ou cobrança. Nem mesmo o amigo Rocha e Silva escapou de suas farpas.

Em uma dada ocasião pede reparação a este pelo fato dele não ter mencionado, em um dado artigo sobre a criação da Escola de Propaganda do Museu de Artes de São Paulo, nomes como os de Dieno Castanho e A. P. Carvalho, tidos por Oliveira Penteado como pioneiros nesse tipo de ensino nos cursos promovidos pela Associação Brasileira de Propaganda. A seu ver, mencioná-los seria, no mínimo, uma homenagem satisfatória. Para ele, Rocha e Silva —que na ocasião atuava na indústria de enlatados Peixe—, havia sido injusto ao não descrever sua passagem pelo IBOPE: "Você, tendo sido nosso companheiro de trabalho, se esqueceu de mencionar o IBOPE, onde você, pela primeira vez em sua vida, veio a saber o que era uma pesquisa".

Estas discussões mantidas na década de 40 e 50, evidenciam as várias tentativas do fundador do IBOPE em reparar aspectos distorcidos na mídia, com o decorrer do tempo. Às vezes, o confronto era inevitável, como ficou claro na discórdia mantida com o IBGE, qualificando este instituto de adversário gratuito, já que o mesmo, em um determinado momento, chegou a solicitar medidas no sentido de fechar ou proibir o funcionamento do IBOPE, justificando que o mesmo não trabalhava com métodos científicos.

A pendenga, que envolvia a mídia radiofônica, fez com que Oliveira Penteado resgatasse essa história no espaço e no tempo, justificando seus levantamentos referentes ao número de rádios existentes à época, lembrando ao IBGE que o mesmo "poderia ter aproveitado o último Censo para colher dados mais ou menos minuciosos sobre esse importante canal de comunicações" uma vez que havia esquecido de incluir o rádio nos seus questionários"

Além disso, o que Oliveira Penteado deixou impresso —em cartas, comentários, críticas e crônicas— permitem visualizar as mudanças e a evolução do cenário midiático brasileiro, sinalizando o nível de competividade entre a mídia existente. Isso foi possível a partir das leituras que fazia da atuação radiofônica, especialmente em 1949, ocasião em que muitos críticos qualificavam o rádio brasileiro como ainda primitivo. Na visão do fundador do IBOPE, dentro das emissoras, a visão de que os programas deviam ser feitos para agradar os programadores —e não o público—, estava aos poucos sendo banida desse veículo. Isso, em parte, ocorreu em virtude do surgimento de outras emissoras menores, que começaram a disputar espaço publicitário com as já existentes.

Essa lógica da competição, no entender de Penteado, era benéfica para o rádio, mas indiretamente também beneficiava o instituto, porque com a melhoria da programação, "houve maior interesse pela investigação e pesquisa, houve maior combatividade na competição entre as emissoras, e, como conseqüência, as verbas dos anunciantes foram melhoradas para o rádio de um modo geral. Além disso, permitiu que certas emissoras, usando determinadas estratégias, apostassem em outros horários, visando a construção de outros níveis de audiência", fenômeno que hoje é , de um lado, motivo de estudos acadêmicos e, de outro, inesgotáveis pendengas entre emissoras, produtores e agências, na disputa pelo primeiro lugar.

Frei Caneca
Xavier da Veiga
David Moreira Caldas
Costa Rego
Auricélio Penteado
Jorge Antônio Salomão
Carlos Rizzini
Alceu Amoroso Lima
Roberto Marinho
Danton Jobim
José Reis
Vera Giangrande
Adalgisa Nery
Aparício Torelly
Josué de Castro
Pompeu de Sousa
Erico Verissimo
Vladimir Herzog

JORGE ANTONIO SALOMÃO
O precursor do rádio em Dourados

Osni Tadeu Dias

Osni Tadeu Dias é jornalista, mestre em Comunicação Social pela UMESP, coordenador dos cursos de Comunicação Social, Tecnologia em Produção Multimídia e Comunicação Institucional da UNIDERP - Dourados. É pesquisador da Rede Alfredo de Carvalho e coordenador do Projeto Memória no Ar, veiculado na Rádio Coração FM.

A figura marcante do radialista Jorge Antonio Salomão desempenhou papel decisivo na história de uma das emissoras de rádio mais antigas de Mato Grosso do Sul, a Rádio Clube de Dourados, fundada no dia 13 de setembro de 1.957. Numa época em que ainda não havia luz elétrica, o rádio era o principal meio de comunicação, numa cidade que acordava cedo e tinha um gerador como fonte de energia.

Os primeiros proprietários da Rádio Clube eram os irmãos Jean Jack Brunini e Jack Jean Brunini, donos de outras emissoras em São Paulo, Rio de Janeiro, Minas Gerais e Cuiabá. Em 1.963 a emissora passou a ter uma audiência expressiva com a chegada de Jorge Antonio Salomão, que iniciara sua trajetória radiofônica com serviço de alto-falante na cidade de Indiana, interior de São Paulo.

Na década de 60, Jorge Antonio cria um programa polêmico chamado "A Bronca" que teve duração de muitos anos, tornando Jorge Antonio conhecido em toda região. O radialista, que se tornou prefeito da cidade de 1970 a 1973, morreu em Dourados em 2 de maio de 2004, vítima de uma parada respiratória, é hoje uma referência na história de Mato Grosso do Sul.

História de vida

Jorge Antonio Salomão, filho de Moisés e Maria Elias Salomão, imigrantes libaneses que se estabeleceram em Indiana, estado de São Paulo, nasceu na cidade de Porto Alegre em 6 de dezembro de 1916. Foi casado com Maria Magdalena da Rocha Salomão

Jorge Antonio Salomão

1 Maria Salomão. Entrevista concedida à Lílian Rech em novembro de 2004.

e teve três filhos: Jorge Roberto, José Antonio e Elizabeth Salomão. Iniciou sua trajetória radiofônica com um serviço de alto-falante na cidade de Indiana.

Dona Maria Salomão afirma que o marido sempre foi um homem responsável e que sempre trabalhou pelo povo, "da cidade e do Brasil". Diz que na época em que se conheceram, havia muito romantismo e respeito. "Gostávamos muito de festas, de dança, de tango, bolero, foi assim. Eu tive tudo, uma boa infância, mocidade, e ele sempre companheiro e gostando da companhia. Eu era e sou uma pessoa feliz". [1]

Dona Maria, que na época chefiava o setor de higiene infantil e pré-escolar na Secretaria de Saúde Pública do Estado de São Paulo, narra o momento em que Jorge Antonio tomara a decisão de deixar a emissora onde trabalhava para montar um negócio próprio:

Quando morávamos em São Paulo, ele montou a Rádio Piratininga. Quando ele saiu, tínhamos 70% da audiência e as outras três emissoras juntas somavam 30%. Ele disse: quero um negócio meu. Foi quando um amigo nosso, o deputado federal Mário Eugênio, na época presidente da Caixa Econômica Federal, nos disse: Jorge, vai a Dourados, lá tem uma rádio que está abandonada. E ele gostava muito, mas disse que não faria mais uma aventura. Veio até Dourados, foi até o Rio de Janeiro verificar a papelada e fez o negócio. Ele veio três anos antes que eu porque aqui não tinha nem casa para morar, não tinha nada. O lugar realmente não tinha recursos.

Apesar do pioneirismo, Jorge Antonio enfrentou muitos desafios, conforme relatou em entrevista ao jornal *O Progresso*, em 2002:

Quando comecei no rádio, as dificuldades eram muitas. Eu sou pioneiro, em matéria de rádio. Só para a Rede Piratininga, montei dez estações, desde a base. Depois ajudei a dirigir uma rede com 36 estações. Em Dourados as coisas foram completamente diferentes. Em São Paulo tínhamos energia elétrica, bons técnicos, facilidade de comunicação, transporte, e todas as condições para trabalhar. Aqui não havia energia elétrica e o sistema de telecomunicações e o transporte eram precários... O Progresso, naquela época, editava um número por semana. Não havia recursos humanos nem tampouco ouvintes.[2]

2 TOLOUEI, Maria Lucia. "Rádio é imbatível, diz Jorge Salomão", O Progresso, Dourados, 12 set 2002, Caderno Dia-a-Dia, p.4.

Jorge Antonio Salomão promoveu importantes mudanças e qualificou a programação na emissora, que era composta, sobretudo por atrações musicais. Salomão foi fundador também das emissoras Ponta Porã, Rádio Alvorada de Itaporã, Difusora de Caarapó e Rádio Tamengo de Corumbá.

O locutor Sultan Rasslan relata que o jornalismo, nesta fase, era feito com dificuldade:

Primeiramente, eram selecionadas as notícias de outras rádios. Também era usado o recurso do 'tesoura-press': recortavam as notícias mais importantes de jornais de até cinco dias atrás, para serem lidas no ar. Era assim que o douradense ficava sabendo dos acontecimentos principais no eixo Rio-São Paulo e no mundo. [3]

3 Sultan Rasslan. Entrevista concedida à Lílian Rech em outubro de 2004.

A entrada de Rasslan na Rádio Clube foi marcada principalmente pela introdução de uma equipe de jornalismo e esportes. Segundo Waldemar Dorta, funcionário aposentado da Rádio Clube:

A emissora passou a ter uma atuação mais forte na área jornalística, contratando profissionais para trabalhar na área. O programa "Fatos e Notícias" se tornou um diferencial na rádio que, por não ter equipe de reportagem, antes recorria a notícias de emissoras de outros estados e notícias de jornais. [4]

[4] Waldemar Dorta. Entrevista concedida à Lílian Rech em novembro de 2004.

A audiência começava a aumentar pelo fato de que Jorge Antonio começou a dar atenção aos acontecimentos da região. Com a criação do noticioso, houve uma preocupação com as notícias locais e regionais. Além dos apresentadores, no estúdio, repórteres faziam a cobertura externa, deixando o ouvinte melhor informado.

Em 1969, Dourados passou a ter energia elétrica e em 1970 chegou ao município a primeira transmissora de TV. O advogado e jornalista Luiz Carlos Mattos lembra dos tempos em que chegou a Dourados e do encontro com Jorge Antonio, no ano seguinte:

Saí de Presidente Prudente num corcel 71, duas portas, e vim para Dourados fazer provas de madureza (que é como se chamava o exame supletivo naqueles tempos). O prefeito era o Jorge Antônio, radialista, sócio da Rádio Clube (uma das mais importantes emissoras de rádio do velho Estado de Mato Grosso) e oriundo de Indiana, cidade paulista perto de Presidente Prudente, onde ele havia dirigido a Rádio Piratininga. Vim para Dourados com um bilhete do saudoso amigo e jornalista Joaquim Zeferino Nascimento (o Jaca) endereçado ao prefeito Jorge Antonio para que, se pudesse, aqui me recebesse e facilitasse minha estada, se possível com hospedagem e alimentação porque, como sempre, o dinheiro era escasso. [5]

[5] MATTOS, Luiz Carlos. Jorge Antonio Salomão. Dourados News, Dourados. 11/fev/2004. Disponível em: http://douradosnews.com.br/colunistas Acesso em 10 de março de 2004.

Mattos conta que procurou pelo prefeito em sua casa e foi informado por sua esposa, D. Maria, que o marido estava no "Meu Cantinho", conhecido como Bar da Mangueira, onde foi recebido por Jorge Antônio Salomão.

Imediatamente saímos dali e fomos para sua casa onde almoçamos. Nem preciso dizer. Lembro-me até hoje, lá se vão mais de trinta anos, das delícias que D. Maria, dietista formada e professora de culinária, havia preparado. Tabule, quibe frito e assado e outras guloseimas árabes. Minhas refeições, enquanto estive em Dourados naquela ocasião, foram todas na casa do Velho Jorge, a quem, quando me mudei para cá, passei a chamar de Pai, pela sua bondade de trato para comigo.

Segundo sua filha, Elizabeth Salomão, que hoje está à frente da emissora, o radialista criou um estilo próprio de entrevistas e comentários. Na década de 60, em pleno regime militar, Jorge Antonio apresentava um programa polêmico chamado "A Bronca", que esteve no ar durante muitos anos, se tornando um radialista conhecido em toda a região. Ela afirma que "desde aquela época ele direcionava seu trabalho com fundamentos cristãos, utilizando o rádio para levar sempre mensagens de fé e esperança em Deus". Afirma ainda que o que mais marcou a existência da emissora foram as campanhas realizadas por Jorge Antonio.

Jorge com sua filha Elisabeth, atual diretora da rádio

6 Elizabeth Salomão. Entrevista concedida ao autor em fevereiro de 2005.

Fizemos uma campanha que teve uma arrecadação recorde no município. Foram 13 caminhões de donativos enviados para a cidade de Porto Murtinho, que foi atingida por uma enchente. Ficamos uma semana com uma programação voltada para essa campanha. Foram arrecadados remédios, sapatos, água, diversos donativos. O mandamento do meu pai era o amor ao próximo. [6]

Para Dorta, que exerceu o cargo de gerente financeiro da rádio por mais de 30 anos, o período em que o "Fatos e Notícias" entrou no ar foi crítico na história da emissora. Para ele, "a rádio, que era um respeitado órgão de imprensa de vanguarda por ser a pioneira e que, eticamente, deveria ser imparcial, passou a ter lado político". Diz ainda que: "'A Bronca' tinha como principal objetivo atacar seus adversários, entre eles, o prefeito da época, João Totó Câmara, hoje conselheiro aposentado do Tribunal de Contas do Estado".

Para Elizabeth Salomão, o jornalístico "A Bronca" era uma prestação de serviço. "Meu pai foi detido por falar do prefeito e quando o povo ficou sabendo quase derrubou a cadeia. Ele fazia de fato um jornalismo polêmico".

Nas palavras do próprio Jorge Antonio Salomão, seu programa seguia o estilo de outro, também polêmico, de Vicente Leporace: [7]

7 Leporace começa sua carreira artística em 1941, na Rádio Clube Hertz de Franca. Depois passou pela Mayrink Veiga, no Rio de Janeiro, Cruzeiro do Sul, Record e Bandeirantes, onde permaneceu décadas. Seu programa "O Trabuco" estreou em 1951 e ficou quase trinta anos no ar, sempre comentando os fatos políticos do dia.

Quando eu decidi lançar "A Bronca", a rádio ainda não tinha audiência. O programa tinha o mesmo estilo de "O Trabuco", de meu amigo Leporace. Em Dourados, naquela época, a polícia era um caos e no dia da estréia eles tinham feito uma pancadaria. Na estréia do programa, decidi esculachar com a polícia no ar. Quinze minutos depois, tinha mais de 60 pessoas na rádio. Todos falavam que eu estava louco, que ia acabar morrendo. Recebi mais de 200 cartas com ameaça de morte. Li uma a uma no ar e desafiei o mandante. Disse que se ele era homem, tinha que marcar o dia e a hora para resolver o assunto pessoalmente. Foi uma explosão. [8]

8 TOLOUEI, Maria Lucia. Idem.

Jorge Antonio Salomão foi candidato a prefeito em 1969, vencendo o candidato apoiado por Totó, Antonio Alves de Almeida. Administrou Dourados até 1973, voltando a comandar a emissora nas décadas seguintes. Embora estivesse ligado à política, não obteve êxito nas eleições seguintes. Na década de 90, comandou o programa "Falando Sério", no mesmo estilo em que atuou na emissora ao longo dos anos, movido pela prestação de serviços e pela crítica. Trabalhou até 2003, quando abandonou o microfone em razão dos problemas de saúde. Faleceu às 17h30 do dia 2 de maio de 2004, vítima de parada respiratória, aos 88 anos de idade, deixando esposa, filhos, netos e bisnetos.

Em novembro do mesmo ano, a prefeitura Municipal de Dourados iniciou as obras de construção do Centro Popular de Cultura, Esporte e Lazer Jorge Antonio Salomão, no Jardim Água Boa, em homenagem ao radialista. O complexo terá piscinas oficiais para competição e de lazer; quadra esportiva, campo de futebol society iluminado e outras dependências para a prática de esporte, eventos culturais e lazer, constituindo-se em mais uma opção a essas atividades, ao lado dos parques Antenor Martins e Arnulpho Fioravante. [9]

9 Começam obras de parque no Água Boa. AGCOM, 10 de nov. de 2004. Disponível em: http://www.dourados.ms. gov.br/agcom–noticias/ interna.php?num=3585. Acesso em 18 de fev de 2005.

Após 50 anos da criação da Rádio Clube, a cidade de Dourados conta com seis emissoras de rádio, além da pioneira: a Rádio Caiuás, FM Boa Nova, Cidade FM, Rádio Mais e Rádio Grande FM.

A voz inconfundível de Jorge Antonio Salomão ficará para sempre na memória de todos com seu refrão preferido: "Tá Valendo".

A colônia federal de Dourados

No início dos anos 40 o governo cria uma colônia agrícola federal, instalada na região das grandes matas de Dourados, em 1943. O governador de Mato Grosso (que seria dividido somente na década de 70) era o interventor federal Júlio Strubing Muller, que governou entre 1937 e 1945, no término da chamada Segunda República. A colônia dispunha de trezentos mil hectares para o assentamento de dez mil famílias. Nas terras da colônia foram depois fundadas as cidades de Deodápolis, Douradina e Jateí, sendo criada em seguida a Colônia Municipal, na municipalidade de Dourados, em cuja área se levantou a cidade de Itaporã. Como não havia estradas que ligassem as colônias à ferrovia, o escoamento da produção se tornava difícil, tornando as cidades totalmente ilhadas. O rádio ainda não havia chegado para encurtar as distâncias e aproximar as pessoas.

Em setembro do mesmo ano, por decreto-lei, foi criado, entre outros, o Território Federal de Ponta Porã, diante da necessidade de povoar regiões distantes ao longo das fronteiras do país. Contudo, o território teve vida efêmera, sendo extinto pela Constituição Federal de 1946.

Após a Segunda Grande Guerra, o Brasil adere à modernização e, consequentemente, o Estado do Mato Grosso do Sul passa a adotar a moto-mecanização, incentivando assim a agricultura, fazendo com que os agricultores de outros estados se instalem em terras mato-grossenses, especialmente no Sul.

Na década de 50, o governo do Estado engaja-se no programa energético da bacia do Paraná e promove a construção de hidrelétricas de menor porte.

A comarca de Dourados foi criada em 1946. Durante a Terceira República (1945-1964), foram criados no Sul do Mato Grosso trinta e cinco municípios, contrastando com os números atingidos na Segunda República (1930-1945), quando foram criados somente dois municípios: Dourados e Ribas do São Pardo. Ao final desse período o Estado somava 52 cidades. O governador Fernando Correia da Costa deu ênfase à geração de energia elétrica, à educação e à agricultura, no período em que esteve no poder.

10 Sultan Rassan. Entrevista concedida a Bárbara Palomanes e Márcia Benedetti em outubro de 2004.

Jorge Salomão exibindo licença de funcionamento da emissora de rádio Dourados

O rádio chega a Dourados

Nos anos 40, antes da primeira emissora de rádio em Dourados, havia um sistema de comunicação, ainda que rudimentar. A figura caricata de um índio, conhecido pelo apelido de Coruja, andava pela Rua Marcelino Pires, hoje principal avenida da cidade, com uma corneta na mão, fazendo propaganda das lojas e anunciando os filmes em cartaz no antigo cine Santa Rita. Somente em 1955 entraria no ar a primeira emissora da cidade, Rádio Clube de Dourados, em caráter experimental, funcionando oficialmente em 1957 após homologação do Ministério da Educação e pelo Dentel (Departamento Nacional de Telecomunicações), que na época era o órgão responsável pelos veículos de comunicação, vindo a atuar com o prefixo ZYX 23.[10]

O surgimento do rádio na região beneficiaria a população que sofria com a precariedade das estradas e o distanciamento das ferrovias. A informação poderia chegar mais depressa aos mais longínquos rincões do Estado do Mato Grosso. O relevo e as distâncias não mais dificultariam a comunicação e o desenvolvimento da comunidade.

11 Idem.

Os irmãos Brunini foram os primeiros proprietários da emissora, contratando Flávio Araújo, ainda atuando em rádio e TV em São Paulo, como seu primeiro diretor. Depois dele, foram diretores Jesualdo de Oliveira, Edmundo Linato Ribeiro, descendente do tenente Antonio João Ribeiro, combatente na Guerra do Paraguai.[11] Depois de Edmundo, em 1962, a rádio foi vendida para Antônio Moraes dos Santos e Rachid Saldanha Derzi, tendo Theodorico Luiz Viegas na direção. Em 1963, Jorge Antonio Salomão adquire a rádio em sociedade com Saldanha Derzi, então deputado federal, passando a administrar a emissora.

O início de uma longa jornada

A emissora teve sua primeira sede na residência do Dr. Camilo Ermelindo da Silva, na Rua Minas Gerais, atualmente João Cândido Câmara, ao lado do atual Hotel Bahamas. Naquele tempo, as donas de casa passavam roupas com ferro a carvão e ouviam, em seus modernos rádios a pilha, as notícias que iam ao ar de hora em hora no programa "Rádio Repórter", num oferecimento da Loja Ferragista, referência ainda hoje no comércio de ferramentas em geral.

O sinal de transmissão era muito fraco e com o passar dos anos o transmissor foi ganhando potência com as inovações tecnológicas. O rádio transformara-se no principal meio de comunicação. Nos intervalos das transmissões, os comunicadores davam recados no ar. Era comum o marido avisar a esposa que iria chegar mais cedo ou mais tarde em casa, pedindo para preparar o jantar.

Em 1957, funcionando oficialmente, a Rádio Clube contrata Sultan Rasslan, que se tornaria o locutor de rádio mais antigo de Dourados. Antes disso, Rasslan havia trabalhado nas rádios Educação Rural, de Campo Grande, A Voz do Oeste, de Cuiabá, Rádio Carajás, de Anápolis (GO) e na Rádio Clube de Maringá (PR).

A tão aguardada chegada do telefone, no final dos anos 50, agilizou o trabalho dos radialistas. O mérito pela chegada do telefone a Dourados coube ao Dr. Joaquim Lourenço Filho, que providenciou a instalação de cem aparelhos na cidade. As duas telefonistas de então, Sireunice Camargo e Eunedi Cimatti, completavam a ligação dos ouvintes que entravam em contato com a rádio pelo número 154.[12]

12 Na época, os telefones possuíam apenas três dígitos.

Era o tempo do jornal falado. Os locutores liam no ar as notícias veiculadas nos jornais. A emissora funcionava com motor próprio e com poucos equipamentos. Os microfones eram escassos, havia algumas maletas de som e um transmissor de cerca de 100 quilos, que funcionava com uma bateria de 12 volts.

Poucos recursos, muita criatividade

Apesar de contar com poucos recursos, o início da rádio douradense foi beneficiado pela criatividade dos profissionais que ajudaram na sua consolidação. Vários programas ganharam espaço, como o "Recuerdos del Paraguay", "Alvorada Sertaneja", "O Tango e a Seresta", "Roda de Violeiros", além dos programas de auditório como o "Programa de Calouros" e o "Domingo Alegre da Criança Feliz", realizados no antigo Clube Social e no Cine Santa Rita. Havia poucos discos no acervo da emissora, sendo a maioria de acetato e de 78 rotações.

CAPÍTULO VI

O início do trabalho jornalístico foi difícil. Theodorico Luiz Viegas, diretor da Rádio Clube de 1957 a 1963, trabalhava com Jean Brunini nos primórdios da emissora. Segundo ele, esta operava com a potência de 250 watts, elevando sua potência somente depois da chegada de Antonio Moraes, no início dos anos 60. Ele declara que a vida de repórter naquela época não era nada fácil. "Era preciso ter muito peito para se buscar a informação", diz. [13] Ele conta que, em certa ocasião, seu colega de trabalho Adelino Praieiro fora destacado para fazer a cobertura de um despejo que estava acontecendo nas imediações de Dourados, o que causou muita confusão e a saída do jornalista da cidade:

13 Theodorico Viegas. Entrevista concedida ao autor em fevereiro de 2005.

> *Adelino, que era apresentador e repórter da rádio, fez uma reportagem sobre um despejo que estava acontecendo à beira do rio Brilhante. Na verdade, eram posseiros que tinham vivido ali a vida inteira. Como eram terras devolutas, o governo concedeu a posse, mas o fazendeiro ordenou a retirada deles todos. Como a rádio tinha liberdade para colocar no ar, nós colocamos. Depois, ficamos sabendo que o fazendeiro era o dono da rádio, o Antonio Morais dos Santos. [14]*

14 Orlando Mazarelli. Entrevista concedida a Miriam Névola em outubro de 2004.

Theodorico revela que, na verdade, quem fez uma verdadeira revolução na Rádio Clube foi Jorge Antonio Salomão, com seu vozeirão e seu estilo de fazer radiojornalismo.

Uma nova fase na Rádio Clube

No início dos anos 60, o deputado federal e amigo da família de Jorge Antonio Salomão, Mário Eugênio, o procurou para informar que em Dourados estava sendo oferecida uma rádio para quem se interessasse em dar continuidade aos trabalhos.

Orlando Mazarelli, que era técnico do sistema de rádio-emissor e já conhecia Jorge Antonio de Presidente Prudente, no interior de São Paulo, conta que foi procurado por Jorge Antonio para conversar sobre a emissora em Mato Grosso. De acordo com Jorge Antonio, havia uma rádio operando em Dourados há alguns anos e que estava sendo oferecida para quem pudesse assumir o comando.

Mazarelli, que se tornaria o responsável pela parte técnica da rádio, conta que quando chegaram a Dourados encontraram "um sistema de rádio emissor pequenino", acrescentando que "o sistema carecia ser ampliado... fomos trabalhando, trocando equipamentos de rádio emissor do pequeno para o maior, isto é, de pequena potência para maior potência e qualidade média para alta qualidade". [15]

Segundo Mazarelli, considerado "um irmão" por Jorge Antonio, os preparativos para ampliação do sistema de transmissão já haviam começado em 1962. Foram tempos difíceis, segundo ele:

15 DIAS, Osni Tadeu. Vitorino Prata Castelo Branco e o primeiro curso de jornalismo no Brasil. In: Encontro Nacional da Rede Alfredo de Carvalho, II, 2004, Florianópolis.

> *Seu Jorge me falou que tinha idéia de dar andamento numa emissora em Dourados, em Mato Grosso, então me convidou para vir para cá e viemos através de uma viagem longa e cansativa, pois na época não existiam estradas pavimentadas. Nós tínhamos que cortar no meio do mato e a travessia de São Paulo para Mato Grosso era feita de balsa e, portanto, muito demorada.*

O companheiro de jornada coloca que "seu Jorge era um baluarte em Dourados". Ao microfone, mantinha um palavreado clássico e ao mesmo tempo cativava a população da cidade.

"Ele deu uma injeção de entusiasmo e movimentou a emissora. O velho Jorge foi aqui em Dourados um grande radialista e jornalista, tanto que ele teve um nível de audiência extraordinário em suas apresentações, apaixonado que era pelo rádio. Eu que sempre gostei da parte técnica, não fiquei atrás. Procurei manter o meu nível ao seu nível, como radialista, como jornalista".

1943, ano emblemático

1943 é um ano de grandes acontecimentos.

Vitorino Prata Castelo Branco lança as bases para o Primeiro Curso Livre de Jornalismo do Brasil. [16]

Tem início a Marcha para o Oeste, de Getúlio Vargas, por meio da Expedição Roncador, que criaria vilas e cidades no Estado do Mato Grosso.

O mesmo presidente promulga a Consolidação das Leis do Trabalho que compendia, integra e compatibiliza toda a legislação social, decretada desde 1930.[17]

No campo das Letras, Gastão Cruz publica *Hiléia Amazônica*, Edgar Cavalheiro publica em livro suas entrevistas com os escritores modernistas, o *Testamento de uma Geração*. Oswald de Andrade publica *Marco zero 1- A revolução melancólica* e eis que surge a maior escritora brasileira, Clarice Lispector, com *Perto do coração selvagem*.

Entre tantos fatos importantes, está a criação da Colônia Federal de Dourados, que mais tarde abrigaria a primeira emissora de rádio da região, a Rádio Clube de Dourados, pioneira na região da Grande Dourados, no Mato Grosso do Sul, em 1955, em caráter experimental. A Rádio Clube, que funcionaria oficialmente em 1957, passa por uma revolução com a chegada de Jorge Antonio Salomão que, a partir de 1963, transforma a emissora com seu vozeirão e um novo estilo de fazer jornalismo.

Pré-História da Radiodifusão

Várias experiências antecederam o surgimento da radiodifusão.

Já no final do século XIX, o inglês James C. Maxwell descobriu matematicamente a existência das ondas eletromagnéticas. Em 1890, o alemão Henrich Rudolph Hertz comprovou na prática a descoberta de Maxwell, demonstrando que as ondas eletromagnéticas têm a mesma velocidade da luz. Em sua homenagem, as ondas de rádio passam a ser chamadas de "ondas hertzianas", usando-se também o "hertz" como unidade de freqüência.

No Brasil, o padre e engenheiro gaúcho Landell de Moura realiza, em 1900, experiências nas transmissões de sinais de rádio e voz à distância, sem fio. Patenteou seu sistema no Brasil e Estados Unidos, para onde viajou, enfrentando muitas dificuldades. A validade da patente expirou, não sendo renovado o registro.[18]

Por outro lado, o cientista italiano Guglielmo Marconi realizou, em 1895, testes de transmissão de sinal sem fio, obtendo a patente da invenção do rádio em 1899, fazendo testes na área de radiotelegrafia. Embora Marconi seja reconhecido pela invenção, foi Landell quem efetivamente colocou, em 1904, a voz no rádio, que até então só transmitia sinais telegráficos. [19]

---

16 RIBEIRO, Darcy. Aos trancos e barrancos - como o Brasil deu no que deu. Rio de Janeiro, Editora Guanabara, 1985.

17 Radiodifusão. Disponível em http://www.joinet.com.br/joel/radiodifusao.html. Acesso em 21 de fevereiro de 2005.

18 História do Rádio. Disponível em http://www.maikol.com.br/subpages/radio1.html. Acesso em 22 de fevereiro de 2005.

19 GRESSLER, Lori Alice, SWENSSON, Lauro Joppert. Aspectos Históricos do povoamento do Estado do Mato Grosso do Sul: destaque especial ao município de Dourados: L.A. Gressler, 1988, pp. 109-110.

As linhas telegráficas foram surgindo no então estado do Mato Grosso entre 1900 e 1905. Após longo trecho implantado ao norte da cidade de Rondonópolis, Candido Mariano da Silva Rondon, em 1901, fez descer a linha telegráfica para o sul, rumo a Coxim, inaugurando a estação do Itiquira. O sertanista fora designado para chefiar a Comissão de Linhas Telegráficas Estratégicas de Mato Grosso ao Amazonas. Como lhe faltavam as cartas geográficas para detalhar o terreno por onde passaria, convocou os indígenas da região, fazendo levantamentos para dar continuidade ao posteamento e à fiação. [20]

45 anos da rádio

[20] RUAS, Claudia Mara Stapani. Rádio Comunitária: uma estratégia para o desenvolvimento local. Campo Grande: Editora UCDB, 2004, p. 59.

No ano seguinte, Rondon fez a exploração do rio Taquari, seguindo para Aquidauana, depois para Corumbá, Miranda e Nioaque, já em 1905. Em seguida, foi em direção a Porto Murtinho, do qual derivou um ramal para São Carlos, divisa com o Paraguai. Somente mais tarde a linha telegráfica atingiria Ponta Porã, Dourados e Campo Grande.

Na década seguinte, as transmissões de rádio foram utilizadas para fins militares, ficando sob o controle dos governos dos países em guerra. Após a Primeira Guerra Mundial, as pesquisas e investimentos realizados no período permitiram o avanço da radiodifusão para o grande público, com o crescimento de estações de rádio e grandes empresas como a RCA, NBC e a CBS, nos Estados Unidos.

Gênese do Rádio no Brasil

Em 6 de abril de 1919 foi fundada a Rádio Clube de Pernambuco, que iniciou oficialmente suas transmissões em 17 de outubro de 1923, com um transmissor de apenas 10 watts.

No Rio de Janeiro, nas comemorações do primeiro centenário da Independência do Brasil, em 1922, foi realizada a transmissão do discurso do Presidente da República, Epitácio Pessoa, com equipamentos vindos dos Estados Unidos.

No ano seguinte, o antropólogo Edgard Roquette Pinto e Henry Morize, diretor do Observatório Nacional, ambos os pesquisadores da Academia Brasileira de Ciências, inauguram as transmissões da Rádio Sociedade do Rio de Janeiro, a 20 de abril de 1923, dividindo os louros do pioneirismo com a Rádio Clube.

O fato transformou Roquette Pinto no pai do rádio brasileiro e elevou o dia 25 de setembro, data de seu nascimento, a Dia Nacional da Radiodifusão.

Praticamente todas as rádios nascidas nesse período eram clubes ou sociedades, mantidas pelos associados por causa da legislação, que proibia a publicidade.

Rádio comercial

Na década seguinte, o rádio torna-se mais popular com a entrada da publicidade, atraindo grande público e tornando-se um negócio lucrativo.

Surgem várias emissoras que se tornariam famosas, entre elas a Record, em São Paulo (1931), a Rádio Nacional, do Rio de Janeiro (1936) e a rádio Tupi, de São Paulo, em 1937.

Programas de auditório com atrações musicais lançam artistas como Carmen Miranda e começam a cair no gosto do público, com seus apresentadores obtendo fama e sucesso.

As radionovelas ganham expressão, sobretudo nas cidades do interior.

Em 26 de agosto de 1939, nasce a PRI-7 – Rádio Sociedade Difusa de Campo Grande, com a mesma popularidade e influência que a radiodifusão gozava em todo país. Ruas descreve que no início, era considerada mais do que veículo de comunicação e um dos principais entretenimentos da população, adentrava as casas das pessoas modificando hábitos, arrancando suspiros e lágrimas, criando dependência em seus ouvintes. [21]

Por ultrapassar fronteiras até então não desbravadas pelos jornais impressos, o rádio deu uma grande contribuição para o crescimento e desenvolvimento da mídia no Estado. Seguindo o modelo das emissoras que surgiam pelo país afora, a *Difusora* foi se tornando popular e obteve o mesmo sucesso, embora com inúmeras dificuldades em razão da falta de recursos tecnológicos. Segundo Ruas, seguindo a trajetória de sucesso da *Rádio Difusora*, em 1949, surgiu a *Rádio AM Cultura* e, na década de 60, a *Rádio Educação Rural*. Foram as principais emissoras que trouxeram o progresso, atraindo dezenas de trabalhadores de rádio, de todo país para a região. [22]

Na década de 40 os programas começam a se tornar mais interativos, com a participação cada vez maior dos ouvintes. O rádio perderia assim seu caráter elitista e começaria a cristalizar seu papel na sociedade trabalhando com informação, voltando sua programação para a prestação de serviço.

A construção de pontes, estradas e barcos iria influenciar o desenvolvimento dos transportes, bem como a agricultura e posteriormente a industrialização na região. As dificuldades de circulação impostas pelo terreno foram, ao longo do tempo, sendo aprendidas pelo colonizador. A radiodifusão estava em franca expansão e se tornaria cada vez mais presente com o surgimento de novas cidades nas décadas seguintes.

Antonio João, o herói de Dourados

Antônio João passou à História pela heróica resistência que impôs, à frente de 14 homens, a uma coluna de 200 soldados paraguaios, na defesa da Colônia Militar de Dourados, quando – coerente com o compromisso de honra do soldado – não trepidou em sacrificar a própria vida, pela honra do Brasil. Pelo muito que inspira e transmite de nobreza de sentimentos e valores morais, a lembrança desse insigne brasileiro serve de exemplo a todo cidadão.

Antônio João nasceu em 24 de novembro de 1823, na então Província de Mato Grosso. Assentou praça em 6 de março de 1841 e, após galgar todas as graduações, atingiu o Oficialato, como Tenente de Cavalaria. Desempenhou missões de campo, diligências, batidas a índios bravios e tarefas similares, servindo em diversos destacamentos de fronteira ou do interior de Mato Grosso.

---

21 Idem, ibidem, p. 64.

22 José Guerreiro. Entrevista concedida ao autor em fevereiro de 2005.

José Guerreiro: irreverência e seriedade

Uma das figuras mais conhecidas e admiradas pelos jornalistas na região conhecida como Grande Dourados é o repórter José Guerreiro, que iniciou os trabalhos da Rádio Clube juntamente com Jorge Antonio Salomão.

José Guerreiro nasceu em uma fazenda na cidade de Presidente Venceslau, interior de São Paulo e é profissional de rádio há 60 anos. Trabalhou como repórter, redator, locutor e comentarista. Junto com Jorge Antonio Salomão, foi quem deu impulso à Rádio Clube de Dourados.

Jorge Antonio em seu ofício diário

Segundo o jornalista Theodorico Viegas, "Guerreiro é um dos pioneiros no jornalismo aqui em Dourados. Ele é um exemplo para a classe profissional, um homem que sempre se pautou pela verdade, pela justiça e pela honestidade".

Guerreiro começou sua carreira em Mandaguari, no Estado do Paraná, atuando na *Rede Guaracá*. De lá, trabalhou como rádio-escuta na *Bandeirantes*, quando ficou noivo e casou-se, em fevereiro de 1962, na cidade de Santo Anastácio, onde trabalhou na Rádio Brasil. Trabalhou ainda na PR5, *Rádio Difusora* de Presidente Prudente, onde recebeu o convite de Jorge Salomão para trabalhar em Dourados. Diz que no início, havia poucos equipamentos em bom funcionamento:

O Orlando recuperou todos os equipamentos da rádio, as mesas, microfones, tudo. Eles ficavam na sede do Clube Social, num prédio que chamávamos de "balança mas não cai". Era um prédio tão assustador que a gente morria de medo. Foi lá que botamos a rádio no ar.

O radialista conta que foi preciso comprar vários equipamentos novos para começar seu trabalho.

Seu Jorge comprou equipamentos modernos e maletas de som. Tinha também um gravador Grunding e um Akai, supermoderno, que deve estar na rádio até hoje. O mais moderno era um de três rotações e era de fita. Não tinha quase nada, mas havia um microfone do tipo jacaré e um microfone de fita, que você falava e a fita vibrava para dar a qualidade de som.

As dificuldades não se restringiam aos equipamentos da emissora. As transmissões ao vivo eram difíceis porque o serviço de telefonia era precário naquela época, segundo conta Guerreiro: "Quando chegamos aqui a transmissão era feita por linha física. Uma transmissão até Cuiabá a gente não sabia se iria dar certo. Se tivesse defeito em um ponto da linha não poderíamos transmitir nada".

Certa vez, ele conta, a rádio faria uma transmissão de um jogo na cidade de Marília, mas a telefonista não conseguiu fazer a conexão e o jogo não foi transmitido, para a tristeza dos ouvintes:

O jogo seria transmitido de Marília, no interior de São Paulo. Pedi à telefonista para jumpear, fazer um looping, mas ela não conseguia. Eu ficava na linha dizendo: tele-

*fonista, espero que você tenha mãe... e nada dela falar comigo. O tempo estava pas-
sando e eu dizia: espero que você tenha pai também. Como ela não dizia nada, eu
continuei com a brincadeira... Daqui a pouco ela entrou na linha, dizendo: quando
terminar a sessão de piadinhas eu faço a conexão! Quando ela conseguiu, meu companheiro, Palmério, do outro lado da linha, disse: "Puxa vida, Zé Guerreiro, há duas
horas eu estou te esperando aqui do outro lado da linha..." Foi um tempo difícil, mas
no final das contas, a gente acabava se divertindo muito.*

 Irreverente e bem relacionado, impressionava os amigos pela quantidade de pessoas que o cumprimentavam nas ruas, onde quer que estivesse. Seu senso de humor
fez com que criasse na Rádio Clube de Dourados uma paródia ao então "Jornal
Falado", da mesma emissora:

*Além do noticiário esportivo, criei um programa chamado "Jornal Falhado". Com
um toque de humor, eu pegava as notícias que eram publicadas no jornal impresso e
aproveitava para fazer uma gozação em cima daquilo que saía errado. Eram fofocas,
notícias de estudantes daquela época, enfim, eu fazia uma brincadeira com tudo.*

Em 1964, Guerreiro foi para a rádio Independência, de Rio Preto, interior de São
Paulo. Em 1973, voltou definitivamente para a rádio, a convite de Jorge Antonio Salomão. Ali conheceu Albino Mendes, radialista da Rádio Clube e atualmente vice-prefeito
de Dourados e os "garotos" Marçal Filho, conhecido radialista da região e proprietário
de uma emissora de FM, Anaídes, que atuou também na rádio Caiuás, e o atual presidente do Sindicato dos Jornalistas de Dourados, Clóvis Oliveira, atualmente diretor do
site Douradosnews:

*Conheci o Albino, o ensinei a trabalhar com esportes. Já o Marçal, ensinei tudo,
ele era um garotinho e eu gostava muito dele, muito mesmo. O caso do Anaídes foi
curioso. Fui consertar o pneu do meu carro e seu pai, que tinha uma borracharia,
pediu para eu dar uma oportunidade a ele. Ele virou sonoplasta e hoje é diretor de
uma rádio FM.*

José Guerreiro foi criador de diversos programas na época em que voltou para a rádio. Entre eles, "Entardecer no sertão", "Matinal esportivo", "Boa noite lavrador", "Fazenda do velho Tatau" (como também ficou conhecido na cidade de Dourados) e "Encontro
matinal", dirigido atualmente pelo radialista Albino Mendes. Como todos os profissionais que trabalharam na Rádio Clube, Guerreiro também enfatiza a presença de Jorge
Antonio como responsável pelo grande salto qualitativo da emissora.

Para melhor conhecer Dourados

ARAKAKI, Suzana. Dourados, Memórias e Representações de 1964. Dissertação de mestrado. UFMS, Dourados, 2003.

CAMPESTRI, Hildebrando, GUIMARÃES, Acyr Vaz. História de Mato Grosso do Sul. Campo Grande: Tribunal de Justiça de Mato Grosso do Sul, 1991.

GRESSLER, Lori Alice, SWENSSON, Lauro Joppert. Aspectos históricos do povoamento do Estado de Mato Grosso do Sul: destaque especial ao município de Dourados. Dourados: L.A. Gressler, 1988.

GRESSLER, Lori Alice. Memória de Dourados – Ruas, edifícios e logradouros públicos. Dourados: Prefeitura Municipal, 1996.

Para melhor entender o Rádio

MCLEISH, Robert. Produção de Rádio; um guia abrangente da produção radiofônica. São Paulo: Summus, 2001.

RUAS, Claudia Mara Stapani. Rádio Comunitária: uma estratégia para o desenvolvimento local. Campo Grande: Editora UCDB, 2004.

TOTA, Antonio Pedro. A locomotiva no ar: rádio e modernidade em São Paulo, 1924-1934. São Paulo, Secretaria de Estado da Cultura, 1990.

Frei Caneca
Xavier da Veiga
David Moreira Caldas
Costa Rego
Auricélio Penteado
Jorge Antônio Salomão
Carlos Rizzini
Alceu Amoroso Lima
Roberto Marinho
Danton Jobim
José Reis
Vera Giangrande
Adalgisa Nery
Aparício Torelly
Josué de Castro
Pompeu de Sousa
Erico Verissimo
Vladimir Herzog

VII

CARLOS RIZZINI
Pioneiro da investigação jornalística brasileira

Osmar Mendes Júnior

Osmar Mendes Júnior é integrante do Grupo de Estudos sobre Pensamento Jornalístico Brasileiro – Departamento de Jornalismo da ECA-USP

A o seguir pela Via Dutra, em direção ao Rio de Janeiro, o viajante rodoviário que parte de São Paulo certamente vai cruzar, 134 quilômetros depois, com o trevo de acesso à cidade de Taubaté.

Se for um apreciador da boa literatura brasileira, o passageiro logo irá associar Taubaté com Monteiro Lobato, o consagrado autor de livros, nascido no município, que criou o Jeca Tatu e também a Emília, a Narizinho, o Pedrinho, e todos os famosos personagens do inesquecível *Sítio do Pica-pau Amarelo*.

Se, em 2003, o passante tivesse cerca de 50 anos, naturalmente se lembraria de Cely Campello, a primeira e festejada cantora brasileira de *rock´n´roll*, morta em 2003, que também nasceu em Taubaté e, com suas ingênuas, românticas e saudosas canções, ajudou a tornar conhecida nacionalmente, no final dos anos cinqüenta e início dos anos sessenta do século XX, a agradável cidade do Vale do Paraíba.

Mas Taubaté tem outros filhos ilustres que merecem permanecer vivos na memória de todos os brasileiros.

Um deles, bem menos popular do que Monteiro Lobato e Cely Campello, é também digno de todas as honrarias, não apenas pelo papel que desempenhou como cidadão e homem de comunicações, mas, e principalmente, pelo enorme legado que deixou para a nação brasileira através de seus livros e escritos sobre a história e a trajetória da Imprensa e do Jornalismo, bem como por suas inúmeras contribuições para o aperfeiçoamento das comunicações nacionais. O nome dele é Carlos de Andrade Rizzini.

Trajetória exemplar

Retrato de Carlos Rizzini, feito por autor desconhecido em 1942

Rizzini, como é mais conhecido nos meios acadêmicos e nos bastidores da imprensa brasileira, nasceu em Taubaté há mais de um século, no dia 25 de novembro de 1898.

O Brasil era então uma jovem república de apenas nove anos. Dez dias antes do nascimento de Rizzini, tomara posse o novo presidente do País, Manuel Ferraz de Campos Sales, o quarto a ocupar o cargo máximo do poder. Sete anos depois, em 1906, Taubaté chamaria a atenção de todo o País, graças ao histórico "Convênio de Taubaté", acordo assinado entre os estados de Minas Gerais, Rio de Janeiro e São Paulo, que garantia aos produtores rurais a compra das safras de café, com financiamento estrangeiro, e que acabou na grande queima dos excedentes estocados, com enormes prejuízos aos cofres públicos.

Ao falecer, em 1972, no dia 19 de julho, quatro meses antes de completar 74 anos, Rizzini estava num Brasil que amargava um severo regime militar, mas já contava com uma incipiente televisão em cores que ele próprio ajudara a implantar. A repressão à liberdade de imprensa era dura e violenta. O semanário *O Pasquim*, pioneiro na imprensa alternativa de combate à ditadura, foi proibido de circular durante uma semana. Rizzini morava, então, na cidade de Tremembé, vizinha à Taubaté, onde passara parte da infância e local escolhido por ele para desfrutar de uma merecida aposentadoria, cercado por dezenas de livros, uma de suas grandes e confessadas paixões.

Ingresso no jornalismo

Enquanto homem de comunicações, Rizzini desenvolveu trajetória profissional simplesmente exemplar. Começou aos 18 anos de idade, como repórter de *O Jornal*, no Rio de Janeiro. Morava ele, então, desde 1907, com um casal de tios na capital do Brasil, para onde fora mandado pelos pais, após conquistar brilhantemente o primeiro lugar num concurso de bolsas de estudos no disputado Colégio Pedro II. Naqueles tempos era o colégio mais afamado do País e tinha o corpo docente composto por algumas das mais ilustres e poderosas personalidades da inteligência e da política brasileiras.

Quando começou a trabalhar no *O Jornal*, em 1918, Rizzini já era estudante universitário e freqüentava o Curso de Ciências Jurídicas e Sociais da Faculdade de Direito do Rio de Janeiro. Em 1921 tornou-se secretário de *O Jornal*. Até 1922, quando se formou em Direito e mudou-se para Petrópolis, Rizzini atuou, ainda, no "Rio Jornal", como repórter e no "Boa Noite", como redator e redator-chefe. Naquele início de carreira, Rizzini chegou a fazer longos e exaustivos plantões na principal estação da Estrada de Ferro Central do Brasil, onde, em busca de uma boa entrevista ou de um assunto para suas reportagens, abordava os passageiros bem nutridos e alinhados, na tentativa de localizar algum figurão importante em meio à multidão que ia e vinha sem cessar. Também entrevistou muitos dos artistas que se exibiam nas borbulhantes noites cariocas e que faziam a fama da capital federal.

A partir de 1923, quando já havia completado 25 anos de idade, Rizzini foi dirigir o diário *O Comércio* na histórica cidade de Petrópolis, a 66 quilômetros do Rio de Janeiro, onde também adquiriu o Jornal de Petrópolis. Viveu por ali durante 11 anos, até 1934, período em que diversificou bastante as suas atividades profissionais. Além de ser um pequeno e próspero empresário no ramo jornalístico, chegou a advogar, foi procurador da Câmara Municipal e enveredou-se pela política, elegendo-se deputado estadual (1927-1930) e vereador (1930). Saiu-se muito bem em todas essas funções. Diz a história que Rizzini, ao advogar em uma ação de reconhecimento de paternidade e anulação de testamento, chegou a redigir 19 páginas a título de razões finais. Nelas, teria começado invocando o Direito Romano, abordado o Cristianismo e passado, sucessivamente, pela Idade Média com o Direito Canônico e pela Revolução Francesa, até chegar finalmente à legislação brasileira da época. Seu amplo conhecimento sobre os fatos históricos passaria a ser um ponto marcante em suas atividades como homem de letras.

Vocação empresarial

Em 1934, aos 36 anos, de volta à cidade do Rio de Janeiro, Rizzini passou a exercer a função de Secretário em dois importantes jornais: primeiro no *Diário da Noite* e depois em *O Jornal*, o mesmo em que iniciara a carreira, e que agora pertencia, junto com o "Diário da Noite", ao controvertido empresário Assis Chateaubriand, que costumava se autodenominar como um autêntico "cangaceiro", numa referência às suas origens nordestinas e ostensiva valentia. Rizzini deu um impulso tão grande aos dois matutinos de Assis Chateaubriand que, em 1938, quando comprou a Rádio Tupi, o "cangaceiro" achou por bem convidá-lo para dirigir a emissora. Mais uma vez o talento de Rizzini foi posto à prova e a Tupi teve um rápido e surpreendente crescimento, não só em termos de audiência, mas também em prestígio e, sobretudo, em faturamento.

Em 1939, aos 41 anos de idade, novo desafio era proposto para Rizzini pelo mesmo Assis Chateaubriand. Desta vez, seu destino era Porto Alegre, capital do Estado do Rio Grande do Sul, para onde fora enviado com a missão de recuperar o *Diário de Notícias*, que passava por grandes dificuldades. Foi preciso pouco mais de um ano para Rizzini reformular tudo no tradicional matutino gaúcho: do prédio ao maquinário, passando pelo material humano e pela contabilidade, Rizzini reergueu o jornal e deixou o *Diário de Notícias* em saudável situação financeira.

Em 1940, aos 42 anos, Rizzini partiu para a capital paulista, ainda como funcionário da empresa Diários Associados de Assis Chateaubriand. Em São Paulo, onde permaneceu até 1946, comandou o *Diário de São Paulo*, o *Diário da Noite*, a Rádio Tupi e a Rádio Difusora. Naquele tempo, o rádio vivia sua fase áurea e não havia quem não possuísse um receptor em casa ou não dedicasse pelo menos alguns minutos por dia para ouvir algum dos diversos programas radiofônicos que as emissoras mandavam para o ar. Na Tupi, Rizzini deu início ao "Grande Jornal Falado Tupi", que marcou época pela grande audiência conquistada entre os trabalhadores e operários e por ter sido transformado em referência para os jornais irradiados. Em 1943, Rizzini assumiu o cargo de presidente do Clube de Jornais de São Paulo, onde ficou até 1963. Ainda em 1943 acumulou o cargo de presidente do Sindicato de Proprietários de Jornais e Revistas do Estado de São Paulo, posição que ocupou até 1945.

Ensino e pesquisa

Em 1946, aos 48 anos, Rizzini demitiu-se dos Diários Associados e foi dirigir o *Jornal de Notícias*, ainda na capital paulista. Ao mesmo tempo, fez parte da diretoria do Departamento Estadual de Informações de São Paulo. Neste mesmo ano publicou, através da "Editora Kosmos", seu primeiro grande trabalho literário, o clássico "O livro, o jornal e a tipografia no Brasil", que, quase de imediato, foi reconhecido pela excelente qualidade livreira e de conteúdo e que, anos depois, lhe valeria o justo reconhecimento de ser o precursor dos estudos brasileiros de comunicação. A obra rara, fartamente ilustrada e documentada, desde então, é referência obrigatória para os que quiserem entender melhor os acontecimentos comunicacionais não apenas no Brasil como ao longo da História da Humanidade, a partir do domínio da escrita. Foi reeditada em 1968 pela Imprensa Oficial do Estado de São Paulo e, há muito tempo, encontra-se esgotada.

Dois anos depois, em 1948, aos 50 anos, o advogado, jornalista e agora escritor conceituado mudou-se mais uma vez para a cidade do Rio de Janeiro, onde voltou a trabalhar nos Diários Associados, permanecendo na empresa até 1955 ocupando o cargo de maior prestígio não apenas na organização de Assis Chateaubriand, como do próprio jornalismo brasileiro. Como diretor geral dos *Associados*, Rizzini tinha sob seu comando nada menos do que 87 veículos de comunicação, alguns deles considerados como os mais populares e influentes do Brasil.

O gigantesco conglomerado estava dividido em 33 jornais, 15 revistas, 23 emissoras de rádio e 16 estações de televisão, entre elas a TV Tupi de São Paulo e a TV Tupi do Rio de Janeiro, as primeiras emissoras de televisão do País e da América do Sul, que foram inauguradas respectivamente em 18 de setembro de 1950 e 21 de janeiro de 1951, com diferença de tempo de apenas quatro meses. As duas estações Tupi deram início a uma nova e irreversível fase nas comunicações brasileiras e Rizzini foi um dos grandes responsáveis pela implantação do revolucionário sistema de transmissão de som e imagens que, em breve, seduziria todos os brasileiros, de norte a sul do País.

Neste mesmo período, em 1951, Rizzini iniciou-se como professor do Curso de Jornalismo da Faculdade Nacional de Filosofia da Universidade do Brasil, no Rio de Janeiro, onde permaneceu lecionando "História da imprensa" durante dez anos, até 1961. Ainda nesta época, de 1952 a 1953, tornou-se presidente do Sindicato dos Proprietários de Revistas e Jornais do Rio de Janeiro, cargo semelhante ao que já havia ocupado anteriormente em São Paulo. E no mesmo ano de 1953, lançou, através do MEC, no Rio de Janeiro, o livro "O ensino do jornalismo", outra obra que se tornou clássica, baseada em suas constantes e apuradas pesquisas e em suas experiências pessoais e didáticas.

Em 1955, aos 57 anos, Rizzini voltou a desligar-se dos Diários Associados e mudou-se mais uma vez para São Paulo, onde ajudou a recuperar com sucesso o jornal *Última Hora* de Samuel Weiner, que estava vivendo situação muito difícil, à beira da falência. Ao mesmo tempo, organizou o departamento de jornalismo da TV Paulista, a segunda emissora de televisão da capital de São Paulo, fundada em 14 de março de 1952 por Victor Costa.

Em 1957, através da Coleção Brasiliana da Companhia Editora Nacional, lançou em livro a biografia "Hipólito da Costa e o Correio Braziliense", logo considerada como a melhor, mais completa e definitiva sobre a vida e a obra do homem polêmico, nascido num extinto enclave português da América do Sul e que fundou o primeiro jornal brasileiro enquanto se encontrava no exílio, em Londres, na Inglaterra, antes do Brasil conquistar a sua independência de Portugal. No ano seguinte, em 1958, Carlos de Andrade Rizzini atuou como colaborador diário dos jornais paulistanos *Folha da Tarde* e *Folha da Noite*.

Em 1959, aos 61 anos, Rizzini voltou mais uma vez aos Diários Associados e, novamente, mudou-se para o Rio de Janeiro, onde, atendendo a um pedido especial de Assis Chateaubriand, que acabara de comprar o conceituado *Jornal do Commércio*, fundado em primeiro de outubro de 1827, foi comandar o centenário, sisudo e histórico diário, tarefa que executou com maestria até 1961. Paralelamente, Rizzini também colaborava com o *Diário de São Paulo*, atividade que desempenhou até 1969.

De volta à capital paulista, ainda em 1961, Rizzini foi Secretário de Educação e Cultura da Prefeitura Municipal de São Paulo, onde ficou até 1965. Um ano antes, em 1960 passou a integrar o corpo docente da Faculdade de Jornalismo Cásper Líbero de São Paulo, a mais antiga e tradicional do Brasil, criada em 1947, onde ficou ensinando "História da imprensa" até 1966, acumulando o cargo de diretor-geral da escola, que conquistara em 1962.

Em 1968, já aos 70 anos, Rizzini publicou em São Paulo, pela Companhia Editora Nacional, o livro "O Jornalismo antes da Tipografia" obra inspirada em seus dois títulos anteriores, os clássicos "O livro, o jornal e a tipografia no Brasil" e "Hipólito da Costa e o Correio Braziliense". Reeditado em 1977, "O Jornalismo antes da Tipografia" neste ano de 2003 ainda pode ser localizado com facilidade em São Paulo, capital, nos principais sebos do centro da cidade e também nos do Bairro de Pinheiros.

Reprodução da capa do exemplar de número 2389 do livro

Em 1969, com 71 anos, Carlos Rizzini afastou-se da profissão, alegando que gostaria de dedicar algum tempo à leitura.

Em 1972, em 19 de julho, quatro meses antes de completar 74 anos, cercado de livros, faleceu em Tremembé, no Vale do Paraíba, a mesma cidade onde um dia, na infância, foi coroinha da Igreja do Bom Jesus.

As idéias: censura

Rizzini foi um trabalhador incansável. Pode-se dizer, sem receios de cometer erros, que ele viveu com entusiasmo vários personagens profissionais ao mesmo tempo, todos eles dedicados e aplicados nas comunicações humanas. Foi ótimo historiador, educador, jornalista, pesquisador, escritor, bibliógrafo e, principalmente, excelente leitor. Através da prática da leitura constante e metódica ele foi ampliando seus conhecimentos de forma excepcional. Por causa desse hábito saudável, que merece ser copiado por todos os brasileiros, durante toda a sua existência, Carlos Rizzini desempenhou uma brava luta a favor da livre expressão de idéias, da liberdade absoluta de escrever, tornando-se um dos mais ferrenhos adversários e opositores de qualquer forma de censura ou de quaisquer imposições por parte do poder político aos meios de comunicações. A seguir, alguns de seus textos e frases mais expressivas, extraídas de vários artigos publicados ao longo da carreira, que confirmam essa constante preocupação:

Referimo-nos à famigerada "Hora do Brasil". Os rádio-ouvintes conhecem bem os seculares sessenta minutos dessa ´hora inaudita`. O que nem todos sabem é que ela é inteiramente custeada pelas emissoras e constitui, assim, um enorme ônus, um tributo forçado, uma finta, uma verdadeira e contínua penalidade, que aos males econômicos, reúne os artísticos e sociais. Antes de 1937, a "Hora do Brasil" tinha por fim a transmissão de atos e notícias oficiais. Já era absurdo que pretendesse o governo veicular o seu expediente à custa alheia. Mas, depois de 1937, a "hora" involuiu para a propaganda política. Propaganda de princípios e pessoas. Sob a capa da neutralidade ali se gotejaram muitos frascos de veneno nazi-fascistas, e sob a capa de informação administrativa ali se expandiram arrobas de elogios descabidos, de interpretações capciosas e de simples e vazio palavrório ditirâmbico. Ainda recentemente nela se fizeram pregações proletárias antidemocráticas. (trecho de "As armas secretas contra a liberdade de pensamento", artigo publicado no "Diário de São Paulo", em 24 de fevereiro de 1945)

Inste-se em puxar dos detentores do poder as liberdades engavetadas antes de aceitar-se a devolução dos direitos de cidadania. Primeiro as franquias públicas afim de que possamos manejar conscientemente aqueles direitos. Ressalvadas as responsabilidades previstas nas leis democráticas, queremos a plenitude das liberdades civis. Que cada cidadão possa falar no rádio e nas ruas e escrever nos jornais, sem o perigo de cadeia, confinamento, desterro, processo em tribunais inquisitoriais e interdição profissional. Que as empresas jornalísticas e as estações de rádio possam franquear as suas colunas e as suas antenas a todo mundo, sem o risco de suspensão, intervenção, cancelamento de prerrogativas fiscais e fechamento. Que os brasileiros possam viver na república como viveram no império os seus antepassados. (trecho de "Liberdade para o Rádio", artigo publicado no *Diário de São Paulo* em 26 de fevereiro de 1945, sobre o DIP, Departamento de Imprensa e Propaganda do Estado Novo).

Uma das tristes coisas da nossa era é a ignorância dos indivíduos chamados a intervir em assuntos e debates que exigem deles um mínimo de conhecimentos gerais. Veja-se, por exemplo, o caso do líder da Câmara Federal, a quem, por força da função que exerce, o Governo cometeu o encargo de encaminhar o seu projeto de lei contra a liberdade de imprensa. Desconhece ele de tal modo, a tal ponto, as origens, a conceituação, a experiência e os efeitos daquela liberdade, que mistura e confunde as limitações que lhe têm sido opostas ao longo dos séculos. Não distingue censura prévia de censura posterior, aquilo que previne daquilo que reprime. Para ele, a medida proibitiva da circulação de um jornal é... repressiva!
Se o representante do PSD baiano, antes de aventurar-se a defender absurdos e ostentar a sua clamorosa incultura na Câmara, se desse ao trabalho de perlustrar alguns compêndios sobre a história do jornalismo, e de passar a vista na história político-

social da Inglaterra seis e setencista, poupar-se-á ao dissabor de converter-se em alvo de irrisão pública.

Como o leitor talvez suponha que exageramos, reproduzimos um trecho "ipsis verbis" das declarações do doutor Melo: "Os líderes vetaram a apreensão de jornais. Não poderiam fazê-lo. Ou se admite a liberdade total da imprensa, sem o confisco de jornais, ou não se admite". No parco raciocínio do líder, o que não assegura a liberdade total é o...confisco! E quem falou em liberdade total?

Há, porém, mais e melhor. Observando alguém que o confisco implica censura prévia, medida esta inconstitucional, retrucou o doutor: "Não acho que a apreensão se confunda com a censura. A apreensão é total, a censura é parcial. A censura se verifica dentro do jornal, a apreensão é feita na rua. O que se tem em vista é impedir a circulação do órgão subversivo: não é proibir a sua impressão". Valerá a pena esvurmar semelhante tolice? A apreensão, de fato, não se confunde com censura prévia: é a própria censura prévia piorada. Como matar um homem, em casa ou na rua, não o deixar vivo, aplicar a violência contra um escrito, na rua ou em casa, também não o deixa circular. O que caracteriza a censura prévia é o impedimento do uso da liberdade de exteriorização do pensamento. Tanto vale obstar a publicação de um artigo ou de uma notícia antes da sua impressão, como obstá-la depois da impressão, mas antes da sua distribuição ao público. Achar, como acha o líder, ser o objeto do projeto evitar a circulação e não a impressão do órgão tido por subversivo, é rematada parvoíce, pois nada adianta imprimir aquilo que não circula. Do resto esse achado só serve para confirmar o caráter de censura prévia do confisco.

Acreditamos que com tal advogado, o projeto dos srs. Juscelino Kubitschek e Nereu Ramos está antecipadamente condenado à morte. Se a causa não fosse indefensável, mesmo nas mãos de pessoas capazes, aconselharíamos que ambos exercessem rigorosa censura prévia sobre os discursos do líder. ("Caso de Censura Prévia", artigo publicado no jornal *Última Hora* de São Paulo, em 24 de setembro de 1956, sobre o projeto da lei de imprensa).

O presidente da República (Castelo Branco) resolveu à última hora anuir a certas ponderações e mandar o Congresso rejeitar a emenda do relator da Comissão criando o aleijão da responsabilidade simultaneamente sucessiva e solidária sob a denominação de co-autoria.

Como contribuição ao crasso erro cometido pelo referido relator, publico a elucidação abaixo.

No tocante à responsabilidade dos escritos ou ela é solidária ou sucessiva. Quando solidária, a inculpação recai em todos quantos contribuíram para a sua divulgação – o autor, o editor e o dono da tipografia – cabendo ao ofendido escolher quem processar. Quando sucessiva, o ofendido terá de processar em ordem: o impressor, ou o editor, ou o autor ou o vendedor que tiver distribuído o escrito.

Na nossa legislação, que já data de 145 anos, tem prevalecido sempre o sistema de responsabilidade sucessiva, exceto sob o regime do nosso segundo Código Penal, o de 1890, o qual admitiu a responsabilidade solidária.

A lei de 1923 alterou a ordem sucessiva, encabeçando-a com o autor, como é de boa lógica: o autor, o editor, o dono da oficina e os vendedores ou distribuidores. Por outro lado, condicionou a preferência do ofendido às condições de idoneidade dos responsáveis.

A lei vigente, de 1953, assim enumera a cadeia sucessiva: o autor, o diretor, o redator ou redatores-chefes do jornal, quando o autor não puder ser identificado, ou achar-se ausente do país, ou não tiver idoneidade moral ou financeira; o dono da oficina; os gerentes das oficinas; os distribuidores das publicações ilícitas; os vendedores de tais publicações. "Retomou assim – escreve Darcy de Arruda Miranda – com maiores cautelas, o nosso legislador, esse critério razoável na aferição da responsabilidade por delitos da imprensa, refugindo aos moldes rígidos da responsabilidade solidária e fortalecendo, com medidas acertadas, o sistema da responsabilidade sucessiva, partindo do autor do escrito incriminado, como seria curial".

O projeto do governo estudado na Comissão especial manteve o sistema vigente tal qual se inscreve na lei de 1953. Mas, o relator dessa Comissão, obedecendo não se sabe a que absurdo jurídico, decidido a piorar o quanto pudesse o projeto original, como já fizera com o dispositivo referente à prova da verdade, emendou dito projeto, criando dentro da responsabilidade sucessiva, que se encadeia de um a um, a responsabilidade comum a todos. Assim, o diretor do jornal ou o redator-chefe ou o redator da secção em que sair o escrito, é sempre co-autor dele, mesmo sendo assinado o idôneo moral e financeiramente o verdadeiro autor.

Esse dislate, afinal repudiado, implicaria submeter os colaboradores dos jornais à censura dos diretores e redatores especificados os seus escritos, o que equivaleria a lhes cercear a liberdade de pensamento. Eis como seria possível criar-se, sob o regime constitucional da liberdade de imprimir, uma forma de censura prévia.

Um senador, indignado com semelhante pedrada à consciência jurídica do país, classificou-a de infâmia contra a imprensa.

É o que é. Acabou não sendo. ("Uma Forma de Censura", artigo publicado no *Diário de São Paulo*, em 26 de janeiro de 1967).

As idéias: jornalistas com nível superior

Carlos Rizzini foi, também, um grande defensor da preparação dos jornalistas em nível universitário. Em 1961, ele chegou a elogiar o Decreto número 51.218, de 22 de agosto, que franqueava a profissão de jornalista, a partir daquela data, só para quem fosse portador de diploma de curso de jornalismo conquistado em escola reconhecida pelo governo federal. A seguir um texto que prova o seu entusiasmo pelo tema.

Cumprimenta-se o presidente da República (Jânio Quadros) pelo decreto sobre o registro profissional dos jornalistas. Afinal venceu o princípio da preparação, do estudo, do conhecimento, sobre a esfarrapada teoria do jeito, da embocadura, da bossa. Um americano diria que o decreto liquidou com a velha sandice do born not made, *o que em português de rua quer dizer que liquidou com a crença de que "quem é bom já nasce feito". Bom ou mau, quem nasceu há de fazer-se, e fazer-se queimando as pestanas e fringindo os miolos. O pendor, ou a vocação, influi sem dúvida na vida profissional, mas do seu êxito não decide sem o saber. Por isso, entre as coisas grandes existem sempre as maiores.*

Data de 60 anos a luta pela elevação do jornalismo à categoria universitária. Duas figuras eminentes, Pulitzer e Hearst, divergiram sustentando-a. Ambos reconheciam a valiosa contribuição do tirocínio, mas, insistiam, fundado no conhecimento. E apontavam, como exemplo fácil, a medicina. Um médico sem teoria seria um intrujão e um médico teórico seria um diletante. Preciso era reunir a banca de aula à mesa do hospital.

Sempre houve bons jornalistas sem curso. Hipólito da Costa, Quintino, Alcindo Guanabara, Júlio Mesquita, Abner Mourão e dezenas de outros foram jornalistas de tope sem estudos especializados. E quantos, pela mesma deficiência, foram reles escribas? As qualidades individuais marcantes superam a especialização. Pode-se, entretanto, perguntar, se tais qualidades, impulsionadas pelos estudos próprios, não produziriam frutos melhores e mais doces.

Acresce que o jornalismo hodierno parece pouco com o de ontem e quase nada com o de anteontem. Eis uma atividade que se transfigurou à força de se desenvolver. O jornal moderno é cada vez mais uma coletânea atualíssima de informações céleres, de reportagens vivas e de comentários do dia. Requer uma corporação ativa e culta, a par dos problemas nacionais e das questões mundiais, um quadro versátil apto a tratar com segurança os mais variados assuntos. Os seus componentes devem possuir amplos conhecimentos gerais e superiores além de saberem, por terem aprendido, como adaptá-los às exposições claras e simples.

Há muitos anos venho defendendo a necessidade de se instruir e ilustrar a classe dos plumitivos. A propósito reuni em 1953, num opúsculo publicado pelo Ministério da Educação, observações colhidas em Universidades Americanas, notadamente na pioneira, a de Missouri. Folgo, portanto, com o decreto em apreço.

Resta ao Governo imprimir às Escolas de Jornalismo existentes no círculo universitário o sentido prático que lhes falta. Nenhuma possui laboratório, isto é, departamento de aplicação, o que torna o ensino apenas teórico. É imprescindível, agora, que o ensino não se limite à banca. Urge adicionar-lhe a mesa do hospital. Noutras palavras, as cadeiras técnicas, como redação de jornal e revista, e publicidade, exigem uma parte prática, a qual por sua vez reclama dotações adequadas". ("Banca e Mesa", artigo publicado no *Diário de São Paulo*, em 29 de agosto de 1961).

As idéias: estilo elegante de usar o idioma português

Rizzini tinha uma maneira elegante de redigir e sempre fez bom uso do português, que parecia conhecer profundamente. Seus textos, pródigos em termos pouco usados na imprensa diária e no dia-a-dia dos brasileiros, ainda fascinam os que costumam ler e escrever na norma culta da língua. Para ilustrar a alta qualidade de seu estilo, reproduzimos um pequeno trecho, onde Rizzini descreve as dificuldades que os paulistas tiveram antes de a tipografia ser implantada no estado de São Paulo.

S. Paulo foi a décima província do Império a contar com a letra de forma. Quatro meses após a Independência, o ministro da Fazenda Martim Francisco mandou por aviso remeter uma tipografia à sua Junta Governativa. Mas, o Aviso foi tornado sem efeito pelo seu sucessor. O presidente da Junta, Lucas Monteiro de Barros, declarou contentar-se com prelo e tipos usados, que prestassem para imprimir papéis oficiais e um periódico que calasse os boatos dos "indivíduos malévolos". Prometia, em troca, tirar cópias do prelo, um Stanhope, em ferro fundido da Fábrica de S. João do Ipanema, e fornecê-los à Tipografia Nacional.

Concordando, determinou o governo fosse o material encaixotado. Como não embarcasse, oficiou Monteiro de Barros, em junho de 1824, ao então ministro da Fazenda, Mariano da Fonseca, alegando com exagero ser S. Paulo talvez a única província desprovida de tipografia, "tão necessária para dar a devida extensão às ciências e correr o fluz da civilização". Precavido, ajuntava: "quando não possa vir gratuita, peço ao menos licença para a sua ereção à custa dos particulares, que não duvidam subscrever para um fim tão interessante". Inerte Mariano da Fonseca, voltou-se para o ministro do Império, Maciel da Costa, que obteve de Pedro I este decisivo despacho: "Ao ministro da Fazenda que remeta a tipografia; quando ao impressor, pergunte-se à Junta (da Tipografia Nacional) se tem quem vá". Tinha. Certo Gaspar Monteiro dispunha-se a vir. O decisivo despacho do monarca liquidou o caso: nada veio e não se falou mais em tipografia.

Passados três anos, em janeiro de 1827, José da Costa Carvalho, deputado e presidente da Câmara, para publicar um periódico, O Farol Paulistano, *fundou na capital de S. Paulo a sua primeira tipografia.*

No meio tempo, em 1823, circulou, fugaz e insignificante, uma folha bissemanal manuscrita, O Paulista, *redigida por Antônio Mariano de Azevedo Marques, o Mestrinho, assim chamado por ter começado a lecionar latim e retórica aos quinze anos. Pouco se sabe desse gazetim, além do exposto pelo próprio Mestrinho no "Prospeto" e no "Plano de um estabelecimento patriótico para suprir a falta de uma tipografia". Saiu em setembro, em duas pequenas laudas formando oito páginas mensais, distribuído a quarenta assinantes, cabendo um exemplar a cada grupo de cinco e tocando a um deles apanhar o respectivo exemplar na casa do redator, o qual trabalhava por amor à glória. Defendia a monarquia constitucional representativa, sentido-se feliz o redator "se fossem ouvidas as vozes que bradasse para reconduzir a paz e o sossego à sua querida pátria". Impetrada licença para a publicação, D. Pedro I despachou: "Para isso não precisa de licença, contanto que não abuse, e deve por isso o Redator assinar cada folha, visto não ser impressa". Acredita-se não tenha* O Paulista *vivido mais de dois ou três meses. Não se conhece nenhum exemplar. (Texto 17 – A tipografia em São Paulo, do capítulo VI – Da letra de forma no Novo Mundo, do livro "O jornalismo antes da tipografia", Companhia Editora Nacional, 1968).*

Reprodução de uma página dupla do livro "O JORNALISMO ANTES DA TIPOGRAFIA" – Publicado pela Companhia Editora Nacional, em 1968

As idéias: um cuidadoso pesquisador

Rizzini foi um atento pesquisador histórico. Em suas descrições, minuciosas, sempre houve espaço para os detalhes que enriquecem o texto e transformam a leitura em tarefa agradável, interessante e até estimulante. A seguir, a curiosa descrição que Rizzini fez sobre Gutenberg e seu invento, a prensa:

Quase tudo o que se sabe de João Gensfleich, dito Gutenberg (ao pé da letra, João Carne de Ganso, dito Boa Montanha, nome de sua terra natal), entre 1400, ano incerto de seu nascimento, e 1468, ano certo de sua morte, são dívidas e demandas: 1424, exílio em Estrasburgo; 1439, processo movido pelos herdeiros do seu sócio Dritzehen; 1441, empréstimo de dinheiro da caixa paroquial de S. Tomás; 1445, regresso a Mogúncia; 1448, empréstimo de 150 florins de ouro de um tio; 1450, empréstimo de 800 florins do banqueiro João Fust; 1452, tomada de outros 800 florins ao mesmo credor, desta vez com penhor da oficina e participação nos lucros; 1455, cobrança judicial promovida por Fust para haver capital e juros. Um fato excepcional: em 1465 o arcebispo-eleitor de Mogúncia nomeava Gutenberg gentil-homem da sua câmara. Um fato último: para cumprir obrigação assumida, chamou-o à justiça em 1437 a dama Ana Zur Isernem Thur (Ana do Portão de Ferro), com que, ao que parece, ele casou.

O cotejo dessa parca cronologia com elementos circunstanciais e conclusões técnicas dos primeiros incunábulos autorizam a reconstituição da existência sem praz e sem brilho de Gutenberg. Expatriado em Estrasburgo e ganhando a vida como gravador em ferro e madeira, organizou em 1436 uma empresa para a exploração de um "segredo" na fabricação de Spiegeln, isto é, de livrinhos ou folhetos devocionais, ao tempo manuscritos ou xilográficos, de grande saída nas romarias e festas católicas. O segredo, conforme as testemunhas ouvidas na mencionada ação dos herdeiros do sócio André Dritzehen, encobria fôrmas, metais, algo conexo com a impressão. Ele apenas aludia a "uma nova e artística novidade", talvez um meio de acelerar a tiragem dos espelhos, alheios aos caracteres, mas ligado à estrutura ou ao manejo do prelo. Baldada a empresa, Gutenberg continuou as suas experiências no Convento de Santo Arbogasto com os recursos obtidos da caixa da Igreja de S. Tomás. Teria então conseguido a liga consistente e maleável de chumbo para a fundição de tipos? É o que se pode supor, pois no ano seguinte, 1445, de volta a Mogúncia, compunha e imprimia com caracteres de chumbo o primeiro livro de que há memória, o Weltgericht, o Juízo Final, do qual só resta, entesourada na Biblioteca Estadual de Berlim, uma folha de 28 linhas (teria 74 páginas) com sinais de haver sido utilizada em encadernação. A precedência desse venerável paleótipo é, entretanto, conjetural, máxime considerando-se só ter descoberto em 1892 o seu fragmento conhecimento. Não há motivo para se afirmar gastasse Gutenberg seis ou mais anos em tentativas infrutíferas. Provavelmente elas resultaram em impressos arruinados ou sumidos nos arquivos, ou ainda grudados a capas de caducos códices, como sucedeu aos dois pedaços de pergaminho achados em 1901 na Biblioteca de Wiesbaden, ambos pertencentes ao Calendário astronômico, de 1447, tido pelo segundo livro tipográfico. Desse ano em diante as pegadas de Gu-tenberg são mais visíveis. (Texto 7 – "Gutenberg e seu invento", do capítulo V – "Da letra de fôrma na Europa", do livro "O Jornalismo antes da Tipografia", São Paulo, SP. Companhia Editora Nacional. 1968).

Outro trecho das obras de Rizzini que mostra o cuidado e o apuro com que ele registrava suas pesquisas, é o que cita o surgimento do termo "jornalismo amarelo":

A resistência dos meios de imprensa dos Estados Unidos ao ensino jornalístico tinha de ceder ao contacto da evidência e à pressão do progresso. No fim do século passado (XIX), ao acender-se a disputa sobre aquele ensino, era já marcante o desenvolvimento dos jornais, desde sessenta anos antes impelidos pela industrialização das manufaturas e dos transportes, por numerosos inventos e melhoramentos no campo das artes gráficas, e também pelo arrojo de novos profissionais, notadamente Gordon Bennet, o fundados do "New York Herald", cujos processos de ganhar leitores e dinheiro assinalaram o berço do que depois se chamou imprensa amarela.

Neste passo, é interessante, senão útil, breve digressão sobre a imprensa amarela e sua influência no progresso do jornalismo dos Estados Unidos e de todo o mundo. O apelido pejorativo, qualificador até hoje de imprensa imoderada, demagógica e sensacionalista, brotou de um atrito de competição entre Pulitzer e Hearst. Foi o caso que o caricaturista R.F. Outcault celebrizara na edição dos domingos do "World" uma página de crítica intitulada "Hogan´s Alley", composta de crianças traquinas e sabidas. Ao aparecer, em 1893, no "World", a recentíssima novidade de um suplemento em cores, a característica camisola do personagem central do "cartoon" apresentou-se pintada de amarelo.

Dois anos depois, em 1896, Outcault resolveu passar-se para o "Journal", de Hearst, levando na bagagem a página famosa, inclusive o personagem e a camisola amarela. Mas, Pulitzer não se deu por achado e continuou a estampar regularmente o mesmo "yellow kid", agora desenhado por George B. Luks. Das colunas dos dois órgãos rivais, o garoto de amarelo saltou para as ruas e paredes em berrantes cartazes, e daí para o music-hall, tomando conta da cidade. Símbolo de uma ardente competição, converteu-se o "yellow kid" em símbolo dos competidores, isto é, símbolo dos princípios e dos métodos a que recorriam para atrair e empolgar o público". ("O Ensino do Jornalismo", MEC – Ministério da Educação e Cultura, Rio de Janeiro, 1953).

O assunto é... Rizzini

Embora bastante festejado e aplaudido por seu talento, cidadania e capacidade profissional, Carlos de Andrade Rizzini não foi uma unanimidade nacional. A seguir, algumas notas, pequenas notícias e breves acontecimentos que envolveram sua pessoa e que bem definem a personalidade de um cidadão que nunca passou despercebido.

O pai de Carlos de Andrade Rizzini chamava-se Carlos Maglia Rizzini, e era italiano naturalizado brasileiro. Já a mãe, Maria Angélica de Moura Andrade Rizzini, era descendente dos primeiros portugueses que vieram colonizar o Brasil. Era, portanto, uma brasileira "quatrocentona", como se dizia na época.

Em 1905, aos 7 anos de idade, quando a família mudou-se para o município de Tremembé, a poucos quilômetros de Taubaté, no Vale do Paraíba, Carlos Rizzini tornou-se coroinha da Igreja do Bom Jesus que existe na cidade. Rizzini freqüentava a basílica com freqüência e, numa prova da religiosidade herdada da família, chegava a conversar com o Santo, pedindo-lhe que desse um jeito na sua vida, pois queria "crescer" e "ter nome".

No início dos anos 20, morando num quarto de pensão no Rio de Janeiro pelo qual pagava 110 mil réis por mês, Rizzini foi obrigado a encontrar uma maneira de aumentar seus rendimentos. O salário que ganhava como repórter de "O Jornal", cerca de 150 mil réis, não era suficiente. Assim, foi ser professor de história e geografia no Liceu Francês, dando início a uma segunda e próspera carreira profissional que jamais abandonaria.

Bom conhecedor dos idiomas Inglês e Francês, ainda nos anos 20, Rizzini ganhou algum dinheiro ao especializar-se na tradução de artigos e reportagens extraídos de publicações inglesas e francesas, que eram largamente utilizados pela imprensa brasileira sem que houvesse a preocupação de se pagar pelos direitos autorais. Na época ainda não havia uma regulamentação sobre o assunto.

Carlos Rizzini foi casado com Áurea Ferreira Rizzini, com quem teve um casal de filhos: Antônio Ferreira Rizzini e Maria Angélica Ferreira Rizzini.

Quando, por pouco tempo, atuou como Diretor do Serviço de Radiodifusão Educativa do Ministério de Educação e Cultura, no Rio de Janeiro, entre 1952 e 1953, Rizzini implantou na Rádio Ministério (que mais tarde seria conhecida como Rádio MEC) o programa "Colégio no Ar", transmitido ao vivo, com aulas de 15 disciplinas diferentes, ministradas por renovados professores da cidade e acompanhado por milhares de alunos. Foi a realização de um antigo projeto de Roquete Pinto, o fundador da emissora.

Na mesma Rádio Ministério, Rizzini implantou um curso para redatores numa tentativa de melhorar a qualidade dos textos lidos pelos locutores da emissora e criou o programa "Pensando no Brasil", que levava ao ar apenas crônicas de nomes consagrados na cultura nacional, todas elas enaltecendo as qualidades do Brasil.

Em artigo publicado na edição comemorativa dos 150 anos do "Jornal do Commercio", em 1977, Austregésilo de Athayde escreveu: "O Jornal do Commercio" foi entregue às mãos experientes do jornalista Carlos Rizzini, também pesquisador da história da imprensa".

Em 1986, Gilberto Freyre, concedeu uma entrevista exclusiva à Leda Rivas, que preparava dissertação para o seu Mestrado de História. A tese era "O Diário de Pernambuco e a Segunda Guerra Mundial – O Conflito visto por um Jornal de Província", defendida pela jornalista em julho de 1989 na Universidade Federal de Pernambuco. Ao ser perguntado sobre a atuação de Carlos Rizzini na direção do "Diário de Pernambuco", que, na época da II guerra, pertencia ao grupo comandado por Assis Chateaubriand, o autor de "Casa Grande & Senzala" foi taxativo na resposta: "Era inteiramente cretino. Quem tinha o comando mesmo era Aníbal Fernandes. Rizzini não participava de nada. Tudo era Aníbal que fazia".

No dia 24 de agosto de 2002, na Internet, o site "La Mansarde", especializado em leilões de raridades, estava aceitando ofertas para um único exemplar disponível, "em bom estado" da obra de Carlos Rizzini, "O livro, o jornal e a tipografia no Brasil", editado em 1946 pela Editora Kosmos. O lance inicial era de R$ 160,00.

Convidado a compor o Corpo Docente da Escola de Comunicações e Artes da Universidade de São Paulo, em meados 1969, a convite do Professor José Marques de Melo, onde assumiria a cadeira "História da Imprensa", Carlos Rizzini declinou gentilmente, alegando que pretendia retirar-se para Tremembé, onde se dedicaria a ler os livros que acumulou durante toda a vida e nunca teve tempo para saboreá-los. Mesmo assim, Rizzini concordou em fazer uma palestra na escola sobre Hipólito da Costa. A platéia, em sua maioria, era composta por formandos da primeira turma da ECA.

Áurea Ferreira Rizzini, a viúva de Carlos Rizzini, faleceu em São Paulo aos 81 anos, no dia 23 de outubro de 2002. Duas semanas depois, na mesma capital paulista, no dia 8 de novembro de 2002, também faleceu, aos 57 anos, um dia antes de fazer aniversário, a filha de Carlos Rizzini e de Áurea Rizzini, Maria Angélica Ferreira Rizzini. O outro filho do casal, Antônio Ferreira Rizzini já era falecido.

Entre as homenagens publicas dedicadas a Carlos Rizzini constam o nome de uma rua no bairro de Engenho Velho, na cidade de Ilhabela, litoral norte do estado de São Paulo. Também na cidade de São Paulo há uma rua batizada com o nome de Professor Carlos Rizzini, situada em Moema, zona sul da cidade. Há, ainda, na capital paulista, uma escola municipal de primeiro grau chamada Carlos Rizzini, que fica no bairro de Santo Amaro, zona sul da cidade.

Carlos Rizzini foi condecorado por dois países estrangeiros, tornando-se Comendador da República da Itália e premiado com a Gravata Especial da Estrela Brilhante da República da China.

Entre as inúmeras medalhas que recebeu em sua longa carreira, destacam-se as de Rui Barbosa, Medalha de Guerra, Atlântico Sul, Instituto Histórico de Petrópolis, Hahnemaniane, Sindicato dos Jornalistas Profissionais do Rio de Janeiro, Imperatriz Leopoldina, Pirajá da Silva, D. João VI, Instituto Histórico e Geográfico Brasileiro, Cidadão Carioca, Museu da República, Colégio Internacional dos Cirurgiões, Cândido Rondon, Monteiro Lobato, Gaspar Viana, Benito Juarez, Sindicato dos Jornalistas Profissionais no Estado de São Paulo, Amigo do Livro, Patriarca, Mérito Jornalístico APISP, Cavaleiros de São Paulo e Pen Clube.

Rizzini participou da Academia Paulista de Letras, do Instituto Histórico e Geográfico Brasileiro, do Instituto Histórico e Geográfico de São Paulo, Pen Clube de São Paulo e Instituto Histórico de Petrópolis.

Cronologia

1898 – Nasce, em 25 de novembro, Carlos de Andrade Rizzini, na cidade de Taubaté, Vale do Paraíba, Estado de São Paulo, filho do italiano naturalizado brasileiro Carlos Maglia Rizzini e da brasileira Maria Angélica de Moura Andrade Rizzini.

1905 – Carlos Rizzini muda-se com a família para Tremembé, município vizinho a Taubaté, onde torna-se coroinha da Igreja do Bom Jesus.

1907 – É enviado para o Rio de Janeiro, onde passa a morar com os tios Francisco e Aida, após ter conquistado o primeiro lugar no exame de seleção para bolsistas do tradicional Colégio Pedro II, o mais respeitado do Brasil.

1918 – Começa a trabalhar como repórter no diário carioca "O Jornal".

1921 – Torna-se "Secretário" de "O Jornal". Trabalha, ainda, no jornal "Boa Noite", do Rio de Janeiro

1922 – Conclui o "Curso de Ciências Jurídicas e Sociais" da "Faculdade de Direito do Rio de Janeiro", tornando-se advogado.

1923 – Muda-se para a cidade de Petrópolis, na região serrana do Estado do Rio de Janeiro, onde vai dirigir o diário "O Comércio". Torna-se proprietário do diário "Jornal de Petrópolis".

1925 – Passa a ser advogado da Câmara Municipal de Petrópolis

1927 – É eleito deputado estadual pelo Rio de Janeiro.

1930 – É eleito vereador da cidade de Petrópolis.

1934 – Volta a morar no Rio de Janeiro e vai trabalhar nos "Diários Associados", onde atua como Secretário do "Diário da Noite" e "O Jornal".

1938 – Assume a direção da "Rádio Tupi" do Rio de Janeiro.

1939 – Muda-se para Porto Alegre, no Estado do Rio Grande do Sul, onde recupera o "Diário de Notícias", que pertencia aos "Diários Associados".

1940 – Volta a morar em São Paulo, onde assume a direção dos jornais "Diário de São Paulo" e Diário da Noite" e das rádios "Tupi" e "Difusora", todos pertencentes aos "Diários Associados".

1943 – Assume a presidência do Sindicato de Proprietários de Jornais e Revistas de São Paulo. No mesmo ano, passa a ser presidir o Clube de Jornais de São Paulo.

1946 – Lança "O livro, o jornal e a tipografia no Brasil".

1947 – Sai dos "Diários Associados" e assume a direção do "Jornal de Notícias", de São Paulo, SP. Acumula, ainda, o cargo de diretor do Departamento Estadual de Informações de São Paulo.

1948 – Muda-se mais uma vez para a cidade do Rio de Janeiro e volta a trabalhar nos "Diários Associados", onde, até 1955, assume o importante e cobiçado cargo de diretor-geral da empresa. Passa, então, a comandar 33 jornais, 15 revistas, 23 emissoras de rádio e 16 estações de televisão, num total de 87 veículos.

1951 – Passa a ser professor do "Curso de Jornalismo" da "Faculdade Nacional de Filosofia da Universidade do Brasil", onde ensina "História da Imprensa".

1952 – Assume a presidência do Sindicato dos Proprietários de Jornais e Revistas do Rio de Janeiro. Passa a dirigir o Serviço de Radiodifusão Educativa do Ministério de Educação e Cultura.

1953 – Lança o livro "O ensino do jornalismo".

1955 – Volta a residir na cidade de São Paulo e vai trabalhar como diretor do jornal diário "Última Hora".

1957 – Lança o livro "Hipólito da Costa e o Correio Braziliense".

1958 – Passa a assinar colunas diárias nos jornais "Folha da Manhã" e "Folha da Noite", de São Paulo, SP.

1959 – Volta a morar no Rio de Janeiro, onde assume a direção do centenário "Jornal do Commércio", que passara a pertencer aos "Diários Associados".

1959 – Passa a colaborar com o "Diário de São Paulo".

1960 – Passa a ser professor de "História da Imprensa" na "Faculdade de Jornalismo Cásper Líbero de São Paulo", SP.

1961 – Passa a ser Secretário de Educação e Cultura da Prefeitura Municipal da cidade de São Paulo, SP.

1962 – Passa a ser diretor-geral da 'Faculdade de Jornalismo Cásper Líbero, em São Paulo", SP, onde acumula a função de professor.

1965 – Toma posse da cadeira número 31 da Academia Paulista de Letras.

1968 – Lança o livro "O jornalismo antes da tipografia".

1969 – Deixa de colaborar com o "Diário de São Paulo", onde tinha coluna diária, e se aposenta da profissão de jornalista

1972 – Em 19 de julho, morre na cidade de Tremembé, no Vale do Paraíba, Estado de São Paulo, onde viveu parte da infância.

Fontes

COSTA, Hipólito José da. *Correio Braziliense, ou, Armazém literário / Hipólito José da Costa*. São Paulo, SP. Edição fac-similar. Imprensa Oficial do Estado, Brasília, DF, Correio Braziliense, 2001.

MARQUES DE MELO, José. *História do pensamento comunicacional – Cenários e Personagens*. São Paulo, SP. Editorial Paulus, 2003.

MENDES JR, Osmar. *O despertar da TV – Anotações de um telespectador pioneiro*. São Paulo, SP. Scortecci, 2002.

MORAIS, Fernando. *_hato: o rei do Brasil, a vida de Assis Chateaubriand*. São Paulo, SP. Companhia das Letras, 1994.

ORTRIWANO, Gisela Swetlana. *A informação no rádio: os grupos de poder e a determinação dos conteúdos*. São Paulo, SP. Summus Editorial, 1985.

RIZZINI, Carlos. *Liberdade de Imprensa*, livro póstumo org. por Antonio F. Costela. Campos de Jordão, SP. Editora Mantiqueira, 1998.

RIZZINI, Carlos. *O Jornalismo antes da Tipografia*. São Paulo, SP. Companhia Editora Nacional, 1968.

RIZZINI, Carlos. *O livro, o jornal e a tipografia no Brasil*. São Paulo, SP. Imprensa Oficial do Estado de São Paulo, 1988.

RIZZINI, Carlos. *Hipólito da Costa e o Correio Braziliense*. São Paulo, SP. Coleção Brasiliana. Companhia Editora Nacional,1957.

RIZZINI, Carlos. *O ensino do Jornalismo*. Rio de Janeiro, RJ. MEC, 1953.

RIZZINI, Carlos. *História da Imprensa*. Apostila para o 1º ano do curso de Jornalismo da Faculdade de Jornalismo Cásper Líbero, São Paulo, SP, 1964.

RIZZINI, Carlos. *Técnica de Jornal*. Apostila para o 1º ano do curso de Jornalismo da Faculdade de Jornalismo Cásper Líbero, São Paulo, SP, 1959.

ROCHA DIAS, Paulo da. *Três precursores dos estudos latino-americanos: Rizzini, Otero e De la Suarée*. São Paulo, SP. Revista Brasileira de Ciências da Comunicação, vol. XXIV, n.1, Intercom, 2001, p. 123-141.

Outras Referências

BIBLIOTECA VIRTUAL GILBERTO FREYRE
http/www.bvgf.fgf.org.br

SITE DO "JORNAL DO COMMERCIO"
www2.uol.com.br/JC

ARQUIVOS DO JORNAL "O ESTADO DE SÃO PAULO"
http/www.estadao.com.br

Frei Caneca
Xavier da Veiga
David Moreira Caldas
Costa Rego
Auricélio Penteado
Jorge Antônio Salomão
Carlos Rizzini
Alceu Amoroso Lima
Roberto Marinho
Danton Jobim
José Reis
Vera Giangrande
Adalgisa Nery
Aparício Torelly
Josué de Castro
Pompeu de Sousa
Erico Verissimo
Vladimir Herzog

VIII

ALCEU AMOROSO LIMA
Humanismo e cultura no jornalismo nacional

Marcelo Januário

Marcelo Januário é Bacharel em Jornalismo e Mestre em Ciências da Comunicação pela ECA/USP

"Estar vivo significa suportar o movimento e a contradição".
Alceu Amoroso Lima (1893-1983)

Mais de 80 livros e 4 mil artigos em 90 anos de vida, na mais longa e intensa *atividade jornalística puramente cultural* de toda a história da inteligência brasileira. O legado de Alceu Amoroso Lima (AAL) para a consolidação da imprensa nacional é inestimável, mas está ameaçado de esquecimento em nossa mídia contemporânea. Autor controverso, AAL pertence a um gênero de jornalista em extinção em nossos dias: o intelectual humanista que desconhece fronteiras entre as áreas do conhecimento e não teme a contradição e a mudança, forças motrizes de um raciocínio em constante desenvolvimento.

AAL foi o primeiro e principal crítico moderno do Brasil. Para resumir sua importância histórica, citemos apenas que foi ele o primeiro leitor de Marcel Proust nestas plagas, além de ter apresentado ao país a *literatura nordestina*, através de crítica visionária do romance "A Bagaceira" (1928), estréia do então desconhecido escritor paraibano José Américo de Almeida.

Através de AAL podemos entender toda uma época da literatura brasileira. Pensador independente de correntes e escolas, desde 1922, ano de sua estréia na crítica literária, apoiou o movimento modernista (ao qual nunca se filiou formalmente) como produto realmente nacional e popular, mas também atacou o surrealismo por seu (suposto) caráter aristocrático, mimético e destruidor, além de criticar duramente a poesia Pau-Brasil de Oswald de Andrade. Afrânio Coutinho, discípulo e também crítico de prestígio, testemunhou a postura de AAL perante o movimento moderno: "Disse-me ele que seu mérito maior de crítico foi o de ter feito a defesa intransigente do modernismo brasileiro, à raiz mesma de suas primeiras manifestações contra todos – e eram todos então – que viam na revolução literária de 1922 apenas a gaiatice pedante de alguns moços desocupados".

A crítica literária moderna

Alceu Amoroso Lima
(1893-1983)

O que faz o olhar de AAL ser moderno de primeiro instante é a adoção de uma crítica expressionista objetiva, científica, sistemática e analítica, no moldes das teorias então desenvolvidas na Europa por autores como Benedetto Croce (1866-1952), seu inspirador e mestre no plano da estética. No *Globalismo Crítico*, seu modelo de apreciação estética criadora, o que possui primazia de análise é a obra em si, uma vez que os valores estéticos têm seu fim em si mesmos, sendo a arte "uma forma de comunicação" onde "a expressão verbal literal é a mais ampla e mais compreensiva de todas as expressões da arte".

Os princípios teóricos do *Globalismo Crítico* se concentram nos primados da *cultura*, de visão humanista panorâmica, interdisciplinar e supranacional; da *teoria*, embasada na filosofia geral, na estética e na teoria literária; do *estético*, com valores artísticos autônomos; e do *texto*, com interesse específico pela obra-de-arte de linguagem. Tais princípios se complementam por uma leitura receptiva com enfoque na totalidade, na hierarquia de valores, na originalidade, na simultaneidade e na autonomia do pensamento.

O jornalista AAL, através de seu pseudônimo Tristão de Athayde, resgatou a tradição francesa da crítica em periódicos e, mesclando-a ao *reviewing* anglo-americano, obteve um inovador olhar analítico: "O dever primordial de toda 'crítica sincera, plástica e arguta' é essa fusão da alma do crítico com a obra. É a crítica no gênero de Diderot, De Sanctis, Carlyle, Goethe e Sainte-Beuve", ensina.

Como reação ao impressionismo subjetivista dominante em sua época, que pregava um *passeio da alma pelas obras*, a crítica de AAL parte do estudo do texto e não do biossocial, resultando a própria crítica em uma obra criadora aberta ("um mau poema será sempre inferior à boa crítica que sobre ele for feita"), alicerçada no isomorfismo, no interdito e na intertextualidade. "A crítica é atividade intelectual e não afetiva, filosófica e não apenas psicológica, objetiva em seus fins e não puramente subjetiva".

Ciência, inteligência e vontade são, insiste AAL, os requisitos imprescindíveis na apreciação literária, entretanto apenas a razão não basta: "Não é possível julgar uma obra sem a ter compreendido, e a compreensão só é possível com a renúncia transitória ao racionalismo. Para se operar a transfusão do espírito da obra no espírito do crítico, indispensável para a compreensão daquela – é mister que seja o sentimento do crítico a absorver a obra, antes que a inteligência a analise".

"Toda crítica supõe uma filosofia da vida"

Do paradigma aristotélico AAL extrai que verdade poética e verdade histórica não são iguais, que a literariedade não se confunde com o histórico-social e que a arte é um fenômeno específico da natureza. De cunho clássico, seu programa estético-literário e ético pressupõe que o crítico empreste à crítica um valor docente e que seja objetivo na informação e no comentário, subjetivo na expressão e no cunho pessoal do juízo, superior às escolas, tendências e grupos, seletivo quanto ao número de livros a examinar, sincero e impessoal nos pronunciamentos, independente de camaradagens e idiossincrasias. Também implica em um descrédito pela vaidade: "A personalidade do crítico não nos afeta, e antes irritará se desconhecer a discrição necessária".

Segundo Afrânio Coutinho, a atitude do crítico AAL era de ordem valorativa. "Selecionava os livros, reunia-os em grupos, relacionava-os segundo gêneros ou temas, comentava-os, analisando-os e julgando-os", reporta o discípulo. Desenvolvendo seu programa, AAL divide a crítica em três níveis: *autocrítica*, prática individual rigorosa do ofício e o aperfeiçoamento da teoria crítica; *endocrítica*, autocrítica coletiva; e *exocrítica*, a crítica propriamente dita, "com seu corpo de doutrinas mais ou menos contraditórias, com suas pretensões científicas, com suas modalidades, suas especialidades, suas ramificações, mas com sua autonomia".

Um nível acima no esquema andaime de AAL, encontramos outra subdivisão, agora de caráter hierárquico, da crítica. As críticas *inferiores*, ou *parciais*, são classificadas como *eclética* (moda/ocasional/superficial), *pessoal* (autoral/personalista/tendenciosa), *partidária* (sociológica/metafísica/grupal) e *gramatical* (padrões e normas); e as críticas *superiores*, ou *filosofia da vida*, como *estética* (supremacia da arte/esteticismo), *sociológica* (primazia da sociedade/social ou econômico), *psicológica* (impressões pessoais/análise interior) e *apologética* (moral/religião).

A literatura, incluindo seus gêneros menos nobres como o jornalismo, é o campo por excelência da criação estética. "Para ser realmente crítica tem que ser criadora", observa AAL, "como para ser crítica literária tem de exercer-se sobre a expressão verbal e não qualquer forma de criação estética".

Jornalismo, crítica e literatura

Em *O jornalismo como gênero literário*, publicado originalmente em 1958, AAL faz uma reflexão sobre as diversas concepções de gênero literário, procurando encontrar um denominador comum entre literatura e produção jornalística, que é caracterizada como *prosa de apreciação de acontecimentos*. Para o autor, tudo é literatura desde que haja na palavra uma acentuação, uma ênfase no próprio meio da expressão, que é seu valor de beleza. Desse ponto de vista, o caráter social do jornalismo, o senso de atualidade e a objetividade seriam os seus dados diferenciais. Em sua inédita e polêmica tese de fenomenologia, AAL inclui a imprensa entre os capítulos da história literária.

Sendo a criação fiel ao sujeito e a crítica fiel ao objeto, a obra jornalística de apreciação deve ser cautelosa, mas não estéril: "Ao jornal compete menos a obra de

Um clássico do jornalismo brasileiro

criação do que o comentário e a divulgação. O jornal deve ser um orientador de espíritos, um guia consciencioso de consulta fácil. Assim, não pode uma seção de bibliografia confinar-se na seca enumeração de livros que afloram. Sobre fastidioso, seria injusto. E a essa injustiça acresceria uma falta de consciência para o leitor". No jornalismo cultural, "prima o interesse do leitor (...), que deseja ser informado com imparcialidade acerca do movimento bibliográfico, aconselhado ou orientado sobre os livros que deve ou não ler, sobre o valor ou desvalia dos mesmos".

Mas o fato do jornalismo ter por referência obrigatória o leitor, além de suas próprias limitações técnicas, não impediu o crítico de vasta erudição que era AAL de encontrar o caminho para criar a crítica moderna: "Escrevendo para jornal", analisa o pesquisador Gilberto Mendonça Teles, "sujeitando-se às conhecidas limitações do tempo e do espaço jornalísticos, Tristão de Athayde tinha consciência de que a sua análise não chegava a ser exatamente uma análise no sentido científico ou filosófico do termo. (...) o que contava em primeiro lugar era a síntese expressiva, era a linguagem crítica que, por isso mesmo, pôde desde os primeiros momentos teóricos ser percebida como literária, ao contrário do que até então se fazia".

Sábio reconhecido, já no fim da vida AAL foi lacônico em relação à crise de paradigmas da crítica brasileira no final do século XX: "Buscando 'o conhecimento profundo da natureza das coisas', em seu domínio próprio, à crítica literária falta em nossos dias precisamente um critério qualquer 'tanto de ordem ontológica (religiosa ou filosófica) como de ordem sociológica ou estética'; E essa ausência é o que está matando a crítica literária". Duas décadas depois deste depoimento, vemos a profecia se cumprir e a crítica desaparecer como gênero do jornalismo cultural brasileiro. Ainda assim, como saída possível para os impasses históricos, temos a nos guiar o exemplo de humanistas

Dez mandamentos da Lei do Crítico, por Alceu Amoroso Lima

1. Amar a Justiça sobre todas as coisas;
2. Não fazer jamais da crítica um instrumento pessoal de êxito ou de paixão;
3. Ler cuidadosamente os livros criticados e, sempre que possível, toda a obra dos autores;
4. Colocar a obra e o autor estudados em relação com o ambiente geral da Cultura;
5. Procurar compreender totalmente o ponto de vista do autor;
6. Ser absolutamente sincero e claro na exposição do próprio parecer;
7. Não temer o desagrado, nem do autor nem do público, mas temer a sua própria consciência;
8. Não se deixar nunca influenciar pelas críticas alheias à mesma obra estudada;
9. Evitar todo farisaísmo no julgamento alheio;
10. Ser humilde, com toda simplicidade, no julgamento de si próprio e na apresentação de sua visão pessoal das coisas.

como AAL, que construiu uma obra monumental cujo conteúdo transcende as áreas do conhecimento, mas que pode ser cristalizado nas divisas filosóficas que cultivou em vida: "truth is proportion" e "a think of beauty is a joy forever" (Keats).

A trajetória de um humanista integral

Alceu Amoroso Lima nasceu na Rua Cosme Velho nº 2, no Rio de Janeiro, a 11 de dezembro de 1893. Filho do industrial Manuel Amoroso Lima, dono da fábrica de tecidos Cometa, e de Dona Camila Peixoto da Silva Amoroso Lima, portuguesa vinda do Porto aos 5 anos, o jovem Alceu foi vizinho de Machado de Assis, tendo comparecido ao enterro do "Bruxo do Cosme Velho" em 30 de dezembro de 1908.

Aprendera as primeiras letras em casa, com a mãe e com o pedagogo João Kopke. Nos joelhos de Afonso Arinos, o menino *Ceceu* (seu apelido de infância) ouviu as primeiras

Fascista para a esquerda, comunista para a direita

- "A geração modernista, à qual pertenço, surgiu, assim, sob o peso de influências contraditórias. Tínhamos um pé no passado e outro no futuro".
- 1936: "O integralismo, como reação *histórica*, é um movimento sadio e útil do nosso atual momento político. Repercussão brasileira dos movimentos de vitalidade nacional que salvaram a Itália, talvez a Alemanha e a Península Ibérica e, porventura, a América do Norte, da anarquia econômica e do imperialismo comunista, representa para a pátria brasileira a mais sólida garantia às mais puras tradições nacionais".
- 1966: "Uma das acusações que faço à chamada *revolução de 64* é de ter sido um retrocesso, um novo Estado Novo de tipo getulista e paratotalitário, direitista e neofascista".
- "Nunca fui [integralista]. Mas tive uma simpatia pelo integralismo, porque ele era antiburguês. Eu sempre fui muito antiburguês".
- "Minha posição é a busca da liberdade".
- "Minha posição reacionária era como uma imposição póstuma de Jackson de Figueiredo. Eu me sentia inclinado a identificar o catolicismo com a posição de direita. Nesta década, eu ainda não havia assimilado inteiramente a doutrina católica".
- "Tenho horror à fixação da Igreja na Idade Média, como Augusto Comte queria, ou no século XVI, como querem os integralistas. Os tradicionalistas e os integralistas me consideram como um traidor".
- "Em nenhum país do mundo a pena de morte impediu, e nem mesmo evitou o aumento de toda espécie de criminalidade. Eis porque não aceito o argumento pragmático em sua defesa".
- "Tenho horror às patriotadas ufanistas".

histórias do sertão e, aos 6 anos, fizera sua primeira viagem à Europa, para onde regressaria em diversas ocasiões. De 1903 a 1908 estudou no Colégio Pedro II, então Ginásio Nacional, sendo, segundo o próprio, aluno medíocre. Também estudou música (piano) com o maestro Alberto Nepomuceno e foi leitor precoce, lendo Shakespeare aos 14 anos e *Os Sertões* aos 15.

Em 1909, ingressa na Faculdade de Direito da Praça Quinze, onde se torna diretor da Revista *A Época*, formando-se em 1913. Na faculdade, teve entre seus mestres o crítico Sílvio Romero, que seria o paraninfo de formatura. Durante visita a Paris, em 1913, liga-se a Graça Aranha, de quem recebe a missão de renovar a literatura brasileira, segue o curso de Bergson sobre a teoria da alma em Spinoza e assiste à lendária e seminal apresentação da *Sagração da Primavera* pelos balés russos de Dhiaguilev, com coreografia de Nijinsk e música de Stravinsky.

De volta ao Brasil, passou a trabalhar no escritório de advocacia do acadêmico Souza Bandeira, onde estagiou por 5 anos, partindo então para o Itamaraty, primeiro no arquivo e depois como adido no gabinete do ministro Nilo Peçanha. Em 27 de agosto de 1918, casou-se em Petrópolis com Maria Teresa de Faria, então com 17 anos, com quem teria 7 filhos entre 1919 e 1938 (Maria Helena, Sílvia, Lia, Jorge, Alceu, Paulo e Luís).

Passa então a trabalhar na fábrica de tecidos Cometa, tornando-se presidente de 1923 (com a morte do pai) até 1939, vendendo-a no limiar da guerra (com a morte da mãe). Em 1919, iniciou a crítica literária, quando contava com 25 anos. Seu primeiro artigo, "Bibliografia", saiu no 1º número de *O Jornal* (17.06.1919), assinado pelo pseudônimo Tristão de Athayde para não confundir a atividade literária com a de industrial. Mais tarde descobriria que Tristão de Athayde fora um pirata português que atuava na Índia, como aparece nas "Décadas", de João de Barros.

Lançou seu primeiro livro, "Afonso Arinos", em 1922, ano em que se engaja ao movimento modernista. Segue publicando em jornal até que, em 1928, ocorre o fato decisivo de sua vida: sua conversão ao catolicismo, a partir de longa correspondência com Jackson de Figueiredo. Convertido ao catolicismo em plena maturidade intelectual, Alceu rompeu com o estilo de pensar típico de escritores "independentes", como Anatole France ou Gide, que o influenciaram na juventude. Iniciava-se para ele um percurso de serviço às causas humanísticas e de proselitismo cristão, que se sobrepõem à crítica literária.

Em 1935, AAL sucedeu a Miguel Couto na cadeira 40 da ABL, da qual se tornou o Decano

Ainda em 1928, com a morte aos 37 anos de Jackson de Figueiredo, Alceu tornou-se seu sucessor na liderança do movimento intelectual católico, na presidência do Centro D. Vital e na direção da revista *A Ordem*. Já como grande líder da renovação católica no Brasil, funda em 1932 o Instituto Católico de Estudos Superiores e, em 1935, é eleito para a cadeira nº 40 (a mesma de Afonso Arinos) da ABL. Foi presidente da Ação Católica Brasileira e primeiro secretário da Liga Eleitoral Católica. Após aproximação das idéias integralistas e do franquismo, em 1938 retorna ao ideal democrático e humanitário. Neste mesmo ano, é nomeado Reitor, além de professor de sociologia, da Universidade do Distrito Federal.

Inspirado no Humanismo Integral de Jacques Maritain, AAL fundou o movimento democrata-cristão na América Latina, ao lado de Eduardo Frei, Dardo Regules, Rafael Caldera e outros. Em

1941, participa da fundação da Universidade Católica do Rio, a primeira do Brasil, onde leciona literatura brasileira até a aposentadoria, em 1963. Após o golpe militar de 1964, amparado pelo prestígio intelectual que lhe possibilitou romper o cerco da censura imposta ao país, escreveu artigos semanais no *Jornal do Brasil* e na *Folha de S.Paulo*, textos que foram a voz da consciência nacional, da liberdade e do respeito aos direitos humanos na luta pela anistia e redemocratização do país.

Como homem de imprensa, vencedor em 1969 do prêmio Moors Cabot, láurea mais antiga do jornalismo internacional, manteve no *Diário de Notícias* a coluna "Letras e Problemas Universais" (de 47 a 66), colaborou com o *Jornal do Brasil*, *Diário de Notícias*, *Folha de S. Paulo*, *O Diário* (Belo Horizonte), *A Tribuna* (Recife), *Jornal do Dia* (Porto Alegre), *La Prensa* (Buenos Aires), dentre outros. Também ajudou Carlos Lacerda a fundar a *Tribuna da Imprensa* em 1949. Aclamado dentro e fora do país, AAL recebeu os Prêmios Moinho Santista, Luísa Cláudio de Souza, Juca Pato, Sierra Award, Nacional de Literatura e Junípero Serra, além de ter sido agraciado com os títulos de comendador da Legião de Honra (França), da Ordem do Condor (Chile), da Ordem de Santiago da Espada (Portugal), da Ordem Nacional do Mérito e Ordem de São Gregório Magno da Santa Fé.

Jornalista, advogado, empresário, diplomata, professor, crítico literário, escritor, militante católico, polímata e humanista, AAL morreu aos 90 anos em Petrópolis, a 14 de agosto de 1983. Neste mesmo ano, a Sociedade Brasileira de Instrução criou o *Centro Alceu Amoroso Lima para a Liberdade*, órgão que realiza estudos e pesquisas sistemáticas de temas relativos à liberdade e à libertação na América Latina.

A formação intelectual: sintonia com seu tempo

O início do século XX no Brasil, período de formação de AAL, era uma época de vácuo intelectual, onde o fim de uma elite coincidiu com uma filosofia puramente estética da existência, marcada pela individualidade e pelo materialismo filosófico. Neste ambiente, após uma infância católica, AAL perdera a fé sob a influência do evolucionismo spenceriano de Sílvio Romero, seu mestre na escola de Direito. "Não havia nada por que lutar", escreveu anos depois AAL que, na ocasião, sofrera ainda as influências literárias de Rimbaud, Claudel e Whitman. Foi com essa orientação que o admirador das idéias socialistas de Henri Barbusse, carregadas de ironia, diletantismo e agnosticismo, entrou em contato com o ceticismo de autores como Anatole France, Eça de Queiroz e Machado de Assis, aliás, seu vizinho no Cosme Velho.

Já em Paris, descobre os valores do espírito em Bergson (teórico do evolucionismo criador, espécie de ponte para a espiritualidade contra o materialismo anteriormente vigente), São Tomás e Jacques Maritain. Sob o primado espiritual desta corrente e diante da I Guerra Mundial, volta-se contra seus "mestres da mocidade" (mestres da decepção) e é então influenciado pelo antievolucionismo de Jackson de Figueiredo e pela *Action Française*, movimento de vertente monarquista e inspiração antidemocrática e antiliberal, assim como pelo neotomismo. Aos 35 anos, católico convertido, se aproxima do integralismo e interrompe a crítica literária para praticar uma política católica direitista.

Almoço em homenagem a Jacques Maritain. Em pé, da esq. Para dir.: **Augusto Frederico Schmidt** (1°), **Miguel Osório de Almeida** (2°), **José Lins do Rego** (6°) e **Otávio Tarquínio de Souza** (7°). Sentados: **Afonso Pena Júnior** (2°), **Jacques Maritain** (4°), **Gustavo Capanema** (5°) e **Alceu Amoroso Lima** (9°) Rio de Janeiro, 10 de agosto de 1936.

Migra do liberalismo para a ortodoxia autoritária, tributária da disciplina e da ordem. Escritores protofascistas como Jules Lemmaître, León Daudet e Jacques Bainville são as influências naquele momento. "Não creio em soluções sociais. Só creio em finalidade moral. Aceito, pois, as maiores diferenças de fortuna etc. como parte necessária do drama da vida", advogava o jovem intelectual, certo de que a igreja se confundia com a direita política. Passa de crítico literário a crítico de idéias, dá adeus à *Belle Époque* e assume um radicalismo antievolucionista de extrema-direita: "Acabara para mim, como para tantos outros companheiros, a fase da disponibilidade, do absenteísmo, da indiferença, do ceticismo e da intelectualidade pura". Somente em 1939 retomaria suas influências da década de 10. Através de Jacques Maritain (que rompe com a direita francesa e coloca-se contra o Generalíssimo

Idéias de AAL sobre liberdade e ética no jornalismo

LIBERDADE

• "O nosso jornalismo passou (...) por duas tremendas provações, no que diz respeito ao valor capital de sua participação na vida social e intelectual do país, inclusive como gênero literário. Essas duas provações foram a da ação violenta da censura, tanto durante o Estado Novo como durante a ditadura posterior a 1964. Essas duas provas de vida ou morte constituíram para a imprensa, como sempre acontece com as grandes provações, um banho de recuperação e de retomada de consciência. Foi a conquista, mesmo limitada, da liberdade de imprensa, em 1945, que nos valeu o fim do Estado Novo ditatorial. Como foi a luta teimosa da imprensa acorrentada, depois de 1964, em favor de sua libertação, que nos valeu a Anistia, mesmo incompleta, e a relativa liberdade de que estamos desfrutando, a despeito de uma lei de imprensa infestada de resquícios autoritários. Sem falar, durante esse período, da importância crescente que os meios orais e visuais de comunicação ganharam durante esse quase meio século".

AUTORITARISMO

• "Todo autoritarismo é um desequilíbrio maior do que o libertarismo. Antes uma imprensa exageradamente livre, do que uma imprensa amputada ou cerceada em sua liberdade intrínseca".

ÉTICA

• "O jornalista é aquele que, dentro de uma estrutura e de uma legislação que lhe garantam a liberdade de informação e de comunicação, exerce o seu jornalismo com a responsabilidade daquelas outras exigências morais e até mesmo estéticas, ligadas à profissão, que são a veracidade da informação, a honestidade da notícia e a decência de não ser subordinado a quaisquer interesses estranhos".

JORNALISMO

• "Qualidade e responsabilidade, veracidade e concisão representam como que as colunas básicas da profissão jornalística na vida de uma nacionalidade.

Franco), Henri Massis, Thomas Merton, Teilhard de Chardin, Georges Bernanos e Gilbert Chesterton revisa seu catolicismo e vê a igreja como defesa da liberdade, da justiça e do ideal democrático. Retoma a crítica em 1944 e passa a lutar contra regimes autoritários, a praticar o proselitismo católico e a fixar as raízes da social-democracia latino-americana.

Após controvérsias como a "questão universitária", quando combate a Escola Nova de Anísio Teixeira, na maturidade AAL se torna uma das principais vozes contrárias ao regime militar brasileiro e se consolida como um dos arquitetos da política social católica no país. Intelecto vibrante e irrequieto, símbolo de resistência ao arbítrio do Estado, à violência e à tortura, AAL gravitou das formas (estética) para as idéias (filosofia) e então para os fatos (política).

Qualidade não representa apenas riqueza e instrumentalização técnica. A qualidade a que me refiro é, acima de tudo, intelectual. Mesmo com meios pobres se pode fazer boa imprensa. Enquanto a riqueza de meios técnicos pode ser até uma deturpação do verdadeiro espírito da imprensa, convertida apenas em instrumento de opressão política ou de pressão de grupos capitalistas nacionais ou multinacionais".

MISSÃO DA IMPRENSA

• "A qualidade intelectual é que conta para a autoridade autêntica da imprensa. Como a responsabilidade moral é o sentido do dever que lhes incumbe, como verdadeira missão social. Esse sentido do dever é capital para a imprensa, mesmo como gênero literário. É um gênero literário intrinsecamente inserido em sua dupla função de informação e de formação. De informação, baseada na verdade dos fatos. De formação, no sentido educativo que toda a literatura, como arte da palavra, deve ter".

RESPONSABILIDADE

• "Se a literatura, como expressão individual, é da responsabilidade pessoal do seu autor e está no plano da liberdade do *fazer*, a literatura jornalística, como expressão social, está no plano do *dever*, de modo que sua responsabilidade coletiva abrange um campo ainda mais vasto. A deficiência de nossa lei de imprensa é que coloca os limites da liberdade de escrever para o grande público, dentro de uma gargalheira centralizada em disciplinar, como apêndice da Lei de Segurança Nacional, que é um resíduo, ou antes uma ameaça, sempre presente, de um renascimento ideológico opressivo, seja estatal seja plutocrático".

POLÊMICA

• "Sempre tive horror à polêmica, em cujas lutas a maior vítima é sempre a verdade. Minha arma contra os ataques, passada a fase inicial da crítica literária militante, foi sempre o silêncio. Também nunca me arrependi do que deixei de dizer. Às vezes, sim, do que disse. Mas foi sempre melhor que o tivesse dito. Às vezes me releio como se fosse a um estranho, pois nunca tive medo de mudar, sempre que a sinceridade me impunha a mudança".

Bibliografia essencial

JORNALISMO:
O Jornalismo como Gênero Literário. RJ: Agir, 1960, 64 p., (Ensaios, 8).

LITERATURA:
Quadro Sintético da Literatura Brasileira. RJ: Agir, 1956, 158 p.

RELIGIÃO:
Tudo é Mistério. Petrópolis: Vozes, 1983, 194 p.

SOCIOLOGIA:
A Cultura Brasileira e a Universidade. RJ: Conselho Fed. de Educação, (221): 1963, 16 p.

ECONOMIA:
Integração Econômica, Social e Política da América Latina. RJ: Agir, 1958, 86 p.

POLÍTICA
Gilberto Freire, sua Ciência, sua Filosofia e sua Arte. RJ: José Olympio, 1962, 576 p.

FILOSOFIA
Idade, Sexo e Tempo: Três Aspectos da Psicologia Humana[2*]. RJ: J. Olympio, 1938, 312 p.

Frei Caneca
Xavier da Veiga
David Moreira Caldas
Costa Rego
Auricélio Penteado
Jorge Antônio Salomão
Carlos Rizzini
Alceu Amoroso Lima
Roberto Marinho
Danton Jobim
José Reis
Vera Giangrande
Adalgisa Nery
Aparício Torelly
Josué de Castro
Pompeu de Sousa
Erico Verissimo
Vladimir Herzog

IX

ROBERTO MARINHO
Jornalista-empresário: o homem e o mito

Gabriel Collares Barbosa

Gabriel Collares Barbosa é Doutor em Comunicação pela ECO-UFRJ. Docente adjunto da Escola de Comunicação da UFRJ – Universidade Federal do Rio de Janeiro

Roberto Marinho (1904-2003) conseguiu construir, em 98 anos de vida, um patrimônio pessoal avaliado em mais de um bilhão de dólares. À frente das Organizações Globo, um império de comunicação com faturamento anual de U$ 6,1 bilhões[1], procura exercer influência direta nos rumos do país.

1 Valores de 2005 segundo a Revista *Isto É Dinheiro*.

Tanto é assim que, na escolha dos ministros para a formação do primeiro governo civil após o golpe militar de 64, o presidente Tancredo Neves procurou "ouvir" os conselhos do Dr. Roberto:

"Eu brigo com o papa, brigo com a Igreja Católica, com o PMDB, com todo mundo, mas não com Roberto Marinho".

Horas depois da sua eleição, Tancredo almoçou com o empresário Roberto Marinho. O encontro particular foi noticiado pelo *O Globo*, jornal do anfitrião. Antônio Carlos Magalhães também participou do almoço. Horas depois Tancredo anunciava que ACM seria seu ministro das Comunicações.

Tancredo morreu antes de assumir a Presidência da República e as imagens da *Globo* "expressaram" toda a angústia da nação. Tomou posse José Sarney, membro fundador da ARENA. O fato é que Sarney confirmou ACM como Ministro das Comunicações.

Começa aí uma história de favorecimento político, improbidade administrativa e corrupção. Um dos principais fornecedores de equipamentos de Telecomunicações para o governo era a NEC Brasil, de propriedade do empresário Mário Garnero, e o banco de investimentos Brasilinvest, juntamente com a matriz japonesa. A *Globo* se prevalecerá do mau momento financeiro enfrentado pela NEC do Brasil. Não custa lembrar que foram exatamente dificuldades perpetradas pelo ministro das Comunicações, ACM, que colocaram a empresa naquela condição. O Ministério suspendeu os pagamentos e as encomendas à NEC. Sem essas encomendas, sem esses pagamentos, a NEC se descapitalizou, e foi por isso que a *Globo* pagou menos de um milhão de dólares pelas ações da NEC. Estranhamente, logo em seguida à compra da empresa pelo Dr. Roberto Marinho, ACM restabeleceu os pagamentos e as encomendas – que eram a razão de ser da NEC – ela já passou a valer, segundo uma avaliação dos próprios japoneses, 350 milhões de dólares.

Outro fato amplamente divulgado pela mídia foi a intervenção do Dr. Roberto Marinho na indicação do ministro da Fazenda do governo Sarney. O presidente havia ligado para *O Globo* a fim de pedir um nome de confiança. Marinho voou num jatinho particular para Brasília e depois de uma reunião a portas fechadas, chegou-se a um consenso: o economista Mailson da Nóbrega seria o escolhido.

A Roberto Marinho se atribui — além da indicação de figuras para o primeiro escalão do governo — a capacidade de eleger presidentes.

"Admito exercer influência, o que faço sempre com vistas ao bem de meu país"

História de vida

Dos cinco filhos de Irineu Marinho, Roberto era o mais velho. Desde cedo ele se acostumou à rotina da redação pois costumava acompanhar o trabalho do pai. Certo dia, Irineu Marinho, de descendência portuguesa, sofreu um infarto fulminante enquanto tomava um banho em casa.

"Papai sofria dos rins e para aliviar as dores lombares tomava banhos quentes. Não era costume trancar-se mas aquele dia virou a chave com medo de a empregada entrar inadvertidamente. Botei a cadeira e pulei pela bandeirola. Fui ao chão, me escorando. Papai estava morto"

Aos vinte e um anos, herdou o vespertino *O Globo*. Entretanto, Roberto Marinho resolveu deixar Euricles de Mattos — homem de confiança do pai — na direção do jornal. Como jornalista, era o que na época se chamava de *pé-de-boi*, ou seja, uma espécie de *faz-tudo* na redação. Pegava no batente às cinco da manhã e costumava sair apenas tarde da noite. Às vezes, arriscava-se a bancar o fotógrafo:

"é dele a histórica foto de Washington Luís com o Cardeal Leme às vésperas da partida para o exílio."

Roberto Marinho (2003)

Alguns colegas costumam dizer que não foram poucas as noites em que varou a madrugada preparando pautas para o dia seguinte. Durante anos acompanhou a impressão de *O Globo*. Para isso, mantinha um apartamento no 4º andar da Rua Irineu Marinho. Somente em 1931, ou seja, seis anos mais tarde, é que ele assumiu o jornal. Entretanto, Roberto Marinho não se continha apenas em gerenciar o jornal. Continuava participando das reuniões de pauta, escrevendo editoriais e saindo às ruas para apurar matérias. Ainda costumava interferir na titulação e elaboração de manchetes para a primeira página.

Roberto Marinho recebeu como herança genética o temperamento explosivo da mãe, Dona Francisca — mulher ítalo-brasileira de gênio forte. Tanto é que não faltam registros de situações onde o empresário preferiu exercer os predicados de *boxer* ao diálogo. Certa vez um censor do Departamento de Imprensa e Propaganda (DIP) achou por bem vetar um editorial escrito por Marinho. A resposta veio rápida: dois murros derrubaram o censor que prontamente tratou de denunciar o fato aos superiores. Correram boatos de que *O Globo* seria empastelado e o jornalista preso. Cogitou-se até a hipótese de Roberto Marinho pedir asilo na embaixada da Itália. Entretanto, ficou tudo por isso mesmo.

Na juventude, praticava diversos esportes tais como boxe, automobilismo, pesca submarina e hipismo[2]. Em virtude disso, pôde agüentar o ritmo frenético do fechamento do jornal e os longos plantões a que se submetia. Roberto Marinho tinha um objetivo: transformar o vespertino herdado no principal veículo de comunicação do país.

2 Roberto Marinho praticou também saltos ornamentais até os 89 anos de idade. Deixou o hobby de lado ao sofrer uma queda violenta e quebrar onze costelas.

O sucesso de um jornal

Quando foi lançado, *O Globo* procurou se posicionar no mercado optando por ser um vespertino eminentemente carioca. Para tanto, Roberto Marinho patrocinava a Orquestra Sinfônica; foi ele também quem ajudou na organização do primeiro desfile de escolas de samba do Rio de Janeiro.

As editorias com mais destaque eram as de *Política*, *Sociedade* e *Cidade*. Na sua concepção, as notícias mais importantes deveriam estar necessariamente na primeira ou na terceira página.

No final da década de 40 o jornal finalmente se tornou líder entre os vespertinos cariocas, ainda que se pese ajuda substancial conseguida pelo diretor-tesoureiro Herbert Moses junto a empresários e figurões da alta sociedade. No início dos anos 60 *O Globo* atravessou crise financeira e paulatinamente perdeu terreno para o *Jornal do Brasil*. Com o regime militar, houve fragorosa recuperação. Apenas na década de 70 ele virou matutino.

Porém, é sabido que o sucesso do jornal se deve em grande parte ao jornalista Evandro Carlos de Andrade[3]. Caso único na história do jornalismo brasileiro, permaneceu por quase três décadas como diretor de redação do jornal *O Globo*. Foi ele quem profissionalizou a redação e tornou o jornal competitivo: contratou profissionais, organizou as faixas salariais, lançou a edição de Domingo — dia em que o *Jornal do Brasil* reinava absoluto —, adquiriu máquinas *off-set*, reformou graficamente o jornal — inclusive com a introdução de cores — e partiu para a conquista dos anunciantes.

3 Evandro Carlos de Andrade trabalhou no *Diário Carioca, Jornal do Brasil* e *Jornal da Tarde* antes de ir para *O Globo*. Faleceu em 2001.

"Na primeira vez, estivemos apenas os dois, na casa do Cosme Velho. Ele queria me ouvir, saber o que eu achava que deveria ser um jornal moderno, ágil... Ao 'fechar negócio', ele disse: 'Eu não agüento mais levar tanto furo!' Embora ainda estivéssemos no apogeu da ditadura, o Dr. Roberto já tinha a percepção de que aquilo ali não ia durar. Começamos então, eu, o Zé Augusto Ribeiro e o Henrique Caban, a mexer no jornal tendo como meta principal conquistar a mocidade, a universidade. O caderno de vestibular foi idéia do Caban, assim como o suplemento do Vestibular (...) O Jornal de Bairros foi sugestão do Dr. Roberto. E não foi uma coisa assim, 'vamos planejar um jornal assim e assim...' É: 'quero em uma semana' (risos) Caderno de TV? 'Sim, quero para Domingo'. E saiu tudo numa semana!"

Em julho de 2000, Evandro Carlos de Andrade completou cinco anos à frente da Central Globo de Jornalismo. Antes, trabalhou por 24 anos como diretor de Redação do jornal *O Globo*. Os jornalistas que tiveram a oportunidade de trabalhar com ele são unânimes em afirmar que Evandro sempre foi um chefe duro, obsessivo, mas que, em contrapartida, sabia reconhecer o mérito de uma boa reportagem. O mesmo se auto-classificava da seguinte maneira:

"Eu sou a favor do Poder exercido com autoridade! (...) Eu não tenho espírito de turma, não tenho grupo de amigos, profissionais que eu proteja; eu nunca toleraria formação de igrejinha, de grupinho no lugar que eu trabalhasse! Eu trabalho voltado exclusivamente para o bom resultado!"

Sobre os políticos, o diretor nunca escondeu de ninguém sua predileção por Antônio Carlos Magalhães[4]. Aliás, tanto Evandro Carlos de Andrade como Roberto Marinho procuraram dar espaço ao político nas *Organizações Globo*. Nesta entrevista, Evandro discorre sobre os políticos que admira:

"Antônio Carlos Magalhães nas circunstâncias do Brasil é um grande político, porque tem uma extraordinária percepção do sentimento do povo. Ele, na Bahia, como o Sarney, no Maranhão, andam na rua sem segurança. ACM é hábil, sabe até onde vai, não ultrapassa o ponto, tenta ocupar todo o espaço que estiver disponível. Indiscutivelmente um grande político!"

Embora a história oficial registre, não foi divulgado ao grande público o fortalecimento do jornal graças às benesses do governo militar. Anúncios oficiais de página inteira, isenção de impostos e outra regalias fizeram com que o vespertino desbancasse os concorrentes. Em contrapartida, *O Globo* portava-se como um jornal chapa-branca a favor das elites e comprometido com a ditadura. Outra estratégia adotada foi se valer da "máquina" das *Organizações Globo* para vender o produto jornal na televisão e na rádio.

Entre as tardes de Sábado e as manhãs de Domingo, durante anos a Rede Globo pôs no ar dezessete anúncios da edição dominical de O Globo, numa campanha cujo custo real o Jornal do Brasil nem sequer podia sonhar despender em publicidade.

4 Em 1987, Roberto Marinho deu a ACM uma demonstração de apreço: tirou da TV Aratu, da Bahia, os direitos de retransmissão da Globo no Estado e os concedeu à TV Bahia, controlada por parentes e amigos de Antônio Carlos Magalhães. Um ano antes, porém, o ministro das Comunicações do governo Sarney, ACM, havia sido generoso com o empresário Roberto Marinho: "(...) o ministro ACM ganhou generosos minutos no *Jornal Nacional* para anunciar que o Brasil passa a ser o fornecedor exclusivo de todos os equipamentos de telefonia para o Suriname. Quem faturou com as vendas foi uma empresa chamada Victory. (...) A empresa é resultante de uma associação entre a italiana Victory, Roberto Marinho (Rede Globo) e Amador Aguiar (dono do Bradesco)."

Vida privada

Para que se compreenda como as Organizações Globo se transformaram em uma empresa familiar[5], é preciso discorrer um pouco sobre a vida privada do jornalista. Roberto Marinho permaneceu solteiro até os 42 anos de idade. Morava sozinho numa casa próxima ao Cassino da Urca. É deste tempo que registra-se a fama de galanteador, com atração especial por bailarinas.

"Quem aparecia com assiduidade para jantar era a atriz performática Luz del Fuego. Sem as cobras, evidentemente."

A socialite Stella Goulart foi a primeira mulher e mãe de todos os seus filhos — Roberto Irineu, Paulo Roberto[6], João Roberto e José Roberto. Permaneceu casado por trinta anos. A separação veio quando a esposa descobriu as aventuras extraconjugais do jornalista. A segunda mulher, com quem viveu sete anos, chamava-se Ruth Albuquerque.

Anticomunista, identificava e delatava ao marido os empregados das *Organizações Globo* que tinham postura ideológica comprometida com a Esquerda. Taciturna, não participava de festas ou espetáculos artísticos. Implicava com alguns amigos de Roberto Marinho e mais ainda com as noras. Além disso, tinha especial predileção por felinos. Mais de uma dezena era mantida em casa por ela:

"Roberto Marinho não reconhecia mais a mulher tranqüila e culta com quem se encantara. Antes, maravilhava-se do desvelo com que Ruth cuidava dos seus gatos. Agora, não agüentava mais tantos gatos pela casa. Pulavam de dentro de armários, enroscavam-se nos seus pés. Tinha ganas de chutá-los."

Mas, sem dúvida, o grande amor do empresário foi a francesa Lily de Carvalho.

"Tem ciúmes dela e ela dele. Falam-se várias vezes ao dia. Era comum, em meio ao almoço na TV Globo, ele a atender ao telefone e, como se não houvesse mais ninguém na sala, cair no mais puro idílio".

Vale salientar que João Roberto, o filho do meio, é com quem ele tem maior identificação e intimidade. Tanto é que em meados dos anos 70, João Roberto entrou para o jornal *O Globo* como diagramador. Passou depois como repórter pelas editorias de *Geral* e de *Esportes*. Foi coordenador de fechamento e aprimorou o sistema de distribuição do jornal. Em 1983, o pai reconheceu suas virtudes como profissional e o alçou ao cargo de vice-presidente. O filho mais velho, Roberto Irineu, herdou outros traços do pai:

"Aguerrido, impetuoso, de visão ampla. Vibrava com as novas tecnologias. Falava de televisão a cabo, telefonia móvel, transmissão de dados via satélite anos antes de serem lançadas comercialmente. (...) Arrojado, patrocinou a idéia de montar um canal de televisão na Itália, a Telemontecarlo. Para consternação de pai e filho, o empreendimento fracassou".

5 Interessante destacar que no alto do expediente, a partir de 1952, imediatamente abaixo do logotipo do jornal vinham os dizeres. "Propriedade da viúva Marinho e filhos".

6 Falecido em um acidente automobilístico em Cabo Frio em 1969.

Roberto Marinho e Stella Goulart

Não é à toa que Roberto Marinho tem reconhecida como virtude a sua visão estratégica de mercado. Em 1944, fundou a *Rádio Globo* para competir no já saturado meio radiofônico. Obteve depois uma concessão para operar em FM, embora não houvesse aparelhos receptores para aquele tipo de modulação. Ele acreditava que este novo formato — que oferecia menos ruído e maior fidelidade — viria para ficar. Não demorou muito tempo para a FM se popularizar.

Interessante notar que o empresário e jornalista Roberto Marinho se esforçava em construir uma imagem de anti-celebridade, ou seja, preferia agir nas sombras ao invés das luzes dos holofotes. Talvez seja por isso que em duas ocasiões, onde passou despercebido, tenha enfrentado situações embaraçosas. Quem conta as histórias é o jornalista de economia, Carlos Tavares de Oliveira, amigo pessoal e dono de um folclore especial sobre Roberto Marinho:

"Uma vez, caminhando em Paraty, resolvemos parar em um posto de gasolina. Quando me dirigia ao bar, um enorme caminhão chegou. Da boléia, o motorista gritou para o Dr. Roberto: 'ei, você aí, enche o tanque !'"

"De outra vez, na década de 70, saímos de barco. Entusiasmados com a beleza do dia, nos afastamos de Angra dos Reis e logo nos apercebemos que era tarde. Havíamos prometido levar peixe para o almoço. Daí a pouco, encontramos um pescador numa canoa cheia de peixe fresco. O problema é que estávamos sem dinheiro. Tentei negociar: 'O senhor me deixa levar o peixe e logo mando um empregado meu com o dinheiro'. O pescador não quis conversa: 'De jeito nenhum, só leva se pagar!'. Tentei argumentar com veemência, mas não deu: 'Ele não vai deixar de pagar você, rapaz! Ele é o Roberto Marinho, do Globo!'. O pescador foi taxativo: 'E eu com isso?!'"

Apesar de possuir um patrimônio pessoal formidável, comenta-se que Roberto Marinho detestava gastar. A pequena passagem descrita abaixo demonstra a mesquinhez do empresário:

"Tempos houve em que sua secretária em O Globo, Dona Lygia Mello, preocupava-se em esconder as notas do alfaiate, senão ele ia querer pechinchar no preço. Tem alergia ao desperdício. Certa vez, deslocou-se de Nova York, onde tem apartamento, até Nova Jersey, só para comprar gravatas[7] com imposto mais baixo"

7 Chegou a manter no closet mais de 5000 gravatas.

Academia e política

Roberto Marinho entrou para a Academia Brasileira de Letras (ABL) em 19 de outubro de 1993[8]. Aliás, é público o seu gosto pessoal pelas artes. Corrobora esta afirmação a pinacoteca pessoal, onde figuram obras de Guignard, Portinari e Segall, entre outros.

8 Para o discurso de posse, passou dias treinando com uma professora de dicção.

Mesmo depois dos 90 anos, não mudou a rotina: acordava cedo, ia ao jornal *O Globo* e, no começo da tarde, seguia para a TV, onde almoçava e dava expediente. Sentavam-se, com freqüência, à mesa de refeição com Roberto Marinho, os filhos Roberto Irineu, João Roberto e José Roberto, além dos advogados Jorge Rodrigues e Jorge Serpa. Políticos como Antônio Carlos Magalhães e José Sarney, quando de passagem pelo Rio, também costumavam desfrutar da boa comida regada sempre com uma boa champanhe.

"De hábitos frugais, raramente se excede à mesa. Não que faça dieta: vez por outra até encara pratos suculentos, mas a preferência é por peixe grelhado com batatas cozidas. Nunca bebeu ou fumou. No máximo brinda com champanhe, mas só toma meia taça"

Há uma história pitoresca sobre o pedetista Leonel de Moura Brizola, um dos desafetos do empresário. É sabido que um dos xodós de Roberto Marinho é a bela paisagem do Jardim Botânico que se vislumbra do escritório. Recomenda-se, portanto, elogiar a paisagem. Certo dia, porém, em visita a *TV Globo*, Brizola feriu o orgulho do dono da sala:

"Brizola levantou-se com ar de quem finalmente ia fazer um comentário, deixando Dr. Roberto na expectativa. 'Veja o CIEP que estou construindo ali!', disparou Brizola, apontando para os lados da Lagoa Rodrigo de Freitas. Dizem que aí começou sua fritura na Globo"

É evidente que outros fatores, principalmente os de ordem ideológica, motivaram o rompimento entre os dois. Mas a passagem mencionada pode ter sido a "gota d'água"[9].

Sobre a relação de Roberto Marinho com os políticos, merece especial atenção o envolvimento, em meados do século passado, do empresário com Carlos Lacerda. Quando Lacerda era deputado[10], Roberto Marinho costumava freqüentar a Câmara dos Deputados só para ouvi-lo. Além disso, firmaram uma sólida amizade de tez ideológica. A admiração era tanta que ele colocou à disposição os microfones da *Rádio Globo* para quando fosse necessário. Não custa lembrar que logo na primeira transmissão da emissora ele declarou em alto e bom som: "Não é propriamente uma estação de rádio que hoje inauguramos. É mais uma modalidade de serviços de *O Globo* à nação". Anos depois, Roberto Marinho, atrelado aos ideário udenista de Lacerda, passou a conspirar com os militares para derrubar o presidente João Goulart.

"Ia disfarçado a reuniões clandestinas, o que muito o divertia, e franqueou seus microfones, câmeras e colunas de jornal para a pregação golpista de Lacerda".

Certa vez, numa ida de Lacerda ao jornal *O Globo*, ocorreu um episódio antológico. Conta-se que o político ficou preso no elevador e, sozinho, começou a gritar por ajuda. Entrou em pânico quando os funcionários não conseguiram retirá-lo. Foi preciso quebrar a parede de alvenaria para liberá-lo.

Nos idos da ditadura militar, os dois se afastaram por motivos ideológicos. Lacerda passou então a atacar Roberto Marinho com veemência, acusando-o de apoiar o regime de exceção.

"A história da fortuna do Sr. Roberto Marinho, afora uma qualidade que não lhe nego, a de trabalhar todos os dias no seu jornal — e esta é a sua grande qualidade — foi feita às custas de privilégios marginais, de favores obtidos pelo medo que O Globo inspirava ou pela ambição que O Globo alimenta e cativa (...) Marinho montou uma máquina que controla do modo a seguir exemplificado. Seu pai foi fundador de O Globo. Ao transformar o Globo em órgão de uma empresa jornalística, ele ficou com 62% das ações, deixando em minoria sua mãe, a veneranda viúva de Irineu Marinho e seus irmãos Rogério e Ricardo."

9 Roberto Marinho, em entrevista a Neri Eich, da Folha de São Paulo, declarara que "Collor era mais assentado, mais ponderado e mais equilibrado, com suas idéias privatistas, do que qualquer outro candidato". Em certa ocasião, o candidato do PRN foi convidado por Roberto Marinho para conhecer a sala do empresário no Jardim Botânico. Roberto Marinho, ao ouvir um elogio de Collor à paisagem, afirmou: "Brizola esteve aqui uma dúzia de vezes e nunca, como você, fez referência `a beleza dessa vista. Quem não tem sensibilidade para apreciar essa vista não tem sensibilidade para governar o Brasil". (Notícias do Planalto, Mario Sérgio Conti. pg. 168)

10 Dados sobre a conjuntura histórica encontram-se nos anexos desta monografia.

Certo dia, sem contar nada a ninguém, Roberto Marinho, tomado pela ira, colocou um revólver na cintura e rumou para a casa de Lacerda, na Praia do Flamengo. Decidira matá-lo. Chegando ao local, cumprimentou os seguranças, entrou no elevador e bateu à porta do apartamento. A empregada abriu e convidou-o a entrar. Depois de vasculhar a casa, Roberto Marinho percebera que, felizmente, Lacerda não estava em casa.

Estes episódios servem para mostrar que o empresário, por vezes, prefere resolver as diferenças pessoalmente.

"Roberto Marinho invadiu a pontapés a redação de um jornal carioca à procura de Gondim Fonseca, que ousara escrever falando mal de seu pai, e este só se livrou da surra porque se escondeu no banheiro. De tal artifício não se pôde valer, no entanto, o engraçadinho que, no Jóquei Clube, se divertia assustando seu cavalo com assovios. Depois de adverti-lo inúmeras vezes, apeou e meteu-lhe o rebenque".

O chefe poderoso

Roberto Marinho sempre foi um chefe disciplinador, onde procura manter tudo sobre sua estrita vigilância. No final dos anos 70, por exemplo, começou a perceber que as coisas não andavam bem na *TV Globo*. Descobriu que todo final de tarde o uísque rolava solto na sala de Walter Clark. Proibiu, então, o consumo de álcool nas dependências da emissora. Pensava que a ordem tinha sido acatada até que um dia topou com um garçom levando uma bandeja com xícaras de chá para a sala do diretor-geral. Desconfiado, pegou uma xícara e qual não foi a sua surpresa ao perceber que se tratava de puro malte escocês. Foi a queda de Walter Clark. O empresário, após demitir o diretor-geral, assumiu o cargo e passou a conduzir, pessoalmente, a *TV Globo*.

"Com a demissão do diretor-executivo, herdei o salário do Walter. Um dia o contador entrou na minha sala dizendo que eu precisava receber o dinheiro referente àquele cargo, senão iria dar problema na contabilidade. Para minha surpresa, era uma fortuna!".

Perguntado sobre o montante de seus rendimentos na *Globo*, Walter Clark forneceu as cifras. Quando foi admitido, assinou um contrato que lhe assegurava 1% do faturamento da empresa por mês. Assim pôde manter um padrão de vida que lhe assegurava motorista, mordomo, governanta, arrumadeira, cozinheira, carros importados, viagens internacionais e mansões paradisíacas, como o duplex de cobertura que possuía junto à lagoa Rodrigo de Freitas. Com indenização por deixar a "Vênus Platinada", falou-se numa cifra equivalente ao prêmio máximo da Loteria Esportiva da época, ou seja, 30 milhões de cruzeiros.

Sobre o episódio da demissão de Walter Clark, cabem outros esclarecimentos. Duas semanas antes de ser defenestrado da *Globo*, a Imprensa havia noticiado um possível entrevero em um restaurante da moda envolvendo o chefe do Serviço Nacional de Informações e o diretor-geral da *Rede Globo de Televisão*. Outro incidente, desta vez de pior monta, ocorreu alguns dias depois, na mansão de Edgardo Erickssen[11] — assessor da diretoria da *Globo*, relações públicas da empresa em Brasília e, ao que se diz, pessoa de fácil acesso aos meios militares. Durante o jantar de gala, Walter Clark foi questionado por Erickssen sobre o bate-boca com o chefe do SNI. Os ânimos se acirraram e quase houve confrontação física. Walter Clark abandonou o jantar e diante do constrangimento geral,

11 "Erickssen era um dos dois assessores militares da TV Globo. O outro era o coronel Paiva Chaves. Ambos foram contratados na função de fazer a ponte entre a emissora e o regime. Tinham boas relações e podiam quebrar galhos, quando surgissem problemas na área da segurança" – livro depoimento de Walter Clark. O campeão de audiência, pg. 199.

o próprio Roberto Marinho, que também estava presente, tratou de pedir desculpas aos convidados. Na noite seguinte, Marinho convocou uma reunião com a finalidade de anunciar a José Bonifácio Sobrinho (superintendente de produção) e a Joseph Wallach (superintendente administrativo) a decisão definitiva de afastar Walter Clark.

Para entender como Walter Clark havia caído nas graças de Roberto Marinho, ao ponto de em apenas um ano garantir o cobiçado posto de diretor-geral da *Rede Globo*, convém recordar sua postura política.

A primeira aparição na TV – entrevista a Heron Domingues no programa Noite de Gala (1962)

"No meio dessa agitação toda, eu acabei virando udenista. Não sei bem por que eu fiz essa opção ideológica. Acho que era o clima do final da guerra, o espírito liberal impregnando tudo, a democracia sendo cantada (...). Getúlio era o ditador odiado pela classe média, e o brigadeiro Eduardo Gomes justamente o oposto: democrata, ótima reputação e, além do mais, um tremendo boa-pinta. O tipo de cara que poderia facilmente virar herói de um garoto".

O chefe amigo

Entretanto, ao chefe que não admitia deslizes de seus funcionários, contrapõe-se a imagem de um homem preocupado em ajudar e proteger os amigos. Tanto é que — apesar de correligionário dos ideais udenistas — Roberto Marinho nunca se furtou de dar emprego a profissionais com verniz ideológica diferente da sua. Contratou Paulo Francis apesar das críticas que haviam sido feitas pelo *Pasquim*. Quando soube da morte de Francis, fez questão de comparecer ao enterro no Cemitério São João Batista. Na saída, porém, não poupou um comentário ácido:

"Que pena, era um rapaz ainda muito novo".

Outro jornalista que gozou da benevolência do empresário foi Franklin de Oliveira. Na época do regime militar pediram a demissão de Franklin, acusando-o de comunista, mas ouviram uma negativa: *"No meu jornal mando eu!"*.

Ainda sobre o temperamento de Roberto Marinho, alguns o têm por brincalhão. Tanto é que contam uma conhecida história, referente à tartaruga que quiseram lhe dar de presente. Ao receber o animal, o acaricia e pergunta quantos anos pode viver em média. Respondem-lhe: *"Uns 200, Dr. Roberto"*. Ele então replica: *"Não quero não. A gente se afeiçoa ao bichinho, e é uma tristeza quando ele morre"*.

Roberto Marinho, um hipocondríaco de carteirinha, costuma ir ao extremo em nome da saúde. Exercitava-se diariamente numa esteira automática, fazia natação três vezes por semana e dormia sempre com uma máscara para ativar a oxigenação do cérebro[12].

O empresário não costumava falar da concorrência. Quando perguntando sobre a crise do *Jornal do Brasil*, respondia, de forma enigmática que, para o bem do próprio *Globo*, é importante que o rival prospere.

12 O jornalista Augusto Nunes (de 65 quilos) ficou surpreso com a vitalidade do amigo. Numa demonstração de vitalidade, foi erguido por Roberto Marinho ao nível da cintura.

"A existência dele é boa para o Globo"

O ex-diretor-presidente do *Jornal do Brasil*, M.F. do Nascimento Brito e a mulher, Dona Leda, freqüentavam a mansão do Cosme Velho de Roberto Marinho. Também não foram poucas as vezes que o dono das *Organizações Globo* ajudou, financeiramente, Adolfo Bloch a sair do "sufoco". Com o dono do *Estado de São Paulo*, já foi mais próximo. Com o da *Folha*, apesar da recente parceria, a relação é cerimoniosa.

"Nunca quis ficar sem concorrente mas ao mesmo tempo se empenhou em derrotar os adversários. Atribuo isso ao esportista que ele é. Ao fim de cada prova, estendeu a mão ao derrotado"

Houve tempo em que conviveu mais com outro poderoso do país: o banqueiro Walther Moreira Sales. Chegaram até a morar no mesmo prédio — Hotel Copacabana Palace —, quando ambos, em 1994, estavam separados das esposas.

Rede Globo de Televisão

Ele já era um empresário bem sucedido no ramo da comunicação quando decidiu comprar um canal de televisão. Apesar da discordância dos irmãos, levou o processo adiante.

"Vocês não entenderam. Vou entrar nessa sozinho".

A *Globo* estreou no dia 26 de abril de 1965. Na verdade, fora antecedida pela *TV Tupi*, em 1950, seguida pela *TV Excelsior*, em 1960. Duas emissoras e dois projetos absolutamente diversos: a *Tupi* sucumbiria, em 1980, à queda do próprio império dos *Diários Associados*. A *Excelsior* enfrentaria problemas no futuro, não tendo sua concessão renovada, por ter tido a ousadia de resistir à ditadura. Transferida, numa espécie de leilão, para o grupo Bloch e Sílvio Santos, abriria caminho para a *TV Manchete* e o *SBT*.

Iniciando-se com um empréstimo obscuro mediante um ainda mais obscuro acordo operacional com o grupo norte-americano Time-Life — o que é proibido pela legislação brasileira[13] — a *TV Globo* aproveitaria de dois episódios, na aparência negativos, para seu crescimento:

a) o primeiro foi justamente a decisão do Congresso Nacional em dissolver o acordo da *Globo* com a Time-Life. Roberto Marinho não reclamou. É provável que os norte-americanos, sim, tenham acabado lesados no episódio, mas como sabiam perfeitamente os riscos que corriam, não chiaram.

b) o outro episódio ocorreu em 1969: um incêndio destruiu as instalações da *Globo* em São Paulo. A emissora centralizou o telejornalismo e toda a produção no Rio de Janeiro, graças ao dinheiro obtido pelo seguro, e assim garantiu a ocupação da magnífica sede do Jardim Botânico. De onde se depreende que Roberto Marinho é, acima de tudo, um excelente empresário e se, num primeiro momento, teve o máximo empenho em dar suporte e manter-se próximo ao segmento que identificava o governo ditatorial, na verdade seu interesse ia bem mais longe.

13 O contrato assinado pela Globo viola o Código Brasileiro de Telecomunicações (Lei 4.117 de 27/08/1962) e o Regulamento dos Serviços de Radiodifusão (Decreto 52.795 de 31/10/1963). O Regulamento em seu artigo 28, diz: "(...) proibido firmar qualquer convênio, acordo ou ajuste, relativo à utilização das freqüências consignadas à exploração do serviço, como outras empresas ou pessoas, sem prévia autorização do Conselho Nacional de Telecomunicações".

O "Cidadão Kane" brasileiro

No dia 10 de março de 1993, em Londres, divulgou-se pela primeira vez no exterior, as imagens de um documentário intitulado *Brasil: Beyond Citizen Kane*. Poucos dias depois, o Museu da Imagem e do Som de São Paulo, graças a uma cópia pirata obtida diretamente em Londres por uma telespectadora, fazia uma dupla apresentação do documentário, programando-se novas projeções para os dias três e quatro de junho.

Contudo, na noite do dia 2, um telefonema do Secretário de Cultura do Estado de São Paulo, Ricardo Ohtake, dirigido ao programador do MIS, jornalista Geraldo Anhaia Mello, cancelava aquelas apresentações.

> *"As versões sobre a proibição variam: Ohtake garante que não havia por que proibir, a não ser pelo fato de se tratar de uma fita pirata. Anhaia, ao contrário, acusa diretamente a intervenção de Roberto Marinho, a subserviência do governador de São Paulo e do seu Secretário de Cultura. No exterior houve uma batalha jurídica de mais de um ano entre a Globo e o Canal 4 da BBC. As Organizações Globo perderam a causa"*

Beyond Citizen Kane tem sido normalmente divulgado como sendo o documentário em torno da *TV Globo* e de seu multipoderoso proprietário, Roberto Marinho.

> *"Na verdade, a primeira observação que se deve fazer a respeito é que sua atenção se encontra centrada em Marinho e na TV Globo apenas porque ela é a exemplificação mais cabal e radical da experiência da política de telecomunicações brasileira".*

> *"Marinho não foi nem pior nem melhor que Wainer, Chateaubriand, Saad, Bloch ou qualquer outro. Foi, apenas, mais competente e eficiente, alcançando melhores resultados em suas manobras. O episódio que culmina no papel da Globo em nossa realidade, contudo, tem de ser compreendido em sua perspectiva macro, ou seja, enquanto superestrutura social, política e econômica que viabiliza tais situações, envolvendo desde a ingenuidade de alguns segmentos sindicais e de ativistas de esquerda, que imaginaram democratizar a política de concessões de canais de rádio e televisão quando retiraram a decisão exclusiva do Presidente da República, repartindo-a pelo Congresso Nacional, até os profissionais jornalistas que, a exemplo de Armando Nogueira ou Vianey Pinheiro, só contam as verdades depois que foram despedidos da emissora".*

Como salientamos, Roberto Marinho participava direta e/ou indiretamente da política. Não foi por acaso que escreveu editorial em *O Globo* intitulado "Convocação", onde pedia que o PMDB e o PFL escolhessem um candidato comum para concorrer às eleições presidenciais em 1989. Na verdade, tentava sensibilizar aqueles partidos para lançar um candidato de centro-direita com o objetivo de desbancar Leonel Brizola ou ainda Luís Inácio da Silva. No editorial, afirmava:

"(...) um candidato de renovação que não se enrede em manhas e combinações inaceitáveis. Um candidato que não fuja de temas controversos e não faça do subterfúgio a suprema sabedoria política. Um candidato, afinal, com uma abordagem moderna e otimista dos problemas brasileiros, que devolva à Nação o direito de sonhar com o futuro (...) para oferecer uma alternativa melhor do que um projeto caudilhesco-populista ou um meramente contestatório".

Em nosso país, apenas uma rede de televisão, a *TV Globo*, domina a audiência e promove os candidatos de preferência das elites. O restabelecimento da democracia no Brasil na década de 80 se deu mais pela concessão do que pela conquista. Porém, o regime militar deixou aos seus herdeiros a incumbência do exercício do Poder. Quando os militares implantaram a vasta infra-estrutura de telecomunicações que possibilitaram a *TV Globo* consolidar seu império de mídia, o fizeram na certeza de que as elites se perpetuariam. Não é segredo que nas campanhas eleitorais, a mídia assume abertamente a candidatura do sistema.

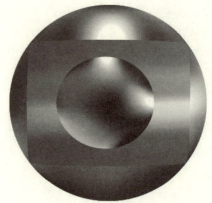

Logotipo da Rede Globo

O império da *Globo* inclui 50 estações de rádio, a *NET* de TV a cabo, o sistema *Globosat*, os jornais *O Globo*, *Extra Expresso* e *Valor Econômico* – este último em parceria com a Folha, revistas, dentre elas a *Época*, a *Editora Globo*, alguns *web sites* e participações substanciais em bancos e indústrias, entre outras. Assim, Roberto Marinho pôde participar diretamente na definição dos rumos do país.Com a hegemonia, não é de se estranhar que outras empresas de comunicação façam suas pautas de reportagem a partir do que foi veiculado pelas *Organizações Globo* em algum de seus inúmeros produtos. Com a possibilidade de ditar a *agenda setting*, isto é, os assuntos que serão cobertos, não é de se estranhar que a opinião pública não tenha acesso a determinado tipo de matérias e/ou enfoques.

"A TV Globo é também a maior produtora mundial privada de seus próprios programas, sendo por isso chamada pelos estudiosos de 'monopólio cruzado'. Fatura anualmente U$ 2,5 bilhões. A TV Globo vai além da mera distorção consciente dos fatos – ela tenta instituir a história, determinar o destino da nação. Para isso, cria continuamente uma realidade imposta e, em várias ocasiões, assumiu a vanguarda da arte de falsear e até substituir a realidade."

O empenho do Dr. Roberto Marinho em derrotar o candidato da Frente Brasil Popular à Presidência da República em 1989, Luís Inácio da Silva, foi explícito. Programas na *TV Globo*, editoriais, reportagens, entrevistas, enfim, tudo foi arranjado para que o candidato das elites, isto é, o Sr. Collor de Mello, dispusesse de tempo no noticiário. Com isto, foi possível construir sua imagem de homem público, caçador de marajás, destemido, jovem e preparado. Enquanto isto, Lula era achincalhado como operário de idéias retrógradas, semi-analfabeto e despreparado política e moralmente. Até um caso extraconjugal[14] do petista ocorrido décadas atrás — o romance acabou rendendo uma bela menina chamada Lurian — foi explorado pelos adversários.

Dois debates foram transmitidos para todo o país. Lula claramente venceu o primeiro. Três dias antes da votação houve um segundo debate. No dia seguinte o *Jornal Nacional* editou e transmitiu um resumo de seis minutos, que foi assistido por 64% da audiência. A edição foi especialmente montada para deter o petista Luís Inácio Lula da Silva e eleger Fernando Collor de Mello.

No resumo Collor foi mostrado como poderoso. Colocaram no ar as melhores falas, e também lhe deram um minuto e dez segundos a mais que Lula na edição. Após a matéria, o "Jornal Nacional" apresentou os resultados de uma enquete sobre o debate, realizada pelo mesmo instituto de pesquisa responsável pela imagem de Collor. As perguntas eram vagas. Fernando Collor venceu Luís Inácio Lula da Silva em todos os quesitos. Não foi perguntado, porém, em quem as pessoas entrevistadas votariam. O apresentador Alexandre Garcia termina o JN dizendo: *"... mantivemos um canal aberto entre a TV e seus eleitores, para que melhor se exerça a democracia..."*

O Produtor de Jornalismo da TV Globo de São Paulo, Vianey Pinheiro, foi demitido sumariamente após protestar publicamente sobre o resumo do JN:

"O cerne da questão é o seguinte: entre a edição do Jornal Hoje, da hora do almoço, e a edição do Jornal Nacional, o resumo do debate foi alterado pelo Alberico Souza Cruz e pelo Ronald de Carvalho. Não houve aqueles critérios básicos que nortearam a edição da manhã: tempo igual para ambos os candidatos: a questão da pergunta da réplica e da tréplica. Ficou uma coisa totalmente desbalanceada, o que eu chamo de peça publicitária e não um resumo do debate."

Em 1994, foi a vez de Fernando Henrique Cardoso aparecer como o candidato ideal para, mais uma vez, derrotar as forças progressistas:

"Em 1994, além dos óbvios interesses de classe, a Globo tinha seus próprios temores, pois parte de seu império de concessões de rádio e TV, e seus projetos de TV a cabo, não tinham base legal sólida e muitas concessões caducariam nos anos próximos. A legislação brasileira, mesmo incompleta, não permite tal concentração de canais numa só empresa."

Vale salientar que o mesmo discurso discriminatório foi usado novamente contra Lula em 1994. Numa tentativa de esvaziar o debate, a esposa de Fernando Henrique Cardoso, Ruth Escobar, disse: "Nesta eleição há duas opções, a escolha é entre um encanador e um Jean-Paul Sartre". A mídia como um todo funcionou como uma caixa de ressonância das elites a fim de que fosse veiculado que Lula acabaria com o Real, a inflação voltaria e o país se veria em um caos sem precedentes. A retórica usada pela *Globo* foi a de que Lula não estava preparado para governar, o que encontrou eco na parcela da população de baixa renda já acostumada com sua baixa auto-estima. O preconceito foi uma das armas utilizadas.

14 Miriam Cordeiro, ex-companheira de Lula, recebeu 200 mil cruzados novos do comitê de Collor para difamar o petista numa entrevista. Procurou-se retratar Lula como racista, já que a mulher tinha a tez parda, e covarde — uma vez que não teria tido peito para bancar a menina. Miriam afirmou que Lula havia sugerido que ela fizesse um aborto. Depois, tudo foi desmentido pela própria Miriam que se mostrava arrependida. Tarde demais...

Roberto Marinho: jornalista-empresário

O alcance e o poder da Globo

São seis estações retransmissoras afiliadas, cobrindo 99,2% do território brasileiro ou 99,9% dos aparelhos de televisão do país, garantindo uma fatia de 78% da audiência, abocanhando 70 a 75% do total da mídia nacional que, no Brasil, na área de televisão, ultrapassa os 50%.

A *Globo* é a quarta maior rede de televisão do mundo. Perde apenas para a ABC, NBC e CBS. O início, porém, foi árduo. Não havia infra-estrutura suficiente e o capital era parco. Roberto Marinho reunia-se na sede da *Globo* com os diretores mas não opinava sobre programação, o conteúdo ou formato do que era levado ao ar. Isto cabia a Walter Clark e seu subordinado, Armando Nogueira. Com o tempo, o próprio Roberto Marinho passou a acumular cargos e ditar tarefas. Não é sem razão que se costuma dizer que foi uma das poucas a começar com uma cúpula profissional e se transformar em uma empresa de cunho familiar.

Público-alvo

O Diretor da Divisão de Análise e Pesquisa da emissora, o panamenho Homero Icaza Sánchez, conhecido como *El Brujo*, traçou em meados da década de 70 o perfil do telespectador brasileiro: era mulher, casada, com mais de trinta anos, tinha filhos e trabalhava em casa.

A partir do público alvo traçou-se a programação, baseada principalmente em novelas. A última novela do dia, por volta das 21h, trazia situações mais picantes e algumas cenas de nudez. O *Jornal Nacional* ficava estrategicamente postado entre as novelas, com o objetivo de atrair também a audiência masculina.

Os editores recebiam a orientação de dar mais ênfase na forma do que no conteúdo. Daí um noticiário superficial, com frases telegráficas e vocabulário pobre.

A Divisão de Análise e Pesquisa cessou as atividades em 1982 com a saída de Homero Icaza Sánchez. Isto ocorreu logo após o episódio das eleições para o governo do estado do Rio de Janeiro. Ao tomar ciência e interferir para impedir a manipulação do resultado do pleito, Homero saiu da emissora. A verba de dois milhões de dólares anuais, os vinte funcionários e as quatros sucursais que faziam parte da Divisão de Análise e Pesquisa foram incorporados ao Departamento de Mercadologia, sob a batuta de Boni.

Ligações perigosas

Autor dos livros "Afundação Roberto Marinho I" e "Afundação Roberto Marinho II", publicados pela editora Tchê, Romero da Costa Machado trabalhou como auditor fiscal na *Rede Globo* e como *controller* na *Fundação Roberto Marinho*, chegando a ser assessor especial de José Bonifácio, o Boni.

Em suas obras ele revela as ligações da *Globo* com o jogo do bicho, o escândalo de 100 milhões de reais do PAPA TUDO, denuncia o uso de drogas entre o alto escalão da emissora, e as transações em dólares não registradas.

Na entrevista exclusiva publicada no *site antiglobo.cjb.net*, Romero explicou como a emissora burla o Ministério da Fazenda, remunerando os funcionários com salários elevados na forma de pessoa jurídica.

Sobre o golpe do título de capitalização intitulado "PapaTudo", Romero explica que artistas da Globo, como Xuxa Meneghel por exemplo, emprestaram seus nomes e imagens em um negócio onde as Organizações firmaram um contrato para garantir exclusividade no empreendimento.

Luzes e sombras do Projac

Outro fato que merece registro se refere a construção do Projac. Com 1.300.00 m^2, o "Projac", em Jacarepaguá, no Rio de Janeiro, é o maior centro de produção da América Latina e foi projetado para abrigar superestúdios, módulos de produção e galpões de acervo. Ao todo são quatro estúdios, de $1000m^2$ cada, fábrica de cenários, figurinos, cidades cenográficas, centro de pós-produção e administração.

O que não é dito à população é que o Projac foi construído em uma área reservada pelo governo do Rio de Janeiro para a construção de casas populares. Roberto Marinho humildemente solicitou à prefeitura uma autorização para construir sua "casinha" popular. Com a autorização em mãos, Roberto Marinho indevidamente começou a construção do Projac utilizando recursos levantados em empréstimos com a Caixa Econômica Federal para pagamento em dez anos.

Podemos especular que a quitação do débito foi pago com propaganda da CEF na *Rede Globo*. Uma ação popular exigindo a devolução desse dinheiro foi impetrada na justiça pois a Caixa Econômica é acusada de ter feito uma operação fora da rotina, com juros abaixo do mercado. O valor desse empréstimo atualizado com juros e correção monetária chega hoje a 37 milhões de dólares.

O cenário do pós-guerra

Para se entender o pensamento político-ideológico de Roberto Marinho, é necessário traçar uma breve análise histórica do cenário brasileiro. Nosso *corpus* percorre as décadas de 40, 50 e 60.

Em 1944 começa a ser articulada por setores liberais a futura União Democrática Nacional (UDN). Com a deposição de Getúlio Vargas em 29 de outubro de 1945, restabelece-se a ordem democrática. Uma nova constituição é aprovada e eleições são convocadas. Logo após o golpe militar o governo esteve interinamente nas mãos do presidente do Supremo Tribunal Federal, José Linhares. Realizadas em dezembro, as eleições apontaram o ex-ministro da Guerra, general Eurico Gaspar Dutra, do PSD-PTB, vitorioso. Este resultado trouxe duas surpresas: a primeira foi a derrota da UDN, grande força aglutinadora do golpe que depôs Vargas e a segunda, a vitória do candidato apoiado por Getúlio e pelo trabalhismo.

O governo Dutra apoiou-se na maioria pedessista e trabalhista do Congresso Nacional. Esse núcleo político de "centro" era justificado como defesa do governo contra os excessos dos liberais da UDN e a "ameaça vermelha" do PCB. A política econômica, com a liberalização das importações e do câmbio, fez esgotar rapidamente as reservas brasileiras. Os reflexos internos foram a alta de preços e a queda do valor real dos salários. Da tentativa de reverter o quadro, nasceu o plano SALTE (Saúde, Alimentação, Transporte e Energia).

Com o recrudescimento das greves e movimentos trabalhistas, o Tribunal Superior Eleitoral cassa, em maio de 1947, o registro do PCB e extingue o mandato de seus parlamentares. Esse distanciamento do governo Dutra em relação ao espírito liberal da Constituição de 1946 não se deve apenas pelas dificuldades econômicas. Revelam, na realidade, o quadro da guerra-fria. Não custa lembrar que em 1947 o Brasil assina o Tratado Interamericano de Assistência Recíproca (TIAR) e, em 1948, integra-se à Organização dos Estados Americanos (OEA). Note-se, portanto, que num curto hiato de tempo o país passa de uma posição inicial liberal-democrática para uma liberal-conservadora no contexto da guerra-fria. Tal posicionamento, contudo, seria novamente alterado com o retorno de Vargas à cena política.

Na ante-véspera do Golpe de 1964

Em 1950, lançado pelo PTB e apoiado pelo PSP, PSD E PCB, Getúlio Vargas vence as eleições presidenciais. Entre as principais plataformas de governo estavam a criação do monopólio estatal da exploração e refino do petróleo, através da Petrobrás; proposta para criação da Eletrobrás; inauguração da Hidrelétrica do São Francisco; criação da CAPES (Campanha Nacional de Aperfeiçoamento de Pessoal de Ensino Superior – dirigida por Anísio Teixeira); estímulo à sindicalização e livre organização sindical; elaboração do Ministério da Saúde e reajuste do salário mínimo em 100%, em 1954. Entretanto, já no começo de 1954, radicaliza-se a campanha antigetulista. Políticos da UDN, empresários — como Roberto Marinho —, e militares, todos conservadores, antinacionalistas e anticomunistas, defendem uma aliança total com os Estados Unidos. Acusam Vargas de preparar uma "República Sindicalista" para se manter no poder. A 5 de agosto, o atentado contra Carlos Lacerda – ligado à UDN, produz a radicalização final. Getúlio, acusado de tramar a morte de Lacerda, é pressionado a renunciar. Impotente diante da pressão, Getúlio se suicida na manhã de 24 de agosto. Assume então o vice-presidente, João Café Filho. Pouco tempo depois é substituído pelo presidente da Câmara dos Deputados, Carlos Luz. Este, destituído pelo Congresso Nacional, dá lugar ao vice-presidente do Senado, Nereu Ramos, que governa até a posse de Juscelino Kubitschek.

Em julho de 1955, temos a elaboração da Carta Brandi. Este documento idealizado pela UDN, e divulgado por Carlos Lacerda, continha acusações contra João Goulart, com vistas a impedir que seu nome figurasse na chapa como vice de JK. Entretanto, Juscelino Kubitschek é eleito pelo PSD-PTB. Mais uma vez o candidato da UDN, desta vez Juarez Távora, é derrotado pelo voto popular.

Para a sucessão de JK, a tradicional aliança PSD-PTB lançou a candidatura do general Henrique Teixeira Lott. A UDN saiu com o ex-governador paulista Jânio Quadros. Eleito com quase 50% do total, Jânio surge como uma espécie de unanimidade nacional, firmando uma imagem popular na repulsa aos partidos e aos políticos, aos burocratas e à corrupção, que ele varreria do país com sua "vassoura" moral. Apesar de tudo, o mandato durou apenas sete meses. Até o próprio partido de Jânio, a UDN, desconfiava das atitudes do presidente.

Para tomar posse na presidência, o vice-presidente João Goulart aceitou a implantação do parlamentarismo, através de Ato Adicional à Constituição de 1946. Foi a solução que conciliou a defesa da sucessão dentro da legalidade e as pressões da UDN que acenavam até com a possibilidade de golpe de Estado. Em 1963, através de uma política de articulação, Jango consegue apoio para recuperar os poderes presidencialistas. O programa de reformas de base de Jango põe a burguesia nacional e estrangeira em polvorosa. Amedrontam-se com a radicalização do movimento popular. Passam, então, a conspirar abertamente para a derrubada do novo governo. Um golpe militar depõe, em março de 1964, o governo Jango. No primeiro governo militar, do general Castelo Branco, estão juntos antigos liberais da UDN e do PSD, além de ideólogos conservadores, ligados à Escola Superior de Guerra. As Organizações Globo ajudaram a solidificar o regime militar através de matérias e editoriais que enalteciam as conquistas da ditadura, embora deixasse de veicular notícias que poderiam comprometer o sistema que ajudara a empossar. As funções de vigilância ideológica são centralizadas no recém-criado Serviço Nacional de Informações (SNI).

Favorita do Regime Militar

Em 1988, a Central de Jornalismo da *Rede Globo*, comandada por Armando Nogueira, contava com um orçamento de mais de 40 milhões de dólares. Esta cifra astronômica ilustra o salto quantitativo e qualitativo da emissora desde a sua fundação, em 1965. O carro-chefe da *Globo*, o *Jornal Nacional*, tinha um público cativo de mais de 60 milhões de pessoas e era o programa de maior audiência da televisão brasileira.

Ao acompanhar a história política do país evidencia-se que as *Organizações Globo*, na figura de Roberto Marinho, tiveram uma relação estreita com o regime militar. Em 1972, o presidente Médici ao ser entrevistado deixou escapar o nome de sua emissora favorita:

"Sinto-me feliz todas as noites quando assisto TV porque no noticiário da Globo o mundo está um caos, mas o Brasil está em paz... É como tomar um calmante após um dia de trabalho..."

Muitas foram as estratégias editoriais do grupo *Globo,* sob a batuta do Dr. Roberto Marinho, no apoio à ditadura . Em alguns momentos, por exemplo, optava por fazer vistas grossas, ou seja, simplesmente deixava de noticiar fatos considerados delicados.

Nos tempos de Brizola

Outros acontecimentos marcantes ocorreriam, fazendo transparecer ainda mais o grau de comprometimento e manipulação. Em 1982 — na cobertura daquela que era a primeira escolha direta para governador depois dos anos de chumbo da ditadura militar — a *Globo* se complicou. Procurou intervir para que seu candidato obtivesse sucesso no pleito, embora a vontade popular apontasse para uma vitória das forças de esquerda. Para tanto, as Organizações decidiram usar apenas os números totalizados da Proconsult — empresa contratada pelo Tribunal Regional Eleitoral. Fechadas as urnas, a *Globo* divulgou os números da Proconsult, segundo os quais o candidato do PDS, Wellington Moreira Franco, estava vencendo o PDT de Leonel Brizola. Ao ouvir os números e temendo fraude no resultado, Brizola se fez valer das pesquisas de boca de urna do IBOPE e do *Jornal do Brasil* para convocar em caráter de urgência uma coletiva. Nela, acusou a Proconsult de estar mancomunada com a *Rede Globo* para alterar a vontade do povo. A *Globo* não se abalou e continuou firme. Até que horas depois uma caminhonete da emissora foi apedrejada e começaram a chover telefonemas.

A credibilidade da emissora ficou arranhada. A argumentação de que foi induzida ao erro pelos números da Proconsult se constituíram em um frágil argumento. Isto porque o público espera da Imprensa rigor no quesito apuração. Se não agiu de má fé, foi no mínimo incompetente. Entretanto, tampouco esta saída se manteve. Descobriu-se, tempos depois, que a *Globo* realmente empenhara-se em fraudar as eleições.

Diretas Já

Outro situação constrangedora aconteceria dois anos depois, quando o povo saia às ruas clamando por *Diretas Já*. Desde o final de 1983, explodiam manifestações e passeatas pela redemocratização do país. Como coloca Mário Sérgio Conti, *"quanto mais gente juntavam, maior o impacto da ausência delas no Jornal Nacional"*. Entretanto, outras emissoras como a Bandeirantes e a Manchete noticiavam o acontecimento e eram, inclusive, alvo de simpatia popular. Nessa época começaram a pipocar *slogans* e palavras de ordem contra a *Globo*: "O povo não é bobo, abaixo a *Rede Globo*!". Na contramão da história — de um lado o povo clamava pela democratização e de outro a *Globo* pelo autoritarismo — viu-se obrigada a veicular os comícios.

Na cobertura do comício realizado na Candelária, no Rio de Janeiro, a edição não coube aos profissionais. Foi o filho mais velho do jornalista, Roberto Irineu Marinho, quem ficou responsável pelos cortes. De sua sala, especialmente adaptada, ele decidia o que mostrar ao público. Ele e o pai temiam que durante a cobertura se fizesse ver ou ouvir algo que pudesse desagradar o governo militar. Um milhão de pessoas compareceu e o evento foi mostrado, apesar dos cortes, ao vivo pelo *Jornal Nacional*.

Para entender o homem e sua época

BARBOSA, Gabriel Collares. O desvio como espetáculo na Imprensa. Rio de Janeiro: ECO/UFRJ, 1998. Dissertação de Mestrado em Comunicação e Cultura. Orientadora: Profª Drª Ester Kosovski.

BIAL, Pedro. Roberto Marinho.

CAMPOS, Roberto. A lanterna na popa. São Paulo: ed. Topbooks, 1994.

CLARK, Walter. O campeão de audiência: uma autobiografia. São Paulo: Editora Best Seller, 1991.

CONTI, Mário Sérgio. Notícias do Planalto. São Paulo: Companhia das Letras, 1999.

GABLER, Neal. *O entretenimento humano*. In: Vida - O filme. Como o entretenimento conquistou a realidade. São Paulo: editora Companhia das Letras, 1999.

HERZ, Daniel. A história secreta da Rede Globo. Porto Alegre: editora Tchê, 1987.

HOHLFELDT, Antônio. *Muito além da Tevê Globo*. In: http://ultra.pucrs.br/famecos/rf5hohlf.html

JORGE, F. Cale a boca, jornalista: o ódio e a fúria dos mandões contra a imprensa brasileira. Petrópolis: Vozes, 1987.

KUCINSKI, Bernardo. A síndrome da Antena Parabólica – ética no jornalismo brasileiro. São Paulo: Editora Fundação Perseu Abramo, 1998.

_____. Jornalistas e Revolucionários: nos tempos da imprensa alternativa. São Paulo: editora Página Aberta LTDA, 1ª edição, 1991.

LE GOFF, Jacques. História: novos problemas. Rio de Janeiro: editora Francisco Alves.

MACHADO, Romero da Costa. A fundação Roberto Marinho I. Porto Alegre: editora Tchê.

MELLO, Geraldo Anhaia. Muito além do cidadão Kane. São Paulo: Scritta Editorial, 1994.

PEREIRA, José Mário. *Um homem chamado sucesso*. In: Revista Five – Mercedes Benz, maio de 2000. www.vitorsznejder.com.br. Entrevista concedida em 02/03/2000.

RABAÇA, Carlos Alberto e BARBOSA, Gustavo. Dicionário de Comunicação. Rio de Janeiro: editora Co-decri, 1978.

Revista Isto é, edição 1561.

SODRÉ, Nelson Werneck. História da Imprensa no Brasil. Rio de Janeiro: Graal, 1977.

TEIXEIRA, Francisco M.P. História do Brasil Contemporâneo. São Paulo: editora Ática.

www.antiglobo.cjb.net

Frei Caneca
Xavier da Veiga
David Moreira Caldas
Costa Rego
Auricélio Penteado
Jorge Antônio Salomão
Carlos Rizzini
Alceu Amoroso Lima
Roberto Marinho
Danton Jobim
José Reis
Vera Giangrande
Adalgisa Nery
Aparício Torelly
Josué de Castro
Pompeu de Sousa
Erico Verissimo
Vladimir Herzog

DANTON JOBIM
Inovador na profissão e precursor na academia

José Marques de Melo

José Marques de Melo é Bacharel em Jornalismo e doutor em Ciências da Comunicação. Professor Emérito da Escola de Comunicações e Artes da Universidade de São Paulo. Idealizador da Rede Alfredo de Carvalho para a Preservação da Memória e a Construção da História da Imprensa no Brasil.

anton Jobim percorreu multifacetado itinerário na imprensa, na academia e na política. Mas ele se projetou intelectualmente como responsável pelos estudos seminais de jornalismo na universidade brasileira. Coube-lhe a missão de liderar a equipe docente do Curso de Jornalismo da Universidade do Brasil, hoje denominada Universidade Federal do Rio de Janeiro.

Laços de família

Nascido em Avaré (SP), no dia 8 de março de 1906, Danton Jobim trazia a política no sangue, descendendo, pelo lado materno, da tradicional família gaúcha Pinheiro Machado. (AVANZA, 2003)

Fez o curso primário em Itápolis (SP) e o secundário no tradicional Instituto Lafayette (RJ). Estudou também no Colégio Jurena de Matos, onde foi aluno de Austregésilo de Athayde, responsável potencial pela sua adesão ao jornalismo. Formou-se pela Faculdade Nacional de Direito do Rio de Janeiro.

Pertencendo à estirpe representada pelo Senador José Gomes Pinheiro Machado, o condestável da República Velha, era natural que logo manifestasse inclinação política muito forte.

Trajetória política

Sua iniciação política deu-se naquela vanguarda que estabeleceu um divisor de águas no cenário brasileiro do século XX. Foi um dos primeiros alistados ao recém fundado Partido Comunista do Brasil (PCB).

DANTON JOBIM inovador na profissão e precursor na academia

O senador Danton Jobim encerrando os trabalhos do Congresso, tendo a direita o governador Chagas Freitas

Na condição de militante comunista, representou o PCB em congressos internacionais. Juntamente com Leôncio Basbaum cumpriu a missão de visitar Luis Carlos Prestes, em seu exílio argentino, para lhe fazer a entrega do Manifesto Comunista. Em certo sentido, ele pode ser considerado co-responsável pelo recrutamento do herói militar brasileiro para os quadros do movimento marxista-leninista. Permaneceu no PCB de 1923 até 1934, quando rompeu com a agremiação.

Em 1937 dá uma guinada política, apoiando a implantação do Estado Novo. Foi recompensado com a nomeação para o cargo de Diretor do Departamento de Propaganda e Turismo do Distrito Federal pelo interventor Amaral Peixoto, genro do Presidente Getúlio Vargas. Mais tarde, revisou sua posição. O estabelecimento da censura à imprensa levou-o a combater o regime ditatorial.

Com a eclosão da Segunda Guerra Mundial, tornou-se comentarista do programa radiofônico *A marcha da guerra* (1939), transmitido em cadeia nacional sob o patrocínio do governo norte-americano. Nessa oportunidade, trabalhou em parceria o tenente-coronel Humberto de Alencar Castelo Branco, que seria convertido no primeiro ocupante da Presidência da República durante o ciclo militar 1964-1985.

Em 1945, na esteira da redemocratização, filiou-se ao Partido Republicano – PR , fortalecendo a candidatura presidencial do brigadeiro Eduardo Gomes. Colaborou mais adiante com o Presidente Juscelino Kubitschek, de quem foi conselheiro de imprensa.

Convertendo-se ao catolicismo, assumiu em 1963 a liderança do Movimento Pró-Beatificação do Padre José de Anchieta. Em função dessa cruzada, foi recebido em Roma pelo Papa Paulo VI.

Após o golpe militar de 1964, filiou-se ao oposicionista Movimento Democrático Brasileiro – MDB -, em cuja legenda disputou, dois anos depois, o cargo de Senador pelo Rio de Janeiro. Tendo sido derrotado, disputou nova eleição para o Senado, em 1968, vencendo com o apoio do então governador Chagas Freitas. Reeleito em 1971, permaneceu no Senado até 1978, ano da sua morte.

Como reconstituir seu itinerário político? Para obter a resposta a esta questão basta recorrer ao perfil escrito pelo professor Leodegário de AZEVEDO FILHO (1981), que registrou esquematicamente a evolução do seu ideário, desde os tempos da juventude até a maturidade intelectual:

Trajetória profissional

Danton Jobim ingressou no jornalismo em 1923, como redator do jornal *O Trabalho*, órgão vinculado ao recém fundado Partido Comunista do Brasil (PCB). Esse jornal subsistiu apenas alguns meses. Com o seu fechamento, transferiu-se para o diário *A Noite*, onde fez seu aprendizado jornalístico, sob a tutela do fundador, Irineu Marinho, também responsável pela criação de *O Globo*, este o embrião do império que seria construído pelo seu herdeiro Roberto Marinho.

Em 1925, transfere-se para o jornal *A Manhã*, fundado por Mário Rodrigues (pai do inesquecível dramaturgo e cronista Nelson Rodrigues) onde exercita sua criatividade como editor gráfico, introduzindo novos modelos de paginação.

Passa a atuar, em 1929, no jornal *A Crítica*, também fundado e dirigido por Mário Rodrigues. Nele permanece durante pouco tempo, aceitando o convite de Assis Chateaubriand, timoneiro dos Diários e Emissoras Associados, para secretariar o jornal *Diário de São Paulo*. Entretanto, sua trajetória na capital paulista foi muito efêmera.

Retorna à imprensa carioca em 1930, trabalhando em jornais de menor porte como *A Batalha* e *A Esquerda*, mas também no poderoso *Diário de Notícias*. Em 1931 incorporou-se aos quadros da *Agência Meridional*, pertencente ao conglomerado dos Diários e Emissoras Associados.

Transfere-se no ano seguinte para o *Diário Carioca*, onde trabalharia durante 33 anos. Atua inicialmente como redator político, assumindo no ano posterior o cargo de secretário de redação. Foi co-responsável pela renovação da imprensa brasileira, ajudando a implantar o *lide*, o *copidesque* e outras inovações no processo de narração jornalística.

Em 1963 tornou-se diretor proprietário do *Diário Carioca*, mas teve fôlego muito curto. No ano imediato vendeu suas ações a Horácio de Carvalho.

Logo a seguir, assumiu o cargo de diretor-presidente do jornal *Última Hora*, substituindo o fundador Samuel Wainer, perseguido pelo governo militar. Os governantes de 1964 desmantelam essa cadeia jornalística, solidamente instalada em várias regiões brasileiras. Ali Danton Jobim faz ecoar o seu "canto de cisne" no jornalismo profissional, enveredando pela seara política, nas fileiras do oposicionista MDB. Mas ele somente se desvincularia da empresa em 1971, quando assumiu seu primeiro mandato de Senador.

Para percebermos que Danton Jobim efetivamente estava adiante do seu tempo, no cenário brasileiro basta efetuar um retrospecto dos argumentos expostos pelos que se opõem atualmente à institucionalização profissional do jornalismo, em face da tramitação do projeto de lei que cria o Conselho Federal de Jornalistas. É possível afirmar que, em plano mundial, ele estivesse sintonizado com as tendências contemporâneas do campo jornalístico.

Trajetória corporativa

O prestígio profissional angariado entre os pares como decorrência do seu trabalho inovador e competente alçaria Danton Jobim para assumir papel de realce na nossa estrutura corporativa.

Sua ascensão começa em 1926, quando se filia à Associação Brasileira de Imprensa – ABI. Nessa entidade, ele se torna conselheiro, adquirindo poder de influência. Passa a liderar a corrente comunista ali atuante, mas, ao desfiliar-se do PCB, em 1934, começa a atuar em faixa própria. Rompendo com o Estado Novo, assume em 1939 a liderança da corrente que combate a censura do governo Vargas.

Em 1966 sucedeu Herbert Moses na presidência da ABI, que a ocupara de 1931 a 1965. Cumpriu três mandatos à frente da entidade, assumindo papel importante na luta contra a censura.

Durante a solenidade de comemoração dos 60 anos da ABI proferiu, na presença do Presidente Costa e Silva, veemente discurso em defesa da liberdade de imprensa. Transcorria o ano de 1968, marcado por movimentos de rua, em protesto contra as arbitrariedades do regime militar. Eles provocaram traumática reação dos donos do poder, que editaram o draconiamo AI-5.

Apesar da conjuntura desfavorável, Danton Jobim ainda organizou, em 1970, o I Congresso Brasileiro de Comunicação, reunindo profissionais da mídia de todo o país. Promovia, assim, o diálogo e a articulação das categorias de jornalistas, publicitários, relações públicas, radialistas, produtores editoriais e outros.

Substituído, em 1971, na presidência da entidade, por Prudente de Moraes Neto, ele continuou a batalha contra o autoritarismo. Novamente eleito, em janeiro de 1978, para substituir Prudente de Moraes Neto na liderança da mais antiga e prestigiada associação de imprensa do país.

Danton faleceu repentinamente no mês seguinte, em circunstâncias até hoje não esclarecidas de modo satisfatório. Na ocasião, circularam rumores de envenenamento. Preferiu, contudo, a família endossar o laudo oficial. Vivíamos a etapa derradeira dos chamados "anos de chumbo", quando o temor de represálias por parte dos agentes da segurança pública continuava a inibir todos os cidadãos.

O balanço que Edmar MOREL (1985) faz da passagem de Danton Jobim pela direção da ABI destaca a coerência existente entre ela e sua conduta profissional.

Trajetória acadêmica

Considerado um dos jornalistas emblemáticos da sua geração e legitimado como liderança nacional pela categoria de que fazia parte, foi natural que viesse a ser convocado para atuar academicamente quando o jornalismo se converteu em área de conhecimento reconhecida pela Universidade.

Sua presença no segmento erudito se dá a partir de 1938. Danton publica seu primeiro livro intitulado *Problemas do nosso tempo*. Nele faz reflexões críticas sobre o jornalismo e a política, distanciando-se do marxismo-leninismo, referencial que marcara sua trajetória política no período 1923-1934.

Em 1941 lança o segundo livro, denominado *A experiência Roosevelt e a revolução brasileira*, traduzido para o inglês com o título *Two Revolutions*.

Publica em 1942 novo livro de jornalismo internacional – *Para onde vai a Inglaterra ?* – resultado de sua atuação como repórter e analista do front europeu durante a Segunda Mundial.

Mas sua adesão ao território universitário somente se daria no fim daquela década, período marcado pelo fim do conflito bélico internacional, pela deposição do ditador Getúlio Vargas e pela retomada da vida democrática no território nacional.

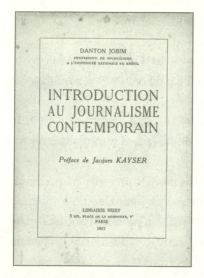

Obra publicada na França com prefácio de Jacques Kayser

Em 1948, ele participa como docente fundador do Curso de Jornalismo da Universidade do Brasil, hoje UFRJ. Tinha como assistente seu colaborador no jornal *Diário Carioca*, o jornalista Pompeu de Sousa. A dupla Danton-Pompeu transfere para a universidade o cabedal de conhecimentos acumulados no exercício da profissão, com a intenção de formar uma nova geração de jornalistas.

A conquista do status acadêmico foi responsável, em grande parte, pelo reconhecimento internacional que daria relevo à sua trajetória intelectual.

No adiantado da hora

Carlos Eduardo Lins da Silva

A contribuição de Danton Jobim ao jornalismo brasileiro é incalculável. Sua passagem pela direção do *Diário Carioca* transformou a face da imprensa brasileira, introduziu-a na modernidade. Foi lá que o estilo de texto contemporâneo se impôs, que um manual de redação foi pela primeira vez feito para ser levado a sério. Mas Jobim sofreu por isso. (...)

Ou Jobim foi muito avançado para o seu tempo ou os jornalistas brasileiros atuais estão muito atrasados para ele. Talvez as duas coisas ocorram. Mas o fato é ainda em 1990 a resistência das redações aos sistemas e o elogio dentro delas ao improviso, à *inspiração*, continuam quase tão fortes quanto o eram nos tempos do *Diário Carioca*.

Fonte: LINS DA SILVA, Carlos Eduardo - Prefácio, Espírito do Jornalismo, 2ª. ed., São Paulo, EDUSP, 1992

Esse itinerário começa em 1952, quando ele recebe o Prêmio Maria Moors Cabot, atribuído anualmente pela Universidade de Columbia a jornalistas latino-americanos que se destacam na luta em defesa da liberdade de imprensa.

No ano seguinte (1953) Danton Jobim é convidado para atuar como Professor Visitante da Universidade do Texas, onde ministra curso sobre Jornalismo Latino-Americano. Suas aulas despertam grande interesse dos professores e alunos pelo ineditismo da análise que focalizava a natureza mestiça do jornalismo praticado no Brasil. Ele esboça o perfil singular do jornalismo brasileiro, enraizado na tradição francesa do jornalismo opinativo e atualizado pelas influências do jornalismo informativo norte-americano, assimiladas intensivamente no pós-guerra, quando a América Latina se converte em satélite da economia e da cultura dos EUA.

Como resultado dessa experiência bem sucedida na Universidade do Texas, ele se converte no primeiro acadêmico brasileiro a publicar artigo na conceituada revista *Journalism Quartely* (vol. 31, n. 1, 1954), pp. 61-66, sob o título *French and US Influence Upon the Latin American Press* . A síntese de suas preleções foi editada pelo renomado pesquisador Robert Desmond, consultor internacional da UNESCO para o campo da comunicação de massa e responsável pela seção de comunicações estrangeiras do famoso periódico científico patrocinado pela Association for Education in Journalism.

Dois anos depois, ele publicaria outro livro – *O ciclo da Doutrina Monroe* (1956). Contudo a sua consagração acadêmica iria efetivamente ocorrer em 1957, na cidade de Paris. A convite de Jacques Kayser, o mais importante cientista da comunicação da sua época, ele atua como Professor Visitante na Sorbonne. Ali publicou o livro *Introduction au Journalisme Contemporain*, com prefácio do próprio Kayser. Nesse mesmo ano, par-

DANTON JOBIM   inovador na profissão e precursor na academia

ticipa, na sede da UNESCO, da conferência mundial reunida com a intenção de fundar a IAMCR – International Association for Mass Communication Research. (MARQUES DE MELO, 2004)

Ungido pelo reconhecimento internacional, tanto na França quanto nos Estados Unidos, Danton Jobim assumiria papel decisivo na construção do espaço acadêmico que posteriormente seria conhecido como Escola Latino-Americana de Comunicação. (MARQUES DE MELO, 2003)

Esse novo ciclo começa em 1958, quando ele participa, em Quito, Equador, da reunião preparatória para a fundação do CIESPAL – Centro Internacional de Estúdios Superiores de Periodismo para América Latina. Jobim chegou a cogitar, em diálogo com as lideranças da UNESCO, na possibilidade desse novo organismo vir a ter sua sede no Rio de Janeiro. Infelizmente ele não encontrou muito apoio para essa iniciativa, que acabou fixando-se em Quito, graças à habilidade diplomática de Jorge Fernández, sem dúvida nenhuma o patrono da comunicologia latino-americana. (MEDITSCH, 1999)

Do marxismo ao liberalismo

Leodegário Azevedo Filho

"Se recuarmos no tempo, vamos encontrá-lo, como tantos moços de sua geração, às voltas com a leitura de Marx e com a revolução social por ele proposta. Não raro os jovens se inquietam e se angustiam com as desigualdades e injustiças sociais, vendo no marxismo a tábua de salvação."(...)

"Não tardou, porém, que a sua inteligência compreendesse que as posições radicais, de esquerda ou de direita, acabam por destruir o sentimento de liberdade no homem, minando os fundamentos da própria democracia. Mas certamente lhe ficou, do convívio intelectual com autores marxistas, aquela certeza de que a injustiça social avilta e degrada a humanidade." (...)

... ampliando-se na Universidade a sua visão de mundo, continuou a defender, pela imprensa, a causa social da liberdade e da democracia. (...) Mas a sua aspiração maior, por uma espécie de contingência histórica a que não poderia fugir, apenas encontrou total ressonância na forma democrática do Governo, realmente liberal... (...)

Defendia a democracia liberal, a única que nos serve, por índole e tradição. Por isso, o Brasil chora a sua ausência numa hora em que a sua palavra e a sua experiência poderiam orientar a procura de soluções verdadeiramente democráticas para os grandes problemas que atormentam a atual vida política e econômica do nosso País.

Fonte:– *Danton Jobim, jornalista da democracia e senador da liberdade*, Rio de Janeiro, Padrão, São Paulo 1981

Entusiasmado com a boa repercussão de suas idéias jornalísticas no exterior, Danton anima-se a divulgá-las também no Brasil. Em 1960, publica o livro *Espírito do Jornalismo* (Rio de Janeiro, Livraria São José), contendo a tradução das suas conferências parisienses e outros ensaios. Reeditado pela EDUSP, em 1992, esse livro integra a coleção "Clássicos do Jornalismo Brasileiro", tendo recebido excelente introdução escrita por Carlos Eduardo Lins da Silva.

Em 1961 ele publica em Quito, Equador, seu livro *Pedagogia del Periodismo: Métodos de Enseñanza orientados para la Prensa Escrita*, resultado do curso ministrado no CIESPAL no ano anterior. Rapidamente esgotada, por se tratar de obra inédita e ousada, a segunda edição circula em 1964.

Capa da reedição do livro sobre pedagogia do Jornalismo

Mas a valorização do potencial pedagógico demonstrado internacionalmente por Jobim não produz ecos recompensadores no interior da academia brasileira. Aliás, a própria conjuntura política mostrou-se desfavorável. Com o golpe militar de 1964, as perspectivas de florescimento intelectual no país eram desmotivadoras, quando não assumiam formato nitidamente castrador.

Compreende-se, desta maneira, que o nosso personagem tenha reduzido seu ímpeto acadêmico, buscando compensações no terreno da política, onde viria a ter um papel relevante na resistência democrática ao crescente autoritarismo que se projetou em todo o Cone Sul da América.

São, portanto, episódicos ou burocráticos os registros de sua participação final no mundo acadêmico

Por exemplo, em 1968, ao ser criada a Escola de Comunicação da UFRJ, a partir da estrutura do primitivo Curso de Jornalismo da Universidade do Brasil, ele assume o cargo de Vice-Diretor.

Já em 1970 ocorre uma contribuição intelectualmente mais significativa. Danton participa da II Semana de Estudos de Jornalismo da Universidade de São Paulo, onde profere conferência sobre o tema "Liberdade de imprensa no Brasil". O texto dessa conferência permaneceu inédito até 1984, integrando o livro *Censura e Liberdade de Imprensa*.

No ano seguinte, afasta-se do cargo de Vice-Diretor da ECO, para assumir seu primeiro mandato de Senador.

Danton Jobim permaneceu lecionando na instituição e participando de atividades acadêmicas, na medida do possível, até sua morte em 1978.

Ceticismo e utopia

Este perfil biográfico evidencia, sem nenhuma dúvida, o compromisso intelectual de Danton Jobim em relação ao Jornalismo, profissão a que se dedicou intensamente nas empresas do ramo, na universidade e também na arena política. Quem vier a se dedicar ao resgate de sua atuação partidária ou legislativa certamente vai perceber uma dedicação especial ao contencioso da sua atividade profissional, sobretudo para garantir o exercício pleno da liberdade de imprensa.

Em defesa da liberdade de imprensa

Fernando Segismundo

"*O movimento militar de 1964 perseguiu jornalistas e cassou-lhes os direitos civis: destruiu oficinas impressoras e desarvorou veículos de comunicação. (...) Jornalistas, professores, escritores, artistas e sacerdotes eram os mais visado. A cada dia escasseavam as condições de sobrevivência da comunicação livre e as possibilidades do trabalho profissional.*"

"*Nesse clima de insegurança, acudiu a Danton Jobim, Presidente da Associação Brasileira de Imprensa, convidar o marechal Arthur da Costa e Silva, Presidente da República, para o almoço comemorativo dos 60 anos da Casa (1968). Costa e Silva entremostrava certa tolerância a protestos estudantis e outros contra o Regime. Sabia-se que a linha dura (militares extremados) tentava livrar-se dele, por discordar do que imaginava ser a sua simpatia pelos jovens contestadores. Circulavam notícias alarmantes: estado de sítio iminente e imposição de um ato institucional destinado a extinguir os últimos vestígios da democracia. Se os boatos se confirmassem, muito pior seria para a sorte da imprensa.*"

"*Pensou Danton que o congraçamento dos jornalistas, presente o marechal, poderia obstar aquelas medidas ou diminuir-lhes o efeito. (...) Havia precedentes: Getúlio Vargas e Eurico Gaspar Dutra tinham visitado a Casa que ajudaram a erguer com auxílios financeiros oficiais. E em seus governos verificaram-se atos que a ABI condenou com veemência.*" (...)

"*No dia 7 de abril, domingo, 200 comensais entraram no Palácio da Imprensa, como era então designada a sede da ABI. (...) Costa e Silva, de maneira informal, respondeu a perguntas dos jornalistas. (...) Primeiro a falar, Danton Jobim recordou a tradição de luta da ABI, sua independência em face do poder público ... (...) Danton encerra o seu discurso convicto de que o marechal Costa e Silva poderá conduzir o grande processo de pacificação dos espíritos, do esquecimento dos ódios e dissensões. (...) Em resposta, o Presidente da República afirma sentir na imprensa o complemento da missão do governo.*" (...)

"*Encerrando o discurso, o marechal elogia Danton Jobim, professor de ética e* jornalista dos mais notáveis que já apareceram em nossa imprensa. *Finaliza recitando um setenário de fé na imprensa livre.*" (...)

"*Costa e Silva morreu vítima da linha dura. Seu propósito de nova Constituição malogrou-se. E a imprensa, como tantas outras instituições, e o país inteiro, mergulhou em fase podre*".

Fonte: SEGISMUNDO, Fernando - *ABI tempos e faces*, Rio de Janeiro, Peneluc, 2003

Na academia, ele militou com interesse e paixão durante a década de 50. Ao publicar seu livro *Espírito do Jornalismo* (1960), exibe à vanguarda intelectual brasileira os trunfos do reconhecimento que lhe foi outorgado pelos centros mais avançado do conhecimento jornalístico (Texas e Paris). Ao destacar "a vivacidade e o espírito crítico" dos estudantes franceses que freqüentaram suas aulas, ele faz uma comparação implícita com o cenário brasileiro, onde os próprios "círculos jornalísticos" haviam erigido uma "atmosfera de hostil ceticismo" em relação ao ensino e à pesquisa dos fenômenos informativos.

Tanto assim que, no último capítulo desse livro, procura fazer um inventário da primeira década de inclusão do jornalismo nos currículos universitários. Seu balanço é positivo, embora questionador.

Livro integrante da coleção "Clássicos do Jornalismo Brasileiro"

"O ensino de jornalismo no Brasil é ministrado em nove escolas superiores. Seu número aumentou rapidamente desde 1948... (...) Na opinião de alguns, houve uma proliferação um tanto excessiva de cursos, sem atender-se às reais necessidades dos centros jornalísticos regionais a que tais cursos deveriam fornecer pessoal apto ao exercício profissional."

No caso específico do curso mantido pela Universidade do Brasil, que funcionou inicialmente como "instituto-padrão", exportando seu modelo para outras regiões brasileiras, ele não esconde sua avaliação reticente.

"Seu nível melhora dia-a-dia, embora apresente ainda muitas falhas, já bem diagnosticadas, e que tudo indica venham a ser em breve corrigidas. Tanto pela sua qualidade, como pela experiência acumulada durante dez anos, o pessoal docente vai enfrentando com sucesso os problemas suscitados pelo desajustamentos entre os meios de que dispõem e as necessidades de um ensino eficiente para a formação de bons profissionais."

Onde está a raiz dos "desajustamentos" sugeridos ? Ela reside no exercício do poder acadêmico, tendo em vista a hegemonia exercida pelos professores das disciplinas "teóricas" e a subalternidade imposta burocraticamente aos docentes das matérias "práticas". Jobim assim desvenda a questão:

"A maioria dos professores veio de cursos já existentes na faculdade, tendo organizado programa especiais para o curso, tanto quanto possível ajustados às necessidades da profissão".

E põe o dedo na ferida:

"Como até agora se julga que o curso, com dez anos de funcionamento ininterrupto, ultrapassou o período experimental no que respeita à organização do seu currículo e à seleção do pessoal docente, ainda não se criaram por lei, na faculdade, as cátedras ou cargos vitalícios de magistério correspondentes ao curso de jornalismo."

Enquanto aguardava sua legitimação como docente universitário, ele acalentaria idéias utópicas para a realização de pesquisas científicas que fortalecessem o estatuto acadêmico do jornalismo.

"Tenho o propósito de organizar, com a ajuda dos meus alunos do jornalismo, um seminário para pesquisa e análise da informação jornalística, o qual começaria por estudar a situação estatística da imprensa em nosso país, evoluindo depois para a pesquisa sobre a produção e a circulação das notícias, incluindo métodos de trabalho, graus de objetividade e modalidades de influência de certos grupos sociais sobre o jornal e deste sobre o leitor. Será tal seminário o núcleo de um futuro centro ou instituto que, a exemplo do dirigido por Jacques Kayser em França, estudará e interpretará a informação no Brasil sob seus diversos aspectos, seja através da pesquisa de laboratório ou experimentais, seja através de pesquisas descritivas (entrevistas, métodos de questionário e análises de texto)."

Sua meta era em certo sentido ambiciosa, visando estabelecer uma ponte firme entre a universidade e a sociedade:

"O fenômeno jornalístico é, no complexo cultural de qualquer país moderno, um dos mais expressivos índices. Mas só poderemos estudá-lo devidamente se dispusermos do instrumental adequado ao emprego dos métodos de investigação sobre a informação em geral e em particular sobre os meios disponíveis de comunicação como a imprensa, o rádio e a televisão. Criar um instituto de estudos e pesquisas sobre a informação é, pois, uma iniciativa que, no Brasil, precisa ser tentada desde logo."

Se Danton Jobim não logrou realizar pessoalmente essa empreitada, tendo em vista as condições adversas que o país enfrentou na primeira metade dos anos 60, com o agravamento dos conflitos políticos e a deterioração das condições econômicas, certamente suas idéias e propostas influíram de modo decisivo na geração dos diplomados em jornalismo que optou pelo trabalho acadêmico.

É bem verdade que algumas de suas metas continuam situadas no terreno das utopias. Mas elas podem vir a inspirar o novo contingente que aspira um lugar ao sol nos cursos mantidos pelas faculdades de comunicação das nossas universidades.

Por isso mesmo torna-se urgente a tarefa de resgatar o legado de Danton Jobim e dos seus companheiros de geração, através da reedição das suas obras e da análise crítica das suas idéias, adaptando-as aos novos tempos !

A Teoria do Jornalismo segundo Danton Jobim

1954 – French and U.S. Influences Upon the Latin América Press, *Journalism Quartely* 31-1: 61-66

1957 – *Introduction au Journalism Contemporaine*, Paris, Nizet

1960 – *Espírito do Jornalismo*, Rio de Janeiro, São José (2ª.ed., São Paulo, EDUSP, 1992)

1963 – *Pedagogia del Periodismo: Métodos de Enseãnza orientados para la Prensa Escrita*, Quito, Ciespal

1984 – Liberdade de imprensa no Brasil, In: MARQUES DE MELO, José, org. – *Censura e Liberdade de Imprensa*, São Paulo, COMARTE, pp. 19-26

Reportagens de Jobim

1938 – *Problemas do nosso tempo*, Rio de Janeiro

1940 – *A experiência Roosevelt e a Revolução Brasileira*, Rio de Janeiro, Civilização Brasileira

1941 – *Two Revolutions: Roosevelt, Vargas*, New York, The American News

1943 – *Para onde vai a Inglaterra ?*, Rio de Janeiro, Calvino

1956 – *O ciclo da doutrina Monroe*, Rio de Janeiro

Obras literárias

Conferências

1940 – *José Bonifácio*, Rio de Janeiro, Instituto Brasileiro de Cultura

1961 – *Os Portugueses e o Mundo de Cor*, Rio de Janeiro, Liceu Literário Português

Poesia
Cigarras Doídas, Inédito (Acervo de Renato Jobim)

Para conhecer Jobim e sua época

ABREU, Alzira Alves de (e) colaboradores

2001 - *Dicionário Histórico-Biográfico Brasileiro*, Rio de Janeiro, FGV, v. III.

AVANZA, Márcia Furtado

2003 - O pensamento jornalístico de Danton Jobim, *Pensamento Jornalístico Brasileiro*, vol. 1, n. 1, São Paulo, Universidade de São Paulo, Escola de Comunicações e Artes, www.eca.usp.br/pjbr

AZEVEDO FILHO, Leodegário A. de

1981 – *Danton Jobim, jornalista da democracia e senador da liberdade*, Rio de Janeiro, Padrão

DULLES, John W. Foster

1977 – *Anarquistas e Comunistas no Brasil*, Rio de Janeiro, Nova Fronteira

GOMES, Wilson

2001 - *Para onde vai a área de comunicação? Resposta às críticas da avaliação trienal da pós-graduação em comunicação*. Brasília, Capes

LINS DA SILVA, Carlos Eduardo

1992 - Prefácio, *Espírito do Jornalismo*, 2ª. ed., São Paulo, EDUSP

2001 - *O adiantado da hora,* São Paulo, Summus

MARKUN, Paulo

2004 – *O Sapo e o Príncipe: personagens, fatos e fábulas do Brasil contemporâneo*, São Paulo, Objetiva

MARQUES DE MELO, José

2000 – A History of Communication Scholarship in Brazil, *Anuário Unesco/Umpes de Comunicação Regional*, (4): 203-224

2003 – *História do Pensamento Comunicacional*, São Paulo, Paulus

2004 - A participação brasileira na comunidade mundial das ciências da comunicação, Comunicação apresentada ao Seminário "O Pensamento Comunicacional Brasileiro", Porto Alegre, *XXIV*

IAMCR – Conferência Internacional da International Association for Media and Communication Research

2005 – O pioneirismo de Danton Jobim na pesquisa jornalística brasileira, *Contra-ponto*, 12, Niterói, UFF, pp. 7-22

MEDITSCH, Eduardo

1999 – Ciespal trouxe progresso... E o problema quase insolúvel do comunicólogo, In: MARQUES DE MELO & GOBBI, orgs. – *Gênese do Pensamento Comunicacional Latino-Americano*, São Bernardo do Campo, Editora UMESP, pp. 129-138

MOREL, Edmar

1985 – *A trincheira da liberdade – História da ABI*, Rio de Janeiro, Record

RAMOS, Hugo

1978 – *À memória de Danton Jobim*, Brasília, Senado Federal

SEGISMUNDO, Fernando

2003 – *ABI tempos e faces*, Rio de Janeiro, Peneluc

Frei Caneca
Xavier da Veiga
David Moreira Caldas
Costa Rego
Auricélio Penteado
Jorge Antônio Salomão
Carlos Rizzini
Alceu Amoroso Lima
Roberto Marinho
Danton Jobim
José Reis
Vera Giangrande
Adalgisa Nery
Aparício Torelly
Josué de Castro
Pompeu de Sousa
Erico Verissimo
Vladimir Herzog

XI

JOSÉ REIS
Do cientista-jornalista ao jornalista-educador

Linair de Jesus Martins

Linair de Jesus Martins Giacheti, formada em Comunicação Social – Jornalismo pela Faculdade de Artes e Comunicação (Faac) da Unesp de Bauru (1983-1986), mestrado em jornalismo na Escola de Comunicações e Artes (Eca) da USP (2000-2003) na qual defendeu a dissertação "José Reis – A ciência que fala" sob orientação do professor doutor Manuel Carlos da Conceição Chaparro. Trabalhou como repórter redatora no "Jornal da Cidade" de Bauru; como auxiliar e chefia de reportagem na Rede Globo Oeste Paulista; como professora do curso de Comunicação Social – Jornalismo da UniFMU – FIAMFAM-FISP em São Paulo; como professora do Curso de Comunicação Social – Jornalismo/Relações Públicas da Unesp de Bauru.

José Reis foi não apenas um médico, um pesquisador, um administrador. Como jornalista foi um dos precursores da divulgação da ciência e tecnologia no Brasil através dos meios de comunicação de massa: revistas e jornais, feiras de ciência e concursos para formação de cientistas. Tinha como lema "aprender para repartir" e entendia os meios de comunicação como "magistério sem classes".

Trajetória exemplar

Sua trajetória é um exemplo de dedicação e perseverança e deve servir de exemplo para qualquer um que tenha o ideal de construir pontes para uma sociedade mais justa e equilibrada.

A divulgação da ciência e tecnologia no País de forma mais séria teve início depois da década de 30, quando o médico e divulgador científico José Reis tomou posse como bacteriologista no Instituto Biológico.

José Reis nasceu no Rio de Janeiro a 12 de junho de 1907. Era o décimo segundo de uma família com treze filhos, sendo seus pais Alfredo de Souza Reis e Maria Paula Soares Reis. Casou-se com Anita Swensson Reis com quem teve dois filhos.

José Reis faleceu às 10 horas da manhã do dia 17 de maio de 2002 aos 94 anos de idade no Hospital São Luís em São Paulo em decorrência de pneumonia. O precursor da divulgação científica no País e fundador da Sociedade Brasileira para o Progresso da Ciência (SBPC) estava internado desde o dia 29 de abril do mesmo ano com problemas digestivos e pulmonares. Quase um mês antes de falecer, José Reis se alimentava somente através de uma sonda no estômago.

JOSÉ REIS   Do cientista-jornalista ao jornalista-educador

José Reis jornalista

No dia de sua morte a Folha de S. Paulo dedicou uma página do seu jornal para falar de um dos seus mais ilustres jornalistas. Além de mostrar um panorama geral do que foi o trabalho do pesquisador-jornalista reuniu uma série de depoimentos de profissionais ligados à ciência e amigos. Impressionante a admiração e respeito com que todos se dirigiram ao trabalho de Reis.

Rogério Cezar de Cerqueira Leite, físico e professor emérito da Universidade Estadual de Campinas (Unicamp), em seu depoimento frisou que "ele foi muito importante no cenário científico brasileiro pela constância com que fez divulgação da ciência. Era um exemplo de amor à ciência porque escreveu até morrer. Ele é um exemplo de que o cientista não precisa ficar dentro de uma redoma, de que ele pode conversar com a sociedade".

Esper Cavalheiro, médico, presidente do Conselho Nacional de Pesquisa (CNPq), por sua vez afirmou que "Zé Reis é uma pessoa que conheço há muito tempo, desde quando eu era estudante de graduação. Era uma referência para nós, que íamos às reuniões da SBPC. Ele teve o vislumbre de que o cientista tem dificuldade de expressar o seu cotidiano e ajudou a desfazer a imagem do cientista como um lunático que não tem nenhum contato com a realidade. E isso na década de 50! Até hoje discutimos essas coisas. A gente sente a perda de um orientador de um paizão".

Warwick Estevan Kerr, geneticista, membro da Academia Nacional de Ciências do EUA e fundador do Instituto Nacional de Ciência e Tecnologia (Inpa) lamentou a perda do "convívio com o médico, pesquisador, jornalista e educador José Reis, pioneiro na divulgação científica no País, um exemplo indelével de vigor intelectual". Frisou ainda que José Reis "cedo compreendeu que não há outro caminho para ampliar o conhecimento em ciência e tecnologia senão aumentar o alcance e a compreensão dos textos científicos, em permanente diálogo com a sociedade.

José Reis deixa um legado: só o conhecimento permitirá ao país avançar econômica e socialmente para integrar, no futuro, o grupo dos países avançados. Um dos grandes méritos de José Reis foi a obsessão pela ciência e a obstinação por sua divulgação e melhor compreensão".

A vida de José Reis se resume, praticamente, em adquirir conhecimentos e reparti-los com quem não tem acesso a eles.

Já na infância alfabetizou a empregada e lhe repetia os sermões que ouvia na igreja todos os domingos com o intuito de repassar as informações que julgava importante. Assim passou uma vida tentando levar o conhecimento através de feiras científicas, artigos em jornais, livros e revistas a quem interesse tivesse em aprender. Partindo de seu livro em fase de publicação, "O Caixeiro Viajante da Ciência e Outros Perfis" foi elaborada uma breve biografia de José Reis.

Tempo de Escola

Apesar de ter nascido no Rio de Janeiro José Reis nunca esteve na praia. Desde cedo ajudava seus pais. Segundo Reis, cada um dos membros da família tinha suas responsabilidades. Reis se orgulhava do pai que apesar de não ter uma educação formal aprimorada havia aprendido contabilidade chegando a dirigir a "Cia. Do Porto do Rio de Janeiro". Falava de sua mãe com carinho demonstrando o quanto ela era meiga, religiosa e carinhosa com ele no dia-a-dia. "Minha mãe era, como muitas mães antigas, silenciosa e mansa, agarrada ao lar, só deixando a casa aos domingos para a missa, à qual muitas vezes me levava consigo, presenteando-me, no caminho de volta, com pés de moleque, de que também ela gostava muito" (REIS, 2002, p. 1).

Reis conta que como sua família era grande (treze irmãos) e desprovida de recursos era hábito dos pais darem os filhos mais novos aos irmãos mais velhos para serem batizados. Essa era uma forma de repartir a tarefa de criação e educação. Sendo assim, seus padrinhos eram: Nossa Senhora e o irmão Alfredo Reis. Descrito como "melhor coração do mundo" (REIS, 2002, p. 2) seu irmão Alfredo preocupava-se muito com a saúde de seu afilhado e irmão mais novo, por isso, às vezes, praticava alguns exercícios e o levava para longas caminhadas pelas encostas do Rio Comprido e morro de Santa Tereza.

Em 1914 José Reis entra para o curso primário em escolas públicas do Rio de Janeiro. O início de seu aprendizado, como para qualquer outro garoto de sua idade, tinha suas dificuldades. A separação (mesmo que por poucas horas) de sua mãe e do gato "Joli", com quem brincava nas suas horas de folga, foi uma experiência dolorosa. Como a escola nem sempre era perto de casa Reis fizera longa caminhada debaixo de sol e de chuva para poder estudar até o final da escola primária.

Foram seis anos (um a mais facultativo) em que José Reis confessa ter aprendido muito bem o português e ter despertado o gosto pela poesia, desenho e composições literárias de fundo moral. Já nessa época escrevia livros em letras de forma. Um pouco mais tarde com o irmão Ernani começou a editar revistas escritas à mão, porém em letra de forma, onde escrevia crônicas e fazia ilustrações da revista.

Uma experiência em um retiro espiritual no Colégio Regina Coeli como preparação para a Primeira Comunhão, na Tijuca, marcou significativamente o espírito de José Reis que contou: "Um padre muito sábio e umas irmãs muito meigas, ajudados por aquele ambiente de paz e recolhimento, produziam efeito muito grande em minha personalidade. Algo mudou em mim, tornei-me algo místico e menos revoltado contra o peso da vida. Ao mesmo tempo nascia em mim o espírito da comunicação, que se manifestava na alfabetização, que fiz, da empregada e nos sermões que todo o domingo eu lhe fazia, repetindo mais ou menos o que ouvira do padre, na missa", (REIS, 2002, p. 5).

De 1920 a 1924 fez o curso secundário no Colégio Pedro II no Rio de Janeiro. As provas de ingresso no Colégio assustavam o pequeno Reis que se via pressionado por tamanha responsabilidade. "Terminara o curso primário. Na sombria sala de jantar, reunida a família em torno à mesa, minha irmã mais velha diz que no ano seguinte um astro ia brilhar no Pedro II. Senti como se me colocasse sobre os ombros frágeis um terrível encargo. Agora teria de aplicar as férias em preparar-me para o difícil exame de admissão" (REIS, 2002, p 6).

Depois da torturante fase dos exames para conseguir entrar no ginásio, José Reis guardou uma doce lembrança da época e lembra dela como "morder uma fruta suculenta, cujo caldo quase me asfixiasse" (REIS, 2002, p. 7). De acordo com Reis, o Colégio Pedro II tinha um quadro de docentes de dar inveja a qualquer instituição de curso superior do País e ressalta os professores como o de português (Carlos de Laet), matemática (Artur Thiré), geografia (Fernando Raja Gabaglia), línguas (José Cavalcanti de Barros), desenho (não nomeou), entre muitos outros (REIS, 2002, p. 7).

Reis fala com carinho do professor João Ribeiro que o fez sentir-se "gente" pela forma educada e amigável com que o tratou logo na primeira vez. "Levado por seu filho Joaquim, fui à casa do grande professor, que eu muito admirava. Recebeu-me amigavelmente, tratando-me, desde logo, como se eu fosse um dos professores, seu colega. Com toda a paciência, esclareceu os trabalhos em que se encontrava empenhado e mostrou-me sua excelente biblioteca" (REIS, 2002, p. 84).

José Reis comenta em seu livro autobiográfico que os cursos de ciências eram os mais fracos no Colégio Pedro II. No entanto, foi neles que mais se empenhou. "Por minha conta dei de estudar essas matérias, especialmente História Natural e a Biologia com enorme paixão. Freqüentava o Museu e o Jardim Botânico e ia à Biblioteca Nacional consultar textos antigos e novos relativos à História Natural. Eu era um menino que lia as obras de História Natural de Aristóteles. E como adquirira facilidade em manejar as línguas, podia valer-me de livros estrangeiros para enriquecer meus conhecimentos". (REIS, 2002, p. 10).

De 1925 a 1929 fez o curso superior na Faculdade de Medicina do Rio de Janeiro. Para Reis uma grande decepção já que acreditava que na faculdade iria alargar seus conhecimentos, principalmente nas áreas de ciências físicas e naturais, pelo qual tinha se apaixonado. "A sonhada Faculdade foi, de um modo geral, decepcionante. Para quem vinha de um Pedro II cujos professores, em sua maioria, tinha um nível cultural muito alto e grande largueza de vistas e conhecimentos, os professores das cadeiras básicas, em regime de tempo parcial e geralmente, clínicos não especializados a fundo nas matérias que ensinavam, davam a idéia de uma regressão" (REIS, 2002, p. 14).

No entanto, José Reis continuou os estudos à sua moda. Continuava dando suas aulas particulares para poder se manter sem ser um peso no orçamento familiar. Freqüentava os cursos regulares na faculdade e visitava freqüentemente o Museu Nacional, o Jardim Botânico e a Biblioteca Nacional. Nesta, lia importantes tratados de biologia, botânica, zoologia, geologia e mineralogia. Lia ainda nos arquivos do Museu Paulista as contribuições de Herm von Lhering, obras de Lund, Warming, Lindman. Loefgren e outros que escreveram sobre a história natural do Brasil.

Sentia-se em posição muito privilegiada para estudar sozinho todos esses assuntos, em obras originais, porquê obtivera um bom domínio de várias línguas estrangeiras durante o curso no Colégio Pedro II. Reis não gostava de estudar em traduções com medo que pudesse ter deturpações de interpretação. Outro elemento que reforçou a formação do divulgador científico foi a abertura para a importação no País de livros franceses de divulgação de temas mais atuais em ciência escritos pelos maiores cientistas da época.

Como os livros eram muito baratos e estavam ao alcance da bolsa que recebia para estudar, formou rapidamente uma biblioteca que denominava de divulgação ou especializados em várias línguas. Ao mesmo tempo, influenciado pelo irmão Ernani que estudava direito e gostava muito de música e literatura, acabou sendo um grande comprador de romances.

Por acreditar que a Faculdade tinha muitas deficiências, Reis se inscreveu em dois cursos de histologia com André Dreyfus e Mário Magalhães, na própria faculdade, que dava oportunidade de exercícios práticos. O curso não ensinava só histologia, mas sim ciência em geral, psicanálise, biologia e literatura. Para Reis era um "curso-fermento" que contribuiu fortemente para estimular seu gosto pela ciência e se especializar em Manguinhos.

O curso de especialização no Instituto Oswaldo Cruz propiciou a José Reis a convivência com grandes nomes da ciência brasileira como Carlos Chagas, Olimpo da Fonseca Filho, Aristides Marques da Cunha, José Gomes de Faria, Costa Cruz, Carneiro Felipe, Cardoso Fontes e outros. E mais uma vez, uma mudança significativa tomava conta da vida de José Reis. A partir da experiência em Manguinhos José Reis deixa de pensar como objetivo de vida o magistério secundário para ser cientista.

Na época do curso em Manguinhos ocorreu o surto de febre amarela no Rio e Reis foi convocado a prestar serviços no hospital do Instituto fazendo análises clínicas das pessoas supostamente contaminadas. Foi uma época cansativa já que José Reis além do curso de especialização dava aulas particulares e continuava freqüentando o Museu, Jardim Botânico e a Biblioteca. Foi nessa época também que Reis cumpriu as obrigações com o tiro de guerra, as quais não foram nada fáceis e nem agradáveis.

A carreira de pesquisador

No segundo semestre de 1929, José Reis é convidado a trabalhar no Instituto Biológico de São Paulo como bacteriologista. O salário de dois contos de réis por mês e a oportunidade de iniciar a carreira científica "em ambiente de melhor qualidade" (REIS, 2002, p. 22) fez com que Reis se mudasse para São Paulo sem pestanejar. No entanto, Reis tinha algumas dúvidas "o chamado me atraiu e até quase desnorteou porque surgia em momento de grande decepção e dúvida. Chegara eu, de fato, a uma inesperada encruzilhada. A idéia de abraçar a medicina surgira quando eu era criança, empolgado com a figura do médico de família. Ao fim do ginásio, porém, as cadeiras que neles eram menos ensinadas - ciências físicas e naturais me atraíam de tal modo que compensei por meus próprios esforços as deficiências práticas e teóricas do ensino e passei até a ensinar essas matérias a alunos particulares, naquele tempo numerosos." (REIS, 2002, p. 22).

A experiência que teve nas enfermarias durante o curso de medicina também foi um outro fator que proporcionou uma grande decepção em José Reis quanto à profissão. "Até hoje guardo em meus olhos a tristeza, o desencanto, a derrota que, jovem, li nos olhos grandes e fixos no distante teto da enfer-

No Instituto Biológico, o José Reis cientista

maria, de uma moça a quem o mestre desnudava sem o menor respeito ante a mocidade também em grande parte pouco respeitosa. A enorme tristeza que se apoderou de mim serviu de inspiração para que eu procurasse nortear minha vida pelo respeito às pessoas, e muito em particular, pelas pessoas doentes" (REIS, 2002, p. 23).

A partir dessa experiência José Reis percebeu o que verdadeiramente aspirava. "O curso de medicina decepcionou-me, não fosse a sugestão que nele colhi de que em Manguinhos poderia encontrar a formação superior a que verdadeiramente aspirava, o que era bem alta" (REIS, 2002, p. 23). Reis descobriu que não era mais medicina clínica que gostaria de seguir, mas sim a carreira de pesquisador. A oportunidade, então, de trabalhar em São Paulo com Rocha Lima e Artur Neiva no Instituto Biológico se mostrava mais do que atraente.

Outro fator que o estimulou a ir para São Paulo foi a implantação das escolas Oswaldo Cruz e Emílio Ribas, no Rio e em São Paulo. A iniciativa proporcionou a sistematização da ciência no País com o objetivo de assegurar a obtenção de novos conhecimentos básicos e originais, além de mobilizar os cientistas para a solução de problemas nacionais.

José Reis lembra sua chegada a São Paulo como se estivesse vivendo pela primeira vez. Para tanto cita uma frase de Goethe "Ah, como sinto a vida. Agora pela primeira vez!" Tudo em São Paulo lhe parecia novo e surpreendente. Sua primeira surpresa foi o frio. "Desembarquei em São Paulo numa manhã do meado de julho de 1929. E ao meio-dia pude sentir plenamente a alegria de um frio intenso, que se agüentava bem encapotado, sob um sol que brilhava intensamente num céu muito azul. Aquilo era novo e auspicioso. À noite, no antigo Hotel Rex, recém-instalado na esquina de Santa Efigênia com Duque de Caxias (ou Vitória, não me lembro bem), a agradável sensação de adormecer sob uma porção de cobertores" (REIS, 2002, p. 30).

A segunda surpresa foi o ambiente do Instituto Biológico onde diz ter encontrado "o sonhado ambiente de trabalho" que com Rocha Lima o ajudou a completar sua formação intelectual. No Instituto, o contrato de José Reis era para o estudo das mastites bovinas. Sua dedicação ao caso fez com que descobrisse logo que a causa da doença não estava no "streptococcus agalactiae", mas sim em vários outros. (REIS, 2002, pp. 30-32).

O estudo fez com que José Reis se especializasse no assunto alcançando vôos mais largos na sistemática bacteriana. Começou a cogitar uma classificação estatística da espécie chegando a publicar um trabalho a esse respeito (associação de caracteres na identificação do chamado esterococo). Chegou a pensar que sua carreira seria essa, a estreptocologia. Nesta época José Reis conhece Annita Sodré Swensson, farmacêutica, que vem a colaborar no trabalho técnico de laboratório e mais tarde (20 de janeiro de 1932) se torna a senhora Reis.

José Reis conhece pessoalmente Rodolfo von Lhering por quem tinha profunda admiração e logo de imediato se estabeleceu uma forte amizade. Reis conta que Lhering viajava muito pelo interior estudando peixes e gostava muito de conversar com os "caipiras" para inteirar-se dos seus problemas. Foi dessa forma que Lhering tomou conhecimento da enorme dificuldade que tinham os sitiantes em criar galinhas em larga escala. "Assim que a criação atingia certo porte, vinha a 'peste' e matava tudo". (REIS, 2002, p. 34).

Reis conta que estava distraído certa manhã em suas "purezas" estreptocócicas quando Lhering se aproximou com um sitiante que trazia uma galinha morta. De um jeito todo peculiar, Lhering mostrou a Reis como seria importante estudar as doenças de aves para ajudar a população que desejava dedicar-se à criação desses animais. Sem pensar duas vezes Reis inicia o trabalho de necropsia na tentativa de descobrir a causa da morte do animal. A causa da morte das aves era a cólera. Uma doença que serviria mais tarde de base para os trabalhos de Pasteur sobre vacinação (REIS, 2002, p. 34).

Foi assim que José Reis iniciou o trabalho chamado de "ornitopatologia" o qual resultou na publicação em 1932 do livro "Doença das aves domésticas" destinada a criadores. O manual foi encaminhado a um patologista da Rutger University (Fred R. Beaudette em New Brunswick) que teceu vários elogios sobre o trabalho resultando na criação de uma seção independente de bacteriologia em 1934 no Instituto Biológico.

José Reis educador – a informação como conhecimento

Em 1935, José Reis consegue através do professor Thomas M. Rivera do Instituto Rockfeller uma bolsa de estudos para trabalhar em seu laboratório a fim de se aperfeiçoar em novas técnicas sobre vírus. Em agosto deste mesmo ano embarca para Nova York com sua esposa onde ficou por um ano. Reis recebeu convite para permanecer nos Estados Unidos, mas rejeitou por achar que havia estudado lá para "melhor servir meu País" e o que lhe interessava era mesmo a ciência como havia cultivado no Instituto Biológico (REIS, 2002, p. 43).

A experiência pessoal, documentação e dados bibliográficos permitiram a Reis a preparação do livro chamado "Tratado de Ornitopatologia" em parceria com Paulo Nóbrega e Annita Swensson Reis em 1936. A obra foi reconhecida como uma das mais completas do mundo sobre o assunto, de acordo com Reis. O livro foi adotado nos Estados Unidos na "Rutgers University" em português. No entanto, Reis não se limitava apenas, já nesta época, a trabalhar com pesquisa, sentia uma necessidade crescente em divulgar ou "repartir" como ele mesmo dizia sua descoberta com a sociedade. Assim, preparou folhetos padronizados contendo informações aos criadores e ainda ministrou palestra em todo o Estado no combate a disseminação da doença. O espírito de divulgador científico começa, então, a aflorar em Reis.

Serviço público e academia

Em 1937, Reis volta para o Instituto Biológico com o objetivo de reorganizar a seção de vírus e logo sente uma estranha sensação que as coisas não corriam muito bem para a ciência. O Estado Novo inicia um movimento de racionalização dos serviços públicos liderado pelo Departamento Agrícola de São Paulo (DASP). O objetivo era criar e manter órgãos semelhantes (como supersecretarias) que unificassem serviços que se referissem à administração geral. Em São Paulo foi criado o Departamento do Serviço Público (DSP) em meio a geral desconfiança do funcionalismo. Depois de algumas tentativas fracassadas de reajustamento dos quadros de funcionários, o interventor Fernando Costa convida José Reis para ocupar o cargo de diretor do órgão.

José Reis lembra: "tratei de conhecer bem o departamento e seu pessoal, aliás, em geral muito bom, e procurei examinar o orçamento a minha disposição. O primeiro fato que me espantou foi uma verba vultuosíssima destinada a armários de aço enquanto na chamada biblioteca uma excelente profissional, a dra Odília Xavier Leite se queixava de dirigir uma biblioteca sem livros. Providenciei imediatamente a transposição da verba dos armários para a biblioteca e comecei a adquirir livros de administração e ciências correlatas, assim como revistas. Traçamos com a bibliotecária, planos para uma biblioteca de livre acesso e circulante, que instalamos no Largo de São Francisco e em breve se tornou uma das mais importantes do Estado e do Brasil em sua área" (REIS, 2002, p. 45).

Esse foi um dos primeiros atos de José Reis na administração do DSP onde implantou também o Regime de Tempo Integral (RTI) e o Departamento Médico do Serviço Civil do Estado. Reis participou ainda da estruturação do Instituto de Pesquisas Tecnológicas (IPT); mantinha regularmente a publicação da revista "Administração Pública"; elaborou a primeira lei que disciplinou o Regime de Tempo Integral (RTI) criando a Comissão Permanente do Regime de Tempo Integral (CPRTI); organizou o projeto de criação da Faculdade de Ciências Econômicas e Administrativas na USP; entre outros.

Para auxiliá-lo no DSP, Reis não quis ter chefes e muito menos oficiais de gabinete. Preferiu ter uma secretária que já ocupava o cargo, por concurso, de quinta escrituraria e servia na Divisão de Organização.

Nair Lemos Gonçalves lhe servia de recepcionista, assessora e ainda de secretária. Tornou-se colaboradora indispensável de Reis que a orientava na ciência da administração e lhe transmitia o modo de pensar científico. Fez vários cursos de aperfeiçoamento no DSPG. Cursou a escola de direito, aprendeu inglês e alemão e por fim Reis orientou-a no preparo de tese de livre docência. Foram amigos inseparáveis.

Reis conta que na direção do DSP sofreu "verdadeiro martírio" por conta de políticos que desejavam manipular a administração do órgão de forma a beneficiar amigos e parentes. Trabalhava das 8 às 23 horas quando se encerravam os cursos e conta que se sentia "enojado com o ambiente de pérfidas e absurdas pretensões de elementos geralmente bem apadrinhados" (REIS, 2002, p. 49). Para escapar da angústia por ter que presenciar tanta insensatez se refugiou na literatura traduzindo para o português verso do poeta Rilke.

No entanto, a literatura não era uma novidade para Reis que chegou até a escrever versos para exprimir seus sentimentos demonstrando sua postura de que o cientista não é apenas um ser prático racional.

José Reis também organizou o projeto de criação da Faculdade de Ciências Econômicas e Administrativas da USP onde criou departamentos em Regime de Tempo Integral (RTI) considerado um dos mais modernos modelos de administração. Reis foi convidado pelo interventor do Estado José Carlos de Macedo Soares e pelo Reitor da Universidade na época para ser o primeiro professor catedrático de Ciência e Administração e diretor da Faculdade que acabara de se instalar, o que foi aceito por ele.

Algum desentendimento surgido entre a USP (não especificou quem) e o interventor do Estado, como também a "ciumeira de alguns professores" provocou uma tristeza em Reis que desabafou escrevendo versos depois que "o tempo passou e com ele as incompreensões sobre minha pessoa" (REIS, 2002, p. 51).

Tardio Prêmio (J.R. 22/05/74)

"A mão que outrora pedra me lançou
Tentando escorraçar-me, sem piedade,
Agora aperta a minha, fortemente,

E louva o meu trabalho e o meu propósito.
Este o prêmio melhor, tardio embora,
Que minha vida mereceu, vivida,
Sinceramente e pura, acreditando,
Que melhor é servir que ser servido.
Lamento apenas, contemplando os dias
Que se passaram e não voltam mais,
Os caminhos que tanta hostilidade
Impediram-me abrir, servindo mais."

A tristeza de Reis estava em comparar o ambiente em que havia vivido no Instituto Biológico com o atual decidindo, por vez, voltar a trabalhar no cargo de Diretor de Divisão de Ensino e Documentação Científica. Apesar da desilusão com o desenrolar dos acontecimentos na Faculdade de Administração Reis ainda concluiu: "não posso dizer que todas as sementes se hajam perdido" (REIS, 2002, p. 52).

De volta ao Instituto Biológico trabalhando na seção de vírus, Reis sente o processo de desintegração atacar os institutos de pesquisas. Mas sua participação na área administrativa ainda não havia se esgotado. Participando de várias Comissões inclusive a CPRTI que apresentou proposta para a organização da Fundação de Amparo à Pesquisa do Estado de São Paulo (Fapesp) e a reorganização do Instituto Oceanográfico que estava em "verdadeiro estado de revolta" (REIS, 2002, p. 55). Foi nesse período que Reis começa a desenvolver o trabalho de divulgação científica nos jornais diários como o Estado de São Paulo e revistas agrícolas como Chácaras e Quintais. Mais tarde teve ainda um programa semanal na extinta Rádio Excelsior sobre divulgação científica no formato de histórias teatralizadas.

Jornalismo

De acordo com registro de Nair Lemos Gonçalves (secretária e amiga por muitos anos) José Reis começou a trabalhar na Folha da Noite em 1947 escrevendo artigos de administração e de assuntos gerais. José Reis explica que "não me tornei divulgador da noite para o dia. Creio que nasci com vocação para essa atividade. Menino editava revistas de circulação doméstica, com meu irmão Ernanis." (REIS, 2002, p. 4)

"No ginásio e na Faculdade era um ativo reformulador de 'pontos', que organizava a meu jeito, com as lições aprendidas e com o que encontrava nos muito livros que lia em várias línguas. No Instituto Biológico fiz o meu primeiro périplo, para divulgar as boas técnicas de criação de aves e profilaxia e para os criadores organizei folhetos padronizados, que respondiam às perguntas que, ainda longamente em revistas agrícolas e em seções agrícolas de jornais. Mas o trabalho que comecei na Folha tinha maior amplitude e me permitiu tratar, não apenas da divulgação de assuntos científicos para o povo, atendendo às necessidades de uma população carente nesse tipo de informação, mas também pondo em foco questões de política científica." (REIS, 2000).

Na Folha da Noite de 1947 a 1951 José Reis divulga textos de administração, ciências, saúde, medicina e sobre plantas, animais e vegetais (PIA) e assuntos gerais classificados como outros. Em 1947 46.3% dos temas abordam questões de administração contra 31% de ciência e saúde e 22% de outros. A partir de 1948 o quadro muda e Reis vai diminuindo significativamente os temas relativos a administração e valorizando os de ciência, saúde, medicina (aparecem a partir desta data) e os classificados como outros. (GIACHETI, 2003, anexo 2).

Divulgação científica

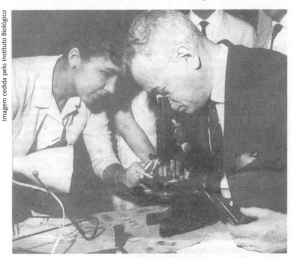

Seu trabalho como bacteriologista

Em 1948 José Reis começa o trabalho de divulgação científica pela Folha da Manhã. Reis foi apresentado por Otávio Frias de Moreira, colega de trabalho no DSP, a José Nabantino Ramos, diretor editorial da Folha da Manhã na época. Nabantino procurava alguém que escrevesse sobre problemas gerais de administração. No entanto, Nabantino acaba por propor a Reis mais tarde que desenvolvesse uma seção permanente de ciência (REIS, 2002 pg 86).Assim, "No Mundo da Ciência" começou a ser publicado na última página do jornal Folha da Manhã a 1º de fevereiro de 1948.

Era hábito do matutino ainda publicar na parte final do espaço reservado aos editoriais uma nota científica, adaptada, de revista estrangeira de divulgação. A seção de ciência era dominical e constava de um artigo principal, algumas notas esparsas e uma seção de resenha bibliográfica. Havia outras colunas como "Sabatina Dominical" que eram perguntas relativas a assuntos científicos já publicados; "Ponto de Vista" que reproduzia escritos de cientistas ou pensadores de renome sobre o papel da ciência, em particular, sobre a necessidade de amparar a "ciência pura"; "Em Foco" que tratava de problemas da ciência e sua política de organização no País. (REIS, 2002).

"No Mundo da Ciência" passou por transformações, crescendo ou diminuindo conforme a necessidade. Perdeu o título e passou a se chamar apenas "Ciência" mudando mais tarde para "Periscópio". Alguns anos depois (José Reis não precisou em que ano na sua autobiografia) o jornal dedicou um caderno à ciência e cultura. Este era representado pela literatura, artes visuais e pela ciência que vinha na última página (hoje "Caderno Mais"). Na última página havia, além de matérias sobre ciência, artigos menores denominados: "Gota a Gota" sobre descobertas recentes, "Grãozinho de Sal" particularidades sobre a vida e o pensamento de cientistas e filósofos e "Daqui e de Longe" notícias nacionais e internacionais.

Ainda em 1948 José Reis funda a Sociedade Brasileira para o Progresso da Ciência (SBPC) que tem o objetivo de "incentivar e estimular o interesse público com relação à ciência e à cultura" (REIS, 2002, p. 89). A Folha de São Paulo tem papel importante na divulgação dos trabalhos e reuniões da SBPC.

Em julho de 1948 José Reis lança pela Folha da Noite o concurso "Em Busca do Talento Científico" com o objetivo de revelar novos talentos científicos. Reis acreditava que "o maior desperdício que o homem pode realizar na face da terra é o de sua própria energia e de sua própria inteligência. Mas esse desperdício, santo Deus, é enorme em nosso país". Para combatê-lo Reis acreditava que deveria descobrir precocemente novos talentos científicos e encaminhá-los à ciência. "Que surjam os cientistas do amanhã, e uma vez surgidos, recebam o apoio e a orientação necessários". (REIS, 2002, p. 89).

No entanto, a divulgação da ciência através da Folha de São Paulo não teria tanto espaço se não fosse o apoio e interesse de José Nabantino Ramos, proprietário do jornal até 1962, quando o vendeu a Otávio Frias de Oliveira. Reis (REIS, 2002, p. 88) explica que Nabantino chegou até a sonhar com um departamento de ciência na estrutura do jornal, o que foi rejeitado pelo conselho editorial do órgão. A idéia de Nabantino era fazer da Folha um periódico voltado para as profissões liberais e por isso instituiu seções de "Biologia e Medicina", "Engenharia e Arquitetura" e "Direito e Justiça".

Em 1958 José Reis aposenta-se do Instituto Biológico recebendo o título de "Servidor Emérito". Funda com José Nabantino Ramos e Clóvis Queiroga o Instituto Brasileiro de Difusão de Cultura S.A. (Ibrasa) onde começa a lançar livros que denominou "livros de fermento". A idéia era lançar livros que trouxessem idéias novas e provocassem debates. Reis foi editor da Ibrasa até 1978.

Diretor de jornal

Em 1962 José Nabantino Ramos vende a Folha de São Paulo para o grupo liderado por Octávio Frias de Oliveira que realizou verdadeira revolução tecnológica na empresa. O novo presidente da empresa, Octávio Frias de Oliveira, convidou José Reis para assumir a direção da redação do jornal. Uma de suas primeiras providências como diretor foi contratar a colaboração de Tristão de Ataíde. "Sabia que minha tarefa seria penosa, num momento de incerteza para o País e, para o jornal, de crise econômica, tudo isso logo agravado pelo advento da Revolução de 64. Tinha, felizmente, colaboradores dedicados e prudentes, que me ajudam a navegar em águas mais do que turbulentas sem comprometer o espírito de independência do jornal, que Frias insistia em manter. Uma de minhas primeiras providências foi contratar a colaboração de Tristão de Ataíde." (REIS, 2002, p. 91).

A partir do momento em que Reis assume a direção do jornal procurou "desde o início, agir com muita prudência e extrema imparcialidade, evitando sempre radicalismos de toda a espécie. Procurei fazer um jornal moderno, menos austero, de paginação mais arejada. Aproximei-me muito, nesse momento, de Emir Nogueira, que já possuía muitos anos de Folha. Pude conhecer-lhe a sua história no jornal e convenci-me de que era profissional e criatura fora do comum. Convidei-o para meu assessor e meu mais direto colaborador. E nesta posição permaneceu até 1967, quando entendi cumprida minha missão na Folha." (REIS, 2002, p. 91).

Em 1962 ainda Reis recebe o prêmio "Governador do Estado de São Paulo de Jornalismo Científico". Em 1964 Reis recebe o "Prêmio John R. Reitemeyer de Jornalismo Científico" conferido pela primeira vez pela Sociedade Interamericana de Imprensa e União Pan-americana de Imprensa. O Livro "Educação é Investimento" é publicado em 1968 com prefácio de Alceu de Amoroso Lima. O livro foi editado pela IBRASA.

JOSÉ REIS   Do cientista-jornalista ao jornalista-educador

Os anos de 1963 e 1964 foram os mais produtivos da fase em que Reis dirigiu a Folha. O número de textos publicados começa a aumentar em 1961 (87 textos) da média anual de 55 e vai para 126 textos em 1962, 261 em 1963, 229 em 1964, 76 em 1975 e volta para a média de aproximadamente 55 textos nos próximos anos. Neste ano passa também a escrever editoriais que representam 25.7% da produção total. Dentre os 41.8% dos textos escritos na classificação outros 24.7% são de ordem política. Isso implica que metade da produção textual de Reis neste ano estava voltada para a política (GIACHETI, 2003).

Reis conta em que foi uma época difícil para o jornal em face da crise econômica agravada pela revolução de 64. Os editoriais eram escritos por Reis, Emir Nogueira e Paulo Mendonça com a cooperação de editores especializados. Com a definição da linha política adotada pelo jornal, que se tornara "liberal democrático", a Folha se posicionou contra o governo de João Goulart principalmente contra os discursos do ministro da educação Darcy Ribeiro. Apesar do golpe de Estado ter sido bem recebido pela Folha logo a desilusão se tornaria evidente e o jornal se colocaria bem longe do apoio incondicional de 1964.

"A marginalização dos estudantes e a tempestade que se abateu sobre a Universidade de São Paulo e outras universidades, onde alguns docentes denunciavam colegas, todos brilhantes, que na maioria acabaram com suas carreiras truncadas, apesar de absolvidos nos inquéritos policiais-militares contra eles abertos, mobilizaram o jornal sob minha direção editorial" (REIS, 2002, p. 92).

José Reis presenciou toda a reorganização financeiro-administrativa e tecnológica da Folha de São Paulo com o aumento do seu parque industrial acarretando a expansão das tiragens, bem como o aumento do número de páginas das edições diárias. Outra medida de fundamental importância foi o aumento da frota de caminhões para a distribuição dos exemplares. Em 1960 a empresa possuía 24 veículos, sendo que a distribuição para o interior era feita através de ônibus e trem, o que atrasava muito a chegada dos jornais nas mãos dos leitores. Já em 1965, a frota alcançava 165 veículos.

Foi justamente com a ampliação da frota de veículos que levava os exemplares para o interior que José Reis passou a viajar por todo o Estado desenvolvendo duas campanhas: a primeira combatendo o conceito de educação como bem de consumo e a segunda na divulgação das Feiras de Ciência envolvendo professores e alunos dos cursos primário e secundário.

Caixeiro Viajante da Ciência

Foi assim que se tornou o Caixeiro Viajante da Ciência onde passou a disseminar suas idéias.

José Reis faz, nesta época, severa crítica aos governantes que "em geral têm feito da educação mais objeto de retórica do que ação sistemática" já que acreditava que pela educação, assim como pela saúde se poderia aproveitar o máximo de potencial de trabalho "dessa gente extraordinária e desassistida" (REIS, 2002, p. 93). Reis acreditava que com a utilização dessa mão de obra em um trabalho produtivo desapareceriam os problemas cruciais em que viviam sem precisar de soluções teóricas mirabolantes que não levavam em conta o valor do elemento humano.

"Pipocavam as Feiras de Ciência por todo o Estado, ao mesmo tempo em que incentivávamos a criação de numerosos clubes de ciência junto às escolas, contornando assim os problemas de horário que tantas vezes servem, ainda hoje, de defesa dos professores que, por falta de tempo ou vocação, acham mais prático aplicar no ensino a técnica que um educador inglês chama de "jarro e bacia" em que o aluno é a bacia que passivamente recebe a água do conhecimento, derramada pela jarra, símbolo do mestre" (REIS, 2002, p. 94).

Feiras de Ciência, clubes de ciência e o concurso Cientistas do Amanhã nasceram então de um projeto elaborado por Reis na Folha em conjunto com o Instituto Brasileiro de Educação, Ciência e Cultura (IBECC) da Unesco. Reis tentou ainda arregimentar um grupo de pesquisadores de primeira linha para colaboração sistemática no jornal. Mas foi uma grande decepção. Primeiro porque os assuntos escolhidos eram muito especializados e quase se limitavam ao estrito campo de trabalho do pesquisador. Segundo porque alguns deles, muito ocupados escrevendo artigos e livros, acabam por escrever sobre generalidades que também não interessavam. José Reis aqui parece que sente algumas das dificuldades em divulgar a ciência quando entra em contato com seus pares.

Outra iniciativa de Reis foi a inclusão de uma seção de ciência na Folhinha de S. Paulo quando Frias e seus colegas de direção imaginaram criar um suplemento infantil para o jornal. Para a tarefa de criação do novo suplemento Reis chamou a jornalista e escritora Lenita Miranda de Figueiredo e a seção de ciência ficou a cargo da professora Maria Julieta Ormastroni apoiada pela seção paulista do IBECC.

Mais uma experiência interessante foi a publicação de fotos e informações das plantas mais comuns encontradas na cidade de São Paulo. O trabalho foi realizado pelo engenheiro agrônomo Helmut Krug que juntamente com um fotógrafo visitavam praças e logradouros públicos da cidade fotografando o que depois descrevia nomeando as árvores e plantas ali encontradas. Reis afirma que as informações colhidas neste período dariam um interessante livro que a Prefeitura de S. Paulo poderia patrocinar.

Reis também abriu espaço para a Associação dos Amadores de Astronomia que colaborava mensalmente com informações sobre as estrelas e os planetas. A Associação fornecia o mapa celeste que era publicado com a descrição de tudo o que nele se poderia observar. Para Reis a permanência na direção editorial da Folha de 1962 a 1967 foi uma experiência muito rica e comparou a redação do jornal como uma espécie de universidade.

O trabalho de divulgação científica de José Reis continuou a ser divulgado pela Folha de S. Paulo até a data de sua morte em 17 de maio de 2002.

Prêmios e distinções

O cientista-divulgador recebeu prêmios como o "Prêmio kalinga" da Unesco em 1975 pelo seu trabalho como divulgador científico. Em 1979, o Conselho Nacional de Desenvolvimento Científico e Tecnológico (CNPq) institui o Prêmio José Reis de Divulgação Científica.

Caixeiro viajante da Ciência

Em 1986 Reis deixa suas funções na revista "Ciência e Cultura" da Sociedade Brasileira para o Progresso da Ciência (SBPC).

Em 1992 foi criado o Núcleo José Reis de Divulgação Científica na Escola de Comunicação e Artes (ECA) da Universidade de São Paulo em homenagem a Reis. O Núcleo tem o objetivo de promover e realizar pesquisas, cursos, seminários, consultorias, edição de publicações e outras atividades de natureza acadêmica. A idéia é contribuir para o estudo e aperfeiçoamento das teorias, técnicas e formas da divulgação da ciência e tecnologia.

Pelo avançado da idade (94 anos) José Reis deixou suas atividades de educador e pesquisador. No entanto, a coluna "Periscópio" continuou a ser alimentada por matérias de ciência, medicina e tecnologia no caderno "Mais" da Folha de São Paulo aos domingos até a data de sua morte. A obra de Reis é composta de vários livros como "Tratado de Ornitopatologia", "Rasgando Horizontes", "Methoden der Virusforschung", "Educação é Investimento".

Para crianças, com o objetivo de divulgar a ciência, publicou: "A Cigarra e a Formiga" (adaptação da fábula à realidade brasileira), "As Galinhas de Juca", "Que Formiga!", "O Menino Dourado", "Aventura no Mundo da Ciência", além de várias traduções de obras literárias e de divulgação e especialidade científica.

José Reis deixa gravado em seu memorial-currículo encaminhado à Unesco para justificar a proposição do seu nome ao "Premo Kalinga" que percebeu logo cedo em sua carreira que a poesia e a filosofia satisfazem mais do que a ciência, principalmente quando exercida esta friamente, sem preocupação com suas implicações na sociedade. Sendo assim, data desta época a sua preocupação com a filosofia, a história da ciência e comunicação da ciência ao público.

Nas suas divagações filosóficas Reis deixa transparecer que o seu trabalho de pesquisador só foi completo porque não ficou reduzido na dissecação de animais e plantas para identificação de doenças. O que o satisfazia era observar que o seu trabalho era um meio de servir a coletividade humana. "Essa busca de um sentido humano em toda ciência parece-me fundamental à felicidade do cientista. Ela o coloca em harmonia consigo mesmo e também em harmonia com a natureza". (REIS, 1978, p. 62).

Ele completa que "no humanismo e na comunicação, no amor pelas pessoas como pessoas, no interesse pelas minorias desprotegidas, na procura da sabedoria além da ciência, na busca de uma visão geral dos problemas e na convicção de que a ciência, por mais elaborada, jamais será tudo, encontro-me, não raro surpreso, muitas vezes, na velha sala de "Refrat" do Instituto Biológico, ouvindo Artur Neiva dizer-nos, a nós ainda muito jovens, que era preciso 'sair da placa de Petri'. Acredito que consegui sair dela a tempo de não me tornar um cientista cuja satisfação se esgota no ato de dissecar ou registrar os fatos, incapaz todavia de perceber a beleza que existe embutida neles" (REIS, 1978, p. 69).

Reis termina seu relato no memorial com um verso de Novalis:

WENN NICHT MEHR ZAHLEN UND FIGUREN - NOVALIS
Quando afinal os números e os dados
Não forem mais a chave de todas as criaturas,
Quando o poeta e os amantes
Disso entenderem mais do que os doutores,

Quando o mundo retornar
À vida livre a si mesmo,
Quando novamente a luz e as sombras
Gerarem a verdadeira claridade,
E o homem das lendas e nos cantos
Reconhecer a eterna história deste mundo,
Então bastará o mistério de uma palavra
Para que à ordem volte o que jaz em desordem.

Magistério sem classes

Através da bibliografia de José Reis observa-se que o autor tinha um grande sonho: o de ser um difusor do conhecimento em geral. Apesar da sua formação médica e do seu trabalho de pesquisador no Instituto Biológico, Reis não se contentava apenas em adquirir o conhecimento para diagnosticar as doenças e resolver as patologias ou em adquirir conhecimentos na área de administração e por em prática na reestruturação de diversos órgãos. Reis queria compartilhar com o maior número de pessoas o saber que havia adquirido. Seus dois maiores prazeres na vida: aprender e repartir.

José Reis foi um educador, acima de tudo: seu objetivo sempre foi o de levar a informação a todos indistintamente. Esse comportamento pode ser observado desde criança quando alfabetizou a empregada sem ao menos ter terminado o curso primário. Reis também se dedicava a ensinar aos colegas com dificuldades nas disciplinas cursadas no Colégio D. Pedro II, hábito que se tornou seu sustento até terminar o curso de medicina. Já no Instituto Biológico, além de estudar os assuntos relativos a doenças de animais, Reis divulgava através de revistas e jornais suas descobertas e tratava de ensinar aos criadores como diagnosticar e combater as doenças. Chegou até a proferir palestras no interior do Estado e preparar folhetos padronizados com as informações sobre o diagnóstico das doenças para os criadores e como tratá-las.

Assim, a conclusão é de que José Reis entendia o jornalismo como "magistério sem classes" como ele mesmo já o havia afirmado. Sua intenção era de fazer chegar a informação como forma de educar a todos indistintamente. Reis não via a informação como notícia deteriorável, mas sim algo que pudesse ser acumulado como conhecimento.

Para conhecer José Reis

CANDOTTI, E. Cientistas do Brasil: Depoimentos. São Paulo: SBPC, 1998.

GIACHETI, L.J.M. José Reis - A ciência que fala. São Paulo, 2003. Dissertação de Mestrado (Curso de Jornalismo e Editoração). Escola de Comunicação e Artes da Universidade de São Paulo (USP). São Paulo, 2003.

REIS, J. O caixeiro viajante da ciência e outros perfis. São Paulo, inédito.

Frei Caneca
Xavier da Veiga
David Moreira Caldas
Costa Rego
Auricélio Penteado
Jorge Antônio Salomão
Carlos Rizzini
Alceu Amoroso Lima
Roberto Marinho
Danton Jobim
José Reis
Vera Giangrande
Adalgisa Nery
Aparício Torelly
Josué de Castro
Pompeu de Sousa
Erico Verissimo
Vladimir Herzog

XII

VERA GIANGRANDE
A mulher-ombudsman
que simbolizou a defesa do consumidor

Maria Cristina Gobbi,
Aparecida Ribeiro dos Santos
e Lana Cristina Nascimento Santos

Maria Cristina Gobbi é Doutora em Comunicação Social pela Metodista de São Paulo. Diretora-suplente da Cátedra Unesco-Metodista de Comunicação. Professora dos cursos de Pós-Graduação Lato Sensu e de Graduação em Comunicação na mesma instituição. Coordenadora do Grupo de Pesquisa sobre o Pensamento Comunicacional Latino-Americano do CNPq. Professora do curso de Pós-Graduação Stricto Sensu da Universidade Presidente Antonio Carlos (UNIPAC). e-mail: mcgobbi@terra.com.br.

Aparecida Ribeiro dos Santos é Mestre em Comunicação Social pela Universidade Metodista de São Paulo. Professora da Faculdade Editora Nacional (FAENAC).

Lana Cristina Nascimento Santos é Doutora em Comunicação Social pela Universidade Metodista de São Paulo. Professora da mesma instituição e da Faculdade Editora Nacional (FAENAC).

A os 62 anos de idade, Vera Giangrande tornou-se personagem emblemática do imaginário brasileiro. Cartazes espalhados pelas avenidas das principais cidades do país e anúncios veiculados através da televisão exibiam seu retrato, identificando-a como defensora do consumidor.

No dia 3 maio de 1993, ela assumia o posto de Ombudsman do Grupo de Açúcar, empresa varejista proprietária de uma grande rede de supermercados.

Auxiliada por uma equipe de dezoito funcionários, converteu-se em uma das primeiras profissionais do ramo no Brasil.

Na verdade, seu trabalho popularizou e reconheceu a atuação do *ombudsman*, que se projetara em nosso país quando jornais diários como a *Folha de S. Paulo* estabeleceram canais permanentes de diálogo entre os leitores e a redação

Defesa do consumidor

Os Serviços de Atendimento ao Consumidor – SAC se proliferaram no Brasil a partir dos anos 1990, com a criação do Código de Defesa do Consumidor. Esse departamento era visto inicialmente pelas empresas como uma central de reclamações e de custos. Em sua grande maioria, as manifestações que chegavam às empresas varejistas eram fruto do mau atendimento por parte dos funcionários.

Para Vera Giangrande, o setor deveria priorizar a qualidade humana no serviço. Baseada nessa concepção, ela inaugurou uma nova fase da profissão no Brasil. Nos parâmetros estabelecidos pelo Grupo Pão de Açúcar, a figura do *ombudsman* deveria atuar junto ao presidente da empresa, tendo carta branca para questionar todos os departamentos em favor do consumidor. A atividade ainda estava no começo.

Para Ana Maria Diniz (filha de Abílio Diniz, presidente do Grupo Pão de Açúcar), a proximidade de Vera foi fundamental para o seu próprio crescimento profissional. Tanto era a integração entre as duas, que Vera passou a ser chamada pela executiva do Pão de Açúcar como "minha segunda mãe".

Entre outras marcas de Vera, estão os resultados de seu departamento. Nos sete primeiros anos de existência do Grupo de Representação do Consumidor – GRC, todas as reclamações foram respondidas.

Como afirma Edson Vismona, presidente da Associação dos Ouvidores/Ombudsman: *"Com sua credibilidade, ela calou os críticos que diziam que a instituição do om-budsman na empresa privada era uma jogada de marketing. Seu estilo me lembrava o ex-governador Mário Covas: defendia seu ponto-de-vista com firmeza e muito caráter ."*

Breve perfil

Vera de Mello Giangrande nasceu no Bairro de Perdizes, no dia 4 de janeiro de 1931, em São Paulo, onde começou a dar os primeiros passos em sua vida profissional. Desde muito cedo aprendeu com o pai que uma mulher só se torna emancipada quando tem seu próprio dinheiro. Com este ideal começou a trabalhar, aos onze anos de idade, na Biblioteca Infantil Monteiro Lobato, ajudando na classificação de livros. Data dessa época seu amor pela leitura. Era uma leitora voraz - lia cerca de 300 livros por ano.

Sua paixão pelos livros a levou, aos 16 anos de idade, ao curso de biblioteconomia da Faculdade de Filosofia Sede Sapientiae.

Encantar o cliente é a base do meu trabalho

Vera Giangrande

Basicamente, o meu trabalho é o de ouvir o cliente, seja para uma sugestão ou reclamação, registrar esses contatos e tentar solucionar o problema para satisfazê-lo ou encantá-lo. A ombudsman não pode e não deve ser reordenada ou treinada. Só merece castigo quem não quer corrigir o erro seja fornecedor ou funcionário.

Sim, o contato com o cliente, e o que eu ouço dele, ajuda a modernizar a empresa e ir ao encontro à expectativa do consumidor. A relação com o fornecedor também é extremamente agradável, principalmente quando trabalhamos de mãos dadas para encantar o cliente.

Com o risco de me acharem pretensiosa acho até que passei da idade para isso, mas eu criei um modelo na área de Relações Públicas todos sabem disso, agora estou criando um modelo na área de ombudsman e aí eu pergunto quantas vezes uma pessoa tem a chance de criar dois modelos bem sucedidos em sua vida profissional.

Em busca da independência Vera montou um "café" chamado Crema Café, no centro de São Paulo. Posteriormente, um restaurante. E nos anos de 1958 foi secretária de Modesto Roma, vice-presidente do Santos Futebol Clube.

Mas, "a vida profissional de Vera só começou a deslanchar quando foi apresentada à Comunicação Social" (Alexandre Volpi, 2002, p. 21). Ela iniciou seu contato com a área, trabalhando numa revista médica. Além de fazer a revisão, tinha o encargo de responder as cartas dos leitores, o que antecipava sua interlocução com o público.

Sonhadora, Conselheira e Ombudsman

Personagem típica da revolução feminina, Vera Giangrade acreditava na realização da mulher como profissional. Daí sua opção por permanecer solteira. Quando foi pedida em casamento, não aceitou, a condição proposta era a de abandonar o trabalho.

Em 1967, casou-se com João Zibel, mas seu matrimônio durou 6 meses. Decepcionada, optou pela carreira. Decisão esta que lhe traria muitas glórias.

Tinha aptidão para a escrita. "Alguns de seus sonhos e interpretações estão reunidos no inacabado *Livro dos sonhos de Vera*" (Volpi, 2002, p. 28).

Em 1967, assumiu o cargo de gerente de uma multinacional, sendo a primeira mulher a assumir tal cargo.

Seu trabalho inicial no ramo da imprensa foi como redatora de propaganda das empresas Colgate Palmolive. A passagem para a área de Relações Públicas foi quase um salto. Quando de sua saída da Colgate, por indicação de um amigo, foi para a J. Walter Thompson. Contava então com 30 anos.

Na vanguarda das Relações Públicas

A história das Relações Públicas e da função ombudsman, no Brasil, não podem ser contadas sem que o nome de Vera Giangrande seja lembrado. Esta é a tese defendida por Alexandre Volpi em seu livro "Na Trilha da Excelência. Uma lição de Relações Públicas e encantamento de clientes", editado pela Negócios Editora, 2002, em que retrata a vida de Vera Giangrande.

Ela deu valiosas contribuições para ambas as atividades, que coincidem no objetivo de promover a aproximação e o relacionamento ético e duradouro entre duas partes, a começar pela batalha constante em busca da ética profissional.

Com a chegada das novas tecnologias, o cenário das comunicações altera-se significativamente, pois passam a oferecer recursos diferenciados e novos, fomentando e acelerando os relacionamentos externos e internos das empresas.

Notícias via satélite pela rede de computadores, Internet e Intranet, a explosão da informação em nossa rede cotidiana, a crescente autonomia comunicacional do cidadão, a diminuição da prestação de serviços públicos e o crescente envolvimento da mídia com o mercado, enfim, tudo parece indicar que há toda uma cultura comunicacional em transformação.

Dona Vera: desafios pioneiros em busca da independência financeira

No cerne de toda esta metabolização encontra-se o consumidor ou o usuário, que passou a ter canais de organização ampliados, e essa ampliação fez-se acompanhar de um grande amadurecimento do consumidor brasileiro em relação à conscientização sobre os seus direitos.

Em busca de um aprimorando cada vez mais amplo, Vera concluiu os cursos de jornalismo e psicologia social e infantil, em meados dos anos de 1960.

Seu empenho e dedicação renderam o respeito e a consideração dos colegas que a consideravam uma *expert* em comunicação. A visão do profissional de relações públicas que Vera defendia, extrapolava conceito de mera definição. Para ela esse profissional deveria "ter a habilidade para interpretar as mudanças do mercado – classificadas como ameaças ou oportunidades – e para conduzir a empresa de forma a tirar proveito delas, zelando por sua reputação e criando condições de venda" (Volpi, 2002: 42).

Mas o preconceito se fazia presente. O mercado oferecia poucas opções para as mulheres em termos profissionais. Embora assumindo o cargo de gerente da Thompson, em 1962, tendo carta branca no departamento, Vera não pôde ser registrada como gerente. José Kafuri, então vice-presidente da organização, lhe confidenciara que tal restrição devia-se "ao fato de não haver mulheres ocupando cargos de comando na agência em todo o mundo até então" (Volpi, 2002: 46).

Liderança e Competência

Com a Lei Federal nº 5.377, de 11 de dezembro de 1967, o então presidente da República Costa e Silva sancionou o texto que disciplinava a profissão de relações públicas, assegurando o registro aos profissionais que comprovassem o exercício da atividade por um período mínimo de dois anos. "Vera estava entre esses profissionais, que, sob o título de 'provisionados', somavam cerca de quatrocentas pessoas legalmente aptas" (Volpi, 2002; 47).

A idade é uma vantagem para mim, porque é sinônimo de independência e autoridade

Na década de 1960, Vera Giangrande apresenta a tese "Relações educacionais em nível universitário como mística de entrosamento aos interesses de governo, trabalho e capital". O trabalho lhe rendeu o prêmio internacional, entregue na 6ª Conferência Interamericana de Relações Públicas, no ano de 1965, em Montevidéu, no Uruguai.

Em 1968, então com 37 anos de idade, ela se tornou a primeira mulher no mundo a ocupar o cargo de gerente de Relações Públicas no setor farmacêutico, na empresa norte-americana Squibb, que tinha subsidiárias espalhadas por 48 países. Ela permaneceu na empresa por cinco anos.

O amigo Antônio de Salvo, em 1973, abriu a agência ADS, oferecendo a Vera o cargo de diretora. Inicia-se desta forma um relacionamento que culminaria em uma sociedade. "A parceria não deu certo, mas eles trabalharam juntos por dois anos" (Volpi, 2002: 54).

A Inform Consultoria de Relações Públicas nasceu da sociedade entre Vera e Carlos Eduardo Mestieri, em agosto de 1975. Essa sociedade durou 17 anos, sendo considerada a maior agência nacional de relações públicas, com quarenta funcionários e trinta clientes, e a terceira em atividade no país.

Em 1981 a empresa ganhou o Prêmio Opinião Pública, na categoria Eventos Especiais – Iniciativa Privada, entregue pelo Conselho Regional de Profissionais de Relações Públicas – Região de São Paulo e Paraná - Conrerp – SP/PR.

Dois anos após, Vera foi eleita presidente da entidade. Ela também presidiu o Conselho Federal de Relações Públicas – Conrep, no triênio 1986/1988; e o Capítulo Brasileiro da Associação Internacional de Relações Públicas – IPRA, nos períodos de 1980 a 1982 e 1989 a 1991.

Dentre outras atividades, ocupou a diretoria da Associação Brasileira de Relações Públicas – ABRP, foi membro-fundadora da Associação Brasileira de Empresas de Relações Públicas – Aberp e do Sindicato Nacional das Empresas de Comunicação – Sinco.

Vida acadêmica

Por mais de 10 anos Vera Giangrande foi professora de Relações Públicas na Fundação Armando Álvares Penteado – FAAP e na Escola Superior de Propaganda e Marketing – ESPM.

A professora Vera não perdia a oportunidade de ensinar aos seus alunos a diferença entre o bom e o mau profissional de relações públicas.

Ela afirmava que no âmbito das Relações Públicas há dois aspectos que merecem ser analisados e discutidos. O primeiro refere-se à imagem constitucional, ou seja, aquela que é criada e cristaliza-se à medida que um grupo de pessoas constrói uma empresa, uma instituição ou uma entidade e que, portanto não depende apenas do trabalho de Relações Públicas. O segundo, refere-se à imagem corporativa que deve ser espontânea, nascida de expectativas ou demanda de trocas que também não é o profissional de relações públicas quem cria.

Consciência profissional

A partir do início de sua carreira, em 1961, Vera Giangrande passou não só a decifrar os meandros do segmento mas a defendê-lo, unindo-se ao grupo que vinha lutando pela consolidação da profissão de relações públicas no país. Na época, não havia bacharéis na área, mas a Associação Brasileira de Relações Públicas – ABPR, criada em 1954, já impunha critérios rigorosos para aceitar seus 'sócios titulares'

(Alexandre Volpi - *Na Trilha da Excelência. Uma lição de Relações Públicas e encantamento de clientes*, São Paulo, Negócios Editora, 2002, p. 42).

Relações Públicas e pessoais
A meta do profissional de RP é substituir o preconceito pelo conceito, o isolamento pela integração e a animosidade pelo diálogo

Esses dois aspectos ou estas duas imagens devem estar alicerçadas em bases éticas, corporativas e institucionais. Não são criadas pelos profissionais de Relações Públicas, porém são organizadas por eles, que devem fazer com que sirvam como um produto de consumo para todos os públicos. "Sem trabalhar todos os públicos de uma empresa, esvazia-se a imagem, que acaba sendo vista fracionadamente por alguns. E se ele não for para todos, não será perene e não se tornará, ao final do tempo, um signo. Este é o objetivo que buscamos quando fazemos Relações Públicas: criar uma imagem tão forte que se torne um signo".

Incursões pioneiras

Entre seus pioneirismos podemos destacar que ela foi a primeira profissional brasileira de relações públicas a se submeter ao exame da Public Relations Society of América – PRSA (Sociedade Americana de Relações Públicas). Aprovada, recebeu o certificado, que somente cerca de dois mil alcançaram.

Em 1984 foi procurada pela rede de restaurantes *fast food* McDonald's, quando somente funcionavam duas lojas no país (a primeira, inaugurada em 1979, em Copacabana, Rio de Janeiro, e a outra, na Avenida Paulista, em São Paulo). Vera cuidou pessoalmente da conta. No final de 1992, quando deixou a Inform, o McDonald's estava com cem restaurantes. Também foi Vera a responsável pelo lançamento do "McDia Feliz", em que a renda é destinada a entidades que fazem tratamento de câncer infantil.

Para o Grupo Fenícia, a Inform trabalhou na expansão das Lojas Arapuá. Vera também foi a responsável pelo projeto Memória Vera Cruz (que na década 1950 produziu filmes em escala industrial). Graças a esse trabalho, o acervo não foi apagado da memória nacional.

No dia 3 de julho de 1989, Vera foi a primeira mulher rotariana do Brasil. "O tradicional reduto masculino de profissionais e empresários de sucesso foi obrigado a reconhecer que possuir atributos como honestidade no trabalho e empenho para melhorar a sociedade não era privilégio exclusivo dos homens" (Volpi, 2002: 81).

Ela assumiu a 2ª Secretaria em 1990/1991 e tornou-se Secretária de 1991 a 1992. Foi presidente de 1993 a 1994, sagrando-se também uma das primeiras mulheres a chegar à presidência do Rotary.

Epílogo emblemático

Vera Giangrande faleceu no dia 22 de agosto de 2000, com 69 anos, dentro do ônibus da companhia aérea, na pista do aeroporto de Congonhas, em São Paulo. Ela estava de malas prontas, a caminho do Rio Grande do Sul, onde cumpriria mais uma agenda de palestras.

O último capítulo

Jornais e revistas do Brasil renderam-lhe merecidas homenagens. Dentre elas destacamos o tributo feito pelo professor José Marques de Melo, seu amigo pessoal, e o depoimento do seu patrão, Abílio Diniz. O primeiro focalizou o "perfil batalhador" e o segundo classificou-a como "profissional insubstituível".

Palavras para descrever Vera Giangrande não faltam. A homenagem do Grupo Pão de Açúcar e de todos os seus funcionários, em anúncios de página inteira publicado em 24 de agosto de 2002, nos jornais *O Estado de S. Paulo, Folha de S. Paulo* e *Diário Popular*, reflete muito bem o sentimento de carinho e o reconhecimento pelo legado que ela nos deixou.

Cartaz difundido em todo o país

Saber ouvir

"Nós latinos, somos ótimos em falar, falar, falar, falar. É preciso contrariar um pouco a latinidade e passar a ouvir, ouvir e ouvir. Aí, sim, saberemos atender, por que o grande segredo do atendimento é este: saber ouvir"

Saber ouvir era, para Vera Giangrande, o segredo da comunicação, o que nos remete à etimologia da palavra comunicação, que significa compartilhar, tornar comum, desencadear um processo participativo. O saber ouvir outorga ao outro o direito da palavra, dando-lhe voz. Quando sabemos ouvir, permitimos que o jogo polifônico, dialógico se instaure e se comunguem em objetivos comuns ou não.

O consumidor, hoje, faz parte dessa polifonia, pois passou a ter voz, direitos. Isso ocorreu em grande parte graças ao trabalho de Vera Giangrande como Relações Públicas e Ombudsman, a partir do momento que atuou com uma habilidade comunicacional polifônica.

A comunicação bidirecional, em detrimento da unidirecional, fez com que as relações entre empresa, instituição e consumidor nunca mais fossem as mesmas. *"A meu ver, quem quer conseguir a excelência na comunicação deve, por um lado, ser levemente pirado, um tanto quanto neurótico, neurose em pequenas dose é ótimo, é pimenta. Por outro lado, deve estar motivado. Eu diria que a motivação às vezes substitui com vantagem a neuros"* (Vera Giangrande).

Ombudsman é uma palavra sueca comum de dois gêneros e tem como principal significado, designar o profissional treinado para ouvir queixas e providenciar soluções (Na língua sueca, *man significa ser humano e não homem, como no inglês. Portanto, não há a flexão no feminino ombudswoman*).

O primeiro *ombudsman* de que se tem notícia no mundo apareceu em 1809 no Parlamento da Suécia. Em 1940, a Organização das Nações Unidas – ONU recomendou a prática aos países-membros.

No Brasil, a primeira foi Maria Lúcia Zulszke, que a partir de 1985, exerceu a função na Rhodia.

Em 1986, foi que se ouviu falar pela primeira vez da palavra *ombudsman* no Brasil, quando a prefeitura de Curitiba implantou a novidade. O termo se popularizou , quando o jornal Folha de S. Paulo indicou um jornalista para ser o representante do leitor.

Os profissionais mais populares da virada do início dos anos de 1990 eram Caio Túlio Costa, que defendeu os leitores da *Folha de S. Paulo*, entre 1989 e 1991 e Mario Vitor Santos, que o sucedeu .

Estima-se que no Brasil haja , hoje, em torno de 300 *ombudsman*. No início, eram restritos à área privada e, atualmente, é chamado de ouvidor - nome dado aos juízes das capitanias hereditárias do Brasil colonial.

O papel da mulher

O papel da mulher sempre foi dicotômico na história da humanidade - ora era vista como a sedutora Lilith, ora como a maternal Maria. Por séculos, foi representado pelo sagrado e pelo profano, por santas como Teresa D'Ávila que apesar de extremamente culta e com pensamentos à frente de sua época imortalizou-se pela santidade ou pela sedutora Lucrécia Bórgia que também era uma mulher instruída, mas devido a seu comportamento lascivo imortalizou-se pelo seu lado profano.

No decorrer dos séculos, cada vez mais parecia ficar muito difícil para a mulher ter um outro papel, construir-se socialmente longe destes dois estereótipos, lutar contra os preconceitos que ainda permeiam nossa sociedade, buscar sua autonomia, liberdade e identidade dentro de uma cultura que as exclui há séculos.

No século XX, são dados os primeiros passos em busca dessa identidade diversificada dos papéis que secularmente escreveram para elas. Ganha força o comportamento de mulheres como Chiquinha Gonzaga, Gertrude Stein, Isadora Duncan, Wirginia Wolf, que adentraram ao universo masculino. O papel da mulher começava, gradativamente, a mudar. Até mesmo devido às duas grandes guerras mundiais, as mulheres foram empurradas para as indústrias, a fim de assumir as funções dos homens.

Começava a delinear-se um novo perfil: o da mãe e esposa abnegadas, mas também uma mulher que começava a tomar consciência de seu protagonismo e espaço no mundo do trabalho.

Com a chegada dos Anos 60, a contracultura e a pílula anticoncepcional fizeram com que a mulher se libertasse sexualmente, tivesse participação ativa nos movimentos feministas e de classes, adentrando definitivamente ao mercado de trabalho.

Estrela midiática

José Marques de Melo

"Vera Giangrande faleceu emblematicamente na arena de trabalho. Preparava-se para cumprir missão profissional em Porto Alegre, quando um enfarto a surpreendeu no aeroporto de São Paulo antes do embarque. Esse seu perfil batalhador, inerente a uma personalidade vibrante e responsável, despertava o interesse da mídia pelas atividades que desempenhava. Ela se convertera numa estrela midiática. Eram freqüentes suas aparições na imprensa, no rádio, na televisão, em anúncios publicitários e outdoors. Foram muitas Veras e todas eram, verdadeiramente, relações públicas.

Fonte: MARQUES DE MELO, José – A esfinge midiática, São Paulo, Paulus, 2004, p. 288

Insubstituível

Abílio Diniz

Se havia uma unanimidade na Companhia Brasileira de Distribuição (CBD), era Vera Giangrande. Nós não nos atrevemos a sair em busca de alguém para substituí-la como ombudsman. Não conseguimos forças para romper essa inércia e quase chegamos a acreditar em pessoas insubstituíveis.

"A partir de hoje, o céu vai ser um lugar melhor para se morar"

Hoje cedo, quando Deus foi abrir a porta do céu, Dona Vera estava lá. Olhando tudo, observando, querendo saber, perguntando e ouvindo todos. E quando alguém lhe disse :
- Mas, Dona Vera, aqui é o Paraíso! - ela provavelmente respondeu:
- Tudo bem, mas, se der para melhorar, a gente melhora.
E nós que ficamos aqui sem ela, sentimos um vazio, um nó na garganta, uma saudade grande. E só deixamos transparecer nossa tristeza porque Dona Vera não está mais aqui. Senão ela ia dizer:
– Que cara é essa, gente? Vamos pra frente, consumidor não gosta de cara triste, bota um sorriso nesse lábio e vamos fazer melhor.
Tá bom, Dona Vera. A gente vai chorar por dentro e sorrir por fora, mas só vamos fazer isso porque já faz parte da gente sua alegria de encantar a todos e também porque sabemos que as suas idéias nunca vão morrer.

(Dona Vera Gingrande 04/01/31 – 22/08/2000).
(Uma homenagem do Grupo Pão de Açúcar e todos os seus funcionários.
Transcrito do Jornal Folha de S.Paulo, P. A11, 24/08/2000).

Para entender Vera Giangrande

– Em co-autoria com Cláudio Felisoni DE ÂNGELO, Vera GIANGRANDE publicou o livro **Marketing de Relacionamento no Varejo**. São Paulo: Atlas, 1999.

"A obra trabalha em três dimensões: as qualificações da mão-de-obra e o treinamento, os métodos e sistemas para melhorar o atendimento e avaliação e mediação do desempenho do atendimento. Combina textos mais analíticos com outros que reportam importantes experiências relacionadas ao setor".

Para conhecer Vera Giangrande

DINIZ, Ana Maria. Vera Giangrande uma revolução no Pão de Açúcar. IN: Revista **Extra** setembro/ outubro, n. 4, pag 39.

GOBBI, SANTOS & SANTOS. Vera Giangrande: uma história de encantamento, Anais da Escola Latino-Americana de Comunicação. Disponível na Cátedra Unesco de Comunicação, na Universidade Metodista de São Paulo, CELACOM 2002

MARQUES DE MELLO, José. O legado emblemático de Vera Giangrande. IN: **Comunicação & Sociedade** *nr. 34*. São Bernardo do Campo: Umesp, 2000.

VOLPI, Alexandre. **Na trilha da Excelência**. Uma lição de Relações Públicas e Encantamento do cliente. São Paulo: Negócio Editora, 2002.

Frei Caneca
Xavier da Veiga
David Moreira Caldas
Costa Rego
Auricélio Penteado
Jorge Antônio Salomão
Carlos Rizzini
Alceu Amoroso Lima
Roberto Marinho
Danton Jobim
José Reis
Vera Giangrande
Adalgisa Nery
Aparício Torelly
Josué de Castro
Pompeu de Sousa
Erico Verissimo
Vladimir Herzog

XII

ADALGISA NERY
A jornalista que revolucionou
o comentário político

Ana Arruda Callado

Ana Arruda Callado doutorou-se em Comunicação e Cultura na UFRJ e é autora de quatro biografias de mulheres – *Dona Maria José*, sobre Maria José Barbosa Lima, *Jenny – Amazona, valquíria e vitória régia*, sobre a escritora e jornalista Jenny Pimentel Borba, *Adalgisa Nery*, sobre a poetisa, jornalista e política, e, *Maria Martins, uma biografia*, sobre a escultora surrealista – e de uma novela policial, *Uma aula de matar*. Jornalista, foi repórter, redatora, chefe de reportagem do *Diário Carioca*, chefe de redação do jornal diário experimental *O Sol*, editora do Caderno I (de Infantil) do *Jornal do Brasil* e da revista *Estudos Feministas*. Durante mais de 20 anos deu aulas na UFF, na PUC-Rio e na UFRJ. Presidiu o Conselho Administrativo da Associação Brasileira de Imprensa – ABI, e preside, atualmente, o Conselho Estadual de Cultura. Recebeu, em 2004, o Prêmio Luiz Beltrão de Ciências da Comunicação na categoria Maturidade Acadêmica.

empre tive minhas desconfianças em relação a autobiografias e confissões. A mais famosa das confissões escritas, que é também a primeira grande autobiografia que se conhece, a de Santo Agostinho, ou Aurelius Agostinus, filósofo, doutor da Igreja Católica, foi glosada recentemente em um romance delicioso, *Vita brevis*. Do mesmo autor de *O mundo de Sofia*, Jostein Gaarder, este pequeno e perturbador livro pretende ser uma carta escrita ao autor de *Confissões*, então bispo de Hipona, pela amante que ele abandonara ao se converter. Floria Emília, com quem Agostinho – ou Aurélio, como ela o trata na carta fictícia – tivera um filho, que a mãe nunca mais pôde ver, critica violentamente essas confissões. Porque o que Agostinho, agora bispo, chama de pecados, para ela – e para ele, na ocasião em que os cometeu – são belos momentos de amor, abençoados por Deus.

O patrão de Adalgisa

Como vêem, gosto de recorrer à literatura para melhor entender a história. Também – e até diria principalmente – à literatura produzida por jornalistas. Por isso, de Santo Agostinho passo a outro pecador, Samuel Wainer, o patrão de Adalgisa cronista política. Samuel não se penitencia, como o bispo de Hipona, mas conta detalhadamente seus pecados nas memórias escritas por outro jornalista, depois de sua morte – é verdade que com base em depoimentos gravados pelo próprio Samuel e entregues ao escriba do livro pela filha Pinky Wainer. O fundador da *Última Hora*, grande inovador da imprensa brasileira, fala neste livro, *Minha razão de viver*, com um desdém muito pouco disfarçado da jornalista Adalgisa Nery, que ele contratara nos tempos de *Diretrizes*.

Bem antes de fundar a *Última Hora,* que é de 1951, Samuel tinha feito renome com este atuante periódico. Lançado em 1938, apenas cinco meses depois da decretação do Estado Novo, *Diretrizes* tinha em seu corpo editorial muitos comunistas notórios, como Jorge Amado e Otávio Malta, inclusive um dos fundadores do Partido Comunista do Brasil, o crítico literário e historiador Astrogildo Pereira. Logo tornou-se o mais importante semanário de cultura do país.

Nas memórias, Wainer conta um de seus truques para driblar a censura da ditadura getulista:

"A composição do conselho diretor da revista, montado depois da constatação de que a existência de Diretrizes *não seria efêmera, é uma prova desses cuidados. Nele figuravam nomes como Astrogildo Pereira, um dos fundadores do PCB, e Graciliano Ramos, um opositor histórico do Estado Novo. Mas ali também estava, por exemplo, a poetisa Adalgisa Nery, casada com Lourival Fontes, o todo-poderoso chefe do DIP. Adalgisa, uma linda mulher, escrevia textos interessantes, não era preciso ser indulgente para publicá-los. Mas o fato de ser casada com Lourival Fontes, naturalmente, valorizava sua presença na redação de* Diretrizes *e oferecia à revista algum tipo de segurança".*

A musa dos salões do Catete

Adalgisa, viúva de Ismael Nery, se casara com Lourival Fontes em 1940, para espanto de seus muitos amigos e admiradores – alguns abertamente apaixonados, como Murilo Mendes, outros mais enrustidos, como Drummond e Graciliano – quando estava totalmente dedicada a sua poesia e freqüentava os meios literários nos quais Lourival, embora olhado com desconfiança por muitos dos escritores, em sua maioria esquerdistas, também transitava. Passou, então, de musa da Livraria São José, ponto de encontro dos intelectuais do Rio de Janeiro, para musa dos salões do Catete.

Fantasiada de Atlântida em baile de gala

Aliás, para se ter em mente a dubiedade e a confusão ideológica que sempre impregnou a política brasileira, e que com Getúlio se tornou ainda mais forte, e desta maneira poder admirar mais a combatividade do jornalismo político de Adalgisa, é preciso falar um pouco de Lourival Fontes. Admirador entusiasta de Mussolini e do fascismo, Lourival havia se convertido ao catolicismo impressionado com a morte de Jackson de Figueiredo, "guru" católico de figuras como Ismael Nery, pintor, primeiro marido de Adalgisa, Alceu Amoroso Lima, pensador católico liberal, um dos mais lúcidos oponentes da ditadura militar instaurada em 64, e o advogado Sobral Pinto, famoso por seu anticomunismo militante e por ter defendido o prisioneiro Luís Carlos Prestes, líder do Partido Comunista do Brasil.

Enquanto chefe da poderosa repartição que garantia a censura de opinião no Brasil, Lourival mantinha uma forte amizade com o pintor Candido Portinari, ícone do Partido Comunista

Brasileiro. Os dois jogavam cartas enquanto batiam longos papos no apartamento do pintor. Outro amigo do peito de Lourival era então o escritor José Lins do Rego.

O tempo passou e tanto Samuel quanto Adalgisa haviam mudado bastante. Estava-se no segundo governo de Getúlio Vargas – ou no terceiro, se se conta o provisório, de 30 a 37, e o estadonovista, de 37 a 45, como os dois primeiros – e o presidente era o mais mudado dos três personagens, pois havia sido eleito diretamente pelo povo e era agora um presidente constitucional; não mais "Gegê, o pai dos pobres", mas o Presidente Vargas democrata.

Adalgisa continuava getulista, mas não era mais casada com Lourival Fontes e freqüentava o grupo político que iria fundar a Frente Parlamentar Nacionalista. Samuel, opositor do Estado Novo, comunista, era agora o principal defensor do governo Getúlio – atacado sistematicamente no resto da chamada grande imprensa – utilizando para isso o jornal que fundara com auxílio pessoal do presidente, que lhe abrira os cofres da Carteira de Crédito Agrícola do Banco do Brasil.

Com o tradutor alemão Curt Meyer-Clason

Adalgisa Jornalista

No mesmo livro de memórias, duzentas páginas adiante do comentário sobre as crônicas literárias de Adalgisa em *Diretrizes*, Wainer fala, com as mesmas restrições de antes, desta segunda Adalgisa jornalista, a cronista política da *Última Hora*.

> *"Em certos casos, uma coluna na* Última Hora *significou um trampolim seguro para a notoriedade. Foi o que ocorreu com Adalgisa Nery, que eu conhecera ainda casada com Lourival Fontes e cuja beleza marcou minha geração. Em meados da década de 50, um amigo de Adalgisa telefonou-me para informar que ela se encontrava internada num hospital, com a saúde muito debilitada, e precisava de ajuda. Adalgisa já deixara de ser a linda mulher de outros tempos. Imediatamente, encomendei-lhe um artigo, fixando uma remuneração bastante satisfatória. O texto chegou dois dias depois e me alegrou pela contundência. Adalgisa era mulher dura, quase perversa, e tinha um estilo extremamente forte. Apesar dos erros de ortografia, escrevia bem. Publiquei o artigo no segundo caderno. Logo recebi outro texto e, em seguida, um telefonema de Adalgisa.*
> *- Eu não fico em caderno de mulher - disse-me ela. - Quero o caderno dos homens, quero o primeiro caderno. Achei justo."*

Assim nasceu a Adalgisa cronista política. Separada, tendo conhecido de perto os bastidores da política e seus principais personagens, durante o tempo em que fora primeira dama do DIP e freqüentara as ante-salas e mesmo as salas do Palácio do Catete, provocando ciúmes na primeira filha Alzirinha, pois Getúlio a ouvia sobre temas políticos, Adalgisa partiu para a luta. Sua coluna na *Última Hora*, "Retrato Sem Retoque", publicada diariamente de 1954 a 1966, teve um tal impacto entre os leitores que ela foi eleita, sem fazer qualquer propaganda, para a Assembléia Constituinte do Estado da Guanabara, em 1960. A coluna não foi, como maldosamente diz Wainer, "um trampolim seguro para a notoriedade", pois a dama do Estado Novo e a poetisa Adalgisa já eram bem conhecidas no Rio de Janeiro, mas de fato um trampolim para uma brilhante carreira política.

Os leitores/eleitores sufragariam seu nome em duas outras eleições sucessivas, fazendo aparecer e se desenvolver uma outra *persona* de Adalgisa, a deputada aplicada e indômita – adjetivo que lhe foi atribuído por Carlos Drummond de Andrade em crônica escrita no dia seguinte de sua morte.

Com "Retrato Sem Retoque" Adalgisa comprou briga com muitos poderosos. O primeiro deles foi Assis Chateaubriand, seu amigo dos tempos das ante-salas do poder, que se elegera senador pela Paraíba em 52 mas não conseguira se reeleger em 54. Inconformado, conseguiu a renúncia do senador maranhense Antônio Alexandre Baima e do suplente Newton de Barros Belo, abrindo uma vaga no Senado que ele então facilmente veio a preencher. Em um artigo intitulado "Arranjos políticos", Adalgisa Nery deu sua versão sobre o preço da barganha feita "para que o nosso piloto das milhas aéreas vá pousar no Palácio Monroe", então sede do Senado Federal no Rio de Janeiro. Segundo ela, Baima recebera de Chateaubriand e de Vitorino Freire, "o Deus dos Exércitos do Maranhão", um bom emprego, um ótimo apartamento "com ar-refrigerado" – aqui é preciso fazer uma pausa e lembrar *Aurora*, a marchinha de Carnaval: "um lindo apartamento com porteiro e elevador, e ar refrigerado para os dias de calor" – e "um ou dois Cadillacs". Eram os símbolos de riqueza da época.

Ao ler aquilo, o dono dos Associados mandou publicar um "A pedidos" na primeira página do *Diário da Noite*. Sem ser citada nominalmente, Adalgisa Nery era chamada de "cinqüentona devassa, infiel ao corpo, à alma e à decência conjugal", que tinha sido mobilizada "para esse piquenique de carnes de vacas desnutridas". A nota concluía com mais agressão: "Essa infeliz tem o nosso perdão. É que o tempo já a tendo rifado dos festins de Vênus, ela teima em ficar nos cartazes, para que, quando dela não se use (por imprestável para o amor), pelo menos dela se fale". A nota de péssimo gosto era assinada por uma "dona Chochota Pestana".

Os insultos iriam continuar e aumentar, em artigo que Chateaubriand assina com o próprio nome, "Uma matrona tarada", publicado em todos os jornais da grande cadeia associada.

"Quem calunia sem ter provas deve ser um tarado. Foi o que fez miseravelmente a vulgar sexagenária [nota: Adalgisa tinha apenas 49 anos, mas aumentar-lhe a idade era o que o machismo desvairado encontrava para ferir] que inventou, em sua malvadez de virago, que arquitetou em sua crueldade de degenerada, que urdiu na sua frieza de alma, desnuda de um filão de bondade humana, mentiras para difamar os senadores Vitorino Freire e Antônio Baima. Em sua fantasia depravada, a sórdida alcoveta escreveu apenas isto: que Cadillacs e apartamentos foram mobilizados por mim para comprar uma vaga de senador pelo Maranhão. É a imundície comunista, é a torpeza dos brasileiros assalariados de Moscou que a miserável foi buscar para lançar contra os homens públicos do Maranhão e contra o redator desta coluna. Seria contra ela o 'A pedidos' que d. Chochota Pestana trouxe ao nosso balcão há dias? Nenhum de nós acredita. Porque também aquilo seria demais para cretina tão parva, para difamadora tão reles."

Eis um bom exemplo do estilo jornalístico do grande Assis Chateaubriand, que também foi praticado por muitas outras lendas do jornalismo brasileiro.

Já o estilo de Adalgisa pode bem ser avaliado pelo início desse artigo que enfureceu "o rei do Brasil", na qualificação de Fernando Moraes.

"Gostaria de saber por que o meu dinâmico e infatigável Chateaubriand vai candidatar-se pelo Maranhão, depois de ser derrotado no seu Estado – Paraíba. Gostaria de saber se o Maranhão é casa da Mãe Joana na qual o vigoroso, ardente e esperto senador Vitorino Freire manda e desmanda sem lei nem aborrecimentos com a Justiça. (...) O meu carinhoso e quadrimotor Chateaubriand ficou sem os votos dos paraibanos e danou-se todo, como dizem os nordestinos, foi para casa e pensou: 'qual é o Estado mais infeliz, aquele que não tem dono, o que não tem amparo, não tem dinheiro, não tem povo vivo, não tem voz ativa para reclamar?' Pensou, pensou, foi buscar o mapa do Brasil e começou a escorregar o dedo desde o Acre. De repente parou no Maranhão. Telefonou imediatamente para Vitorino, apesar do relógio marcar quatro horas da manhã e na calada da noite houve uma certa combinação. (...) Mas, e a vaga? Essa agora! O ágil Vitorino cortou as dificuldades. Arrumaria o senador atual da cadeira num bom emprego, daria por fora um ótimo apartamento com ar refrigerado, um ou dois Cadillacs, coisa tão fácil de obter, mandaria vir do Maranhão três ou quatro escravos que fizessem de empregados domésticos, e diante de tanta vantagem como não aceitaria desocupar o lugar o senador Baima?"

A polemista

Os artigos na coluna "Retrato Sem Retoque" deram a Adalgisa Nery outro inimigo de peso: o jornal *Correio da Manhã*. Carlos Drummond de Andrade, que escrevera crônicas no jornal de Paulo Bittencourt, revelou, ao lamentar, em 1974, o fim do *Correio*, jornal sempre lembrado por seu espírito de luta e como uma vítima do regime militarista, que fora ali censurado ao querer falar elogiosamente na amiga. "Tive bastante liberdade de opinar e satirizar, mas cortaram de minha crônica o nome de Adalgisa Nery, escritora, porque como jornalista assumira posição contrária à de Paulo na questão do petróleo. O *Correio* tinha sua lista negra".

Autografando no escritório da José Olympio

Adalgisa defendia o monopólio estatal de petróleo e Paulo Bittencourt tinha interesses em refinarias particulares. (Aliás, a questão do petróleo também já havia sido a causa, em 1949, da saída de Carlos Lacerda do *Correio da Manhã*, embora este não tivesse a posição nacionalista de Adalgisa. Quando Lacerda escreveu criticando uma família proprietária de refinaria, os Soares Sampaio, Paulo Bittencourt vetou o artigo. Lacerda deixou o jornal mas levou o título de sua coluna, "Tribuna da Imprensa", que tornou-se o nome do jornal que iria em seguida fundar.)

Ninguém escapava da máquina de escrever ferina de Adalgisa. Em fevereiro de 1955, o general Juarez Távora lançava sua candidatura à Presidência. Dia seguinte, no "Retrato Sem Retoque", Adalgisa indagava:

"O que é isso, meu garboso general Juarez Távora? Você não declarou, e creio mesmo que assinou um papel, dizendo que não era candidato à Presidência da República? Como foi essa história de mandar fazer em silêncio seus cartazes de propaganda? Por sinal que são muito feios, de muito mau gosto. (...) Agora explique para nós como foi que mudou de opinião. O que aconteceu para passar uma borracha no que havia escrito? As águas de Araxá transformam tanto assim as convicções dos enfermos do fígado? E agora, como é que vamos acreditar em você?"

Quando Otávio Mangabeira, que já fora ministro do Exterior e governador da Bahia, afirma como candidato a deputado federal que "quem foi rei não perde a majestade", nossa cronista não perdoa. Em artigo com o título "Mangabeira, Selassié e Beijos", ela dispara: "Essa coisa de dizer 'quem foi rei sempre tem majestade' é uma bobagem. Nem os reis de sangue azul valem mais nada, nem aqueles que foram injetados nas veias com azul-de-metileno no período do exercício de uma função de prestígio conservam a majestade como sinete. O medalhão Otávio Mangabeira aprendeu essa frase e vive dela, pensando que alguém acredita nas suas acuidades e penetrações políticas de alto calibre para a solução dos problemas atuais." Lembra com sarcasmo o momento em que "o imperador Selassié beija com demasiada humildade a ponta dos dedos do general MacArthur" e pede a Mangabeira que fique "naquela majestade que antecedeu a visita do general Eisenhower a nós".

Para os que não lembram, em agosto de 1946, o general Eisenhower, herói norte-americano da Segunda Guerra Mundial – e em 1953 eleito presidente de seu país – esteve no Brasil e foi saudado, no Congresso constituinte, por Mangabeira. Este, num gesto tresloucado, depois do discurso ajoelhou-se e beijou a mão do general. O flagrante correu o mundo e fez a fama de um, até então, fotógrafo desconhecido: Ibrahim Sued.

Mas o ataque que trouxe reais dissabores a Adalgisa foi o que ela dirigiu – com todo o embasamento necessário a uma denúncia séria – ao almirante Augusto Rademaker. Em 1963, no artigo, "Cisne Negro" – título alusivo ao popular hino da Marinha do Brasil, *Cisne Branco* – , ela contava que haviam sido jogadas fora toneladas de tinta compradas para pintar os navios de guerra, com a alegação de que não tinham o tom exato; foram depois compradas outras tantas toneladas, mais escuras. A troca de cor dos navios e as compras sucessivas não passavam de uma grande negociata.

O almirante Augusto Rademaker, envolvido no episódio, e que tornou-se Ministro da Marinha com o golpe de 1964, considerou o artigo um insulto à Marinha como instituição e ameaçou processar Adalgisa e o jornal. As provas que a cronista juntou, com ajuda de outros jornalistas e de militares amigos, fez o almirante desistir do processo. Mas não esquecer. Em 30 de agosto de 69, com o agravamento do estado de saúde do presidente Costa e Silva, o Alto Comando das Forças Armadas instituiu uma Junta Militar para assumir a Presidência. O representante da Marinha na Junta era exatamente Rademaker, que agora não precisava de processo algum para punir a jornalista enxerida, agora deputada estadual. Em 17 de outubro de 1969, veio a cassação pura e simples, irrecorrível.

Foi um golpe violento para Adalgisa. Ela já não tinha a coluna da *Última Hora* – Samuel Wainer não agüentou mais que dois anos as pressões dos militares "linha dura" e de outros poderosos que se sentiam ofendidos com suas denúncias – e estava com planos para sua vida política; já tinha prontos "santinhos" e panfletos da campanha eleitoral de 70, quando se lançaria candidata a deputada federal. Foi-lhe cassada também a Ordem do Mérito Naval. Embora abatida, Adalgisa escreve longa carta aos seus carrascos, ao devolver a condecoração. No fim, diz:

"Por vivência e presciência humana e política, sei que a vida não é feita com as tintas claras e puras das madrugadas em crescimento, mas de pastosas tintas cinzentas que prenunciam as trevas." A alusão às tintas cinzentas, longe de ser metáfora de gosto duvidoso, é a denúncia do verdadeiro motivo da cassação.

Muito amada e muito só

"Retrato Sem Retoque" também não acabou sem luta por parte de Adalgisa, que, ao ser demitida da *Última Hora*, teve que acionar o jornal para ver reconhecidos seus direitos. Em maio de 1963, "para fim exclusivo de prova junto ao sindicato de jornalistas", a *Última Hora* atestava que "Adalgisa Nery é funcionária desde 16 de maio de 1957, exercendo as funções de redatora". O atestado foi guardado com a seguinte anotação, na letra imensa de Adalgisa: "Errado. Comecei em 5/11/1954". Na ação trabalhista, o jornal tentou também mudar a data de admissão, mas Adalgisa, embora tenha tido que fazer acordo no referente à indenização, ganhou a parada quanto ao tempo de serviço.

Em 1963, uma seleção das crônicas políticas de Adalgisa Nery foi lançada em livro pela Civilização Brasileira, com grande êxito de vendas. Mas ela também teve que empreender uma batalha para receber seus direitos autorais.

Voltemos às autobiografias. Adalgisa Nery estava no auge de sua atividade jornalística e de militante nacionalista, atendendo a convites para fazer conferências pelo país todo, no maior sucesso, em 1959, quando lançou seu romance autobiográfico *A imaginária*. Não é um livro de uma triunfadora; é belo, mas amargo. Fala de seus sofrimentos de menina, de adolescente e de ainda adolescente mulher do inquieto intelectual Ismael Nery. E depois de uma vida de grandes êxitos, após a cassação política, sua vida voltou a ser só sofrimento. "Muito amada e muito só" foi o subtítulo posto pela editora Relume Dumará no livro que escrevi sobre Adalgisa. Nossa cronista política morreu em uma clínica para idosos, na qual passou seus últimos quatro anos de vida e para onde foi, sozinha e de táxi, por vontade própria.

Sua morte ocorreu em 1980. Em 1998, a editora da Fundação Getúlio Vargas, em cooperação com a Assembléia Legislativa do Estado do Rio de Janeiro e o Núcleo de Memória Política Carioca e Fluminense, publicou um livro de depoimentos com o título *Crônica política do Rio de Janeiro*. Barbosa Lima Sobrinho, Villas-Bôas Corrêa, Murilo Melo Filho, Pedro do Couto, Márcio Moreira Alves, Rogério Coelho Neto e Paulo Branco falaram de sua atividade jornalística e da política em âmbito nacional e local. Citaram colegas, fontes e políticos que foram notícia durante quase todo o século XX. O índice onomástico deste livro, que teve a coordenação da competente Marieta de Moraes Ferreira, tem cerca de 600 entradas. Mas o nome de Adalgisa Nery não aparece.

Por que?

Frei Caneca
Xavier da Veiga
David Moreira Caldas
Costa Rego
Auricélio Penteado
Jorge Antônio Salomão
Carlos Rizzini
Alceu Amoroso Lima
Roberto Marinho
Danton Jobim
José Reis
Vera Giangrande
Adalgisa Nery
Aparício Torelly
Josué de Castro
Pompeu de Sousa
Erico Verissimo
Vladimir Herzog

XIII

APARÍCIO TORELLY
O Barão de Itararé: do humorismo cáustico à ironia demolidora

Marialva Barbosa

Marialva Carlos Barbosa é professora titular do Departamento de Estudos Culturais e Mídia e do Programa de Pós-Graduação em Comunicação da Universidade Federal Fluminense (UFF). Mestre e doutora em História pela UFF, possui pós-doutorado em Comunicação pelo CNRS-LAIOS (França). Pesquisadora do CNPq e Cientista do Nosso Estado da Faperj, dedica-se há várias décadas à pesquisa histórica dos meios de comunicação no Brasil. É coordenadora dos Núcleos de Pesquisa da Intercom e do GT de Jornalismo da Rede Nacional de Pesquisadores de História da Mídia. Coordena o Laboratório de Mídia e História no Programa de Pós-Graduação da UFF e é autora de História Cultural da Imprensa – Brasil (1900-2000), publicado em 2007, pela MAUADX e de Percursos do Olhar: Comunicação, Narrativa e Memória, também publicado em 2007 pela EDUFF.

« Ao fundo, Apporelly arrumava cartas sobre uma pequena mesa redonda, entranhado numa infinita paciência. Avizinhei-me dele, pedi notícias do livro que me anunciara antes: a biografia do Barão de Itararé. Como ia esse ilustre fidalgo? A narrativa ainda não começara, as glórias do senhor barão conservavam-se espalhadas no jornal. Ficariam assim, com certeza: o panegirista não se decidia a por em ordem os feitos do notável personagem". Graciliano Ramos, in Memórias do Cárcere.

O texto escrito por Graciliano Ramos em Memórias do Cárcere, descrevendo o dia-a-dia do Barão de Itararé na Casa de Detenção, durante o Estado Novo, tem dois propósitos: serve de introdução a essa reflexão que, certamente, não poderá dar conta da biografia desse gaúcho, que passou mais da metade de sua vida no Rio de Janeiro; e mostra que a partir de determinados traços do passado, deixados como vestígios, podemos recuperar uma dada história de uma época.

Se ele mesmo, Aparício Fernando de Brinkerhoff Torelly, não conseguiu transformar sua vida em livro, ficando o sonho da autobiografia inacabado, não serei eu, agora, quase setenta anos depois, que conseguirei dar conta dessa tarefa, para completar a galeria dos personagens ilustres da imprensa brasileira, que figuram neste livro. Assim, o que farei aqui é apenas uma breve reflexão, entremeada de narrativas que chegaram até nós e que compõem o personagem Barão de Itararé.

APARÍCIO TORELLY   O Barão de Itararé: do humorismo cáustico à ironia demolidora

Foto de Aparício Torelly no dossiê de identificação do DIP, durante o Estado Novo

O passado mítico do jornalismo

Instaurar a correlação imprensa e história é, em última análise, o que pretendemos, ao trazer à cena a figura emblemática do Barão de Itararé e do jornal *A Manha*, criado por ele, no Rio de Janeiro, em 1926 e que circulou, com períodos de interrupção, até 1952. Mas estabelecer essa conexão é considerar as falas que chegam até nós – sob a forma de resquícios e traços do passado – como singulares, nas quais emergem questões mais complexas do que a simples rememoração desse passado. Contida nos relatos está a problemática da memória que se faz pela reconstrução a partir do lugar que ocupamos no presente. Além disso, o passado é, sempre, em certa medida, mitificado a partir de imperativos localizados também nesse presente histórico.

Lembrar, portanto, o Barão de Itararé é comemorar o passado mítico do jornalismo, sua identidade atrelada à questão do poder simbólico que os jornalistas possuem na sociedade, é celebrar uma identidade comum, possuindo essa ação social função de integração.

Pensar a correlação imprensa e história, também, não é pensar o passado isolado nele mesmo. O valor do estudo do passado está na re-interpretação que pode fornecer perspectivas sobre o presente. Os fatos não são dados objetivos ou descobertas. Na verdade são elaborados a partir do tipo de pergunta que se faz acerca dos fenômenos que se colocam diante do pesquisador.

Pensar historicamente a imprensa e seus personagens é construir reflexões em torno da questão da memória, da produção dos discursos, da subjetividade, dos liames culturais e das relações de poder. Por outro lado, a relação imprensa e história se faz também pela busca dos vestígios, dos sinais, dos emblemas memoráveis que se inscrevem nas práticas discursivas. E são esses emblemas, sinais, vestígios que buscamos para remontar a trajetória de Aparício Torelly.

Primeira página do primeiro número de *A Manha* (13 de maio de 1926) Acervo Biblioteca Nacional

Também não interessa saber até que ponto essas histórias que povoam o imaginário dos jornalistas, sobre esse autor de frases célebres e chistes irônicos e que perduram de maneira tênue na memória do grupo, são, de fato, verdadeiras ou não. O que importa é que Aparício Fernando Torelly ou simplesmente o Barão de Itararé passou à história como um apaixonado pelo jornalismo, que fazia da escrita e de suas frases curtas e irônicas a arma para demolição dos poderosos. O seu humor cáustico fustigava as grandes figuras do Estado, de acordo com as narrativas, até a segunda metade do século passado. O Barão de grande barba branca transformou-se numa espécie de símbolo de resistência à prepotência, através do seu bom-humor e da sua ironia.

Humorismo jornalístico

Figura complexa, personagem mitificado na história da imprensa brasileira, fundador do célebre jornal humorístico *A Manha*, Aparício Torelly, nasceu no Rio Grande do Sul, perto da fronteira com o Uruguai em 1895. Ainda que tivesse a intenção inicial de ser advogado, matricula-se por influência da família na Faculdade de Medicina de Porto Alegre, abandonando o curso no quarto ano. Já nessa época, como a maioria dos jovens jornalistas do seu tempo, divide suas tarefas entre a faculdade e o exercício do jornalismo, publicando textos em revistas gaúchas. É desse período o seu primeiro jornal de humor: *O Chico*.

Aos trinta anos vem tentar a sorte no jornalismo do então Distrito Federal. Chegando ao Rio, encontra uma imprensa em pleno período de expansão. Em 1925, existiam na cidade do Rio de Janeiro 22 periódicos regulares, fora os de vida efêmera. Entre os mais importantes, figuravam o *Correio da Manhã*, a *Gazeta de Notícias*, o *Jornal do Commercio*, o *Jornal do Brasil*, *O Imparcial*, *O Jornal* e *A Noite*. Naquele mesmo ano, Irineu Marinho funda *O Globo*. E foi neste jornal, no seu primeiro ano de funcionamento, que Aparício estrearia na imprensa carioca, contratado pelo próprio Irineu, para fazer crônicas ao preço de 300 mil réis por mês.

Aparício e os filhos

Com a morte de Irineu, transfere-se para o jornal que fazia das notícias de sensação o mote para o seu sucesso: *A Manhã*, fundada por Mario Rodrigues. Lá Aparício estréia assinando crônicas na primeira página nos primeiros dias de janeiro de 1926. Ainda neste mesmo ano deixa o jornal de Mário Rodrigues e tirando apenas um til do nome do periódico, funda o seu *A Manha*, em 13 de maio. Num texto característico da época para anunciar novas publicações, *A Manha* destacou o aparecimento do novo semanário humorístico.

> *Circulou ontem o primeiro número desse novo semanário humorístico dirigido por Apporelly. O nome do seu diretor já é uma garantia para o sucesso que A Manha alcançou. Ao novel, manhoso e simpático colega, nossos votos de prosperidade.* (A Manhã, *14 de maio de 1926*).

O primeiro número, uma homenagem ao 13 de maio, trazia na primeira página, logo abaixo do título, o subtítulo com a sua marca humorística: *órgão de ataques... De riso*. Abaixo o nome do diretor-proprietário: Apporelly, uma mistura de Aparício e Torelly, e como era conhecido o Barão. Ainda na primeira página em quatro colunas, caricaturas de Andrés Guevara (que trabalharia com Apporelly até os anos 1950) e de políticos da época. O artigo de fundo, com o programa do jornal, em tom brincalhão anunciava:

Jornal do Povo, o jornal "sério" do Barão, durou apenas dez dias

> *"O nosso objetivo é careca como um busto de bronze do Rio Branco e está com a calva a mostra; pretendemos fundar uma revista do supremo espírito. Para tal contamos com a Graça de Deus, com as boas graças do futuro presidente da República e com as melhores graças de outros ilustres colaboradores".* (A Manha, *13 de abril de 1926*)

Jornal de um homem só

Contrariando a tendência da imprensa no início do século XX, na cidade do Rio de Janeiro, onde os jornais já se constituam como verdadeiras "fábri-

Na casa de detenção

cas de notícias", o jornal de Apporelly era exemplo da coexistência de múltiplos padrões empresariais na imprensa. *A Manha* continuava sendo o jornal de um único homem, que tudo fazia: redigia, paginava, dirigia, enquanto na maioria dos grandes periódicos existia uma clara divisão do trabalho no interior dessas já complexas unidades produtivas.

No gabinete situado no quinto andar do edifício do então Cinema Império, na Cinelândia, no centro do Rio, se fechava por dias inteiros e escrevia sozinho o jornal. Populariza assim sua verve humorística e faz da crítica o tom quotidiano no periódico. É dessa época também o seu projeto de criação do *Jornal do Povo*, que circulou durante apenas dez dias, em outubro de 1934, divulgando as posições do Partido Comunista Brasileiro e publicando manifestos e declarações dos membros do PCB.

Após a experiência, volta-se a se dedicar integralmente ao jornal *A Manha*. A crítica que exercia no seu jornal fez dele alvo fácil de inúmeras perseguições: fechamento do periódico, seqüestro e prisões. Logo após a aprovação de Lei de Segurança Nacional, em 1935, Aparício é preso em 9 de dezembro daquele ano. Depois de um período na Polícia Central e no navio presídio Pedro I, que ficava ancorado ao largo da Baia de Guanabara (quando deixa crescer a barba, "uma barba de Pedro II cultivada a bordo de Pedro I", como costumava dizer), é transferido para a Casa de Detenção, onde ficaria até dezembro do ano seguinte. Lá vai para o Pavilhão dos Primários e teria a companhia de Hermes Lima, Eneida de Moraes, Nise da Silveira e Graciliano Ramos.

> "A chegada mais rumorosa foi a de Apporelly. Estávamos recolhidos; a Rádio Libertadora, em meio do programa, comunicou o sucesso. – Fala o Barão – exigiram de vários cubículos"..

Exemplar de *A Manha* de 27 de abril de 1925, com a famosa frase do Barão: "além dos aviões de carreira, há qualquer coisa no ar"

Nas suas *Memórias*, Graciliano narra o projeto de Apporelly de aproveitar o tempo na prisão para escrever a biografia completa do Barão de Itararé. O projeto, entretanto, nunca se concretizou. A prisão o deixava, segundo os vestígios trazidos até nós pela narrativa memorável do velho Graça, alquebrado, sem forças, doente.

Quando saiu da prisão, às vésperas do Natal de 1936, o jornal que ele vinha publicando há mais de 10 anos estava fechado. Com a ajuda dos amigos reabriu *A Manha*, mas com o período censório do Estado Novo, no ano seguinte, o jornal desapareceria de circulação mais uma vez. Apporelly vai então trabalhar como cronista no *Diário de Notícias*. Em 1939, é novamente preso e a partir daí, até o final do Estado Novo, esse seria um fato rotineiro em sua vida.

Com o fim do Estado Novo, *A Manha* reaparece. Apporelly faz uma sociedade temporária com Arnon de Melo (pai do ex-presidente Collor de Melo), alagoano que queria entrar no mundo da política, o que possibilita o ressurgimento do periódico. Esta segunda fase se estende, com dificuldades, até 1952, com períodos de interrupção.

No final da década de 1940, o jornal estava mais uma vez em franca dificuldade financeira. O mundo mudara. O humor de Apporelly já não possuía a mesma verve, naquele pós-guerra. Para tentar resolver os problemas financeiros, cria, em 1949, o Almanaque de *A Manha* (o *Almanhaque*), reunindo os melhores trabalhos publicados pelo jornal. Com os recursos obtidos com a venda do Almanaque, consegue relançar o jornal, que havia deixado de circular em 1948.

Última foto de Aparício Torelly

O jornal ressurge, então, em 1950, agora em São Paulo. Durante dois anos, será publicado esporadicamente, até setembro de 1952, quando desaparece definitivamente.

Na trilha do esquecimento

Com a morte do jornal, Apporelly também caminha para o fim. Numa entrevista concedida em 1965, ou seja, treze anos depois que o último número circulou, ainda falava no sonho da volta do jornal: "A Manha está em repouso, ou melhor, está repousando. Dum momento para outro ela poderá revoltar. Revoltar, quer dizer, tornar a voltar". (In: FIGUEIREDO, 1988)

Em 27 de novembro de 1971, aos 76 anos, morre no Rio de Janeiro o Barão de Itararé. O texto de Jorge Amado tentando explicar porque Aparício Torelly, apesar de algumas de suas frases fazerem parte, ainda hoje, do anedotário da imprensa, foi colocado na categoria de personagem esquecido pelo público, coloca em cena uma reflexão final. Para Jorge Amado, o esquecimento deveu-se a um motivo eminentemente político: na ditadura militar era perigoso lembrar um personagem crítico e cáustico como o Barão de Itararé.

Exemplar do "Jornal do Povo" encontrado pela polícia política num "aparelho" em 1935, junto com armas, munição e livros de Lenin

Claro que em certa medida, podemos considerar a razão apontada pelo escritor. Mas há outros motivos para o esquecimento. O esquecimento é também uma operação memorável, que envolve estratégias do grupo e da sociedade.

Para lembrar ou para esquecer não é suficiente remontar uma trajetória. O ponto de origem, o começo de tudo e os fatos que se seguem, não são suficientes para organizar uma dada identidade de um personagem. São necessários elos temporais, uma trajetória marcada por rupturas, os acontecimentos que trazemos a cena. Um tempo vazio de acontecimentos é um tempo vazio de lembranças.

Nesse sentido, o movimento do grupo de jornalistas, sobretudo, a partir da década de 1950 é na direção de construir uma identidade nova, peculiar, e de preferência sem elos com o passado imemorial e personagens de outros tempos. O jornalismo moderno, autosuficiente, e construído no profissionalismo implantado inicialmente pelos jovens jornalistas da década de 1950, que incorporam o ideal de objetividade, e posteriormente, já na década de 1970, pelas grandes corporações midiáticas, não precisa e nem quer um patrono como o Barão de Itararé. Figura de um tempo da imprensa, em que o improviso, o artesanal, o pessoal era o dominante na cena. Uma imprensa identificada com o arcaísmo.

O Barão não foi um empreendedor. Representante de um jornalismo romântico e romantizado na memória que chega do passado, ele é emblema dos velhos parâmetros da imprensa e, dessa forma, não se constitui como exemplo para as gerações que se forjaram sob a égide da modernização.

Há que se considerar ainda que reconstruir a trajetória de vida de Apporelly hoje significa dar fisionomia a determinados acontecimentos considerados pelo pesquisador do presente como significativos para construir a identidade desse mesmo personagem. Portanto, o que fizemos aqui foi construir um *momento de discurso*, que trouxe à cena o Barão de Itararé a partir de acontecimentos que se tornaram memoráveis em outros discursos. Discursos ficcionais, mas que informam sobre o mundo em que foram produzidos. E dessa forma informam também sobre os homens que viveram nesse mundo.

O jovem gaúcho chega ao Rio

"Esse jovem gaúcho desaguou na cidade do Rio de Janeiro na maré cheia da Revolução de 30. Não amarrou o seu cavalo no Obelisco, como ameaçaram fazer conterrâneos seus no calor e na retórica dos comícios da Aliança Liberal que, após a perda das eleições, tomaram as armas e partiram em direção à Capital da República". (Jorge Amado, 1985)

As loucas reportagens

"Durante os anos que se seguiram fez-se conhecer e ganhou fama sob o pseudônimo de Apporelly, com que assinou os primeiros grandes sucessos jornalísticos, fazendo a cidade (e logo depois o país inteiro) rir com as peripécias de um raide automobilístico pelas ruas do Rio de Janeiro e de outras loucas reportagens. Incorporou-se naquele então, na figura de 'nosso querido Diretor', o onipotente proprietário do jornal, antes de vir a ser o famoso Barão de Itararé, o que veio acontecer com o aparecimento de A Manha, popularíssimo semanário que ele, sozinho, redigiu, paginou e dirigiu durante anos e anos". (Jorge Amado, 1985)

Dom Quixote nacional

Não houve no Brasil, na década de 40, escritor mais unanimemente lido e admirado do que o humorista cujo riso, ao mesmo tempo bonachão e ferino, fazia a crítica aguda e mordaz da sociedade brasileira e lutava pelas causas populares. Mais do que um pseudônimo, o Barão de Itararé foi um personagem vivo e atuante, uma espécie de Dom Quixote nacional, malandro, generoso e gozador, a lutar contra as mazelas e os malfeitos. (Jorge Amado: 1985)

As memórias do Barão

"Volume grosso, um calhau no formato dos de Emil Ludwig. É a história completa do homem, a ampliação dos ridículos que publiquei na Manha. Veremos os princípios do Barão, a vida política, os negócios, a maneira como adquiriu o título. Um dia Itararé descobriu uma volumosa ladroeira oficial e denunciou os responsáveis numa longa campanha moralizadora. Aos íntimos explicou-se: 'Patifes! Canalhas! Para uma transação como essa não me convidam'. Enfim quinhentas páginas grandes. Acho que terei o volume pronto num ano; com certeza não nos largarão antes." (Graciliano Ramos, *Memórias do Cárcere*)

Apporelly no cárcere

"Doía-me a paciência triste dele, aparentemente alegre. Não passava mal o dia, mas à noite, apagadas as luzes, entrava a aperrear-se, em forte agitação. De repente, erguia-se num tremor convulso, batendo os dentes, a arquejar. Isso me dava um sono incompleto. Abandonava o travesseiro, agarrava o doente até que ele se acalmasse. Atormentava-me. Iria Apporelly morrer-me nos braços? Por fim o meu ato era mecânico: as despertar já me achava seguro a ele, tentando um socorro impossível." (Graciliano Ramos, *Memórias do Cárcere*)

O silêncio envolveu a figura do Barão

Eu o conheci, a Aparício Torelly, nos idos de 30, apresentado por outro gaúcho imenso de talento e coração: Raul Bopp. Fomos amigos durante toda a sua vida, juntos trabalhamos, rimos, militamos, conspiramos, purgamos pena de prisão, acreditamos em verdades e em mentiras, batalhamos nossa batalha de Itararé. Depois, após a morte de Aparício Torelly, o silêncio envolveu a figura do Barão, encoberta pelos histriônicos generais da ditadura militar. (Jorge Amado: 1985)

Para conhecer o Barão de Itararé

AMADO, Jorge. Prefácio a 1ª Edição de *Máximas e Mínimas do Barão de Itararé. Coletânea* organizada por Afonso Félix de Souza. Rio de Janeiro: Record, 1985.

RAMOS, Graciliano. *Memórias do Cárcere.*

FIGUEIREDO, Cláudio. *As duas vidas de Aparício Torelly. O Barão de Itararé.* Rio de Janeiro: Record, 1988.

A Manhã, 14 de maio de 1926.

A *Manha*, 13 de abril de 1926.

Frei Caneca
Xavier da Veiga
David Moreira Caldas
Costa Rego
Auricélio Penteado
Jorge Antônio Salomão
Carlos Rizzini
Alceu Amoroso Lima
Roberto Marinho
Danton Jobim
José Reis
Vera Giangrande
Adalgisa Nery
Aparício Torelly
Josué de Castro
Pompeu de Sousa
Erico Verissimo
Vladimir Herzog

XIV

JOSUÉ DE CASTRO
O divulgador científico que agendou a fome no mapa mundial

José Marques de Melo

José Marques de Melo é Bacharel em Jornalismo e Doutor em Ciências da Comunicação. Professor Emérito da Escola de Comunicações e Artes da Universidade de São Paulo. Idealizador da Rede Alfredo de Carvalho para a preservação da memória e a construção da história da Imprensa no Brasil.

C ientista tão desconhecido, hoje, das novas gerações quanto a problemática que emplacou na agenda mundial, Josué de Castro tem sido vítima daquela "conspiração de silêncio" a que ele próprio atribuiu a escassez de bibliografia sobre a fome, no pós-guerra.

Naquele momento, Josué acusava a imprensa de ser responsável pelo tratamento distorcido e preconceituoso da fome coletiva que então vitimava dois terços da humanidade. Ele foi sem dúvida um dos principais responsáveis pela campanha internacional destinada a eliminar o flagelo da desnutrição.

Tal esforço começou na Conferência de Alimentação, convocada pela Liga das Nações, em 1943. As quarenta e quatro nações ali representadas se comprometeram a apagar do mapa demográfico mundial as "manchas negras representando núcleos de populações subnutridas e famintas", instituindo um "plano mundial de combate à fome" que pretendia "satisfazer a mais fundamental das necessidades humanas –a necessidade de alimentos".[1]

1 CASTRO, José – Geografia da fome, 16a.ed, Rio de Janeiro, Civilização Brasileira, 2003, p. 15.

Josué de Castro esteve, desde jovem, na liderança da vanguarda nordestina que enfrentou com destemor e determinação aquela conspiração odiosa, mobilizando a consciência crítica do país e do planeta para remover a catástrofe representada pelas carências alimentares dos habitantes de todos os continentes, especialmente das regiões empobrecidas.

Ele não se limitou a disseminar o conhecimento sobre a questão alimentar entre os seus pares da academia ou junto ao mundo intelectual. Revelou-se também um precoce divulgador científico, tornando-se difusor permanente das suas próprias idéias, bem como das teses sobre as carências nutricionais e as estratégias para superá-las internacionalmente. Para tanto, fez uso constante da imprensa, publicando artigos, bem como da mídia eletrônica, dando entrevistas e participando de debates.

Conspiração de silêncio

"É realmente estranho, chocante o fato de que, num mundo como o nosso, caracterizado por tão excessiva capacidade de escrever-se e publicar-se, haja até hoje tão pouca coisa escrita acerca do fenômeno da fome, em suas diferentes manifestações. Quais são os fatores ocultos desta verdadeira conspiração de silêncio em torno da fome? Trata-se de um silêncio premeditado pela própria alma da cultura: foram os interesses e os preconceitos de ordem moral e de ordem política e econômica de nossa chamada civilização ocidental que tomaram a fome um tema proibido, ou pelo menos pouco aconselhável de ser abordado publicamente."

Fonte: CASTRO, Josué – *Geografia da fome* (Prefácio da última edição, incluído no livro "Fome, Um Tema Proibido". Rio de Janeiro, Civilização Brasileira 2003. Organizadora: Anna Maria de Castro)

Vanguarda nordestina

"A composição dessa vanguarda regional está explícita na Geografia da Fome, obra clássica publicada em 1946, com que Josué de Castro ganhou notoriedade. Ele faz uma lista parcimoniosa, incluindo o pernambucano Orlando Parahym, os baianos Thales de Azevedo e Edson Carneiro, o potiguar Luis da Câmara Cascudo, o paraibano Américo de Almeida e a cearense Raquel de Queiroz.

Cada um deles abriu, a seu modo, picadas incomensuráveis para quebrar o tabu da fome na medicina, na literatura e nas ciências sociais. Nenhum porém o fez com a firmeza e persistência de Josué de Castro, convertendo-se por isso mesmo em paladino da luta contra a fome de alimentos e fazendo jus a merecidas honrarias no exterior, como a que o consagrou em 1954, quando recebeu a "Medalha Internacional da Paz".

Fonte: MARQUES DE MELO, José – A divulgação científica na obra de Josué de Castro, *Anuário Unesco/ Umesp de Comunicação Regional*, n. 8, São Bernardo do Campo, Editora Metodista, 2005, p. 95

Campanha internacional

Esse esforço começou na Conferência de Alimentação, convocada pela Liga das Nações, em 1943. As quarenta e quatro nações ali representadas se comprometeram a apagar do mapa demográfico mundial as "manchas negras representando núcleos de populações subnutridas e famintas", instituindo um "plano mundial de combate à fome" que pretendia "satisfazer a mais fundamental das necessidades humanas –a necessidade de alimentos".

Não obstante os esforços realizados desde então, "a fome continua a afrontar a dignidade humana e a impedir o desenvolvimento dos indivíduos", como disse enfaticamente o hoje Ministro da Saúde Humberto Costa, no seminário que a Fundação Joaquim Nabuco dedicou a Josué de Castro, em 2001, na cidade do Recife. Tanto assim que a Cúpula Mundial de Segurança Alimentar, promovida pela Organização das Nações Unidas, em 1996, reconhecia a persistência de milhões de subnutridos no mundo, estabelecendo a meta de "reduzir à metade o número de pessoas famintas até 2015".

Devemos creditar a Josué de Castro e a outros idealistas que se engajaram nessa batalha contra a fome, agora transformada em bandeira nacional, pelo Presidente Lula, o pequeno avanço contabilizado na última década do século XX. Nesse período, houve uma "diminuição total de 116 milhões de famintos", ocorrida principalmente em "grandes países como China, Indonésia, Nigéria e Brasil, por seu consistente crescimento econômico e agrícola".

Fonte: MARQUES DE MELO, José – A divulgação científica na obra de Josué de Castro, *Anuário Unesco/ Umesp de Comunicação Regional*, n. 8, São Bernardo do Campo, Editora Metodista, 20052005, pp. 93-94

Aprendizado doloroso

Nascido na cidade do Recife em 1908, ele forjou sua personalidade como "menino pobre acostumado à liberdade das ruas do bairro da Madalena, onde morou dos 8 aos 14 anos de idade".[2] Depois de estudar em tradicionais colégios pernambucanos, Josué satisfez a vontade dos pais, indo completar sua formação superior na consagrada Faculdade de Medicina da Bahia. Em 1925, mudou-se para o Rio de Janeiro, onde se diploma quatro anos depois pela Faculdade Nacional de Medicina da Universidade do Brasil.

Retornando ao Recife, em 1930, depois de fazer estágio na Universidade de Columbia e no Medical Center de Nova York, ele instala o "primeiro consultório em doenças de nutrição da cidade", tornando-se, em pouco tempo, o "médico da moda".[3]

Contratado por uma fábrica do Recife para "aumentar a produtividade de seus funcionários", ele se depara com a causa principal do baixo desempenho ocupacional daqueles operários, ou seja, o "estado de penúria em que (...) viviam"[4]. Tais evidências conduziram ao inquérito "As condições de vida das classes operárias do Recife", base empírica para a reflexão teórica contida na tese de livre docência "O problema fisiológico da alimentação no Brasil", defendida em 1932 na Faculdade de Medicina do Recife.

As observações de campo desse período inicial da sua experiência médica motivaram dois trabalhos acadêmicos integrados, onde estão esboçadas as teses posteriormente sistematizas em sua clássica trilogia *Geografia da Fome* (1946), *Geopolítica da Fome* (1951) e *O livro negro da fome* (1960).

Contudo, seu aprendizado sobre o drama da fome deu-se bem antes, quando testemunhou a batalha cotidiana dos seus companheiros de infância, habitantes dos mangues recifenses, retirando da lama o alimento que lhes garantia a sobrevivência. Essa dolorosa experiência ele retratou poeticamente em *Homens e Carangueijos* (1965), romance onde destaca a gênese da sua aventura cognitiva no universo dos famélicos.

[2] CASTRO, Anna Maria de – Cronologia, In: CASTRO, Josué de – Fome, um tema proibido, Rio de Janeiro, Civilização Brasileira, 2003, p. 185.

[3] CASTRO, Anna Maria de – Cronologia, In: CASTRO, Josué de – Fome, um tema proibido, Rio de Janeiro, Civilização Brasileira, 2003, p. 186.

[4] CASTRO, Anna Maria de – Cronologia, In: CASTRO, Josué de – Fome, um tema proibido, Rio de Janeiro, Civilização Brasileira, 2003, p. 186.

Tal foi o impacto emotivo dessa convivência com os moleques dos manguezais recifenses que Josué de Castro a eles dedicaria solidariedade plena. Percorrendo secas e mecas para enfrentar obstáculos poderosos e tabus seculares, no sentido de ajudá-los a resgatar a humanidade perdida na luta pela subsistência cotidiana. E escreveu pungentes palavras a propósito desse aprendizado seminal.

Intelectual militante

Josué de Castro transformou a retórica em ação. Toda a sua carreira como cientista e homem público foi dedicada inteiramente à causa dos famintos e desnutridos.

A primeira evidência do seu empenho intelectual está na decisão de chefiar. Em 1933, o primeiro inquérito sobre as condições de vida da classe operária do Recife, pesquisa depois ampliada para outras regiões do país. Convicto de que a solução para o problema da fome dos nordestinos dependia de providências do Estado nacional, ele decide transferir para a capital federal o território da sua luta.

"Sou um homem interessado no espetáculo do mundo" (Josué de Castro)

JOSUÉ DE CASTRO O divulgador científico que agendou a fome no mapa mundial

No Rio de Janeiro, publica em 1935 o primeiro manifesto contra o preconceito das elites nacionais. Seu livro *Alimentação e raça* "procurava desnudar de vez o conceito de raças inferiores ao explicar que a fome era a causa da suposta preguiça, indolência, pouca inteligência e pouca aptidão ao trabalho dos negros e índios".[5]

Nesse mesmo ano, assume a chefia do Serviço Central de Alimentação do Instituto de Aposentadoria e Pensões dos Industriários, tornando-se também membro da Comissão de Inquérito para Estudo da Alimentação do Povo Brasileiro, realizado pelo Departamento Nacional de Saúde Pública.

Sua vida profissional bifurca-se, a partir de então, em duas rotas distintas, mas convergentes: na academia e no serviço público.

5 CASTRO, Anna Maria de – Cronologia, In: CASTRO, Josué de – Fome, um tema proibido, Rio de Janeiro, Civilização Brasileira, 2003, p.187.

A lama dos mangues do Recife foi a minha Sorbonne

"Procuro mostrar neste livro de ficção que não foi na Sorbonne, nem em qualquer outra universidade sábia, que travei conhecimento com o fenômeno da fome. O fenômeno se revelou espontaneamente a meus olhos nos mangues do Capibaribe, nos bairros miseráveis da cidade do Recife:Afogados, Pina, Santo Amaro, Ilha do Leite. Esta é que foi a minha Sorbonne: a lama dos mangues do Recife, fervilhando de caranguejos e povoada de seres humanos feitos de carne de carangueijo, pensando e sentindo como carangueijos. Seres anfíbios – habitantes da terra e da água, meio homens e meio bichos. Alimentados na infância com caldo de carangueijo: este leite da lama. Seres humanos que se faziam assim irmãos de leite dos carangueijos. Que aprendiam a engatinhar e a andar com os carangueijos da lama e que depois de terem bebido na infância este leite de lama, de se terem emlambuzado com o caldo grosso da lama dos mangues, de se terem impregnado do seu cheiro de terra podre e de maresia, nunca mais se podiam libertar desta crosta de lama que os tornava tão parecidos com os carangueijos, seus irmãos, com as duras carapuças também enlambuzadas de lama".

Fonte: CASTRO, Josué – Homens e Carangueijos, 2ª. ed., Rio de Janeiro, Civilização Brasileira, 2001, p. 10

Minha ternura para a sociedade dos mangues

"A primeira sociedade com que travei conhecimento foi a sociedade dos carangueijos. Depois, a dos homens habitantes dos mangues, irmãos de leite dos carangueijos. Só muito depois é que vim a conhecer outra sociedade dos homens – a grande sociedade. E devo dizer com toda a franqueza que, de tudo que vi e aprendi na vida, observando estes vários tipos de sociedade, fui levado a reservar, até hoje, a maior parcela da minha ternura para a sociedade dos mangues – a sociedade dos carangueijos e dos homens, seus irmãos de leite, ambos filhos da lama."

Fonte: CASTRO, Josué – Homens e Carangueijos, 2ª. ed., Rio de Janeiro, Civilização Brasileira, 2001, p. 13

Com a intenção implícita de fortalecer e legitimar suas teses científicas, ele aceita o convite do baiano Anísio Teixeira para se tornar professor catedrático da Universidade do Distrito Federal, onde convive, de 1935 a 1938, com figuras de proa da intelectualidade brasileira, entre eles o alagoano Arhur Ramos e e o pernambucano Gilberto Freyre. Quando o Estado Novo destrói aquele ousado projeto universitário, Josué de Castro transfere-se para a Faculdade Nacional de Filosofia da Universidade do Brasil, onde envereda pelo campo da Geografia Humana, ali atuando de 1940 a 1964, quando foi cassado pelo nosso último governo militar.

Ele, contudo, não abandona sua atuação no campo da Saúde. Ministra cursos sobre Alimentação e Nutrição no Departamento Nacional de Saúde Pública e coordena em 1940 o primeiro curso de especialização em Nutrição da Universidade do Brasil, depois de haver estagiado no Instituto Bioquímico de Roma e publicado em Milão o estudo Alimentazione e Acclimatazione Umana nei Tropici (1939). Fundou a seguir a Sociedade Brasileira de Alimentação, além de ter idealizado e dirigido, a partir de 1946, o Instituto de Nutrição da Universidade do Brasil, hoje conhecida como Universidade Federal do Rio de Janeiro.

Essa intenção atividade universitária o projeta definitivamente na vida pública. Tanto assim que recebe convite do governo da Argentina (1942) para estudar os problemas de alimentação naquele país, que ele visitara pela primeira vez em 1933 como estudante de pós-graduação em Nutrição. Nos anos seguintes, cria no Rio de Janeiro o Serviço Técnico de Alimentação Nacional (1943) e o Instituto de Tecnologia Alimentar (1944).

Andarilho internacional

As missões realizadas, em 1945, no México e na República Dominicana alavancam sua brilhante carreira internacional. Em 1947, Josué de Castro passa a integrar o comitê consultivo permanente de Nutrição da FAO – Organização das Nações Unidas para a Agricultura e a Alimentação. No ano seguinte, atua como delegado brasileiro à Primeira Conferência Latino-Americana de Nutrição, promovida pela FAO, em Montevideo, Uruguai, liderando a Segunda Conferência Latino-Americana, realizada no Rio de Janeiro, em 1950. A coroação dessa trajetória ocorre em 1952, quando ele é eleito para presidir o Comitê Executivo da FAO, cargo que ocupa até 1956.

Quando termina sua missão na FAO, onde mobilizara as estruturas governamentais para combater o flagelo da desnutrição, ele decide abrir uma nova frente de batalha, no âmbito da sociedade civil. Funda, em 1957, a Associação Mundial de Luta contra a Fome – ASCOFAM. Empunha, convicto, essa bandeira de luta, visitando a China, o Canadá, a Polônia e tantos outros países, no sentido de apoiar iniciativas e projetos para erradicar a fome da face do planeta.

Essa trajetória de andarilho internacional não o distancia das suas raízes históricas e do seu compromisso afetivo com os famintos do Nordeste Brasileiro. Comovido com o sofrimento dos sertanejos, que amargavam a seca de 1958, ele promove uma discussão nacional que desemboca na criação da SUDENE – Superintendência Nacional

Cientista e homem público, dedicou sua vida à causa dos famintos e desnutridos

Lição de engajamento

"A vida de Josué de Castro foi uma grande lição de engajamento em sua própria realidade, sua própria cultura. Procurou desenvolver toda uma ciência, a partir de um fenômeno que é a manifestação do subdesenvolvimento em sua mais dura expressão: a Fome. Tentou criar uma teoria explicativa para a triste realidade do subdesenvolvimento, da pobreza, da miséria. Tentou modificar a história de seu país. É este homem que o Brasil de hoje precisa deixar de ignorar."

Fonte: CASTRO, Anamaria - *http://www.josuedecastro.com.br/port/*

Levado à morte em tristeza, querendo vir

"Josué é uma das pessoas que eu mais admirei. Eu digo mesmo que Josué é o homem mais inteligente e mais brilhante que eu conheci." (...) "... o diabo é que me dava uma inveja enorme - Josué era brilhante em todas as línguas... Incrível!" (...) "... mas isso do intelectual mais eminente do país, a figura mais importante do território brasileiro, a mais visível... esse, ser levado à morte em tristeza, querendo vir..."

Fonte: RIBEIRO, Darcy – *http://www.josuedecastro.com.br/port/*

Devotado à pátria, ao seu povo

"Ele era apenas um brasileiro - um grande brasileiro. Um cientista, um escritor, um homem público, devotado à sua pátria, ao seu povo..." "...Sabia da injustiça, das nossas mazelas, sabia da fome... e como sabia da fome!"

Fonte: AMADO, Jorge - *http://www.josuedecastro.com.br/port/*

O saber da experiência feita

"Josué de Castro não era um intelectual alienado e encerrado numa torre de marfim; ao contrário, era um homem que juntava ao saber acadêmico o saber adquirido na observação empírica, na reflexão direta da realidade e na absorção da cultura popular, que Camões no século XVI considerava ´o saber da experiência feita`. Ele mostra que não se deixou enganar pelas teorizações de muitos cientistas de renome que, a serviço de países ou de megaempresas, formulavam teorias que beneficiariam as forças econômicas internacionais e justificariam a exploração e a pauperização das populações periféricas, hoje tão acentuadas, com a substituição da fase imperialista pela fase globalizadora, na economia capitalista mundial".

Fonte: ANDRADE, Manuel Correia – Uma releitura crítica da obra de Josué de Castro, In: ANDRADE, Manuel Correia e outros – *Josué de Castro e o Brasil*, São Paulo, Fundação Perseu Abramo, 2003, p. 74

6 CASTRO, Anna Maria de – Bibliografia, In: CASTRO, Josué de – *Fome, um tema proibido*, Rio de Janeiro, Civilização Brasileira, 2003, p. 197-220.

Ver a parte do presente que se projeta no futuro

"Um dos traços fundamentais de Josué de Castro era a sua clarividência. A clarividência é uma virtude que se adquire pela intuição, mas sobretudo pelo estudo. É tentar ver a parte do presente que se projeta no futuro."

Fonte: SANTOS, Milton - *http://www.josuedecastro.com.br/port/*

Pensamento de Josué de Castro

"Os países do Terceiro Mundo são subdesenvolvidos, não por razões naturais - pela força das coisas – mas por razões históricas - pela força das circunstâncias."

"Na verdade, o subdesenvolvimento não é a ausência de desenvolvimento, mas o produto de um tipo universal de desenvolvimento mal conduzido."

"Só um novo tipo de homens capazes de ousar pensar, ousar refletir e de ousar passar à ação poderá realizar uma verdadeira economia baseada no desenvolvimento humano e equilibrado."

"A paz depende mais do que nunca do equilíbrio econômico do mundo."

"A tecnologia não é boa nem má. É a sua utilização que lhe dá sentido ético."

"Para dominar realmente o problema do meio ambiente, seria preciso, além de uma ampla consulta geral indispensável, a autoridade de um "governo mundial",

ou, se a expressão o incomoda, de uma instância planetária soberana a ser definida."

Fonte: CASTRO, Josué - *http://www.josuedecastro.com.br/port/*

Josué de Castro: auto-retrato

"Cedo me dei conta desse estranho mimetismo: os homens se assemelhando em tudo aos caranguejos. Arrastando-se, acachapando-se como caranguejos para poderem sobreviver"

"E quando cresci e saí pelo mundo afora, vendo outras paisagens, me apercebi com nova surpresa que o que eu pensava ser um fenômeno local, era um drama universal"

"Sou um homem interessado no espetáculo do mundo"

"Nós não podemos passivamente esperar o futuro, pois, assim, seremos esmagados por ele. O homem de hoje tem que criar o seu futuro. Já não podemos ficar como espectadores."

"Não se morre só de enfarte, ou de glomero-nefrite crônica... Morre-se também de saudade."

Fonte: CASTRO, Josué - *http://www.josuedecastro.com.br/port/*

O andarilho internacional em luta contra a fome

para o Desenvolvimento do Nordeste. Como reconhecimento da sua atuação pública, em favor dos pobres e desvalidos, ele ganha um segundo mandato como deputado, tendo sido reeleito para representar o Estado de Pernambuco na Câmara Federal e ostentando o título de parlamentar mais votado do Nordeste.

Em 1960, foi eleito presidente do Comitê Governamental da Campanha de Luta contra a Fome, sendo convocado, dois anos depois pelo Presidente João Goulart, para a função de Embaixador-Chefe da Delegação do Brasil junto à ONU, em Genebra, renunciando imediatamente depois ao seu mandato de deputado federal para melhor cumprir suas tarefas nos organismos internacionais. Ele se torna o Representante do Brasil junto ao Conselho de Administração da OIT – Organização Internacional do Trabalho e recebe indicação, em 1963, para o Prêmio Nobel da Paz.

Quando os militares dão o golpe de Estado de 1964, Josué de Castro figura na primeira lista de cidadãos brasileiros que tiveram seus direitos políticos cassados. Sua atitude não poderia ser outra, senão demitir-se do cargo de Embaixador-Chefe do Brasil nos organismos da ONU sediados em Genebra. Impedido de voltar ao país, ele obtém asilo político na França, onde passa a dedicar-se em tempo integral à campanha contra a fome, assessorando o Instituto de Formação Humana e Pesquisa da ONU e lecionando na Universidade de Paris.

Seu último trabalho diplomático foi a organização da Conferência das Nações Unidas sobre o Meio Ambiente Humano, em Estocolmo, 1972. No ano seguinte ele morre no exílio parisiense, deixando imenso legado humanitário, do qual o mais importante foi o de ter retirado a luta contra a fome do estágio residual em que se encontrava no pós-guerra para convertê-la em tema relevante da agenda mundial.

A mídia como trincheira

A disposição de Josué de Castro para enfrentar a danosa "conspiração do silêncio" alcançou resultados positivos justamente porque ele combinou sua atuação na academia, no parlamento e nos fóruns internacionais com o manejo habilidoso e obstinado da engrenagem midiática.

Seu aprendizado nessa seara começou em 1925, quando publica o primeiro texto literário na Revista de Pernambuco. Trata-se de uma experiência frustrada. Ele escreve, em linguagem rebuscada, um estudo sobre Freud e a literatura, alcançando escassa repercussão na opinião pública. Aprendendo com o insucesso inicial, ele volta à cena em 1927, buscando espaços na imprensa carioca para divulgar ensaios, crônicas e contos. Os resultados foram mais favoráveis, tendo aprendido a se comunicar em linguagem coloquial, o que o credencia para enveredar pela crítica cinematográfica, acolhida por periódicos recifenses como a revista *Para Todos*, bem como os jornais *A Província*, *Jornal Pequeno* e *Jornal do Commércio*.

A carreira como **divulgador científico** desencadeia-se a partir de 1930, ainda na cidade do Recife, onde publica artigos instigantes sobre os tabus alimentares, como "A cozinha moderna é uma necessidade" (Diário da Manhã) e "Ensaio sobre o leite" (A Província).

Mudando-se para o Rio de Janeiro, em 1935, ele dá continuidade a esse diálogo com o público leitor da imprensa de difusão nacional. Estréia com um artigo sóbrio "Hábitos civilizados da província" (A Manhã, do Rio de Janeiro), mas logo a seguir adota o estilo do jornalismo-denúncia, publicando "O ciclo dos carangueijos" (A Platéia de São Paulo).

Josué de Castro intercala artigos de conteúdo educativo, como por exemplo a série "Alimentação racional do povo", publicada pelo jornal carioca A Manhã, com matérias mais contundentes, entre elas "O despertar dos mocambos" e "Mocambo: habitação higiênica", veiculadas em 1936 pelo Diário Carioca.

Desta maneira, ele conquista credibilidade junto aos formadores de opinião pública, demonstrando capacidade de transferir conhecimentos sobre saúde individual e ao mesmo tempo suscitando o interesse público pelas questões de saúde coletiva.

Na primeira vertente, ele escreve sobre "banhos de sol", "preconceitos contra o uso liberal do açúcar", "alimentação racional". Na outra perspectiva, ele enfrenta questões sociais como a "luta contra a malária", "os mocambos do Nordeste" e "política alimentar".

Josué de Castro não apenas exerce a divulgação científica, mas reflete sobre essa práxis. Em l940, ele publica sobre essa questão o ensaio antológico "A ciência popular da alimentação e a falta de divulgação científica" (O Jornal, Rio de Janeiro).

Sua rica hemerografia, organizada por Anna Maria de Castro, revela a preocupação constante em escrever sobre temas de nutrição e suscitar polêmicas sobre a questão da fome, tanto em periódicos destinados a líderes de opinião (economistas, sociólogos, pedagogos) quanto aos cidadãos comuns. Seus textos de divulgação científica não se restringem às publicações brasileiras, abrangendo também publicações do México, Estados Unidos, França, Itália, Suíça, Índia, Japão.

Versatilidade midiática

A obra de Josué de Castro neste segmento midiático, não se limita a textos de natureza jornalística. Ele também exercitou outras formas de expressão. Em 1937, ele se associa a Cecília Meirelles para produzir uma cartilha de educação alimentar destinada ao público infantil, com o título "A festa das letras".

A mais ousada e criativa peça de sua autoria foi sem dúvida o romance *Homens e carangueijos*, escrito no exílio, logo após a cassação dos seus direitos políticos pelo regime militar brasileiro. Ele recorre à ficção para descrever emotivamente o horror da existência (sem perspectivas) de uma comunidade vitimada pelas calamidades ecológicas nordestinas, cuja tábua de salvação é representada pelas palafitas em que apodrecem nos mangues recifenses.

Sua grande paixão foi contudo o cinema. Não é sem razão que a primeira incursão, bem sucedida, no território midiático, ele empreendeu como crítico cinematográfico na imprensa recifense no final dos anos 20. Ele retorna a esse terreno em 1958, escrevendo

JOSUÉ DE CASTRO   O divulgador científico que agendou a fome no mapa mundial

7 CASTRO, Anna Maria de – Bibliografia, In: CASTRO, Josué de – Fome, um tema proibido, Rio de Janeiro, Civilização Brasileira, 2003, p. 193.

8 TENDLER, Silvio – Josué de Castro, cidadão do mundo, Rio de Janeiro, Bárbara Produções, 1995, 1995. 50 min., colorido (Documentário. Fita de vídeo, VHS).

dois roteiros – *Le Cri* – filme produzido na França – e *O drama das secas* – documentário dirigido pelo cineasta Rodolfo Nanni. [7]

Se não encontrou tempo suficiente para dar guarida a sua paixão juvenil, tamanha foi a responsabilidade com que assumiu a batalha política para aplacar a fome ancestral daqueles desvalidos que conheceu profundamente nos manguezais recifenses, que o indomável pernambucano foi recompensado com a película – *Josué de Castro, cidadão do mundo* – em que Silvio Tendler[8] em certo sentido o imortalizou, retirando-o do limbo a que parecia condenado pela amnésia histórica da sociedade brasileira.

Frei Caneca
Xavier da Veiga
David Moreira Caldas
Costa Rego
Auricélio Penteado
Jorge Antônio Salomão
Carlos Rizzini
Alceu Amoroso Lima
Roberto Marinho
Danton Jobim
José Reis
Vera Giangrande
Adalgisa Nery
Aparício Torelly
Josué de Castro
Pompeu de Sousa
Erico Verissimo
Vladimir Herzog

POMPEU DE SOUSA
O jornalista que transformou
o Jornalismo brasileiro

Rosemary Bars Mendez

Rosemary Bars Mendez é doutora em Comunicação Social pela UMESP, editora responsável pelo Jornal de Piracicaba e professora de Jornalismo no ISCA-Faculdades (Limeira/SP).

Quem trabalhou com Pompeu de Sousa se lembra de seus cabelos brancos e de que sempre estava rindo e falando em voz alta. O jornalista marcou a história da imprensa com sua atuação no Diário Carioca, no Rio de Janeiro, pelas inovações nas técnicas jornalísticas, ao introduzir o lead no Jornalismo brasileiro. Entre as atividades que desenvolveu destacam-se a função de editor da Revista Veja, em Brasília; a de fundador do curso de Comunicação Social da UnB, voltado para o mercado de trabalho; e do senador que garantiu, na Constituição de 1988, o fim da censura à imprensa.

Década de transformações

O Brasil vivia na década de 50 transformações econômicas e políticas, ritmo colocado ao mundo após a Segunda Guerra Mundial, dando início ao intenso processo de industrialização. Era o momento em que se buscava a construção do novo na cultura, nas artes plásticas e na poesia, no teatro e na música. Foram os anos que abriram as portas para a modernidade. Acompanhando o desenvolvimento industrial do país, a imprensa brasileira começava a eliminar a resistência ao abandono de suas raízes, as influências européias no modo de fazer Jornalismo, mais opinativo e reflexivo do que informativo.

Nesse período, os jornais brasileiros passaram por verdadeiras mudanças, primeiro na estrutura administrativa para a organização da empresa comercial, momento crucial para a consolidação da indústria cultural. Em segundo lugar, foram introduzidas inovações técnicas, gráficas e editoriais para uma nova formatação do jornal, em sua aparência gráfica e em seu conteúdo editorial. Uma ebulição que envolveu jornalistas preocupados com a linguagem panfletária, apaixonada, utilizada pela maioria dos que escreviam nos jornais brasileiros, formados na prática da redação diária, mas sem o conhecimento específico, especializado e aprimorado que o mercado editorial passaria a exigir com a indústria de comunicação de massa.

Uma mudança estimulada em parte pela influência da imprensa norte-americana (LINS DA SILVA, 1991), pela experiência de jovens jornalistas que viveram nos Estados Unidos, entre eles Pompeu de Sousa, Danton Jobim, Samuel Wainer e Alberto Dines. Pompeu e Danton levaram seus conhecimentos para o *Diário Carioca*; Wainer para o *Última Hora* e Dines, para o *Jornal do Brasil*.

A transformação da imprensa se dava através da linguagem e do design (FERREIRA, 1993). O primeiro jornal a sofrer esta minuciosa e delicada operação para os padrões que imperavam na época foi o *Diário Carioca,* fundado por José Eduardo de Macedo Soares, em 1928. O jornal *Diário Carioca* se destacou na história pela iniciativa de três jornalistas – Pompeu de Sousa, Danton Jobim e Luís Paulistano - que se envolveram na reformulação interna do periódico, para apresentação de um conteúdo jornalístico mais dinâmico e objetivo, com a introdução do *lead* e a presença de uma equipe de copidesque que revisava os textos antes de serem publicados, para que estivessem de acordo com o manual de redação *style book* que ditava as normas técnicas que deveriam ser seguidas.

O Diário Carioca integrou esta referência histórica de transformações da imprensa brasileira devido, sobretudo, ao corpo de jornalistas que se envolvia na produção jornalística inovadora e ousada. Na chefia de redação estava o jornalista que pensou o processo de atualização da linguagem jornalística, Roberto Pompeu de Sousa Brasil. Sua ação pioneira teve como palco a década de 50, propícia para as inovações que aconteciam em todo o país, com o processo de industrialização dos meios de comunicação. O *Diário Carioca* foi o primeiro a aderir às técnicas norte-americanas, introduzindo contribuições que até hoje são reconhecidas como atuais pelo Jornalismo moderno. O passo firme para esta modernização seria a da qualificação editorial, para garantir as necessidades do novo perfil de leitor que a sociedade industrial produzia.

Diário Carioca

Pompeu começou sua carreira como jornalista no *Jornal Meio Dia*, de Joaquim Inojosa, que acompanhava atentamente as relações internacionais com os Estados Unidos e com a Europa, principalmente com a Alemanha. A aproximação do *Meio Dia* com a política alemã, em plena Segunda Guerra Mundial, afastou Pompeu de Sousa de sua redação. A oportunidade profissional teve início com sua decisão, indo trabalhar no *Diário Carioca*, em 1940. Nessa época, o jornal já tinha disposição diferenciada para as matérias, com nova formatação gráfica, sem o joelho (matérias quebradas, que continuam na página seguinte), alinhadas em colunas com começo, meio e fim.

A apresentação gráfica do *DC* demonstrava a preocupação de Danton Jobim com a leitura do jornal, com o espaço e com a quantidade de informações que deveriam ser publicadas. Danton Jobim procurava alternativas para que a imprensa priorizasse seu papel informativo, com notícias curtas, concisas e objetivas para os leitores da década de 40. Uma lição aprendida pelo aluno Pompeu de Sousa, que assimilou todo o ensinamento dado por seu professor, superando-o na iniciativa de inovação técnica ao defender a transformação do jornalismo brasileiro.

Quando Pompeu de Sousa começou no *DC* passou a editar a coluna *Guerra Dia a Dia*, com a publicação de pequenas notas sobre a Segunda Guerra Mundial, com intertítulos informativos para introdução aos fatos cotidianos. Nela, o jornalista sistematizava informações fornecidas por várias agências de notícias, primeiro contato que teve com as técnicas jornalísticas adotadas pelos Estados Unidos, o que lhe permitia comparar as linguagens jornalísticas para a transmissão de informações. Sem espaço fixo para ser publicada, *Guerra Dia a Dia* substituiu a coluna *Situação Mundial*, que era editada pelo próprio Danton Jobim. Porém, a coluna teve vida curta: deixou de ser publicada em dezembro de 1940.

Do Ceará para o Rio de Janeiro

Roberto Pompeu de Sousa chegou ao Rio de Janeiro com 15 anos e carregava na mala o sonho de fazer o curso de Direito. Um sonho que trouxe de sua terra natal, o município cearense de Redenção, onde nasceu no dia 22 de março de 1916. A cidade tem esse nome porque foi a primeira a libertar os escravos, quatro anos antes de todo o Brasil. Sua família era preeminente no Ceará, onde tinha uma fazenda. Oligárquica, dominava a política no Estado do Ceará.

O bisavô Tomás Pompeu de Sousa Brasil (PLIB) nasceu em 1818, em Santa Quitéria. Foi deputado geral entre 1845 e 1847, deputado geral federal em 1848 e senador entre 11 de fevereiro de 1864 e 02 de setembro de 1876. Foram 15 anos de mandato público, além de ter sido sacerdote, professor e, como jornalista, ajudado a fundar o jornal liberal *O Cearense*, em 1846. Assumiu a direção de Instrução Pública do Ceará e fundou o Liceu Cearense, sendo seu primeiro Doutor. Era membro do Instituto Histórico e Geográfico Brasileiro e da Societé de Geographie de Paris. Como político, votou a favor da Lei do Ventre Livre. Quando assumiu a cadeira de senador do Império, abandonou o sacerdócio, época em que teve o filho Antonio Pompeu de Sousa Brasil, médico que também foi eleito deputado provincial do Ceará, pai de Roberto Pompeu de Sousa Brasil.

Aos 18 anos de idade, o filho de Antônio e Olímpia Pompeu de Sousa Brasil foi professor interino de Língua Portuguesa no Colégio Pedro II, no Rio de Janeiro, considerado o colégio padrão do país (DUARTE: 1992). Aos 22 anos, Pompeu de Sousa pisava na redação do *Diário Carioca*, onde ajudaria a construir parte da história da imprensa e que o estimularia a participar da política brasileira.

Pompeu era um homem que admirava os poetas, os escritores brasileiros e portugueses. O poema que mais gostava era de Manuel Bandeira, "*Vou-me embora pra Pasárgada*, um convite que Manuel Bandeira faz ao leitor para ir embora para Pasárgada e tornar-se "amigo do rei", um passeio pelo reino da poesia, lugar utópico onde tudo é possível. Homem das artes e da cultura, era apaixonado por literatura, cinema e artes, com um gosto especial por Guimarães Rosa e Graciliano Ramos. Apreciava Chico Buarque, Cartola e Noel Rosa. Adorava os clássicos, principalmente Mozart, Beethoven e Bach.

A 40° sinfonia de Mozart era a sua preferida, mas sempre ouvia o Adágio, de Romasco Abbinoni, e Bachianas Brasileiras, de Villa-Lobos. Com os amigos se encontrava na Confeitaria Colombo, no centro do Rio de Janeiro. Neste círculo de amizades, incluem-se Prudente de Morais Neto e Castelo Branco, Manuel Bandeira, Carlos Drumond de Andrade, Fernando Sabino, Paulo Mendes Campos, Ziraldo, Nelson Rodriguez e Augusto Frederico Smith.

Começou a trabalhar como jornalista na década de 40, período que os Estados Unidos intensificaram o incentivo ao programa de intercâmbio cultural entre os dois países, com o aval do Departamento de Imprensa e Propaganda (DIP), criado em 1939 por Getúlio Vargas, que administrava o país sob a égide do Estado Novo. No cenário internacional, a Segunda Guerra Mundial fervilhava em terras européias.

Produzindo notícias para o rádio

Pompeu de Sousa foi para os EUA indicado pelo DIP, onde permaneceu durante 22 meses. Neste período trabalhou nas rádios NBC (*National Broadcasting Company*) e CBS (*Columbia Broadcasting System*), como responsável por um noticiário de 15 minutos, além da produção de um radioteatro, que tinha caráter político mais amplo e tratava do papel do Brasil na Segunda Guerra Mundial. A NBC estava instalada no prédio do Rockefeller Center e a CBS foi a primeira a ampliar o setor radiofônico, acompanhando a política de boa vizinhança dos Estados Unidos para com a América Latina.

A Divisão de Rádio do DIP tinha como meta produzir programas para o Brasil com o apoio dos norte-americanos, com o patrocínio de diversas empresas dos EUA, como a General Electric S.A. e a International Telephone, da Telegraph Corp (SOUSA, 2004). O rádio foi o instrumento de maior controle do DIP, pelo alcance populacional. Através da *Hora do Brasil*, transmitia o noticiário governamental e o noticiário enviado de Nova York pela seção brasileira do *The Office of the Coordination of Inter-American Affairs* (OCIAA).

Vários programas noticiosos eram produzidos nos Estados Unidos e retransmitidos para o Brasil (SOUSA, 2004).

Pompeu de Sousa integrou principalmente dois programas: *Braziliam News Broadcast* e o *Daily Brazilian Reviuew,* com comentário político, uma mesa redonda que discutia as notícias da semana. Também produziu os programas *Este é o nosso inimigo*, com 15 minutos de duração e divulgado todas as segundas-feiras; *Estamos em Guerra* e o *Radioteatro das Américas,* programações de repúdio ao nazismo.

Além dos informativos, o jornalista organizava um radioteatro, programa semanal divulgando o sistema democrático dos EUA, numa contraposição ao regime nazista que fervia na Europa, e tratava do papel do Brasil na Segunda Guerra Mundial. Pompeu relembra que todo dia era divulgado um programa de uma hora, que ocupava cinco ou seis dias de trabalho. Ele supervisionava todos os ensaios e a produção na cabine de controle com o diretor, e, além disso, escrevia e lia ao microfone um programa de 15 minutos sobre os acontecimentos do dia, as operações de guerra. Aos sábados, apresentava um programa de variedades, o *hit parade,* dedicado aos grandes sucessos da música americana da época (PEREIRA. 2001).

A ida de Pompeu de Sousa para os Estados Unidos aconteceu depois do bombardeio a *Pearl Harbor*, em dezembro de 1941, começando a trabalhar em fevereiro de 1942. Com ele estavam Orígenes Lessa, que era o responsável pela revista *Planalto*, publicação do Departamento Estadual de Imprensa e Propaganda DEIP, em São Paulo, órgão do DIP; Raimundo Magalhães Júnior, secretário de Lourival Fontes, que dirigia o DIP; e Júlio Barata, diretor da Divisão de Rádio do DIP, que foi nomeado ministro do Trabalho durante o Governo Médici. Em depoimento à imprensa (DUARTE, 1992), Pompeu relatou que estava entre quatro intelectuais brasileiros indicados para fazer um trabalho de aproximação Brasil-Estados Unidos, uma coisa bastante típica das contradições internas do Brasil. O governo americano pedira ao DIP a designação de quatro intelectuais brasileiros que deveriam ir para os Estados Unidos produzir programas destinados ao Brasil.

Reunião com o ex-ministro da Justiça Abi-Ackel. Pompeu de Sousa, Hélio Doyle e Armando Rollemberg

Em declaração publicada nos Cadernos de Jornalismo e Editoração da ECA/USP, em 1986, Pompeu de Sousa comentou o processo de modernização da imprensa brasileira, com base na experiência que teve nos Estados Unidos:

Infelizmente, não pude freqüentar redações de jornais, porque estava fazendo rádio intensamente. Mas lia muito os jornais americanos e foi então que eu comecei a verificar que eles tinham uma diferença fundamental em relação aos brasileiros, eram escritos com objetividade, a notícia era só notícia, era só informação, pois as opiniões eram vinculadas nos editoriais. Voltei ao Brasil em 1943 e comecei a fazer algumas modificações no Diário Carioca, objetivando um jornalismo mais dinâmico e mais moderno e menos nariz-de-cera. Senti que o jornalismo brasileiro precisava ser radicalmente reformado e então resolvi fazer aquilo que os americanos fizeram e que no Brasil ainda não se conhecia. A idéia era criar a coluna vertical de uma nova técnica de estruturação e uniformização da notícia e de sua redação, o copy desk.

O manual de redação do DC

Quando retornou dos EUA, em 1943, Pompeu de Sousa trabalhou na rádio Cruzeiro do Sul, do Rio de Janeiro, com noticiários sobre a guerra, tendo Castelo Branco como comentarista. Paralelamente, Pompeu de Sousa começou a estudar a forma para alterar os processos e as técnicas de produção do jornal. A sensibilidade do editor, que modificou os textos recebidos das agências de notícias, se aprofundou quando entrou na

Hélio Marcos Prates Doyle e Pompeu de Sousa

sala de aula da Faculdade Nacional de Filosofia, da então Universidade do Brasil, em 1949. Junto com Danton Jobim, deveria ensinar *Técnicas do Jornal e do Periódico*. Pompeu percebeu que para ensinar Jornalismo tinha que aprender Jornalismo sistematicamente. Tinha que estudar pelos livros as técnicas já codificadas, pois não era mais suficiente aquela forma intuitiva que eu tinha aprendido Jornalismo, que havia um processo de elaboração jornalística profundamente conscientizada, não tão fragmentada nem tão assistemática e intuitiva como fazíamos até então (DUARTE, 1992).

A constatação dessa demanda levou Pompeu de Sousa a analisar os manuais de redação e livros sobre Jornalismo que existiam na época, principalmente os dos Estados Unidos, para a produção do *style book* do *Diário Carioca*. Seu depoimento, dado em 1992, mostra o processo como produziu o manual de redação:

> *Sentei na máquina e resolvi fazer uma adaptação do que me pareceu mais conveniente ao Jornalismo brasileiro naquela variedade de style book (...) cada jornal americano tinha o seu, porque todos querem preservar a sua identidade, o seu temperamento, a sua personalidade, a sua identidade jornalística. (...) Não criei nada, confrontei, via que uma coisa era interessante, outra não se aplicava ao Brasil, e, assim, rejeitando umas coisas, incorporando outras, redigi o primeiro Style Book da imprensa brasileira, que denominei Regras de Redação do Diário Carioca.*

O trabalho começou no Carnaval de 1950. Em sua casa, durante os quatro dias de folia carnavalesca, Pompeu de Sousa, então chefe de redação do *Diário Carioca*, redigiu o primeiro manual da redação, o *style book*. Caía por terra o texto caricaturado, com nariz-de-cera, partidário e panfletário, para nascer o texto informativo e objetivo, ensinado até hoje nas salas de aulas das universidades brasileiras.

O objetivo do jornalista era o de criar uma técnica redacional para a imprensa brasileira, tendo como base a existente nos Estados Unidos. O manual estabeleceu as linhas mestras de uma redação concisa, direta e sem a polêmica da opinião dos jornalistas, ao mesmo tempo em que atraía a atenção do leitor, que passou a encontrar no *lead* as principais respostas para as perguntas mais corriqueiras que alguém pode fazer quando quer ser informado sobre um acontecimento, O Quê? Quem? Onde? Quando? Como? Por Quê?

A introdução do *lead*

Estabelecendo a pirâmide invertida como critério básico para a construção da notícia, escrita no modo indicativo e em ordem direta, com vocabulário simples, - a criação de editorias, o novo visual gráfico, a produção e a administração da empresa jornalística

- constituíram alguns dos elementos da transformação do jornalismo brasileiro e, como aponta Carlos Eduardo Lins da Silva (1991), concretizaram a influência norte-americana sobre os padrões brasileiros.

O *Diário Carioca* foi impresso por uma rotativa Marinoni durante toda sua existência. Até a adoção do *Style Book* imperava em suas páginas o nariz-de-cera, assim como em todo jornal brasileiro. O jornal inicial foi um panfleto em torno de dois ou três acontecimentos que havia a comentar, mas não a noticiar. (...) Quando a complexidade dos acontecimentos foi obrigando o jornal a se transformar num veículo de notícias (...), com a ocupação e o dinamismo que foram tomando conta da vida, ninguém mais tinha tempo de ler este tipo de noticiário (...), o leitor queria se informar, contou Pompeu de Sousa em depoimento aos jornalistas Aristélio Andrade, Luiz Paulo Machado e Maurício Azevedo, em 1978.

O esforço pioneiro no *Diário Carioca* lhe rendeu críticas, também. Uma das mais famosas foi a de Nelson Rodrigues, que o chamou de "o pai dos idiotas da objetividade". Porém, não há como negar que sua ação marcou a história pela inovação, pela ousadia, pela criatividade e pela repercussão que produziu em todos os veículos de comunicação.

O jornal, na época, chegou a vender 45 mil exemplares nos dias úteis e 70 mil aos domingos (SODRÉ, 1983). O *lead* que Pompeu de Sousa adaptou da imprensa norte-americana não foi a única surpresa para os jornalistas da época. O chefe de Reportagem, Luís Paulistano, fez sua contribuição à história ao acrescentar ao texto jornalístico o *sub-lead*, deixando a marca brasileira nesse novo estilo.

Pompeu de Sousa com jornalistas na redação da *Veja* em Brasília. Ao fundo o jornalista Carlos Castello Branco, que concorreu e venceu as eleições para o Sindicato dos Jornalistas

Até a consolidação deste estilo técnico, houve um escândalo na imprensa brasileira. O *Diário Carioca* era um jornal pequeno e produzia muito barulho na área profissional. Inicialmente, a imprensa rejeitou a padronização da linguagem, mantendo a formalidade em seus textos mais ligados a opiniões e comentários e com enfoque mais literário do que informativo, objetivo, conciso, como propunha o estilo Pompeu.

Para consolidar sua proposta, a nova técnica para escrever, Pompeu de Sousa começou a selecionar jovens profissionais, alunos recém-saídos do curso da Faculdade Nacional de Filosofia, evitando os jornalistas viciados no velho e enfadonho estilo (DUARTE,1992).

O trabalho de selecionar os focas ficou para Luís de Orleans Paulistano Santana, enquanto Pompeu se empenhava na implantação do copidesque. Contratou Armando

Nogueira, Evandro Carlos de Andrade, Nélson Viana, Jânio de Freitas, José Ramos Tinhorão, Thiago de Melo, Ferreira Gullar, Nilson Lage e Ary Coelho. Estava pronta a redação que iria enfrentar a guerra dos estilos e que garantiria a vitória da objetividade jornalística.

Quando Pompeu de Sousa iniciou sua carreira no *Diário Carioca,* Luís Paulistano já estava trabalhando na redação do *DC.* Uma de suas primeiras medidas administrativas foi a de promovê-lo a chefe de reportagem. Na época, ele foi o melhor chefe de reportagem de qualquer jornal do País, com sua admirável vocação para amestrador de focas, o maior da imprensa brasileira, porque estabelecia um relacionamento humano tão completo que ninguém seria capaz .

A iniciativa de Pompeu de Sousa de reformular os padrões do Jornalismo brasileiro passou a fazer escola. A técnica difundida por Pompeu de Sousa foi rapidamente absorvida pelos demais jornais brasileiros porque a apresentação dos fatos tinha uma organização coerente, respeitando a ordem de importância dos fatos, atraindo a atenção do leitor por facilitar a leitura. O *lead* compreende um processo lógico para a produção do texto jornalístico. Não é difícil entender a rapidez com que este novo modelo de concepção do texto jornalístico fosse rapidamente incorporado por todos os demais jornais. O anacronismo do velho nariz-de-cera estava sepultado em poucos anos. O país estava maduro para uma prática de jornalismo moderna, urbana, industrial (GENTILLI, 2003).

Reflexos na imprensa

Pompeu de Sousa reuniu seus conhecimentos adquiridos na prática e produziu um novo padrão jornalístico para o Jornalismo brasileiro, transformando o *Diário Carioca* num jornal moderno na apresentação dos fatos, com uma linguagem mais dinâmica e objetiva, e um exemplo para os demais periódicos. Seu esforço estava em seguir e fazer seguir rigidamente as regras do *lead,* uma iniciativa que deu a Pompeu de Sousa o título do jornalista responsável pela reforma mais ousada na história da imprensa. O *Style Book* é considerado o primeiro manual de redação brasileiro, com indicações e padronizações técnicas da linguagem objetiva, concisa, direta que até hoje é a base para a construção da notícia.

O primeiro jornal a se beneficiar com as transformações das técnicas jornalísticas foi Carlos Lacerda ao produzir um manual próprio para ser utilizado pela *Tribuna da Imprensa*, que acabara de fundar no Rio de Janeiro. Outra reforma que teve impacto significativo na transformação vivida pela imprensa carioca nos anos 50 foi a do *Jornal do Brasil,* levando em conta os estímulos e demandas do próprio jornal e as condições internas e externas.

Na direção do *Diário Carioca* estava Danton Jobim, também adepto da técnica norte-americana e um dos pais da objetividade jornalística no Brasil, com uma contribuição que ajudou a colocar a imprensa brasileira na modernidade (LINS DA SILVA, 1992). Jobim defendeu que o *Style Book* representava uma conseqüência das condições impostas pelo desenvolvimento da indústria jornalística mais do que do temperamento americano ou da *american way* (JOBIM, 1992, p.83) e reconheceu as vantagens de adotar o manual de redação devido ao melhor desempenho do repórter, quando ele escreve dentro da medida padrão, do cânone, imposto pelas exigências da tipografia e da paginação. O limite certo o obriga a esquematizar as idéias e os fatos a narrar (JOBIM, 1992, p.47).

Com as novas técnicas jornalísticas, aos poucos, a imprensa brasileira foi deixando de lado sua herança européia, principalmente francesa, do Jornalismo de combate, de crítica, de doutrina e de opinião para priorizar a linguagem objetiva, clara, concisa, dinâmica e informativa, separando-a da opinião do autor da notícia, que passou a ganhar mais espaços em detrimento dos artigos e comentários.

O *Diário Carioca* era formado por uma equipe dirigida por Luís Paulistano e composta por jornalistas como Carlos Castelo Branco, Jânio de Freitas, José Ramos Tinhorão, Evandro Carlos de Andrade, Armando Nogueira e Gílson Campos. Do lado empresarial estavam Horácio de Carvalho Júnior, proprietário do jornal, e José Eduardo de Macedo Soares, que dirigia a linha editorial do jornal e encampava os interesses da elite econômica nacional (DUARTE, 1992).

Segundo Deodato Maia, secretário do jornal de 1949 até o momento em que este encerrou suas atividades, a qualidade de seu Jornalismo, se tomado em termos estritamente profissionais, podia ser atestada pela presença de jornalistas que se destacaram na imprensa como um todo. Além dos jornalistas já citados, passaram pelo *Diário Carioca* os cronistas Paulo Mendes Campos, Fernando Sabino, Antônio Maria, Rubem Braga, Otávio Bonfim, Otto Lara Resende; os poetas Tiago de Melo e Vinícius de Morais; os cronistas sociais Jacinto de Thormes e Jean Pouchard; os críticos Antônio Bento, Paulo Francis, Ricardo Galeno, Francisco Pereira da Silva e Sábato Magaldi, além de Nilson Lage, Nilson Viana, Epitácio Timbaúba, Américo Palha, Hélio Fernandes, Carlos Lacerda e José Carlos de Oliveira; o comentarista internacional Newton Carlos e o redator político Hermano Alves, entre outros. Na chefia de reportagem, Luís Paulistano que, envolvido nesse espírito inovador, acrescentou ao *lead* o *sub-lead*. O resultado imediato se deu nas bancas: o jornal passou a vender de 30 a 45 mil exemplares nos dias úteis e 70 mil aos domingos, um recorde para a época (SODRÉ, 1983).

No *Diário Carioca,* Pompeu de Sousa exerceu ainda as funções de diretor de redação, diretor-geral e diretor-presidente. Em 12 de setembro de 1959, fundou o *DC* do Distrito Federal, acompanhando passo-a-passo a construção de Brasília. Ele defendeu a transferência da capital e apoiava o governo de Jucelino Kubitscheck .

Nas páginas do *Diário Carioca* escrevia críticas de teatro, que eram publicadas na primeira página e assinadas como Roberto Brandão. O pseudônimo era usado para que o homem que apreciava o mundo das artes não fosse confundido com Pompeu de Sousa, o jornalista político que acompanhava os passos do governo federal. Os leitores desconheciam esta faceta literária e apenas a redação sabia a verdadeira identidade de Roberto Brandão.

Jornalismo engajado: *Rio, 40 graus*

Pompeu de Sousa não inovou apenas na técnica jornalística para a apresentação dos fatos, mas na linha editorial a ser adotada pelo *Diário Carioca*, que passou a defender campanhas públicas, em favor da arte e da cultura brasileira e contra qualquer tipo de censura ao pensamento e às idéias políticas e de artistas.

O cineasta Nelson Pereira dos Santos, que era ligado ao PCB, transformou Pompeu de Sousa num dos personagens da história do cinema brasileiro, por seu envolvimento nos movimentos culturais do país. Autor do primeiro longa-metragem *Rio, 40 graus*, obra inspirada no neo-realismo italiano, Nelson Pereira projetou no cinema brasileiro uma nova estética, um marco para o Cinema Novo. As filmagens de *Rio, 40 Graus* começaram em 20 de março de 1954 e a última tomada foi em 29 de março de 1955, no gramado do Maracanã.

O filme mostra as contradições sociais do Rio de Janeiro, das praias de Copacabana aos morros, as partidos de futebol. A história acontece num domingo ensolarado, com a presença de cinco vendedores de amendoim, negros, mostrando cinco pontos turísticos da cidade Quinta da Boa Vista, Copacabana, Maracanã, Pão de Açúcar e Corcovado. O filme recebeu liberação da Censura Federal em 26 de agosto de 1955, com proibição para menores de dez anos. No dia 23 de setembro, Nelson Pereira recebeu a informação de que o filme teria sido proibido, por decisão do coronel Geraldo de Meneses Cortes, chefe do Departamento Federal de Segurança Pública, por suspeitas de que teria sido produzido com verbas vindas de Moscou, e com a alegação de que o filme tinha como fim a desagregação do país (SALEM, 1987). Cortes assistiu ao filme, numa sessão privada, ao lado de Nelson.

Com essa decisão, começaram as repercussões contrárias à censura. Na edição do *Diário Carioca* de 30 de setembro de 1955 há a declaração do coronel Cortes de que *o filme só apresenta os aspectos negativos da capital brasileira, e foi feito com tal habilidade que serve aos interesses políticos do extinto PCB*. O coronel se baseava no artigo 272 do regulamento da Polícia, que lhe permitia cassar a aprovação da Divisão de Censura. A cobertura da entrevista coletiva com o coronel Cortes para explicar as medidas policiais foi realizada pelo jornalista Pompeu de Sousa, chefe de redação do *Diário Carioca*, que acabou por liderar um movimento favorável à liberação do filme.

A presença de Pompeu - inesperada, porque geralmente em entrevistas de chefes de polícia só compareciam repórteres do setor policial, com freqüência iniciantes, os focas causou a maior confusão nos propósitos de Menezes Cortes. O coronel solicitara ao governo do presidente Café Filho que a coletiva fosse gravada e divulgada pela emissora oficial, a Rádio Nacional, justamente para que os seus pontos de vistas tivessem ampla repercussão. O tiro saiu pela culatra: Pom-

peu de Sousa travou implacável debate com Menezes Cortes, pondo a nu todo o absurdo de sua argumentação. Levado ao ar, o debate repercutiu sim, mas muito mal para o chefe de polícia, que aí se enraiveceu de vez (SALEM, 1987).

Todo o movimento contrário à ação policial acabou tendo sucesso apenas no governo de Jucelino Kubitschek , eleito em 1955. No dia 10 de novembro daquele ano aconteceu uma nova exibição privada de *Rio, 40 graus*, no cinema do Cassino Icaraí, em Niterói, para os deputados estaduais do Rio de Janeiro, organizada pelo deputado socialista Geraldo Reis. Pompeu de Sousa estava presente. No dia 31 de dezembro de 1955 a Justiça Federal liberou o filme, que foi lançado em março de 1956, em Porto Alegre, Rio de Janeiro, São Paulo e Belo Horizonte (SALEM, 1987). A exibição aconteceu pela Columbia Pictures do Brasil, que distribuiu o filme no país e no estrangeiro.

Como constituinte, garantiu a liberdade de imprensa

Pompeu de Sousa, depois que deixou a redação do *Diário Carioca*, mudou-se para Brasília, onde trabalhou por quase 30 anos. Antes de se mudar para Brasília, trabalhou como assessor de imprensa da campanha do Marechal Lott à Presidência da República, por sempre ter apoiado o governo de Juscelino Kubitschek. Lott perdeu as eleições e a vitória foi de Jânio Quadros, a quem Pompeu sempre criticou, publicando todos os dias uma coluna chamada *Bilhetinhos a Jânio,* que resultou num livro com o mesmo nome, editado pelo Senado Federal. Era uma forma de Pompeu revidar os bilhetinhos que Jânio Quadros escrevia para seus ministros, com cópias encaminhadas para a imprensa.

O jornalista deixou o *Diário Carioca* em agosto de 1961, por dois motivos: primeiro porque Horácio de Carvalho Júnior vendeu o jornal a Arnon de Mello e segundo em protesto contra o golpe que tentou impedir a posse, na Presidência da República, do então vice-presidente João Goulart. Ele se mudou para Brasília a convite de João Goulart, quando assumiu o cargo de secretário de Imprensa do primeiro-ministro Tancredo Neves

Naquele mesmo ano, ajudou a fundar a Universidade de Brasília com Darcy Ribeiro, Anísio Teixeira, Oscar Niemeyer, Frei Matheus Rocha, quando projetou e dirigiu a implantação da Faculdade de Comunicação de Massa do Brasil, considerada uma iniciativa arrojada, visando à formação específica do comunicador. O projeto refletia o estágio atingido pelos centros universitários da Europa e dos Estados Unidos no campo da Comunicação (MARQUES DE MELO,1974).

A Faculdade de Comunicação de Massa - a primeira a reunir várias habilitações para a formação específica em Jornalismo, Tevê, Rádio e Cinema e Publicidade e Propaganda - era composta por três escolas distintas, interligadas pela identidade dos veículos e instrumentos comuns. O curso vinha atender a uma necessidade do próprio mercado, que exigia um profissional especializado nas atividades básicas dos *mass media* (MARQUES DE MELO, 1974). O jornalista lecionou na instituição até ser demitido, junto com outros 14 professores, pelo regime militar de 1964. A ação resultou no pedido de demissão de mais de 200 professores.

Pompeu de Sousa assumiu o cargo de diretor da Editora Abril, entre 1968 e 1979, quando foi o responsável pela sucursal da revista *Veja*, em Brasília. Em 1985, foi nomeado secretário de Educação do Distrito Federal, no governo de José Aparecido. Um ano depois, candidatou-se ao Senado Federal, representando o Distrito Federal, quando se elegeu com 150 mil votos. Participou da elaboração da Constituição Federal, promulgada em 05 de outubro de 1988. Sua principal contribuição está na elaboração do artigo 220 da Constituição Federal, inserido no Capítulo V, escrito de próprio punho, a lápis. O artigo garante a liberdade de informação à sociedade:

"A manifestação do pensamento, a criação, a expressão e a informação, sob qualquer forma, processo ou veículo não sofrerão qualquer restrição. O primeiro parágrafo define que nenhuma lei conterá dispositivo que possa constituir embaraço à plena liberdade de informação jornalística em qualquer veículo de comunicação social.

Sua intenção foi estabelecer um direito de defesa perante o Estado, resguardando o direito do indivíduo de optar por uma conduta, de escolher se informa ou não informa e de escolher o que informa, o que qualifica o direito de informação jornalística, como um direito fundamental do cidadão. Ao mesmo tempo, impede a intromissão estatal na imprensa. Como senador, jornalista e adepto da cultura norte-americana, Pompeu de Sousa buscou subsídios na Constituição dos Estados Unidos da América para marcar sua participação na constituinte como o homem que delegou às gerações futuras o princípio básico da liberdade de expressão e de pensamento.

Style Book do *Diário Carioca*

O manual de redação do *Diário Carioca* foi impresso na gráfica do próprio jornal, um caderno de bolso, com 15 páginas, com orientações gerais e específicas para a produção das notícias. Algumas das orientações eram:

Redação
- Ocupar o primeiro parágrafo das notícias com,
a) um resumo conciso das principais e mais recentes informações do texto, esclarecendo o maior número das seguintes perguntas relativas ao acontecimento, Quê?, Quem?, Onde?, Quando? Como? Por quê?;
ou, b) um aspecto mais sugestivo e suscetível de interessar o leitor no acontecimento.

- Só compor de modo diverso o primeiro parágrafo em casos de matérias muito peculiares em que o elemento pitoresco, sentimental ou de surpresa o exija.

- Ordenar o desenvolvimento do resto da notícia pela hierarquia da importância e atualidade dos pormenores.

- Usar parágrafos curtos e evitar palavras desnecessárias, qualificativos, principalmente, tendenciosos, e frases feitas. Só excepcionalmente usar períodos com mais de quatro linhas datilografadas.

- Não começar períodos ou parágrafos sucessivos com a mesma palavra. Não usar repetidamente a mesma estrutura da frase.

- Evitar palavras chulas e expressões de gíria não incorporadas à linguagem geral, assim como termos preciosos e frases de conteúdo puramente sensacionalista.

- Ler sempre a própria matéria antes de entregá-la, a menos que o tempo não permita.

- Ler a matéria depois de publicada e reparar nas alterações feitas.

- Em qualquer dúvida, consultar dicionários, enciclopédias ou outras fontes de referências.

- Evitar fórmulas e expressões genéricas sempre que se disponha de informações e pormenores precisos.

Bibliografia

ABREU, Alzira Alves de, LATTMAN-WELTMAN, Fernando, FERREIRA, Marieta de Moraes e RAMOS, Plínio de Abreu (orgs). **A imprensa em Transição**. O Jornalismo Brasileiro nos Anos 50. São Paulo: Fundação Getúlio Vargas, 1996. pp. 141-156

DUARTE, Maria de Souza (org). **Pompeu**. Brasília: Conselho de Cultura do Distrito Federal/Senado Federal, 1992. 149 p.

FERREIRA, Marieta de Moraes. **Imprensa e modernização dos anos 50**, a reforma do Jornal do Brasil. In: Anuário Brasileiro da Pesquisa em Jornalismo. São Paulo: ECA/USP. 1993

GENTILLI, Victor. Sistema Midiático e crise do Jornalismo dos anos 50 à decadência posterior aos 80. Tese de Doutorado defendida na USP. 2002. 228 p

JOBIM, Danton. **Espírito do Jornalismo.** São Paulo: Edusp, 1992. 222 p.

LEAL, Carlos Eduardo. Diário Carioca. Centro de Pesquisa e Documentação Histórica Fundação Getúlio Vargas http,//www.cpdoc.fgv.br/dhbb/verbetes_htm/5833_1.asp Acesso em 11 de novembro de 2003.

LINS DA SILVA, Carlos Eduardo. **O Adiantado da Hora**. A influência americana sobre o Jornalismo brasileiro. São Paulo: Summus, 1991. 155 p.

MARQUES DE MELO, José **Normas de Redação de Cinco Jornais Brasileiros**. ECA/USP. 1972. 96 p.

_____. Pedagogia da Comunicação. As experiências brasileiras. In: **Contribuições para uma Pedagogia da Comunicação**. São Paulo: Ed. Paulinas, 1974. pp. 13-70

PEREIRA, Verenilde – *Pompeu de Sousa e a luta pela liberdade de expressão*. In: MARQUES DE MELO, José e DUARTE, Jorge (orgs) **Memórias das Ciências da Comunicação no Brasil - Os Grupos do Centro-Oeste**. Brasília. Centro Universitário de Brasília, 2001. pp. 235-242

SALÉM, Helena. Nelson Pereira dos Santos - o Sonho Possível do Cinema Brasileiro. SP: Editora Nova Fronteira, 368 p.

SODRÉ, Nelson Werneck **História da Imprensa no Brasil.** 3ª edição. São Paulo. Martins Fontes, 1983. 501 p.

SOUSA, Marquilandes Borges de. **Rádio e propaganda política - Brasil e México sob a mira norte-americana durante a Segunda Guerra Mundial** S.Paulo: Editora Annablume. 2004. 152 p.

SOUSA, Pompeu de - *Experiências do ensino de Jornalismo: da Universidade do Brasil à Universidade de Brasília. In:* **Cadernos de Jornalismo e Editoração.** S.Paulo: ECA/ISP, 1986. pp. 40-45

_____ – **Bilhetinhos a Jânio** Brasília. Senado Federal. 1987. 161 p.

Frei Caneca
Xavier da Veiga
David Moreira Caldas
Costa Rego
Auricélio Penteado
Jorge Antônio Salomão
Carlos Rizzini
Alceu Amoroso Lima
Roberto Marinho
Danton Jobim
José Reis
Vera Giangrande
Adalgisa Nery
Aparício Torelly
Josué de Castro
Pompeu de Sousa
Erico Verissimo
Vladimir Herzog

XVI

ERICO VERISSIMO
Permanente jornalista militante

Antonio Hohlfeldt e Aline Strelow

Comunicação apresentada ao III Encontro Nacional de História da Mídia, realizado pela Rede
Alfredo de Carvalho no campus do Centro Universitário FEEVALE, Novo Hamburgo (RS), em
abril de 2005.

Antonio Hohlfeldt é Doutor em Letras pela PUCRS, professor de "Teorias da Comunicação"
no Programa de Pós-Graduação em Comunicação Social da Faculdade de Comunicação Social
da mesma PUCRS. Aline Strelow é Mestre em Comunicação Social, pelo mesmo Programa. A
pesquisa original foi feita por Aline Strelow enquanto aluna bolsista de iniciação científica, PIBIC/
PUCRS. O texto final foi escrito pelo Prof. Dr. Antonio Hohlfeldt, sendo devidamente adaptado
para esta coletânea.

A s relações entre a literatura e o jornalismo são antiqüíssimas e constituem casos clássicos como o do escritor sul-rio-grandense Erico Verissimo que, tendo estreado literariamente em 1932, com o livro de contos *Fantoches*[1], viria a ser eleito presidente da então Associação Riograndense de Imprensa (ARI), em 1935.

1 VERISSIMO, Erico – Fantoches, Porto Alegre, Globo. 1932.

A pesquisa a que nos propusemos, sugerida pelo Prof. Dr. José Marques de Melo, levanta não apenas as atividades do jornalista, quanto aquelas de editor de revistas e de editora – no caso a prestigiosa Editora Globo – atividades essas que teriam justamente lhe valido a indicação, para aquela presidência.

Assim, essa pesquisa está dividida entre a) o jornalista – melhor seria dizer, o colaborador de jornais – incluindo aí sua pequena experiência de radialista, além do b) editor de revistas e o editor de livros e c) o escritor jornalista, cabendo nessa parte final uma contribuição mais pessoal do autor desse estudo, pela interpretação que ela acarreta, quer em relação aos livros de viagem por ele produzidos, quer em relação ao conjunto de toda a sua ficção e, nesta, a seleção de uma personagem, representante da categoria dos jornalistas, segundo a perspectiva adotada pelo escritor.

Entre a literatura e a imprensa

Nascido a 17 de dezembro de 1905, na cidade gaúcha de Cruz Alta, que fica na região do planalto sul-rio-grandense, com uma história muito específica, porque foi primeiro palco de uma ocupação portuguesa e açoriana, preocupada com a criação de gado

Verissimo: o escritor jornalista

e, mais tarde, *lócus* de movimentos de colonização internos da província, com o deslocamento de grupos de imigrantes alemães e italianos que se expandiram do sul para o noroeste, fato que o escritor registrou no ciclo romanesco de *O tempo e o Vento* e acarretou, simultaneamente, o progresso da região e a queda e substituição de tradicionais famílias ligadas à criação do gado por outras, mais voltadas para o comércio e, posteriormente, para a indústria, Erico Verissimo muito cedo estaria envolvido com publicações periódicas, através das quais buscou e alcançou sua projeção literária.

É de 1914, aos nove anos de idade, portanto, sua primeira participação em uma publicação jornalística. Trata-se de *A caricatura*, que ele mesmo edita, enfocando experiências imediatas que vive, conforme já registrei em livro anterior[2]. Duas observações iniciais: durante seus primeiros vinte anos viverá intensamente a experiência jornalística, embora muito mais enquanto colaborador do que jornalista, propriamente dito. A experiência, não obstante, marcará toda a sua vida e a sua literatura, fato que redimensiono na última parte desse estudo, o que contribuiu decisivamente para a feição de sua obra literária e, por conseqüência, de seu sucesso junto ao público leitor: a simplicidade da escritura, facilitando sua compreensão, ainda que, por isso mesmo, alguns críticos tenham pretendido diminuí-lo, denominando-o apenas como um *contador de histórias*, apodo que ele assumiu e dele se valeu ao longo de toda a sua carreira.

Alguns anos depois, em 1929, apresenta uma tradução do que denomina de "Poemas de Rabindranath Tagore", que antecipa outra característica de seu *métier* que é, ao mesmo tempo, literário e jornalístico, o de tradutor. É literário porque marca seu fazer de escritor ao longo de toda a sua vida, já que, muito mais tarde, ocupar-se-ia de dezenas de traduções de obras de renome internacional, dentre as quais *Ponto e contraponto*, de Aldous Huxley[3]. E é jornalístico porque, enquanto secretário e editor da *Revista do Globo*, não deixou de traduzir textos variados que inseria na revista, quer por necessidade de *tapar buracos*, quer pela preocupação em revelar novos escritores internacionais ao Brasil, sobretudo a partir de sua primeira visita aos Estados Unidos, em 1940, conforme conta:

Um dia Henrique me chamou e disse: "Descobri um livro de grande atualidade" Mostrou-me o volume: Alemanha – Fascista ou soviética, *de autoria duma jornalista americano, Knickerbocker.*

– O senhor é capaz de traduzir este livro em vinte dias? Estes assuntos ficam logo desatualizados. A História não caminha, corre.
(...) – Vinte dias? – murmurei, olhando as duzentas e tantas páginas da obra.
– Sou.

Combinamos o quanto me pagariam por página traduzida e eu me atirei ao trabalho, batendo máquina das oito da noite até a madrugada[4].

3 HUXLEY, Aldous – *Ponto e contraponto*, trad. de Erico Verissimo, Porto Alegre, Globo. 1934.

4 VERISSIMO, Erico – *Um certo Henrique Bertaso*, Porto Alegre, Globo. 1972, p. 28.

Erico Verissimo traduziria ao longo de toda a sua vida e, quando não o fez, escolheu com cuidado os tradutores que trabalharam para a Globo, sobretudo quando passou a constituir as grandes coleções que notabilizaram a editora, em especial a "Biblioteca dos Séculos" e a "Coleção Nobel", a primeira destinada a editar, em português, os clássicos da literatura universal e a segunda a divulgar, em nosso país, aqueles escritores premiados pelo maior prêmio literário do mundo, o Nobel.

Ao vir para Porto Alegre, em 6 de dezembro de 1930, dispõe-se a enfrentar os desafios. De 1 de janeiro, ou a partir de 26 de abril do ano de 1931, conforme diferentes biógrafos, Erico Verissimo se torna secretário da *Revista do Globo*, depois de acertar-se financeiramente com o escritor Mansueto Bernardi, que então respondia pela mesma. O próprio Erico relembraria o episódio, dizendo que, depois de pedir um conto de réis como ordenado, logo aceitou a contraoferta de seiscentos mil réis[5]. Ali, publica contos e alguns outros textos, ora antecipando suas próprias obras, ora refletindo teoricamente a seu respeito, como é o caso de artigos como "Notas a lápis", em que aborda a criação de uma literatura dirigida às crianças[6]; discute a condição do escritor brasileiro frente ao seu confrade internacional, europeu ou norte-americano[7]; ou, enfim, disserta a respeito do romance-rio[8]. Em todos esses artigos, com clara intenção jornalística, mescla-se, contudo, a perspectiva do escritor[9].

Ao mesmo tempo, buscando sobreviver, porque regressara à cidade natal para buscar a namorada Mafalda, com quem se casaria em julho de 1931, Erico Verissimo tornar-se-ia colaborador constante dos suplementos literários dos jornais *Correio do Povo* e *Diário de Notícias*, ambos de Porto Alegre.

Essa possibilidade lhe fora aberta por um amigo, também escritor, Manoelito d'Ornellas que, tendo-lhe descoberto um conto, "Ladrão de gado", no fundo de uma gaveta, num armário na cidade de Cruz Alta, enviara-o a Mansueto Bernardi, editor da *Revista do Globo*, que decidira publicá-lo[10].

Como conta Erico Verissimo,

isso me encorajou tanto que remeti a minha próxima estória ("A lâmpada mágica", de sabor anatoleano) diretamente ao Suplemento Literário do Correio do Povo. Seu diretor, De Souza Junior, olhou os originais (contou-me ele próprio, cinco anos mais tarde), viu minha assinatura e murmurou: "O conto pode não prestar, mas o nome do autor é bonito e merece ser divulgado". E mandou a estória para a oficina do jornal, sem a ler[11].

São dezenas de textos, entre antecipações de textos de suas primeiras obras, comentários variados e até contos, que estão hoje devidamente registrados, à espera de estudos mais cuidadosos[12]. Alguns deles, revisados, foram incluídos no livro de estréia, *Fantoches*.

Mas Erico Verissimo não se envolvia por pouco em seus projetos. Experimenta a reportagem – ou melhor – o retrato de personalidade – publicando "24 horas na vida do poeta", dedicado a Athos Damasceno Ferreira[13] e chega mesmo a se tornar editor de uma página feminina semanal no *Correio do Povo*, conforme recorda:

Dedicava pequena parte de meu tempo a uma página, "A mulher e o lar", que eu organizava semanalmente para o Correio do Povo *– crônicas e versos mundanos, receitas culinárias, modas, tudo sempre com a prestimosa colaboração da tesoura e do pote de grude*[14].

O levantamento mencionado indica um total de treze textos de ficção publicados em jornais e revistas, entre 1929 e 1939, portanto, uma dezena de anos, a que se somam dois outros textos esparsos. Quanto a artigos e crônicas, somam-se 35 textos, exceção de dois outros, incluídos em edições de obras – excertos de partes

---

5 VERISSIMO, Erico – *Um certo Henrique Bertaso*, op.cit., p. 21.

6 VERISSIMO, Erico – Notas a lápis, Porto Alegre, Revista do Globo, 16.1.1937, n. 44.

7 VERISSIMO, Erico – Pobre João da Silva, Porto Alegre, Revista do Globo, 24.4.1937, n. 60.

8 VERISSIMO, Erico – Reflexões sobre o romance-rio, Porto Alegre, Revista do Globo, 11.9.1937, n. 213.

9 Todas as indicações foram retiradas de CHAVES, Flávio Loureiro – *Erico Verissimo – O escritor e seu tempo*, Porto Alegre, Escola Técnica da Universidade Federal do Rio Grande do Sul. 1996 e LIMA E SILVA, Márcia Ivana de (Org.) – Bibliografia in *Revista Nova Renascença*, Porto, Primavera-Verão de 1995, confirmadas pelos recortes respectivos em minha autoria.

10 VERISSIMO, Erico – *Ladrão de gado*, Porto Alegre, Revista do Globo, 16.3.1929, n. 6.

11 VERISSIMO, Erico – *Um certo Henrique Bertaso*, op. cit., p. 14.

12 Ver nota 11, onde registramos tais levantamentos.

13 VERISSIMO, Erico – *24 horas na vida do poeta*, Porto Alegre, Revista do Globo, 22.8.1936, n. 43

14 VERISSIMO, Erico – *Solo de clarineta*, Porto Alegre, Globo. 1973, vol. 1, p. 254.

de romance, como *Um certo Capitão Rodrigo* e *Ana Terra*, que a Globo editou entre 1970 e 1971, como reflexo do sucesso de mídia (cinema e televisão) alcançados pelo escritor. Esses textos, que se espalham ao longo de toda a sua carreira, cobrindo portanto mais de 40 anos, incluem por vezes depoimentos ou partes de sua futura autobiografia (*Solo de clarineta*), mas servem, justamente, para ilustrar a constância com que o escritor manteve relação com a imprensa, muito especialmente com os jornais de sua terra, *Correio do Povo* e *Zero Hora*[15]. Além disso, registramos ainda artigos esparsos, como *"O Pato Donald e a psicanálise"*[16] ou *"From a novelist's notebook"*[17], que não se encontram nas bibliografias mencionadas, mas cujas cópias localizamos, além de *"Machismo"*, divulgado em 1982[18]. Ou seja, há muito material ainda disperso, produzido por Erico Verissimo, a ser rastreado, integrado a seu acervo e depois estudado. Mas o que fica claro, de qualquer modo, é um duplo movimento:

■ nos primeiros dez anos de sua existência enquanto escritor, Erico Verissimo publica em jornais para ganhar algum dinheiro e, ao mesmo tempo, divulgar sua própria obra. É ele, pois, quem precisa e busca os periódicos;

■ no restante de sua carreira, que cobre, portanto, pelo menos mais 35 anos, ele é procurado pela imprensa, devido a seu sucesso e a seu reconhecimento, escrevendo artigos de colaboração variados que servem para aproximá-lo do leitor e ainda divulgar sua obra, mas sem ter maior significação para ele. Na verdade, a imprensa é que se vale dele, ao contrário da fase anterior, em que ele se valia da imprensa.

Experiência radiofônica

O movimento duplo – ou seja, seu interesse em buscar o apoio da mídia e o interesse da mídia em buscar sua presença, por sua fama e reconhecimento – está bem exemplificado em sua rápida passagem pelo rádio.

Aceitei o convite que me fez Arnaldo Balvé para que eu criasse e mantivesse na rua Rádio Farroupilha um programa dedicado às crianças. Foi assim que nasceu o Amigo Velho, o contador de histórias, e o Clube dos 3 Porquinhos. Cerca das seis da tarde, duas vezes por semana, eu saía apressado da redação da revista, subia às carreiras as escadarias do viaduto, entrava nos estúdios da PRH-2 e, ainda ofegante, improvisava diante do microfone, um conto, pois não tinha tempo para escrevê-lo e nem mesmo para prepará-lo mentalmente com antecedência[19].

Segundo um recente depoimento de Flávio Alcaraz Gomes[20] uma outra emissora, a Rádio Difusora, a PRC2, mantinha um programa intitulado "Hora infantil" que era apresentado por alunos do Colégio Militar, sob o comando de Otávio Mariot Focques. Quando este se mudou para São Paulo, o programa desapareceu e Balvé, oportunisticamente, tratou de convidar Erico Verissimo para criar um substituto. Erico publicara, com enorme sucesso, *A vida de Joana d'Arc*, seu primeiro livro juvenil (1935), a que se seguiriam *As aventuras do balão vermelho*, *Os três porquinhos pobres*, *Rosa Maria no castelo encantado* e *Meu ABC*. O sucesso de suas histórias levou-o ao convite para a emissora de rádio: O programa cresceu em popularidade, o estúdio vivia cheio de crianças que queriam conhecer e conversar com o "Amigo Velho", registra um pesquisador[21].

A Rádio Farroupilha, na época, ficava na rua Duque de Caxias, nos altos do Viaduto Otávio Rocha. Erico Verissimo trabalhava na Livraria do Globo, na rua dos Andradas, quase esquina com a Avenida Borges de Medeiros, algumas quadras abaixo do mesmo viaduto. Assim, ele saía correndo, como relembra, e chegava a tempo de fazer seu programa, que certamente marcou muitas crianças, a valer este depoimento:

---

15 O levantamento completo dessa bibliografia, como se indicou, acha-se na nota 11. É bom que se registre, contudo, que ela não é completa, pois não registra, dentre outros, o conto "Chirú", por mim mencionado, e um poema a Mário Quintana, intitulado "Improviso para o filho do rei" e registrado por Carlos Reverbel (REVERBEL, Carlos – *Erico e o jornalismo* in BORDINI, Maria da Glória (Org.) – *Erico Verissimo – O escritor no tempo*, Porto Alegre, SMC/Sulina.1990, p. 24)

16 VERISSIMO, Erico – *O Pato Donald e a psicanálise*, Porto Alegre, Revista do Globo, 26.2.1938.

17 VERISSIMO, Erico – From a novelist's notebook, Washington, Américas, entre 1953 e 1956 (data provável, quando de sua participação na OEA enquanto Diretor do Departamento de Assuntos Culturais).

18 VERISSIMO, Erico – Machismo, editado primeiramente na revista *Paralelo*, em 1976, e republicado pelo suplemento "Letras & Livros", do *Correio do Povo*, Porto Alegre, 29.5.1982, p. 11.

19 VERISSIMO, Erico – *Solo de clarineta*, op. cit., p. 262.

20 GOMES, Flávio Alcaraz – *Erico, o 'Amigo Velho'*, Porto Alegre, Correio do Povo, 28.9.2002, p. 4.

21 GOULART, Antonio – *Do jornalismo para o mundo*, Porto Alegre, Press, vol. II, 2003, p. 56.

Nessa época eu tinha oito anos e era participante assídua do seu programa. Nele as crianças cantavam, declamavam e ouviam as histórias do Erico; os seus livros infantis já eram famosos na época. Depois de contar as histórias, ele fazia perguntas sobre elas. Quem acertava, ganhava um livro de brinde. Certa vez, contou-nos a história do livro A chácara da rua Um (não me lembro o nome do autor!); fez uma pergunta, eu acertei e ganhei o livro de prêmio. Recordo ainda de dois números que eu apresentei no seu programa.

Erico era um moço muito bonito.Tinha lindos cabelos negros, muito brilhantes. Uma vez eu passei a mãozinha na sua cabeça e ele, rindo - deu-me um beijo! Ele sentava num banquinho para ficar mais próximo das crianças. Cantava e fazia as crianças cantarem (...)[22]

Flávio Alcaraz Gomes, no depoimento mencionado, ecoa esse sucesso: Eu e meus irmãos tínhamos a coleção completa, deliciando-nos com Os 3 porquinhos pobres. No seu programa, o "Amigo Velho" criou o "Clube dos 3 Porquinhos", conferindo diploma a milhares de sócios, inclusive a mim...[23].

Maria da Glória Bordini explica que o programa surgira por seu sucesso como narrador para crianças *[mas]* o Clube dos 3 Porquinhos, porém, acabaria no ano seguinte, por decisão do próprio autor, ante a exigência do Departamento de Imprensa e Propaganda de censurar previamente os textos improvisados[24]. De fato, já naquela época, situação que se repetiria ao longo dos anos, Erico Verissimo colocava-se contrário às ditaduras. Assim foi ao negar-se a receber o título de Doutor Honoris Causa, da UFRGS; ao escrever e publicar *O prisioneiro*, sobre a Guerra do Vietnã, *O Senhor Embaixador*, sobre os acontecimentos então recentes na América Latina, após a revolução cubana de 1959 ou o golpe de 1964 no Brasil, com *Incidente em Antares*.

O programa infantil de Erico Verissimo durou apenas de 1936 a 1937, mas foi o bastante para deixar memória e saudade. Muitos anos depois (década de 60), o também escritor (romancista e dramaturgo) e jornalista Sérgio Jockymann realizaria um programa semelhante, então na Rádio Guaíba, apresentando clássicos como *O Mágico de Oz* ou as aventuras de *Jerônimo, o herói do sertão*.

Presidindo a entidade dos jornalistas

Segundo Antonio Goulart,

o prestígio de Erico Verissimo, graças ao seu trabalho à frente da RG [Revista do Globo] era grande junto à intelectualidade gaúcha, e aos 30 anos de idade estava sendo eleito o primeiro presidente da Associação Riograndense de Imprensa (ARI)[25].

Na verdade, houvera uma tentativa anterior de fundar uma Associação Riograndense de Imprensa, com o apoio da ABI – Associação Brasileira de Imprensa, em 17 de outubro de 1920, com uma posse solene ocorrido no Clube Caixeiral, sendo seu primeiro presidente o jornalista João Maia. Mas divergências internas acabaram com a entidade. Em 1935, esta nova tentativa deu resultado, tanto que a ARI existe ainda hoje. Não se trata de uma entidade classista, no sentido tradicional do termo, mas uma entidade

22 REVERBEL, Carlos – *Erico e o jornalismo, op. cit.,* depoimento de Dona Cecília Álvares Clöss, p. 28.

23 GOMES, Flávio Alcaraz – *Op. cit..*

24 BORDINI, Maria da Glória – *Juventude e desemprego: Um lugar ao sol e a ideologia do trabalho,* São Paulo, Revista da Biblioteca Mário de Andrade, Dezembro de 1999, vol. 57, os. 125 e ss.

25 GOULART, Antonio – Op. cit., p. 56.

Erico foi escritor, tradutor, jornalista e radialista

social, que congrega todos os profissionais da área, da imprensa à comunicação eletrônica, dos jornalistas aos proprietários de órgãos de comunicação. E assim já ocorreu naquela data. No dia 6 de junho de 1935, houve uma primeira reunião, a que se seguiria, no dia 19 de dezembro, a leitura dos estatutos e eleição da primeira diretoria, assim constituída: Presidente: Erico Verissimo (redator chefe da *Revista do Globo*); Vice-Presidente: Cícero Soares (*Diário de Notícias*); 1. Secretário: Rivadávia de Souza (*Correio do Povo*); 2. Secretário: Pinto de Godói (*Correio do Povo*); Tesoureiro: Nestor Ericksen (*Correio do Povo*).

A diretoria cumpriu seu primeiro mandato de 23 de dezembro de 1935, quando tomou posse, até 17 de março de 1937, quando passou seus encargos à segunda diretoria, presidida por Dario Rodrigues (Agência Brasileira).

A assembléia que criou a ARI teve a participação de 114 jornalistas, em sessão dirigida por Edgar Luís Schneider, na Casa Rural, pertencente à atual FARSUL – Federação das Associações Rurais do Estado do Rio Grande do Sul, com a participação, dentre outros, de Breno Caldas, que acabara de assumir a direção do *Correio do Povo*, além de escritores e jornalistas como Vianna Moog, Manoelito d'Ornellas, Carlos Reverbel, e jornalistas como Arquimedes Fortini, Arlindo Pasqualini, Adail Borges Fortes, Ernesto Corrêa, Aldo Obino, Fortunato Pimentel e Dario Brossard.

A primeira sede da Associação foi nos altos do Cinema Imperial, na rua dos Andradas. Em 1939, o Prefeito Loureiro da Silva fez doação de um grande terreno na Avenida Borges de Medeiros, esquina com a rua Fernando Machado. O financiamento da obra foi alcançado através do Instituto Nacional de Previdência Social, com a pedra fundamental assentada em 13 de dezembro de 1942.

A ARI nasceu com o objetivo de congregar todos os jornalistas. Pretendia a entidade, desde logo, defender a liberdade de imprensa e de expressão, além de fazer a representação da categoria profissional, tanto de patrões quanto de empregados, já que inexistia, ainda, o Sindicato de Jornalistas.

Erico Verissimo, na posse enquanto presidente da ARI, afirmou, com a franqueza que lhe foi sempre peculiar:

Os trabalhadores da imprensa se congregam para conseguir para a sua classe vantagens reais. Todos os homens têm direito a um bom lugar ao sol. Todas as criaturas merecem igualmente uma existência decente e confortável. As palavras bonitas, o vento as leva; as bandeiras, o tempo desbota e destrói; os partidos políticos passam ou porque morrem ou porque se fundem ou porque se renovam. Mas nós ficamos. E além de nós, ficam os nossos filhos, as nossas mulheres, mães e irmãos. É preciso que a nossa previdência tenha um alcance incalculável. É necessário que depois da nossa morte fique assegurado aos que dependem de nós uma existência livre de cuidados. E que nós próprios enquanto vivemos e trabalhamos, encontremos uma boa dose de felicidade e bem-estar. (...) Era indispensável que nos organizássemos. Não sou dos que acham que deve haver luta de classes. Não quero crer que não haja uma solução pacífica, justa e humana para as diferenças sociais. Sou visceralmente contra a violência e seria o último a simpatizar com os recursos extremos. A verdade, porém, é que os grupos desunidos, desorganizados vão sendo esquecidos e acabam na dissolução. Daí a necessidade de criar o espírito de classe entre os trabalhadores do jornal (...) Aos que me honraram com seu voto posso dizer por ora que farei todo o possível para não os decepcionar[26].

Fiel a um programa que o acompanhou durante toda a vida, Erico Verissimo ainda diria:

Aproveito a oportunidade para fazer uma declaração de caráter pessoal - e eu bem sei porque a faço. Sou um homem que não tem nem nunca teve partido político. Acho que todos os partidos são bons desde que nos possam assegurar uma vida decente, razoavelmente confortável e cheia de ar puro e livre. Há uma convicção que ninguém me varre da mente: é a de que o ar não é propriedade de ninguém; todos temos igual direito a respirá-lo de acordo com a capacidade de nossos pulmões

A declaração, que pode parecer intempestiva, tinha seu motivo: Erico Verissimo vinha sofrendo forte campanha da Igreja Católica, que o acusava de *comunista*, pela recente edição de *Música ao longe* e, especialmente, *Caminhos cruzados*. Assim, certamente visando desde logo dissociar qualquer situação por ele enfrentada de seu papel à frente da entidade, Erico Verissimo antecipava-se com uma declaração, à qual não faltava, contudo, a reiteração de sua crença básica: a liberdade e a igualdade social.

A ata, manuscrita, registrava:

Às 17 horas, com a sala de reuniões literalmente cheia, o secretário declarou aberta a sessão, convidando o colega Edgar Schneider para orientar os trabalhos da tarde, deliberação que a enorme assembléia recebeu com demorada salva de palmas(...) Feito isso, o presidente declarou que ia submeter a [sic] votação à redação final dos estatutos, nos moldes que se processara os trabalhos anteriores, quer dizer, não seria feita a leitura do trabalho a discutir, visto que a imprensa já o divulgara amplamente (...) O presidente entra na matéria da ordem do dia. Diz que os trabalhos ficariam divididos em duas sessões: primeira, se aprovaria a redação final e o regimento das eleições iniciais e, finalmente, na última, se procederia à eleição da diretoria efetiva (...) Passou-se logo para a eleição. De acordo com o regimento recém-aprovado, o presidente nomeia a seguinte comissão escrutinadora: Ângelo Guido, Manoel Peixoto, Thomaz Thompson Flores, Augusto Tol Rodrigues e Franz Maetzller. Começou a eleição, que se desenvolveu dentro do maior entusiasmo. Como o número de votantes era enorme, os trabalhos terminaram passado das 21 horas. Terminada a votação, começou-se a apuração pela comissão escrutinadora (...) Passando-se ao exame da apuração, verificou-se que a comissão escrutinadora apurou os seguintes votos: para Presidente, Erico Verissimo, 88 votos; Renato Costa, 23 votos; Franz Metzller, 1 voto. Para Vice-Presidente, Cícero Soares, 46 votos; Celestino Prunes, 25 votos; Sérgio de Gouveia, 21 votos; Damaso Rocha, 18 votos; Ân-

26 Correio do Povo, Associação Riograndense de Imprensa, 24 de dezembro de 1935, p. 3.

gelo Guido, 1 voto; Manoelito d'Ornellas, 1 voto; para 1. Secretário, Rivadavia de Souza, 94 votos; Ernesto Pelanda, 18 votos; Para 2. Secretário, Pinto de Godói, 79 votos; Paulo de Gouveia, 30 votos; Samuel Lima, 1 voto; João Soares, 1 voto; Para Tesoureiro, Nestor Ericksen, 99 votos; Arquimedes Fortini, 18 votos.

A ata registra ainda que houve dois votos em branco. Depois, Franz Maetzler, que era o jornalista mais antigo ali presente, diretor do *Deutsche Volksblatt*, pediu um voto de louvor a Breno Caldas, recém admitido como diretor do *Correio do Povo*. E a reunião se encerra, não sem antes tirar uma comissão que visitaria o jornalista Clóvis Ribeiro, doente, internado no Hospital São Francisco. A posse da diretoria ficaria marcada para as 16 horas do dia 23 de dezembro, em sessão solene.

Erico Verissimo e sua diretoria cumpririam o compromisso. É o que se pode verificar, de outro recorte de jornal, de 17 de março de 1937[27]. Sob a *manchete* "Uma comissão especial avistou-se, ontem, com o Governador do estado", a matéria relata que a diretoria da ARI, que encerrava sua gestão, visitara o Governador Flores da Cunha, para agradecer sua intercessão junto à Inspetoria Federal das Estradas, para que os jornalistas tivessem abatimento de cinqüenta por cento nas passagens ferroviárias, através da Viação Férrea, o que fora alcançado. Registra o periódico:

Falou, então, o nosso colega Erico Verissimo, presidente da ARI que, em rápidas palavras, disse ao governador que a classe dos que mourejam na imprensa, neste Estado, vinha trazer-lhe o seu agradecimento e a sua gratidão pela solicitude com que s. excia. acedeu em pleitear junto ao governo da República a concessão do abatimento de cinqüenta por cento nas passagens da Viação Férrea do Rio Grande do Sul para os jornalistas, seus associados.

Em resposta, o governador

declarou que estava satisfeito por ter tido a oportunidade de fazer alguma coisa em benefício dos trabalhadores da imprensa, e que seu governo encarava com grande simpatia todas as iniciativas nobres que visavam melhorar a situação do jornalista riograndense.

O jornal esclareceu que Flores da Cunha, antes de militar na política, fora repórter em São Paulo e diretor de um jornal em Uruguaiana, além de redator em importante órgão da imprensa carioca.

A posse da nova diretoria ocorreria naquele mesmo dia, 17 de março. Erico Verissimo foi sucedido por Dario Rodrigues, havendo ainda, na mesma data, um novo escrutínio para o cargo de 1. secretário, por ter havido empate entre Nestor Ericksen e Manoelito d'Ornellas. Ericksen acabaria vencendo o pleito.

Até hoje, contudo, Erico Verissimo é considerado o patrono dos jornalistas gaúchos e, com Alberto André que, muitos anos depois, permaneceria várias diretorias à frente da instituição, é respeitado como dos nomes de maior relevância entre os jornalistas profissionais gaúchos.

27 Correio do Povo, Associação Riograndense de Imprensa, 17 de março de 1937, sem indicação de página.

Editor de revistas e de livros

Pode-se dizer, sem medo de errar, que Erico Verissimo foi um pioneiro da indústria cultural no estado do Rio Grande do Sul e, de certo modo, no próprio país. Tendo experimentado de tudo na área da imprensa – jornal, revista e livro – tornou-se verdadeiramente um *expert* nesse campo, onde atuou ao longo de toda a sua vida, explícita ou implicitamente.

Sua experiência está traduzida especialmente no texto *Um certo Henrique Bertaso*, já aqui tantas vezes mencionado. Poucos meses antes da edição do livro, ele também publicara alguns excertos daquele texto sob a denominação de *"Breve crônica duma editora de província"*[28]. Nesses textos, o escritor relembra em detalhes toda a sua experiência, que se pode resumir, como se faz, nas próximas linhas, em dois momentos: o editor de revistas, entre 1931 e 1937, cobrindo as funções de secretário e depois de diretor da *Revista do Globo,* e de editor da revista *A novela*; num segundo momento, a partir de 1937, enquanto editor de livros, o que perduraria ao longo da vida.

Como se disse, é a partir de 1 de janeiro do ano de 1931 que, levado por Ruy Cirne Lima ao então diretor da *Revista do Globo,* Mansueto Bernardi, Erico Verissimo se torna secretário daquela publicação. Segundo sua própria narrativa, Mansueto teria refletido:

> — *Você escreve, traduz, desenha... Seria o ideal para tomar conta da* Revista do Globo *no futuro.*
> — *Por que no futuro – repliquei – se estou precisando dum emprego agora?*
> *Meus olhos estavam fitos no pomo-de-adão de Mansueto, muito saliente no longo pescoço descarnado. O autor de* Terra convalescente *coçou pensativamente o queixo, depois baixou o olhar para mim:*
> — *Que ordenado espera?*
> *Pensando no meu casamento, ousei:*
> — *Um conto de réis.*
> *Por um instante o poeta quedou-se imóvel e silencioso. Depois disse por entre dentes:*
> — *É... O cargo justifica esses honorários, porém infelizmente não temos verba para tanto. Mas... qual seria o ordenado mínimo que você aceitaria para começar?*
> — *Seiscentos – respondi sem pestanejar.*
> — *Pois então está contratado. Pode começar no dia primeiro de janeiro. Entende de cozinha de revista?*
> — *Claro – menti. Na realidade, nunca havia entrado numa tipografia. Não conhecia nem de vista uma linotipo. Não tinha idéia de como se fazia clichê ou se armava uma página. Mas o importante mesmo é que tinha conseguido um emprego!*
> *Foi assim que entrei para a Família Globo*[29].

A editoria da revista se fazia basicamente de tesoura e goma arábica, pois, como era normal nessas revistas, antes do surgimento de *O Cruzeiro,* tudo era improvisado, não se pagavam colaboradores e a revista, além de tudo, deveria atender às necessidades dos *amigos da casa,* assinantes que queriam ver seus nomes e fotografias – ou de seus familiares – presentes na publicação. Logo depois, Mansueto Bernardi seguiu para o Rio de Janeiro, *onde foi imprimir dinheiro e cunhar moedas para a nação*[30] e de 10 de setem-

28 VERISSIMO, Erico – Breve crônica duma editora de província, São Paulo, O Estado de São Paulo, 2.4.1972, p. 3. (Pessoalmente, discordo do registro quanto ao jornal, pelo tipo e a família das letras, bem como pela diagramação: tratar-se-ia do Correio do Povo, em uma edição dominical, um suplemento que trazia grandes reportagens. Infelizmente, não tive acesso ao jornal original. Fica, de qualquer modo, o registro).

29 VERISSIMO, Erico – Um certo Henrique Bertaso, op. cit., p. 21.

30 Idem, ibidem, p. 23.

bro de 1932 a 24 de outubro de 1936, Erico Verissimo seria o diretor da crescentemente prestigiada *Revista do Globo*.

Ali, Erico Verissimo inventava textos, quer de ficção, quer de poemas. Mandava fazer clichês de quaisquer ilustrações que julgasse interessantes, para depois utilizá-las na edição da revista. Antonio Goulart encontra, em *Solo de Clarineta*, depoimento do próprio escritor a respeito daquele tempo, que ele resume assim:

> *Contou que quando Arlindo Correa, o chefe da oficina, gritava: "Sobrou espaço numa página. Com o que é que vamos encher?", respondia: "Espera um pouco que meu amigo Fu Wang deve ter mais uma de suas poesias".*
>
> *E lá ia a história de um sapo num charco, que se apaixonava pela lua... Erico confessou mais tarde que se um dia publicasse em livro esses poemetos e haicais, o título mais sincero seria* Poemas para tapar buracos[31].

31 GOULART, Antonio – Op. cit., p. 54.

O caso mais ridículo ocorreu quando ele mesmo escreveu um conto longo, que chamou de "Lama nas trincheiras" e o atribuiu a um suposto escritor norte-americano, Gilbert Sorrow, para quem inventou até mesmo uma biografia. Ocorre que uma outra revista semelhante, publicada na Argentina, *chupou* o conto de Erico, atribuindo-o ao mesmo falso escritor...

Erico inventou um sem-número de pseudônimos, dentre os quais Gilberto Miranda, com que assinava diferentes matérias, sempre tentando garantir a circulação da revista que, bem ou mal, melhorara sensivelmente, sobretudo depois que se livrara daquelas publicações... familiares.

Com o passar do tempo, a amizade de Erico Verissimo e os irmãos Bertaso, Henrique e José, se firmava. Em fins de 1936, Erico Verissimo assume a publicação da revista *A Novela*, dedicada à literatura de ficção de qualidade[32]. Ele permanece na direção da publicação durante os quinze meses de sua duração, conforme conta:

32 A própria revista anuncia a saída do escritor na edição de 12 de dezembro de 1936.

> *A idéia em princípio era boa. Publicaram-se vários números, com capas em tricomia. O livro principal de cada número era em geral um romance de aventuras, mas eu procurava ir dando sempre ao público literatura de melhor qualidade, na forma de contos e noveletas (...) Eu fazia* A novela. *Henrique enfrentava o Chefão, que via com olhos céticos (e como tinha razão) a nossa nova aventura.*
>
> *A novela durou quinze números, quinze meses. "Morreu como um passarinho"- expressão também do uso de minha avó materna*[33]

33 VERISSIMO, Erico – Um certo Henrique Bertaso, op. cit., pp. 78-79.

A partir desse ano de 1937, Erico Verissimo torna-se conselheiro da Editora Globo, chamado por Henrique. De um lado, Erico e Henrique, dominando inglês, tratavam de verificar os lançamentos recentes internacionais, em especial dos Estados Unidos. De outro, sendo a Globo ainda uma pequena editora quase clandestina, procuravam garantir investimentos pequenos, que trouxessem rentabilidade, como ocorreu com os direitos autorais de *The good earth*, comprado a Pearl Buck por apenas 50 dólares e lançado, sob o título de *China, velha China*, com enorme sucesso. Erico Verissimo, muitos anos depois, chegaria a conversar pessoalmente com a escritora, contando-lhe a aventura e conseguindo manter os direitos autorais daquele livro, à base de 10% de direitos autorais habituais.

Mas nem sempre as coisas davam assim certo. O contrato feito com um certo Mr. Jacques Chambrun, representante de Sommerset Maugham, jamais chegou ao conhecimento do escritor, que se mostrou surpreso ao saber que suas obras eram editadas no Brasil. Felizmente, Henrique Bertaso guardava e pode enviar ao escritor cópias de todos os recibos, num valor superior a 32 mil dólares, mostrando a lisura da editora brasileira, e o escritor simplesmente despediu seu agente, que o roubava, ao mesmo tempo em que lhe movia um processo... graças aos editores brasileiros...

Gradualmente, a editora fixava uma imagem. Henrique Bertaso gostava de publicar autores nacionais e gaúchos. Erico Verissimo também, mas apostava igualmente em nomes internacionais. Assim, nasceram a "Biblioteca dos séculos", sendo que foi de Henrique a exigência de incluir Platão na coleção. Erico descobriria mais tarde que até mesmo a decisão de traduzir o autor grego do original era uma tentativa de Henrique para ajudar a um professor de grego, com dificuldades pecuniárias em seu dia-a-dia... E, enfim, a "Coleção Nobel", destinada a publicar todos os livros dos autores premiados internacionalmente. Com isso, a Globo atacava dos dois lados: lançava os clássicos e, ao mesmo tempo, garantia-se com os modernos. Equilibrava-se entre as duas coleções com os lançamentos internacionais, dentre os quais o famoso – ainda que quase não rentável – *Ponto e contraponto* (1934), de Aldous Huxley, que Erico Verissimo leu por sugestão de Augusto Meyer e convenceu Henrique a editar, antecipando-lhe que não ganharia dinheiro, mas garantiria qualidade a seu catálogo editorial. Não imaginava o escritor que seus críticos resolveriam que o romance que ele lançaria um ano depois, *Música ao longe*, e que repartiria com outros três romances o prêmio nacional Machado de Assis, concedido pela Academia Brasileira de Letras, seria acusado de plágio do processo narrativo do escritor inglês, coisa que o escritor sul-rio-grandense sempre negou, lembrando que havia outros textos cuja influência já o haviam marcado.

A partir de sua primeira visita aos Estados Unidos, em 1940, Erico Verissimo intensifica sua atenção à literatura internacional, valendo-se dos lançamentos que ocorriam naquele país, em traduções para o inglês. E tratava de enviar os volumes para Henrique Bertaso, com acurados comentários, sugerindo este ou aquele título, inclusive comentando sobre os riscos financeiros ou políticos dos lançamentos, em especial tendo em vista a vigência do Estado Novo de 1937.

Mas Erico Verissimo fez também o caminho contrário, divulgando a literatura brasileira no exterior, em especial nos próprios Estados Unidos, de que resultaria um livro concentrado sobre a história da literatura nacional, publicado em 1945, e que só meio século mais tarde encontraria uma versão para o português, sendo então integrado à série de obras de Erico Verissimo editada entre nós.

A longa, produtiva e fantástica relação de Erico Verissimo com a Editora Globo não apenas permitira ao escritor criar sua obra. Ela dera ao Brasil a primeira editora moderna, verdadeiramente internacional. Mas o escritor e a editora jamais haviam assinado qualquer contrato escrito. E assim foi até 1974, quando ambos se viram obrigados, por novas regras de direito autoral, a fixarem, em letra de forma, as condições de seu relacionamento, um relacionamento que, infelizmente, logo depois seria rompido... pela morte do escritor.

Outra perspectiva do escritor jornalista

Até aqui o levantamento de dados não chega a ser totalmente novo, ainda que esteja fragmentado em dezenas de textos e múltiplos depoimentos, alguns do próprio escritor. Cabe, no entanto, um fechamento a essa pesquisa, e ela necessariamente vai-se voltar para um aspecto muito específico da obra literária de Erico Verissimo, os livros de viagem.

Trabalhando em sua residência

Erico escreveu quatro livros de viagem: *Gato preto em campo de neve* (1941), a que se segue *A volta do gato preto* (1946), ambos sobre os Estados Unidos. No primeiro, ele destaca, à semelhança de Monteiro Lobato, antes dele, e também um escritor e editor, o desenvolvimento daquele país e sua industrialização. Seguiram-se *México* (1957), em que ele faz especial homenagem a José Vasconcelos, Ministro da Cultura daquele país; e *Israel em abril* (1969).

Há vários aspectos a serem destacados nessas obras, mas quero chamar a atenção para o fato de que elas possuem uma perspectiva essencialmente jornalística, ou seja, são relatos mais ou menos *no calor da hora*, a respeito de países que, pelas conjunturas políticas e históricas de então, achavam-se como centro das atenções mundiais: os Estados Unidos, devido ao deflagrar da segunda guerra mundial. O México, pelo contraste que oferecia e, muito especialmente, pela movimentação que crescia em alguns países latino-americanos, de contrariedade à dominação norte-americana, que Erico Verissimo já denunciara em *A volta do gato preto*, até chegar ao livro final, quando Erico traça um perfil sobre Israel, que tinha muito de homenagem a alguns de seus melhores amigos, como Herbert Caro – extraordinário crítico musical e que durante muitos anos manteve uma coluna especializada no *Correio do Povo* – e Maurício Rosenblatt, que ele levara também para a Editora Globo e fora o idealizador da publicação dos 17 volumes completos, mais um de introdução, da obra de Honoré de Balzac, graças aos esforços de Paulo Rónai, um húngaro radicado no Brasil e mais tarde naturalizado brasileiro[34]. Mais que isso, Erico Verissimo, uma vez mais, exerce seu direito de livre pensador, esboçando o retrato de um país que lutava denodadamente para manter sua integridade e sua identidade. Sem atacar aos palestinos ou diminuir aos árabes, Erico Verissimo apostava numa possibilidade de paz e de convivência que, infelizmente, o futuro viria a desmentir, mas que em nada diminuiu a importância daquela obra.

Viajante atento, comentarista sagaz, Erico Verissimo costumava estudar a história e uma série de informações a respeito de cada país que visitava, ainda antes da viagem, otimizando, assim, suas observações, que aprofundava quando de volta ao Brasil, iniciando a redação de um novo livro.

Por fim, falemos do conjunto da obra do escritor e sua relação com o jornalismo. Vale o depoimento do escritor. Ele teria idealizado *Incidente em Antares* (1974) a partir da leitura de um recorte de jornal. Na verdade, entendo que toda a obra romanesca de Erico Verissimo constitui-se enquanto uma grande crônica de atualidades do mundo e do Brasil,

34 Esta edição é considerada pelos especialistas como a melhor publicada fora da França.

em especial. Do Brasil, sobretudo no chamado *ciclo de Porto Alegre*, que se encerraria bem depois do último de seus romances daquela série, *O resto é silêncio* (1943), justamente com o mencionado *Incidente em Antares*. Do mundo, através de todos os demais romances. Se imaginássemos, assim, um marciano chegando ao planeta terra, e tendo de inteirar-se rapidamente do que ocorrera nesse pequeno planeta do sistema solar, não precisaríamos titubear em dizer: consulte os romances de Erico Verissimo. Ali estão, em nível nacional, as lutas intestinas do Rio Grande do Sul, as revoluções brasileiras do início do século XX, a revolução de 1930, os episódios da ANL e do Estado Novo, a queda de Getúlio Vargas, sua reeleição e, enfim, o suicídio do grande político, até o golpe militar de 1964.

Em termos mundiais, vamos encontrar ecos da I e da II Grandes Guerras; do golpe de Francisco Franco na Espanha; a revolução de Cuba de 1959; a guerra do Vietnã, etc. Enfim, e sobretudo, vamos sempre trabalhar com um relato que, além de jornalístico, levando-o a ser chamado de *contador de histórias*, é também uma profunda e humana reflexão a respeito da história da humanidade, o que nos lembra as palavras de Eduardo Meditsch a respeito do jornalismo:

> *A contradição principal do Jornalismo, tal como é praticado em situações como a brasileira, é ser, por um lado, produção social de conhecimento - portanto, atividade intrinsicamente criadora - e, por outro, mercadoria produzida industrialmente para gerar lucros aos monopólios que controlam essa produção - portanto, atividade submetida*[35].

35 MEDITSCH, Eduardo - O conhecimento do jornalismo, Florianópolis, UFSC. 1992, p. 80.

Ora, fugir dessa submissão, foi sempre a grande preocupação do escritor Erico Verissimo. E por isso, quando ele recria, em *Incidente em Antares*, a figura de um profissional da imprensa, não titubeia em denunciar tal submissão, no caso uma dupla submissão, porque simultâneamente dirigida aos donos do poder que dominam pela força e aos donos do poder que dominam pelo capital, unidos numa única finalidade, a subjugação do povo.

Idealizada enquanto forte crítica ao regime de exceção instaurado em 1964, a narrativa tem, no editorialista do semanário *A Verdade* (p.25), como o chamará o escritor, uma das figuras de referência para o texto. Não se trata de uma personagem redonda, como a identifica E.M. Forster e a retoma Antonio Candido, em seus clássicos estudos. É antes um tipo. Mas não deixa de ter seu encanto, sobretudo por sua alienação em relação à função que desempenha. Maria da Glória Bordini, em estudo sobre aquele livro[36], demonstra que o romance se articula em torno de três diferentes figuras, o professor universitário Martim Francisco Terra, o Padre Pedro-Paulo - fortemente influenciado pela Teologia da Libertação - e o jornalista Lucas Faia. Significativamente, cada qual faz um registro escrito dos acontecimentos que o próprio escritor, enquanto narrador onisciente, também desdobra, mas se valendo de um sem-número de técnicas narrativas para constituir um conjunto orquestrado de vozes, como diria Mikhail Bakhtin[37]. Assim, é ao *nível da linguagem*, como queria o teórico russo, que Erico Verissimo alcança transmitir a seu leitor as múltiplas perspectivas daquela realidade: o professor constitui uma tentativa de ensaio interpretativo do que conhece, e sem dúvida alguma é uma espécie de *alter ego* do escritor. O texto, pesquisa encomendada por uma instituição estrangeira, descoberto por policiais, acaba por

36 BORDINI, Maria da Glória - Criação literária em Erico Verissimo, Porto Alegre, L&PM/EDIPUCRS. 1995, p. 246.

37 BAKHTIN, Mikhail – Questões de literatura e de estética, São Paulo, UNESP/ HUCITEC. 1990.

levá-lo à prisão. Portanto, não chega à circulação social. Padre Pedro-Paulo (observe-se o nome) escreve um diário: temos, pois, um relato privado, uma apropriação filtrada pelas próprias dúvidas do sacerdote, em relação à religião e ao papel social que desempenha, já que, ao contrário do professor, que não tem dúvidas sobre que lado deve defender, o sacerdote se sente por vezes falso em seus sermões.

Por fim, Lucas Faia, o jornalista, acompanha todo o desdobrar da greve dos coveiros e, por conseqüência, da permanência dos cadáveres ambulantes pela cidade, através de seu jornal. Impregnado da objetividade jornalística, imagina poder melhor servir às autoridades locais fixando a verdade: chega mesmo a embalar-se ao som de seu próprio texto, no fundo, barroco e falso, pleno de *narizes-de-cera* ao melhor estilo do velho jornalismo anterior à década de 50, eminentemente literário. Com isso, termina por desagradar às autoridades do lugar, mas é um excelente instrumento para que o escritor possa transcrever - sob uma perspectiva ridícula - os acontecimentos, sem que a própria narrativa se torne ridícula, como confessa Erico Verissimo: *Na hora em que os defuntos se levantaram faltou-me a coragem de segui-los rua abaixo. Usei duma artimanha: descrevi a dramática descida através da prosa barroca do jornalista Lucas Faia*[38].

Lucas Faia, assim, se vê pressionado e frustrado em suas utópicas intenções - glorificar o que denomina de *classes produtoras*, a começar pelo prefeito municipal - porque impedido de contar a verdade, como seria sua função e obrigação:

> *Faia se deixa embalar pela própria retórica adornada de metáforas e comparações, preciosismos e chavões, a tal ponto que muitas vezes não consegue perceber que o conteúdo de suas reportagens põe em risco os interesses dos pró-Homens de Antares. Dessa forma, sua reportagem mais magistral, no seu próprio entendimento, a da história dos mortos no coreto, é censurada pelos líderes do governo, primeira providência da Operação Borracha, destinada a apagar completamente da memória de Antares o incidente que resultou na denúncia de sua corrupção e hipocrisia moral, bem como desmandos políticos*[39]

O que significa dizer que a função jornalística e a do jornalista é simplesmente castrada, censurada, interrompida: o jornalismo, assim, deixa de existir, não é mais uma versão da realidade, não é a narração dos acontecimentos, mas uma fantasia - barroca - que se esgota na própria vaidosa auto-suficiência da falsa linguagem.

Erico Verissimo, neste romance, parodia algumas práticas do antigo jornalismo, como, por exemplo, a instalação de uma sirene na redação do jornal, sirene esta que tocava sempre que houvesse alguma novidade (p. 78). Assim, à medida em que os acontecimentos se desenvolvem, *muitas vezes a sirene do diário local soou durante aquele dia e o seguinte* (p. 88), afirma o narrador, mas, curiosamente, se as informações são dadas através da fala e das pequenas folhas de papel afixadas nos quadros, ao lado da porta de entrada da redação, jamais aquelas informações são efetivamente transformadas em notícia para a edição do dia seguinte de *A Verdade*, graças à censura que o prefeito impõe ao jornalista.

Por outro lado, a hipérbole praticada pelo jornalista é apropriada pelo narrador, num *modus faciendi* que traduz a crítica do escritor à personagem:

---

38 BORDINI, Maria da Glória - Op. cit., p. 162.

39 BORDINI, Maria da Glória - Idem, ibidem, p. 254.

No dia seguinte, no seu editorial assinado, em A Verdade, Lucas Faia escreveu que a inesperada notícia da renúncia de Jânio Quadros causara em Antares um impacto quase tão violento como o produzido pela primeira bomba atômica, a que explodira sobre Hiroxima em agosto de 1945 (p. 116).

Aliás, Erico Verissimo, habilmente, coloca na boca - ou melhor - na pena de Martim Francisco sua própria imagem do jornalista:

O diretor do jornal é um tipo curioso. Dá uma impressão de fluidez, é um homem que, como os líquidos, toma a forma do vaso que os contém, isto é, da pessoa com quem fala ou a quem serve (...) Sua alcunha na cidade é Lucas Lesma porque -explicam - a lesma e um animal capaz de arrastar-se sobre o fio de uma navalha sem se cortar e sem cair para um lado nem para outro (p. 158).

Lucas Faia, em síntese, não é um mau sujeito. Tem mesmo a percepção do que seja o bom jornalismo, como se depreende desta outra passagem: *Na redação de A Verdade, às quatro da tarde, Lucas Faia preparava o seu editorial para o número do dia seguinte, em cuja pirmeira página negrejaria uma manchete em caixa alta e tipo grosso: "Greve geral em Antares"* (p. 196). A notícia, contudo, e sobretudo a manchete, é censurada pela autoridade municipal.

Ao mesmo tempo, ele continua usando um vocabulário absolutamente ultrapassado e antiquado e que, por isso mesmo, é incompetente para *expressar a realidade* que pretende relatar. Eis uma passagem daquela narrativa a que aludia Erico Verissimo em seu depoimento que citamos acima:

A brônzea voz do sino da nossa Matriz chamava os fiéis para a missa das sete quando os sete mortos, em sinistra formatura, desceram sobre a cidade, ao longo da popular Rua Voluntários da Pátria (...) Pareciam - segundo o depoimento de várias pessoas idôneas ouvidas pelo nosso repórter - figuras egressas dum grotesco museu de cera. Testemunhas visuais (e olfativas!) do ato são unânimes em afirmar que os defuntos se moviam de maneira rígida, como bonecos de mola a que alguém - Deus ou o diabo?- tivesse dado corda (ps. 258-259).

Ou então, em outra passagem:

De súbito o cristal do silêncio foi brutalmente partido por uma pancada sonora e pareceu então que o céu, o ar, a cidade, as pessoas - tudo se punha a vibrar de surpresa e susto. Tenho a impressão de que houve entre os que se encontravam no gabinete do prefeito uma espécie de pânico, que durou uma fração de segundo, o tempo suficiente para compreendermos todos que se tratava do sino da matriz que começava a bater meio-dia, em badaladas lentas, longas e lúgubres (p. 325).

Lucas Faia, na verdade, tenta, até o final, praticar sua função. Chega mesmo a prometer à esposa: *teu marido não vai arredar-se desta mesa antes do raiar de um novo dia.*

Estou começando a escrever o artigo mais importante de mi perra vida, *sabes, Marfisa?* (pp. 405-406), mas, ainda uma vez, sua iniciativa é frustrada. E a proibição permanece, até depois que os mortos decidem aceitar seus enterros, com o final da greve dos coveiros:

> *Quando Lucas Faia procurou o Major Vivaldino para lhe dizer que ia publicar em A Verdade - no primeiro número que aparecesse depois do* lamentável incidente - *um grande artigo descrevendo com sabor literário a* visita dos mortos *o prefeito saltou, furibundo: __ Não publique coisa nenhuma! Esse seu artigo não pode aparecer sem a aprovação dos acionistas do jornal* (p. 460).

Assim, termina-se nada publicando a respeito do *incidente*. Tudo o que se lhe permite é a leitura do texto, diante das autoridades que, imediatamente, o confiscam (pp. 463-464): *Lucas Lesma desatou a chorar, como uma criança a que se nega com maus modos um brinquedo que ela muito deseja. O Mendes segurou-lhe o braço, compassivo, e levou-o para fora da sala* (p. 464).

Também os jornalistas que chegam da capital, representando os diferentes órgãos de comunicação, dos jornais às emissoras de rádio e de televisão, vêem frustradas suas tentativas de registrar o fenômeno dos mortos. Não se trata, evidentemente, apenas de uma solução *ex machina* do escritor para solucionar o enredo absurdo que tramara, mas sim, uma metáfora para a impossibilidade de os meios de comunicação, à época, isto é, nos anos 70, retratarem, de fato, objetivamente, a própria realidade (ler p. 449 e ss.), de modo que, para não ser encontrado por seus colegas da capital, Lucas Faia recebe ordens de desaparecer da cidade (p. 452), escondendo-se no sótão de sua casa (p. 457).

O romance se encerra, desse modo, com um pesado e definitivo silêncio a amordaçar a imprensa e os demais meios de comunicação, fazendo com que a informação não possa circular livremente, retrato perfeito do que o Brasil enfrentava naquela conjuntura histórica. Última denúncia do grande escritor que, até o fim de sua vida, continuou acreditando no jornalismo e na função social do jornalista, atividade - mais do que profissão - que abraçara desde o começo de sua vitoriosa carreira.

Para compreender Erico Verissimo e seu contexto

ARNT, Héris – *A influência da literatura no jornalismo – O folhetim e a crônica*, Rio de Janeiro, E-papers. 2001.

BAKHTIN, Mikhail – *Questões de literatura e de estética*, São Paulo, UNESP/HUCITEC. 1999.

BAUDELAIRE, Charles - *Obras estéticas - Filosofia da imaginação criadora*, Petrópolis, Vozes. 1993.

BELTRÃO, Luiz – *Sociedade de massa & literatura*, Petrópolis, Vozes. 1972.

BIANCHIN, Neila – *Romance reportagem – Onde a semelhança não é mera coincidência*, Florianópolis, UFSC. 1997.

BORDINI, Maria da Glória (Org.) – *Erico Verissimo – O escritor no tempo*, Porto Alegre, Secretaria Municipal de Cultura/Sulina. 1990.

CASTRO, Gustavo de et GALENO, Alex – *Jornalismo e literatura – A sedução da palavra*, São Paulo, Escrituras. 2002.

CHAVES, Flávio Loureiro – *Erico Verissimo – O escritor e seu tempo*, Porto Alegre, Escola Técnica da Universidade Federal do Rio Grande do Sul. 1996.

COSSON, Rildo – *Romance reportagem: O gênero*, Brasília/São Paulo, UNB/Imprensa Oficial. 2001.

FAGUNDES DE MENEZES – *Jornalismo e literatura*, Rio de Janeiro, Razão Editorial.1997.

GOULART, Antonio – *Do jornalismo para o mundo* in *Press*, Porto Alegre. 2003. Vol. II.

HOHLFELDT, Antonio – *Erico Verissimo*, Porto Alegre, Tchê.1984.

HOHLFELDT, Antonio – *Deus escreve direito por linhas tortas: o romance – folhetim nos jornais de Porto Alegre entre 1850 e 1900. Porto Alegre, EDIPUCRS. 2002.*

LIMA, Edvaldo Pereira – *Páginas ampliadas – O livro-reportagem como extensão do jornalismo e da literatura*, Campinas, UNICAMP. 1995.

LIMA, Edvaldo Pereira – *O que é livro-reportagem*, São Paulo, Brasiliense.1993.

OLINTO, Antonio – *Jornalismo e literatura*, Rio de Janeiro, Tecnoprint.1968.

OLINTO, Heidrun Krieger et – SCHOLHAMMER, Karl Erik – *Literatura & mídia*, São Paulo, PUCRio/Loyola. 2002.

REVISTA RENASCENÇA – *Homenagem a Erico Verissimo*, Porto. Primavera-Verão de 1995.

RIZZINI, Carlos – *O jornalismo antes da tipografia*, São Paulo, Cia. Editora Nacional.

ROSSI, Rosemari Schwarz – *Associação Riograndense de Imprensa – Reivindicações, cultura e amparo à classe*, Porto Alegre, CORAG. 1981.

SÜSSEKIND, Flora – *Tal Brasil, qual romance?*, Rio de Janeiro, Achiamé. 1984.

VERISSIMO, Erico – *Um certo Henrique Bertaso*, Porto Alegre, Globo. 1972.

VERISSIMO, Erico – *Solo de clarineta*, Porto Alegre, Globo. 1973.Vol. 1.

WOLFE, Tom – *El nuevo periodismo*, Barcelona, Guadarrama. 1973.

Frei Caneca
Xavier da Veiga
David Moreira Caldas
Costa Rego
Auricélio Penteado
Jorge Antônio Salomão
Carlos Rizzini
Alceu Amoroso Lima
Roberto Marinho
Danton Jobim
José Reis
Vera Giangrande
Adalgisa Nery
Aparício Torelly
Josué de Castro
Pompeu de Sousa
Erico Verissimo
Vladimir Herzog

VLADIMIR HERZOG
Um defensor do jornalismo público

Ana Baumworcel

Ana Baumworcel é Jornalista e Professora de Radiojornalismo da Universidade Federal Fluminense. Bacharel em Jornalismo (UFRJ), Mestre em Comunicação, Imagem e Informação (UFF). Coordenadora do Grupo de Trabalho – História da Mídia Sonora da Rede Alfredo de Carvalho para a preservação da memória da imprensa. Organizadora do livro "Vargas, agosto de 1954, a história contada pelas ondas do rádio", resultado da pesquisa coletiva do GT de Mídia Sonora da Rede Alcar.

O jornalista Vladimir Herzog é um símbolo da luta pela democracia no Brasil. Sua morte, no dia 25 de outubro de 1975, na cela do DOI-CODI paulista, depois de barbaramente torturado, sensibilizou a opinião pública para a defesa dos direitos humanos. O episódio marcou a história recente do país, dando início à reação da sociedade ao regime de exceção da época. Depois de 30 anos de seu assassinato, pouco, no entanto, se refletiu sobre sua importância para a imprensa brasileira.

Em 1958, Vladimir Herzog inicia sua vida profissional como jornalista. Pela primeira vez trabalha numa agência de notícias – a italiana *ANSA* – como tradutor e redator. Aprendeu o idioma ainda criança quando viveu na Itália, levado pelos pais Zigmund e Zora que fugiam do nazismo. Judeu, nasceu em 27 de junho de 1937, em Osijek, que hoje faz parte da Croácia.

Da Bósnia ao Brasil

Na infância, morou em Banja Luka, pólo industrial e comercial bombardeado durante a Segunda Guerra e que atualmente se localiza na Bósnia Herzegovina. Com apenas quatro anos viu sua casa ser confiscada, "antes mesmo de saber o significado de ódio racial[1]". Além de aprender a ler, escrever e contar, foi na Itália que também começou a engordar e a desenvolver-se, pois até então adoecia facilmente. Era chamado de Aldo pela família que se apresentava como refugiada italiana para não levantar suspeitas sobre a origem judaica

Herzog e seus pais chegaram ao Brasil, pelo Rio de Janeiro, em 1946, mas logo se mudaram para São Paulo. Em 1949, obteve o primeiro lugar no exame de admissão

1 A afirmação do pai de Herzog em carta para o filho. As informações sobre sua infância estão em *Meu querido Vlado* de Markun, 2005.

Herzog, na TV Cultura: jornalismo como instrumento de diálogo

2   Um resgate histórico para a Tupi e a Excelsior, www.broadcastnews.com.br, 2005.

3   Idem.

4   http://pt.wikipedia.org

para o colégio estadual Presidente Roosevelt, onde conheceu Luiz Weis, Alexandre Gambirasio e José Chasin. Todos se tornariam depois jornalistas. Desde essa época, gostava de literatura, música, teatro e cinema.

Em 1959, Vladimir inicia seus estudos na Faculdade de Filosofia da Universidade de São Paulo, ao mesmo tempo em que começa a trabalhar no jornal *O Estado de São Paulo,* onde foi repórter, redator e chefe de reportagem. No periódico, conheceu Perseu Abramo, Fernando Pedreira, Cláudio Abramo, entre outros. Em 1960, participou da equipe que ganhou o prêmio Esso pela cobertura da inauguração de Brasília.

O desenvolvimentista Juscelino Kubitschek estava na presidência do país. Era época de liberdade de imprensa, determinante para a formação de toda uma geração de jornalistas responsável por transformações na forma e no conteúdo dos meios de comunicação. A liberdade de expressão também estimulava a criatividade na cultura brasileira, possibilitando o surgimento de movimentos como o neoconcretismo, a bossa nova, o cinema novo, entre outros que valorizavam o traço, o ritmo, a diagramação, a imagem, a sonoridade interferindo no conteúdo da informação.

Mas, talvez, tenha sido na televisão, palavra originária do grego que significa "ver longe", a maior contribuição de Herzog. Ele começa na telinha em 1963, convidado pelo jornalista Fernando Pacheco Jordão para trabalhar como coordenador de produção do inovador *Show da Notícia* da TV Excelsior, canal 9, em São Paulo. Segundo o jornalista Fernando Barbosa Lima "quase tudo que se faz ainda hoje na televisão brasileira começou na Excelsior[2]".

Dirigida pelos profissionais Alberto Saad e Edson Leite, que vieram da Rádio Bandeirantes, entrou para a história da televisão no país como a emissora que "criou um estilo moderno, livre e avançado para a época da tela em preto e branco, sem satélites, com distribuição de fitas de vídeos por avião para as afiliadas[3]". Criada em 9 de julho de 1960 e extinta em 30 de setembro de 1970, a TV Excelsior era inicialmente uma concessão da Organização Victor Costa, também dona da Rádio Excelsior e por isso ficou com este nome.

Um grupo de empresários liderados por Mário Simonsen, dono, entre outras empresas, da Panair, uma das maiores de aviação do Brasil, comprou a emissora. Empresários como José Luís Moura, da exportação de café em Santos; o deputado federal Ortiz Monteiro, fundador da TV Paulista, João de Escantimburgo, proprietário do "Correio Paulistano", entre outros eram do grupo[4].

Seu diferencial em relação às concorrentes era respeitar horários de programação, sendo a primeira no país a se utilizar tanto da programação horizontal, onde a mesma atração é exibida no mesmo horário todos os dias, como da vertical, onde a atração que sucede a anterior visa manter o público ligado por afinidade de assunto e definição de linha editorial.

Depois de seis meses de operação se tornou líder de audiência na cidade de São Paulo, criando uma chamada de oito segundos para anunciar a próxima atração. A emissora tinha como logotipo duas crianças, chamadas de Ritinha e Paulinho, que protagonizaram diversas vinhetas.

CAPÍTULO XVII

Sua decadência começou com o golpe militar. Os donos tinham ligações com o presidente João Goulart, enquanto todas as outras emissoras apoiaram o novo governo. A maior das empresas da família Simonsen, a Panair, entrou em crise e faliu. E após 16 pedidos de falência, o grupo também não conseguiu repassar a TV Excelsior que foi extinta depois de 10 anos no ar. Em 1970, um incêndio destruiu os estúdios da Vila Guilherme, em São Paulo e, em setembro do mesmo ano, a concessão da TV Excelsior foi cassada.

Amorim (2005) acrescenta que a partir de 1963, a Excelsior mudou radicalmente por introduzir a industrialização da produção e a formação de rede por meio do videoteipe. O videoteipe permitiu dinamizar as produções e melhorar a qualidade dos programas ao possibilitar a gravação das imagens e a edição antes da exibição. A Excelsior foi a primeira a apresentar uma novela diária *2-5499 Ocupado*, de Dulce Santucci. Grande elenco encantou a população pela tela da emissora, como Bibi Ferreira, Tarcísio Meira, Glória Menezes, Lima Duarte, Francisco Cuoco, Armando Bogus, entre outros.

Neste início da década de 1960, os apresentadores de telejornal vinham do rádio e não dominavam a linguagem da televisão. Ficavam sentados atrás de uma mesa, postura repetida até hoje. No entanto, o cenário tinha apenas uma cortina com o logotipo do jornal como fundo e enquadramentos de câmera praticamente fixos, sem variações. Era uma imagem sem movimento, sem dinamismo, em preto-e-branco.

Telejornalismo renovador

A TV Excelsior foi inovadora por transformar o noticiário numa atração, com a presença de vários apresentadores e comentaristas se movimentando livremente. Tostes (2005) destaca que foi a primeira revolução formal do telejornalismo no Brasil. E o primeiro desses programas foi o *Show de Notícia*, onde Herzog trabalhou. Veiculado às 22 h, tinha matérias próprias, produzidas em filme 16 mm, apresentadas e comentadas por sete profissionais, homens e mulheres. Era um informativo com opinião.

O *Show de Notícias* inovou tecnicamente ao filmar as respostas que eram coladas às perguntas feitas depois, no estúdio, pelo apresentador. Era o início da prática de edição, inspirada na montagem cinematográfica. Vladimir, nesta época, já era apaixonado pelo cinema.

O cineasta João Batista de Andrade, amigo de Herzog, revela em seu filme *Vlado, trinta anos depois*, que a afinidade do jornalista com a sétima arte, começou a partir da influência do argentino Fernando Birri[5]. O documentarista chamou a atenção de Vlado para o "cinema-verdade". Markun (2005) esclarece que o jornalista conheceu Birri num festival de cinema no Uruguai, para onde foi como enviado especial do "Estadão" e que acabou endossando a premissa militante do cineasta de "ser útil à coletividade, de ir até o povo, até às ruas". Birri produzia um outro olhar sobre a realidade. Um olhar voltado para a população carente.

Herzog chegou a fazer um curso de documentário com o cineasta Arne Sucksdorf, em 1963, no Rio de Janeiro. Seu primeiro trabalho foi *Marimbás*, um curta-metragem sobre os que viviam das sobras deixadas na praia pelos pescadores de Copacabana, ao limparem as redes. Sua última experiência cinematográfica foi *Doramundo*, para o qual ele deixou um roteiro incompleto, anos depois filmado por João Batista de Andrade.

5 Fernando Birri criou a Escuela Documental de Santa Fé, na Argentina e a Escuela Internacional de Cine y TV, em San Antonio de los Baños, em Cuba.

A ligação de Vlado com o cinema e o jornalismo, a liberdade política e o momento de inovações estéticas no país propiciaram as circunstâncias favoráveis para que sua participação na televisão se desse num contexto de transformação do próprio veículo de comunicação. Uma transformação feita por uma geração de profissionais comprometida com a democracia, consciente de sua função social e preocupada em conhecer melhor a linguagem específica do meio.

O *Show de Notícias* da Excelsior paulista foi o precursor do *Jornal de Vanguarda*, de Fernando Barbosa Lima na filial carioca, criada em 1963, "com os melhores profissionais da imprensa carioca (Tostes, 2005)". Naquele momento a televisão brasileira assumia uma identidade própria fundindo melhor as experiências anteriores do rádio, do cinema, da imprensa escrita, da literatura, do teatro, da música. O conceito de espetáculo é incorporado ao formato dos programas informativos numa preocupação de popularização do veículo.

Fernando Barbosa Lima considera a TV Excelsior do Rio de Janeiro a "nossa Broadway", pois tinha shows, ao vivo, toda noite, no teatro de Ipanema, com a diversidade de Elis Regina, Chico Buarque, Edu Lobo, Chacrinha, Jô Soares, Grande Otelo, Tom Jobim, Marcos Nanini, Carlos Manga, Daniel Filho, Maurício Sherman, entre outros. "Era uma TV com emoção", ressalta[6].

"O jornal de quem sabe compreender o mundo de hoje e ver o mundo de amanhã, um jornal livre para brasileiros livres, um show de notícias" era o slogan do *Jornal de Vanguarda*, veiculado às 22:30 h, ao vivo, com muitos apresentadores e jornalistas da imprensa escrita. O locutor Cid Moreira, que vinha da Rádio de Taubaté, apresentava um resumo das notícias do dia na abertura, o hilariante Sérgio Porto comentava uma notícia diferente, Célio Moreira, o homem "Sombra" na TV, dava notícias misteriosas de políticos.

Appe fazia a caricatura de personalidades, Gilda Muller falava um minuto sobre as mulheres, Newton Carlos deixava os telespectadores "de olho no mundo[7]". Reynaldo Jardim dava a notícia em forma de poesia. Villas-Boas Côrrea, Tarcísio Holanda e Darwin Brandão eram comentaristas políticos. O programa contava ainda com a maravilhosa voz de Jatobá, ex-locutor da Rádio Jornal do Brasil; o humor de Millôr Fernandes; o profissionalismo de Carlos Alberto Vizeu, Ana Arruda, José Ramos Tinhorão, entre outros. A atriz Odete Lara, sensual, provocava os políticos (Tostes, 2005).

O premiado *Jornal de Vanguarda* saiu do ar em 1968 por decisão da equipe que não se submeteu à censura. Depois de passar pela Tupi, Globo e TV Rio[8], o informativo defendeu na última frase da última edição que "um cavalo de raça a gente mata com um tiro na cabeça". O *Jornal de Vanguarda* levou o jornalista para o estúdio, para fazer as reportagens, apresentar, comentar, interpretar e acabou sendo tema das aulas de Marshall MacLuhan.

O cerceamento da liberdade com a ditadura, em 1964, desestimulou Herzog que viajou para o Chile com João Batista Lemos, mas desistiu de viver por lá e acabou, em 1965, indo para a Inglaterra atrás de Fernando Pacheco Jordão. Todos amigos da TV Excelsior. A equipe da emissora filmou o casamento de Vlado com Clarice Ribeiro Chaves, sua esposa desde 15 de fevereiro de 1964. Clarice também foi para Londres, onde Herzog já trabalhava na BBC, como produtor e locutor do serviço brasileiro. Em 1966, tiveram o primeiro filho, Ivo, e em 1968, o segundo, André.

---

6 www.broadcastnews.com.br.

7 Idem.

8 A TV Rio ficava no posto 6, em Copacabana. No dia da decretação do AI-5, ligaram da portaria dizendo que era da União Metropolitana dos Estudantes. Quando o rapaz subiu, Ana Arruda estranhou o cabelo e percebeu que não era um estudante. A equipe fez uma espécie de parede humana e enquanto Ana alegava que Newton Carlos não poderia sair dali porque estava fechando o jornal, alguém sugeriu que ele pulasse o muro e fugisse. Só depois o jornalista ficou sabendo sobre o AI-5 e o Jornal de Vanguarda se tornou inviável. Entrevista de Newton Carlos para o projeto memória da imprensa carioca, UERJ, 2005

Além de trabalharem no serviço brasileiro da emissora, Vlado e Jordão aprimoraram seus conhecimentos de televisão e cinema, cursando, como bolsistas indicados pela Secretaria da Educação de São Paulo, o Film and Television Course for Overseas Students, no Centro de Televisão da BBC. O curso e o estágio de três meses em vários departamentos da emissora foram concedidos graças às cartas de apresentação em que a TV Cultura de São Paulo manifestava interesse em contratá-los quando retornassem ao Brasil. Quando voltaram, em 1968, Jordão foi contratado, mas Herzog não.

Mídia impressa

No início da década de 1970, Vlado trabalhou para a revista *Visão* e escreveu *A teleducação reprovada*, uma radiografia das Tvs educativas, onde criticava a ineficiência do meio como instrumento educacional, listava experiências e tropeços e concluía que as aulas pela TV eram uma reprodução dos sistemas mais antiquados de ensino, servindo apenas para enriquecer donos de cursinhos que ofereciam vagas em salas onde alunos assistiam televisão. Como contra-ponto, citava experiências estrangeiras bem-sucedidas.

Ainda na *Visão*, mas como editor de cultura, escreveu junto com o jornalista Zuenir Ventura *O que há com a cultura no Brasil?* A reportagem questionava o vazio cultural dos anos de 1970 e a censura. Em junho de 1972 vai finalmente para a TV Cultura como editor do *Jornal da Cidade*, exibido na hora do almoço. Depois assume o cargo de secretário-geral do telejornal de trinta minutos, *Hora da Notícia*, veiculado às 21 horas, diariamente. Fernando Pacheco Jordão era o diretor de telejornalismo.

Resistir à censura, testar diariamente os seus limites, foi a marca de *Hora da Notícia*. O cineasta João Batista de Andrade fazia reportagens especiais com câmera direta, gravando longas entrevistas e planos-sequência para mostrar a condição dos moradores da periferia de São Paulo (Tostes, 2005). Mas a pressão do governo militar além da cobrança do governo estadual por mais divulgação de seus atos fizeram Jordão e Vlado deixar a emissora. Até matérias sobre meningite eram proibidas. Herzog foi trabalhar na sucursal paulista do jornal *Opinião* de Fernando Gasparian.

TV Cultura

Em 1975, o secretário de cultura de São Paulo, José Mindlin, do governo de Paulo Egydio Martins, contrata Vladimir para a direção de telejornalismo da Cultura com o objetivo de elevar a pequena audiência da emissora, abrir um canal de diálogo com a população e reformular o telejornalismo.

A TV Cultura de São Paulo passou, a partir do dia 15 de junho de 1969, a ser mantida pela Fundação Padre Anchieta - Centro Paulista de Rádio e Televisão Educativas, com dotação do Estado e autonomia administrativa. Época do AI-5 e da censura aos meios de comunicação. Por isso inovou pouco, mas conseguiu reunir profissionais de televisão e professores universitários para elaborar aulas. A primeira foi de português, preparada por Walter George Durst e ilustrada por diálogos do livro *O Feijão e o Sonho*, de Orígenes Lessa.

Em 1974, a TV Cultura de São Paulo colocava no ar a primeira telenovela educativa, *João da Silva*. Com o fim do regime de exceção sua contribuição para a história do telejornalismo aumenta, com destaque para *Roda Viva,* que estréia em 29 de setembro de 1986. Com uma câmera no alto que torna o eixo do programa de entrevistas vertical, inovou nos enquadramentos e levou as principais personalidades do país para debater com jornalistas de diferentes periódicos.

Paulo Markun, um dos atuais entrevistadores, defende que "*Roda Viva* é um exercício semanal de independência que só pode acontecer numa emissora pública de televisão, como a Cultura, e num regime democrático (Tostes, 2005)". Markun muito aprendeu com Vlado, que o convidou para ser chefe de reportagem da emissora na década de 1970.

Em 1975, Herzog assumiu o telejornalismo da emissora com idealismo. Em documento entregue à direção e ao governo, defendeu que "o jornalismo em rádio e TV deve ser encarado como instrumento de diálogo, e não como monólogo paternalista (...) deve espelhar os problemas e esperanças das pessoas (...) não é preciso esquecer que se trata de emissora do governo. Basta não adotar uma atitude servil". Ele propôs a criação de um departamento de publicidade e promoção, para tornar a emissora mais conhecida, e como filosofia, o conceito de TV pública[9].

Talvez a grande contribuição de Herzog para a história do jornalismo brasileiro tenha sido sua percepção sobre a questão pública, amadurecida quando trabalhou na BBC de Londres. A BBC-British Broadcasting Corporation, emissora pública de rádio e televisão do Reino Unido é a mais respeitada do mundo. Financiada pela Licença de TV que todo domicílio com televisão deve pagar, não sofre ingerência do governo, sendo comandada por um grupo de 12 diretores não-executivos escolhidos pela Secretaria de Cultura, Mídia e Esportes e aprovados pela Rainha. Sua meta é priorizar os programas com valor público, seja através da informação, da educação ou do entretenimento.

Quando ainda estava na Inglaterra, Herzog já refletia sobre o assunto como demonstrou em carta para amigos: "Acho que a TV educativa é um campo aberto para se fazer coisas boas". Quando voltou ao Brasil, Herzog chegou a elaborar um decálogo a ser seguido pela equipe da TV Cultura, como informa Jordão (1984). Pouco depois, em entrevista para Fernando Morais, criticava: "estão confundindo nível cultural com hermetismo e fazendo programas que ninguém agüenta ver. Afinal estamos gastando tempo e dinheiro para meia dúzia?[10]".

Markun (2005) compara os *scripts* dos telejornais da Cultura feitos antes e durante a gestão de Vlado. Segundo ele, com Herzog na chefia o destaque era para assuntos de utilidade pública e reportagens sobre a vida em São Paulo. Nas notícias sobre decisões oficiais, o enfoque era para as conseqüências na vida das pessoas. O noticiário internacional era o menos censurado.

Numa época de regime de exceção com censura, perseguição aos opositores, corrupção, clientelismo político, o compromisso com um jornalismo público, independente do governo, voltado para os interesses da população era considerado subversivo. Depois que seus colegas, jornalistas integrantes do PCB foram presos, Herzog também foi chamado para prestar depoimento.

Apareceu morto, amarrado na grade da cela do DOI-CODI paulista por um cinto. Mas a fotografia oficial mostrava que a barra da grade era muito próxima do chão,

9 Markun, 2005, pg. 78.

10 Idem.

tornando a versão de suicídio difundida pelo II Exército inviável. O presidente Ernesto Geisel admitiu que "aquilo foi um verdadeiro assassinato" [11]. Jordão acredita que Herzog sofreu uma parada cardíaca devido a uma descarga forte de choque elétrico[12].

Em 27 de outubro de 1978, foi divulgada a sentença que responsabiliza a União pela prisão ilegal, tortura e morte do jornalista. No lento processo judicial, Clarice foi defendida pelos advogados Heleno Fragoso, Sergio Bermudes, Marco Antônio Rodrigues Barbosa e Samuel Mac Dowell de Figueiredo[13]. O SNI registrou em documento secreto que a opinião pública, na sua maioria, não acreditou na versão oficial de suicídio[14]. Em 1987, o governo decidiu pagar indenização à família Herzog, que só recebeu o dinheiro anos depois.

Vlado não era uma liderança do PCB, nem tinha informações importantes para a linha-dura do regime militar. Ele foi o epicentro de um terremoto artificial como esclareceu Jordão[15]. Foi usado como bode expiatório na briga de áreas política e militar, como defendeu Almeida Filho[16]. Gaspari[17] afirma que os desentendimentos entre o governador de São Paulo e o comandante do II Exército começaram depois que Paulo Egydio Martins, ao se queixar ao ministro Golbery do Couto e Silva, acabou ajudando a suspender a intimação ao arquiteto Eurico Prado Lopes para comparecer ao DOI-CODI. O general Ednardo era ligado ao ministro do Exército, Sylvio Frota (ambos demitidos por Geisel) e o governador Egydio ao general Golbery, considerado pela linha-dura traidor.

A morte de Vlado foi um divisor de águas: a partir dali o governo federal retomou o controle da situação que escapava das mãos. Houve uma contra-ofensiva do grupo militar do presidente Ernesto Geisel, que defendia a distensão. A morte do jornalista Herzog (25 de outubro de 1975), seguida da morte do operário Manuel Fiel Filho (17 de janeiro de 1976) e da exoneração do general Ednardo D'Avila Mello (janeiro de 1976) acabaram contribuindo para a redução da tortura no Brasil e para o fim da impunidade do aparelho de segurança.

Além de jornalista, Vladimir Herzog também deixou sua contribuição para as futuras gerações como professor na FAAP (Fundação Armando Alves Penteado) e na ECA (Escola de Comunicação e Artes da Universidade de São Paulo).

---

11 Couto,1999, pg. 182.

12 Jordão 1984, pg. 54.

13 Idem, pg. 15 e 22.

14 Gaspari, 2004, nota 45 da pg.199

15 1984, p. 191.

16 1978, p.37.

17 2004, p.74 e 75.

Projeto Herzog

Reprodução de parte do Jornal Unidade do Sindicato dos Jornalistas de São Paulo - novembro de 1975.

Jornalismo = Diálogo, um projeto que ficou

O que Vlado pensava sobre a responsabilidade do trabalho do jornalista na televisão pode ser avaliado pelo plano que ele preparou, a pedido da presidência da Fundação Padre Anchieta, poucos dias depois de assumir a direção do Departamento de Jornalismo.

O projeto de Vlado para TV

Da edição do semanário *Aqui, São Paulo*, nº 1 extraímos os pontos principais do trabalho "Considerações Gerais sobre a TV-Cultura", que Vlado preparou:

- Jornalismo em rádio e TV deve ser encarado como instrumento de diálogo, e não como um monólogo paternalista. Para isso, é preciso que espelhe os problemas, esperanças, tristezas, e angústias das pessoas as quais se dirige.

- Um telejornal de emissora do governo também pode ser um bom jornal e, para isso, não é preciso "esquecer" que se trata de emissora do governo. Basta não adotar uma atitude servil.

- Vale a pena partir para uma "jornalistização" da programação da TV-2: mais documentários semanais ou mensais, debates misturados com reporta' Bens, programas-pesquisa.

- É preciso dotar o setor de jornalismo de recursos técnicos, financeiros e profissionais, para que alimente não só um telejornal diário, mas toda uma gama de programas, direta ou indiretamente, necessitados de trabalhos jornalísticos".

Entre as sugestões para reformular a estação, Vlado alinhava duas medidas urgentes:

"Criação de um Departamento de Publicidade e Promoção, integrado por profissionais de comprovada competência e que acreditem no papel e nos objetivos da Fundação. O setor levaria informações a outros veículos (jornais, revistas) sobre a nossa programação, estimulando e controlando a sua divulgação. Isso integraria as emissoras da Fundação no contexto dos "mass media" paulista e nacional, afastando assim uma das cortinas de sigilosidade que afastam a público. Por que deixar de divulgar programas exclusivos, reportagens especiais? Nesse setor, deve-se investir seriamente em material humano. Do contrário, acabará como simples serviço de relações públicas.

- Busca de uma "nova imagem" junto ao público. Por defeito de origem, as emissoras da Fundação agridem o público a partir das próprias denominações. Nos Estados Unidos, o canal educativo é chamado "public tetevision", denominação menos pomposa e agressiva do que "cultural" ou, o que é pior, "educativa". Mas, se o nome não pode ser mudado, a "imagem" certamente pode. A imagem é derivada da programação como um todo, isto é, é inútil querer "melhorar" este ou aquele programa. É preciso garantir uma média de qualidade e interesse, que reconquiste a confiança do telespectador quando gira o botão para o Canal 2. Aí, então, será preciso cuidar do problema do horário. Pouco adiantará inverter rios de dinheiro num programa, se este for lançado em horário infeliz. A conside-

ração é válida também quando se considera a programação como um todo. Tem sentido querer atrair audiência para um telejornal, se ele for ao ar após uma exaustiva aula de Inglês? Afinal, até os especialistas da Globo reconhecem que os altos índices de audiência do Jornal Nacional se devem ao fato de vir "ensanduichado" entre duas novelas do horário nobre.

- A nova imagem não irá depender de um passe de mágica. Virá de dentro do público, que descobrirá, de repente, que o Canal 2 passou a se interessar por ele.

E, é lógico, isto resultará de uma política de programação, visando objetivos prioritários relacionados com a realidade em que vive a porção de público que se pretende atingir em determinado horário e determinado programa".

O que ia ser feito

Com base em seu projeto de trabalho, Vlado propôs, um mês antes de sua morte, algumas medidas concretas que seriam o primeiro passo para a consecução do objetivo final de reformular o telejornalismo da TV-Cultura. Num memorando á Assessoria Administrativa da emissora, no dia 14 de setembro, ele propunha:

"Gostaríamos de ver adotadas as seguintes medidas antes de uma reprogramação definitiva":

A partir de outubro de 1975:

a) Cancelamento imediato do "Jornal da Manhã", por falta de condições minimamente satisfatórias de produção, o que nos impede de assumirmos plena responsabilidade pelo que vai ao ar neste horário.

b) Reexame urgente dos objetivos, conteúdo e horário do "Jornal Agrícola". Pelos mesmos motivos alegados no item A, tomamos a liberdade de sugerir a suspensão provisória do "Jornal Agrícola" enquanto se procede ao reexame proposto.

c) Redução do tempo no ar do "Jornal da Cidade" (12h30m) para 15 minutos diários.

d) Suspensão da edição de "Hora da Notícia" aos sábados, com substituição imediata por uma edição única de 15 minutos de "TV 2 Notícia".

e) Reexame da programação de noticiosos da Rádio".

(Esta parte da proposta foi aprovada e todas as sugestões foram aplicadas pela Direção da TV-Cultura)

A partir de janeiro de 1976:

a) Caso já tenhamos estúdio próprio, mudança de formato do jornal das 20h55m (30 minutos), que passará talvez a ser denominado "Jornal da Noite".

b) Substituição das edições de 3 minutos de TV 2 Notícia por duas edições noturnas de 10 minutos cada, de "Hora da Notícia" (em torno das 19 e das 23h). Aos domingos, uma edição única de 10 minutos, no horário noturno (a ser estudado).

c) Lançamento de um "Jornal Infantil", de 10 minutos, no período da tarde, em horário a ser estudado.

d) Lançamento de um programa telejornalístico semanal (30 a 45 minutos), tipo "revista".

Obs: - A exeqüibilidade dos planos relativos aos itens a, b e c, propostos a partir de janeiro de 1976, dependerá da criação de uma infraestrutura técnica e humana compatível com o grau de qualidade que caracterizará as futuras emissões telejornalisticas".

(Esta parte da proposta estava em discussão com a Direção da TV-Cultura quando Vlado morreu).

Depoimentos sobre Vladimir Herzog

A liberdade das comunicações é a mais essencial garantia de todas as liberdades. Só a pessoa humana recebeu o dom da palavra para assegurar a expressão da afetividade, das idéias e de toda a personalidade. Disso tivemos a prova, quando foi preso, torturado e morto o jornalista tão estimado Vlado Herzog.
Dom Paulo Evaristo Arns - www.dhnet.org.br

Fazíamos tevê pública, preocupados com questões sociais, mas, obviamente, não tinha nada de subversivo.
Jornalista Paulo Markun – www.terra.com.br

Foi através do manifesto "Em nome da verdade", assinado por 1004 jornalistas de todo o país, que pela primeira vez naquele período de repressão, uma categoria profissional ousou contestar publicamente a versão oficial de suicídio que as autoridades queriam impor para explicar a morte de Vlado. A repercussão nacional e internacional do manifesto foi imensa, intensificando significativamente o processo de resistência ao governo ditatorial brasileiro
www.fpabramo.org.br

Mudou o caráter da profissão. O jornalismo exercido por Vlado era um instrumento de lutas, mudanças, avanços sociais, conquistas populares, compromissos éticos. O que é o jornalismo hoje? Se voltasse a freqüentar uma redação, por alguns segundos, desconfio que Vlado não reconheceria o cenário, não lhe agradaria a paisagem, estranharia os personagens. Celebrar a morte de Vlado é um bom motivo para refletirmos o que fizemos do nosso ofício, uma forma de evitar que morram também os ideais pelos quais ele lutou.
Jornalista Ricardo Kotscho-www.fpabramo.org.br

Vlado não era um político, um militante, não usava a profissão para fazer contrabando ideológico, uma tentação daqueles tempos em que, por não se respirar, procurava-se em qualquer fresta o ar da liberdade. Ao contrário – e essa era a mais admirável de suas virtudes profissionais – Vlado não instrumentalizava o jornalismo, não fazia dele um pretexto político; ele acreditava na informação como força transformadora. A gente vivia repetindo aquela frase que é atribuída a Lênin, se não me engano: "A verdade é revolucionária". Ele é para mim o símbolo da abertura cultural que estava

contida naquela edição de Visão, assim como quase 20 meses depois iria se transformar no mártir da abertura jornalística. Não há dúvida de que foi a partir do choque causado por sua morte – com toda a indignação e revolta que espalhou – que a imprensa brasileira tomou coragem de avançar até o horizonte do possível.
Jornalista e escritor Zuenir Ventura-www.fpabramo.org.br

Àquela altura de sua vida, num país submetido pela força, Vlado não cultivava ilusões sobre a "neutralidade" do jornalismo; tampouco se sentia tentado a buscar refúgio e consolo na técnica da profissão. Ele não trapaceava com a verdade nem subestimava a importância dos cuidados com a aparência da profissão. Mas a "isenção" do jornalista e o apreço à forma pela forma, Vlado os percebia, naquelas circunstâncias precisas, como desserviço ao país e à busca da liberdade.
Jornalista Luiz Weis - www.fpabramo.org.br

Vladimir Herzog foi uma das pessoas mais íntegras que conheci. Foi pena não ter tido com ele tanto contato quanto desejaria ter tido, mas foi o suficiente para que o ficasse respeitando e admirando. E o apreço que de início tive pelo Vlado transformou-se numa admiração pelo resto da vida.
José Mindlin, na época, secretário de Cultura do Estado de São Paulo
www.fpabramo.org.br

A morte de Vlado é fato crucial na minha vida, de indivíduo, de cidadão e de jornalista. E ele gentil, doce, frágil e preparado. Tinha voz forte, de barítono, que não casava com o físico. Não chegamos à intimidade, mas sempre simpatizei com ele. Era profissional competente e cidadão sonhador. Que ameaça representava para o regime e para a oligarquia?
Jornalista Mino Carta- www.fpabramo.org.br

Prêmio Vladimir Herzog

A idéia de criar um prêmio para a denúncia da repressão e atribuir-lhe o nome de Vladimir Herzog, como símbolo das vítimas da ditadura, nasceu no Comitê Brasileiro de Anistia (CBA) de Minas Gerais, em 1977. Entre os jornalistas, uma lista imensa, que, merecidamente, deve ser iniciada com Fernando Pacheco Jordão. Movido simultaneamente pela vocação profissional, pela sede de justiça e pela amizade ao Vlado, Fernando foi o verdadeiro inaugurador da investigação jornalística destemida e profunda na apuração da responsabilidade da ditadura militar pela prisão, tortura e assassinato de Herzog e de tantos outros. Também não podem deixar de ser citados Gabriel Romeiro, Raimundo Rodrigues Pereira, Paulo Markun, Sérgio Gomes, Anthony de Cristo, Rodolfo Konder, Duque Estrada. Ainda, Audálio Dantas, presidente do Sindicato em 75, quando Vlado foi preso, torturado e assassinado, e David de Moraes, que presidia o Sindicato em 78 e que não poupou esforços e coragem política para encampar e dar vigência concreta ao primeiro prêmio jornalístico brasileiro

VLADIMIR HERZOG   Um defensor do jornalismo público

explicitamente antifacista, e isso ainda em plena ditadura. E, naturalmente, os anô-
nimos 30.000 estudantes da USP que, em outubro de 1975, fizeram greve contra a
repressão, enquanto no interior da Catedral, na Praça da Sé, o arcebispo católico D.
Paulo Evaristo Arns, o rabino Henry Sobel e o reverendo evangélico Jayme Wright
dirigiam o culto ecumênico por Valdo, corajoso e pungente ato contra a ditadura.
Artigo de Perseu Abramo publicado no jornal Unidade (nº 103, outubro/novembro
de 1988).

A partir, de um determinado momento a voz de Vladimir se modificou, como se ti-
vessem introduzido alguma coisa em sua boca; sua voz ficou abafada, como se lhe
tivessem posto uma mordaça. Mais, tarde, os ruídos cessaram.
Jornalista Rodolfo konder – Jordão, 1984, p.197.

Às 14:30 horas do dia 31 de outubro de 1975 todas as estações de rádio e televisão de
São Paulo receberam aviso telefônico da Polícia Federal: "Está proibida a divulgação
de qualquer notícia ou comentário sobre o culto ecumênico de hoje, na Catedral da
Sé, em memória de Vladimir Herzog".
Jornal Unidade Sindicato dos Jornalistas – novembro de 1975.

Para conhecer Vladimir Herzog

ALMEIDA FILHO, Hamilton. *A sangue quente: a morte do jornalista Vladimir Herzog*. São Paulo: Editora Alfa-Omega, 1978.

BAUMWORCEL, Ana. Vladimir Herzog e a Rádio Jornal do Brasil-AM, texto apresentado no Grupo de Trabalho de Mídia Sonora do III Encontro da Rede Alfredo de Carvalho para a preservação da memória da imprensa, Novo Hamburgo, 2005, e publicado na Revista Estudos em Jornalismo e Mídia da UFSC, vol.2, n.1, p.123 a 132, Florianópolis: Insular, 2005.

JORDÃO, Fernando. *Dossiê Herzog: prisão, tortura e morte no Brasil. São Paulo: Global Editora, 1984.*

MARKUN, Paulo. *Meu querido Vlado, a história de Vladimir Herzog e do sonho de uma geração.*Rio de Janeiro: Objetiva, 2005.

Bibliografia sobre Mídia e Jornalismo

BAUMWORCEL, Ana. Sonoridade e Resistência: a RJB-AM na década de 60. Dissertação, Mestrado em Comunicação, Imagem e Informação, Niterói: UFF, 1999.

COUTO, Ronaldo Costa. *História indiscreta da ditadura e da abertura*. Rio de Janeiro: Record, 1999.

GASPARI, Elio. *A ditadura encurralada*. São Paulo: Companhia das Letras, 2004.

LEAL FILHO, Laurindo Lalo. A Melhor TV do Mundo: o modelo britânico de televisão, São Paulo: Summus, 1997.

PEROSA, Lílian Maria Farias de Lima, *Cidadania proibida: o caso Herzog através da imprensa*. São Paulo: Imprensa Oficial do Estado; Sindicato dos Jornalistas Profissionais no Estado de São Paulo, 2001.

SAMPAIO, Mário Ferraz . *História do Rádio e da Televisão no Brasil e no Mundo.*Campos dos Goytacazes, RJ: ed. Fenorte, 2004

TOSTES, Octavio. De volta para o futuro. In: RODRIGUES, Ernesto (org.) *No próximo bloco: o jornalismo brasileiro na TV e na internet*. Rio de Janeiro: Edições Loyola, 2005.

XAVIER, Ricardo & SACCHI, Rogério. Almanaque da TV: 50 anos de memória e informação, Rio de Janeiro: Objetiva, 2000.

On Line:

AMORIM, Edgard Ribeiro de. O telejornalismo paulista nas décadas de 50 e 60.In: www.centrocultural.sp.gov.br, 2005.

BARBOSA LIMA, Fernando. Um resgate histórico para a Tupi e a Excelsior. In: www.broadcastnews.com.br.

Jornal Unidade do Sindicato dos Jornalistas de SP (novembro de 1975) – retirado do site da Fundação Perseu Abramo - www.fpabramo.org.br

REIS JR, Antonio.O percurso da televisão e do telejornalismo nos anos 70. In: www.mnemocine.com.br

TV Cultura – São Paulo. In: www.microfone.jor.br

http://pt.wikipedia.org

www.resgatehistorico.com.br

www.dhnet.org.br

XVIII

APÊNDICE

APÊNDICE

Jornal da Rede Alfredo de Carvalho

2005
Janeiro

Novo Hamburgo prepara-se receber os historiadores da mídia brasileira

O Centro Universitário FEEVALE prepara-se para acolher nos dias 14-16 de abril de 2005 o III Encontro Nacional de História da Mídia promovido pela Rede Alfredo de Carvalho, bem como o I Fórum Nacional dos Professores de Relações Públicas. Os eventos serão realizados no campus da FE-EVALE, na cidade de Novo Hamburgo, situada na região gaúcha do Vale dos Sinos.

Uma simpática e eficiente equipe liderada pelas professoras Paula Casari Cundari e Paula Puhl está mobilizando a comunidade local para receber o contingente dos pesquisadores nucleados em torno dos GTs mantidos pela Rede Alfredo de Carvalho para o Resgate da Memória da Imprensa e a Construção da História da Mídia no Brasil.

O evento será aberto em grande estilo, tendo como conferencista convidado o Prof. Dr. Juan Gargurevich, Coordenador do GT de História da Comunicação da ALAIC e docente da Pontifícia Universidade Católica do Peru.

As normas de apresentação dos trabalhos, valores das inscrições e categorias dos participantes podem ser conferidos no site www.feevale.br/redealcar, onde se encontra também o formulário de inscrição que deve ser preenchido por cada participante.

A Rede

A Rede Alfredo de Carvalho está constituída atualmente por 12 Núcleos Regionais e 10 Grupos de Estudos:

Núcleos Regionais
1) Alagoas – coordenado pela Profa. Rossana Gaia (CEFET-AL)
2) Bahia – coordenado pelo Prof. Dr. Luiz Guilherme Pontes Tavares (NEHIB)
3) Ceará – coordenado pela ONG Catavento, sob a liderança do jornalista Edgard Patrício
4) Espírito Santo – coordenado pela Profa. Dra. Juçara Brittes (UFES)
5) Maranhão – coordenado pela Associação Maranhense de Imprensa (AMI), sob a liderança da jornalista Edvania Kátia e Roseane Pinheiro

---

APÊNDICE

6) Mato Grosso do Sul – coordenado inicialmente pelo Prof. Dr. Gerson Martins; em fase de reestruturação
7) Minas Gerais – coordenado pela Profa. Dra. Sandra Freitas (PUC Minas)
8) Pernambuco – coordenado pela Profa. Maria Luiza Nóbrega (UFPE)
9) Rio de Janeiro – coordenado pela Dra. Esther Bertoletti (IHGB)
10) Rio Grande do Sul – coordenado pelo Museu da Comunicação Social Hipólito José da Costa, sob a liderança de Antonio Henriques
11) Santa Catarina – coordenado pelo Prof. Dr. Francisco Karam (UFSC)
12) São Paulo – coordenado pela Profa. Dra. Fátima Feliciano e integrado por diversos Grupos Locais: ABCD (liderado por Valdenizio Peterolli), Campinas (liderado por Graça Caldas), Marília (liderado por Ciça Guirado), Morumbi-SP (liderado por Gisely Hime)

Grupos de Estudos:
GT 1 – História do Jornalismo – Coordenadora: Profa. Dra. Marialva Barbosa (UFF)
GT2 – História da Propaganda – Coordenador: Prof. Dr. Adolpho Queiroz (UMESP)
GT3 – História das Relações Públicas - Coordenadora: Profa. Dra. Claudia Moura (PUCRS)
GT4 – História da Mídia Impressa – Prof. Dr. Luis Guilherme Pontes Tavares (NEHIB)
GT5 – Hisstória da Mídia Sonora – Profa. Dra. Ana Baum (UFF)
GT6 – História da Mídia Visual – Profa. Dra. Sonia Luyten (Unisantos)
GT7 – História da Mídia Audiovisual – Profa. Dra. Ruth Vianna (UFMS)
GT8 – História da Mídia Digital – Prof. Dr. Walter Lima (UniFIAM)
GT9 – História da Mídia Alternativa – Profa. Karina Woitowicz (UEPG)
GT10 – História da Midiologia – Coordenador: Prof. Dr. José Marques de Melo (USP/UMESP)

Núcleos Regionais
Núcleo Baiano
Realizações do Núcleo de Estudos da História dos Impressos na Bahia (Nehib) em 2004

1. Edição do livro *Marco Zero da Rede Alfredo de Carvalho na Bahia*, distribuído durante o II Encontro da Rede, em Florianópolis. A obra resgata os pronunciamentos que foram gravados na reunião de instalação da Rede em Salvador em abril de 2001;

2. Coordenação, no 2º Encontro Nacional da Rede Alfredo de Carvalho, realizado em Florianópolis, do GT dedicado à história da mídia impressa;

3. Elaboração do projeto da Coleção Cipriano Barata apresentado à Assembléia Legislativa do Estado da Bahia. O projeto, respaldado pela Academia de Letras da Bahia, tem caráter interinstitucional e visa a publicação de livros sobre a história da imprensa na Bahia. São, de início, seis títulos: *Apontamentos para a história da imprensa na Bahia*; *A Tipografia de Camillo de Lellis Masson*; *As Servinas. Catálogo das obras das tipografias da família Serva, 1811-1843*; a segunda edição dos *Anais da Imprensa da Bahia*; *Los primeros cien años de la empresa informativa en Bahia*; e *A gazeta da Bahia: Idade d'Ouro do Brazil*.

4. Eleição do Coordenador do NEHIB como suplente da diretoria da Associação Baiana de Imprensa – ABI – teve o propósito de estreitar as relações com a entidade, de modo que ela empreste seu apoio ao Nehib/Rede Alfredo de Carvalho nas ações que desenvolve em favor das comemorações do bicentenário da imprensa no Brasil e na Bahia.

5. Contatos em Portugal e Espanha com instituições a fim de divulgar as ações da Rede Alfredo de Carvalho. Disso resultou a manifesta disposição do diretor do Centro de Estudos da História do Livro e da Edição – Cehle –, professor Manoel Cadafaz de Matos, de dedicar em 2008 os dois números da *Revista Portuguesa de História do Livro* ao bicentenário da imprensa no Brasil. A Rede Alfredo de Carvalho poderá apontar os colaborares.

Fevereiro

"Um dia de Gutenberg": evento em Taquari (RS) encerrará com chave de ouro o 3º. Encontro Nacional da Rede Alcar

A Comissão Organizadora do 3º Encontro da Rede Alcar reuniu-se em Lajeado, na UNIVATES – Centro Universitário do Vale do Taquari, na quinta-feira, dia 27 de janeiro, para integrar ao evento uma atividade organizada pela UNIVATES, que ocorrerá no sábado de encerramento.

Taquari é uma cidade histórica, localizada no Vale do Rio Taquari, cuja população inicial foi constituída por imigrantes dos Açores portugueses. A comunidade sedia um dos mais antigos jornais em circulação no país, o centenário O Taquaryense, publicado até hoje com tecnologia contemporânea do invento de Gutenberg; seu texto é composto em tipos móveis e sua impressão se fez em máquina importada da França em meados do século XIX.

A UNIVATES, parceira da FEEVALE, que sediará o encontro nos dias 14, 15 e manhã do dia 16, está preparando para o sábado, dia 16 de abril, o lançamento do Museu Virtual sobre o jornal O Taquaryense, que terá um link para o Museu Nacional da Imprensa, de Portugal, contando com a presença, já confirmada, do prof. Luis Humberto Marcos, diretor daquele museu e secretário-executivo da Associação Iberoamericana de Comunicação, que virá especialmente da cidade do Porto, para nos dar mais uma vez a honra de sua presença, estreitando os laços de cooperação luso-brasileira.

Esse lançamento será feito dentro de uma atividade, - que foi intitulada "Um dia de Gutemberg" -, pois, a exemplo do que ocorre no Museu de Portugal, os convidados terão a oportunidade de ver seus nomes impressos por processo tipográfico, na impressora preservada de O Taquaryense. Temos certeza que essa atividade encantará aos pesquisadores presentes

Haverá, também, uma edição especial "histórica" de O Taquaryense, sobre a Rede Alfredo de Carvalho. O Núcleo de Pesquisa de "O Taquaryense" também prepara o lançamento de um documentário sobre Plínio Saraiva, o fundador do jornal, falecido no ano passado, e de um CD com o acervo.

De forma a integrar, de modo significativo, ao evento, a atividade na UNIVATES, parceira no Núcleo Gaúcho da Rede Alcar e na organização do 3º Encontro, estamos organizando um transporte adequado para todos participantes serem deslocados para Taquari, cidade sede de O Taquaryense, na tarde do sábado.

Assim, no sábado, o almoço aconteceria em Taquari, seguido, às 14 horas, do lançamento do Museu Virtual e das demais atividades previstas, cuja duração deve ficar em duas horas, para que não se tornem cansativas.

Após um coffe break, às 16h30min, realizaríamos a Plenária da Rede Alcar, em Taquari, onde também se dará o jantar de encerramento. O transporte dos participantes para retorno a Novo Hamburgo já está sendo organizado e será custeado pelo evento. Para que a logística, que envolve a organização dessa atividade contemple as necessidades, prevemos que os trabalhos dos GTs devam se encerrar no sábado às 22h30.

Com a certeza de que as atividades propostas contribuem a concretização da Rede Alcar e a consolidação do Núcleo Gaúcho e da pesquisa sobre a história da mídia, estamos fazendo todos os esforços para organizá-las e divulgá-las o máximo possível, montando, também, um mailing para os cursos de graduação e pós-graduação. (Alice Bragança)

Março

Maranhão pretende sediar em São Luis o encontro de 2006

O Núcleo maranhense da Rede Alfredo de Carvalho, a Associação Maranhense de Imprensa e a Rede Memória Maranhão-Imprensa 200 anos vão apresentar em Novo Hamburgo/RS o projeto para São Luís sediar a quarta edição do evento, que reúne pesquisadores, jornalistas e estudantes de todo o país. Em 2006, a imprensa maranhense comemora 185 anos de fundação, tendo como jornal pioneiro O Conciliador, que circulou entre 1821 a 1823.

A mobilização envolve as coordenações dos Cursos de Comunicação Social da Universidade Federal do Maranhão, Centro Universitário do Maranhão-Uniceuma e Faculdade São Luís, a Prefeitura Municipal de São Luís, o Governo do Estado e os meios de comunicação da cidade. Reforçando o apoio às iniciativas para a preservação da memória da imprensa do Maranhão e ao evento de 2006, a Fundação de Amparo à Pesquisa e ao Desenvolvimento Científico e Tecnológico do Estado-FAPEMA comunicou no final de março ao Núcleo maranhense da Rede Alfredo de Carvalho e à Rede Memória Maranhão-Imprensa 200 anos que financiará pesquisas sobre a temática este ano com a concessão de quatro bolsas de Iniciação Científica para o projeto.

A proposta do evento Rede Alcar 2006 foi precedida pelo envolvimento de professores, alunos e comunidade em eventos que promoveram a valorização da memória da imprensa maranhense: em 2003, a fundação do Núcleo Estadual da Rede Alfredo de Carvalho e em 2004 a realização do I Encontro da História das Mídias do Maranhão, que reuniu pesquisadores e profissionais, e o lançamento da Rede Memória Maranhão-Imprensa 200 anos, ação coletiva de organizações, veículos de comunicação, faculdades, jornalistas e alunos.

APÊNDICE

O coordenador do Núcleo Estadual da Rede Alcar, professor Marcos Fábio Belo Matos, afirma que o evento nacional se reveste de grande relevância para a comunidade acadêmica, porque será a culminância de um processo de conscientização da sociedade para a importância da memória da imprensa como bem coletivo e fonte para a construção da história do Estado e do país.

A presidente da Associação Maranhense de Imprensa, Edvânia Kátia, afirma que as instituições promotoras vão apresentar uma sugestão para tema central do próximo encontro da Rede Alcar: *Liberdade de Imprensa e história: vitórias e desafios*, lembrando o marco dos 300 anos do primeiro ato de censura à imprensa brasileira, porque em 1706, as autoridades portuguesas ordenaram o fechamento de tipografias na colônia como forma de coibir a circulação de idéias que ameaçassem a ordem estabelecida. "Vamos apresentar à coordenação nacional o projeto com a certeza de que podemos fazer um evento marcante para celebrar o aniversário de 185 da imprensa local, caminhando para o Bicentenário da imprensa brasileira", concluiu a jornalista.

Abril

São Luis do Maranhão, cidade escolhida para sediar o encontro 2006

A plenária da Rede Alcar, realizada na tarde do dia 16 de abril, na cidade gaúcha de Taquari, decidiu, por grande maioria, acolher a proposta da AMI – Associação Maranhense de Imprensa – para que a cidade de São Luis seja a sede do IV Encontro Nacional de História da Mídia, promovido pela Rede Alfredo de Carvalho.

A delegação maranhense ao encontro nacional de 2005 foi liderada pela jornalista Edvânia Kátia, presidente da AMI, que formalizou o convite para reunir, no próximo ano, os pesquisadores de História da Mídia na capital do Estado do Maranhão. Ela expôs a estratégia delineada pela entidade, criando uma rede estadual dedicada à preservação da memória da imprensa, que conta com a participação das universidades, empresas jornalísticas, sindicatos e associações profissionais, além dos governos estadual e municipal.

O evento foi agendado para os dias 30-31 de maio, 1-2 de junho de 2006. O tema central aprovado por consenso foi "A luta pela liberdade de imprensa no Brasil. Revisão crítica dos 300 anos de censura".

Informações detalhadas sobre os preparativos para a organização do próximo encontro nacional serão divulgadas nas próximas edições deste jornal.

Balanço Preliminar do Encontro 2005 em Novo Hamburgo

O III Encontro Nacional de História da Mídia realizado, nos dias 14-16 de abril, no campus do Centro Universitário FEEVALE, em Novo Hamburgo (RS), constitui um grande êxito, contabilizando mais de 300 participantes inscritos e aproximadamente 180 trabalhos selecionados. A memória do evento foi registrada em CDRom distribuído a todos os participantes, facilitando assim o conhecimento integral das pesquisas apresentadas nas sessões dos 10 Grupos Temáticos mantidos pela Rede Alfredo de Carvalho.

Tendo como tema central a História da Mídia Regional, o encontro foi marcado por dois atos emblemáticos. No primeiro dia, foi prestada homenagem especial ao jornalista Mário Gusmão, fundador da principal empresa midiática do Vale dos Sinos, bem como à Associação Riograndense de Imprensa, que está comemorando este ano 70 anos da sua própria fundação e 100 anos de nascimento do seu primeiro presidente, o escritor Erico Verissimo. No último dia, foi inaugurado na cidade de Taquari o "Museu Vivo de Comunicação O Taquaryense", por iniciativa do Centro Universitário UNIVATES, resgatando a memória daquele histórico jornal, um dos mais antigos em circulação no interior brasileiro, até agora publicado através de tecnologia peculiar à era gutembergiana.

Na próxima edição deste jornal, esperamos transcrever a íntegra do relatório de avaliação do evento, que está sendo preparado pela Profa. Neusa Ribeiro. Enquanto isso, adiantamos os relatórios parciais de 3 GTs (Propaganda, Audiovisual e Midiologia).

GT de História da Publicidade e da Propaganda

Adolpho Queiroz

O Grupo de Trabalho de Publicidade e Propaganda, realizou em Novo Hamburgo, sob os auspícios da Feevale, a sua sessão de apresentação de comunicações científicas nos dias 15 e 16 de abril.

Participaram do evento nas duas sessÕes, além dos pesquisadores, cerca de 40 pessoas, entre alunos e interessados na temática. Foram inscritos no GT de PP 21 papers de professores, pesquisadores e estudantes de pós-graduação de várias Universidades Brasileiras. Participaram do GT 21 papers, 31 autores, de 14 universidades brasileiras (SP,PR,SC e RS). O GT foi dividido em duas sessões temáticas. Na primeira tratou-se de recuperar "a história das agências de Publicidade" através de estudos especialmente desenvolvidos pelos pesquisadores para o nosso GT. E na segunda sessão, foram temas livres que trataram de assuntos específicos da área como o marketing político, a linguagem da propaganda e a propaganda ideológica. O GT teve a sua disposição todos os equipamentos e infra-estrutura necessários ao seu bom andamento. O ponto alto da reunião do GT neste ano foi o lançamento do livro "Propaganda, história e modernidade", organizado pelo coordenador do GT, prof. Adolpho Queiroz e que reuniu 18 dos 21 trabalhos inscritos no GT. Posteriormente, os participantes do GT reuniram-se e traçaram as diretrizes para a produção científica adequada a ser desenvolvida no próximo encontro, que será realizado em São Luiz/MA. Em nome dos pesquisadores presentes, registramos a nossa gratidão à Comissão Organizadora do III Encontro da Rede Alcar, pela acolhida e apoio dispensados para o bom andamento dos nossos trabalhos.

São Bernardo do Campo, 25 de abril de 2005.

GT da História da Mídia Audiovisual

Ruth Penha Alves Vianna

O Grupo de Trabalho História da Mídia Audiovisual (GT7), da Rede Alfredo de Carvalho, em seu terceiro encontro, ocorrido em Novo Hamburgo, Rio Grande do Sul, nos dias 14 a 16 de abril, 2005, teve como objetivo resgatar a história da Televisão, Cinema e Vídeo (informativos/ gêneros e programações diversas, bem como enquanto veículo; profissionais e tecnologias) através da exposição e publicação de artigos que pudessem trazer a história do Cinema, Televisão e Vídeo até os dias atuais, com suas implicações sociais, política, econômicas, culturais e comunicacionais.

Neste aspecto, importante também seria a de redimensionar a trajetória tecnológica destes veículos; desde os primeiros inventos até a tecnologia digital dois dias atuais e suas perspectivas futuras.

Desta forma, selecionamos 15 trabalhos que, de certa forma, tinham essas características iniciais ou que pudessem de alguma maneira relacionadas a elas.

- Dia 15 de abril de 2005 – trabalhos apresentados

Os trabalhos apresentados no dia 15 de abril, a partir das 14hs, na sala de aula, do Centro FEEVALE, em Novo Hamburgo, sob a coordenação da Profa Dra. Ruth Vianna, coordenadora do GT/, segundo a avaliação da mesma, responderam satisfatoriamente a temática da primeira e segunda secção, além de imprimirem real contribuição aos estudos do audiovisual local, nacional e internacional ao que diz respeito ao cinema, televisão e vídeo.

A terceira secção, reservada para a manha do dia 16 de abril – Pioneirismo de Landell de Moura – foi coordenado pela Profa Maria Luiza Nóbrega, da Federal de Pernambuco. Os três trabalhos selecionados foram aprovados devido a aproximação de suas temáticas e também, por considerarmos relevante o pioneirismo de Landell de Moura no desenvolvimento das Telecomunicações (com pioneirismo no desenvolvimento dos princípios tecnológicos da televisão) no Brasil e pelo desenvolvimento do rádio, no Brasil, acelerar a implantação da Televisão, principalmente no interior de capitais pouco desenvolvida nas regiões norte e nordeste brasileiros. Assim a comunicação Nas ondas da Timbira, foi escolhida por ter a conotação acima definida.

Em nosso ponto de vista, o GT7 avançou em termos de coesão ao aglutinar idéias para a sua continuação durante o ano de 2005 a 2006, com trocas de reflexões sobre o tema, construção de um site e realizar uma publicação com os temas já apresentados em 2004 e 2005, a ser lançado ainda este ano.

As sugestões propostas pela Professora Maria Luiza Nóbrega, em plenária, deverão ser observadas e acatadas, na medida do possível, ao se formular a nova área temática do próximo evento, isto é, Rede Alçar – 2006, no Maranhão, para o qual será solicitada a sua colaboração.

- Relatório exposto em plenária pela Profa. Maria Luiza Nóbrega (Plenária final, em Novo Hamburgo):

O GT foi subdividido em três seções temáticas:

a) História da mídia audiovisual:resgate histórico local, regional e nacional;

b) A construção da memória cinematográfica e televisiva brasileira e as tecnologias digitais;

c) Pioneirismo de Landell de Moura à interatividade da tecnologia digital do novo milênio.

Total de trabalhos inscritos para apresentação: 15

Total de trabalhos apresentados: 12

APÊNDICE

Temática: Televisão: 05
Cinema: 03
Interface cinema/televisão: 01
Aproximações temáticas pelo formato: 02
Geral: 01
Estados representados: ES, MA, MS, PR, PE, RS, SC, SP e TO
Sugestões:
1. que se elabore um ementário caracterizando cada GT de forma a concentrar a temática facilitando tanto a inscrição do trabalho quanto a distribuição pelos GT's.

(Essa observação ocorre em função de três trabalhos que se apresentaram no GT:

1. o padre cientista que tinha uma temática totalmente diferente da proposta do grupo, aproximando-se de outras áreas de estudo mais de que de comunicação - bioenergia - e entrou apenas em função do nome de Landell de Moura quando, se fosse o caso de pegar apenas pelo nome, apresenta-lo no painel próprio sobre o padre.

2. o trabalho de Tocantins que era um documentário sobre a comunidade e aborda a questão da chegada da TV .

3. Nas ondas do Timbira que se aproxima do audiovisual apenas pelo formato mas trata de rádio.

2. que os documentários sejam editados desde que se passa todo o tempo assistindo um longo documentário e não fica tempo para discutir.

(o documentário da Rádio Timbira levou 18 minutos e tivemos que sair correndo porque tínhamos que nos deslocar para outras atividades numa cidade lá perto)

3. Registrar o problema das pessoas que apenas vão, apresentam o seu trabalho e abandonam o GT desconsiderando a possibilidade de discutir informações e metodologias.

(No sábado, só tinha para assistir eu e Roberto, foi um esvaziamento geral.Nem o pessoal da Timbira apareceu para apresentação da moça do Landell de Moura, chegaram apenas na hora de botar o documentário deles no video.)

GT de História da Mídia Digital

Walter Lima (*)

O Grupo de Trabalho da História da Mídia Digital reuniu 20 pesquisadores de cinco estados brasileiros (São Paulo, Rio Grande do Sul, Santa Catarina, Minas Gerais e Tocantins), representando nove universidades, no III Encontro da Rede Alfredo de Carvalho, realizado em Novo Hamburgo (Feevale/RS), entre os dias 14 e 16 de abril de 2005.

O GT teve a inscrição de 13 trabalhos, aumento de 160% no número de *papers* apresentados em relação ao evento do ano passado, sediado em Florianópolis (UFSC/SC). A diversidade dos objetos e temas pesquisados revelou que o grupo está se consolidando por meio de um perfil multidisciplinar, pois realiza cruzamentos dos conhecimentos adquiridos em outras áreas da ciência, como a de Exatas e Biológicas, além de fortalecer o principal objetivo do GT: criar uma consciência conservacionista, ou seja, escrever a história do cotidiano digital. "O GT deve preservar a memória para ir construindo a história", afirma o coordenador nacional e idealizador da Rede Alcar, o professor José Marques de Melo (USP/Umesp).

Papers

A mestranda em Comunicação e Informação pelo PPGCOM Fabico/UFRGS, Ana Maria Brambilla, apresentou a "Reconfiguração do tempo e do espaço midiáticos pela digitalização da sociedade" que reconstitui, em um esboço, os últimos 20 anos do cenário histórico-social onde ocorreram mudanças comportamentais estimuladas pelos avanços tecnológicos, a partir do redimensionamento das grandezas de tempo e espaço nos processos de comunicação digital.

Já um resgate bastante importante foi realizado por Celso Galli Coimbra (advogado e fundador do grupo Biodireito-Medicina online) e Cláudia Viviane Viegas (doutoranda em Engenharia e Gestão do Conhecimento (UFSC) e professora do Centro Universitário Feevale). Com o *paper* "De e-groups a website: a trajetória de Biodireito-Medicina, trabalho de comunicação alternativa que desafia o *agenda setting* e é referência entre tratadistas do Biodireito", a dupla de pesquisadores descreveu a trajetória de um processo de comunicação via Internet, em Biodireito e Medicina, que teve seu início valendo-se da ferramenta de grupos de *e-mails* (*e-groups*), em janeiro de 2000. O espaço digital discute os critérios declaratórios de morte encefálica para efeito de transplante de órgãos humanos.

"A TV na Internet: Convergência e a Fusão de Mídias" foi o trabalho apresentado por Domingo Glenir Santarnecchi , assessor de imprensa da Faenac/SP e apresentador da It´s TV. Ele revela que a primeira televisão criada exclusivamente para a enternet na região do Grande ABC foi a It's TV, com sede na cidade de São Caetano do Sul e que surge da reunião de todas as mídias em uma só e tira proveito da sinergia e interatividade da tecnologia digital disponível, "conceitos já utilizados no Japão, Estados Unidos e Alemanha, entre outros países, para criar uma mídia diferente", afirma.

Preocupada com as notícias em tempo real, a coordenadora de Atividades Interdisciplinares dos cursos de Comunicação Social da PUC Minas Arcos, a profa. dra. Filomena Bomfim apresentou o *paper* "As seções de tempo real abrem espaço para um novo conceito de jornalismo?" que versa sobre necessidade da reflexão critica a respeito das práticas midiáticas vigentes no ciberespaço - mais precisamente no campo do jornalismo on-line – as quais tendem a fazer circular, em âmbito universal, um volume avassalador de informações. Nesse trabalho, fruto de uma pesquisa de doutoramento, nomeia-se esse fenômeno de "abundância informacional".

A docente também apresentou o trabalho "Um estudo comparativo das notícias do MST nas versões online dos jornais *Estado de Minas* e *Estado de S.Paulo*, realizado em conjunto com a acadêmica Mariângela Albuquerque de Oliveira Guimarães, que analisou as notícias do MST nas versões on-line dos dois veículos, no que se refere aos *links* e análise do discurso.

A intenção foi verificar se os *links* realmente ampliam e contextualizam a notícia, envolvendo-a numa teia de relações ou se provocam apenas uma abundância de informações desconectadas, impedindo a reflexão e a crítica do leitor.

Já a contribuição da pesquisadora, oriunda da área de Exatas e mestranda em Comunicação, Ivone Matiko Ivassaki (Unimar/SP), foi sobre os avanços tecnológicos e a velocidade do transporte da informação como o *paper* denominado "As características de um jornal on-line".

Realidade virtual

O pesquisador Juciano de Sousa Lacerda (IELUSC) contribuiu com o *paper* "A processualidade dos dispositivos tecnomediáticos na abordagem do fenômeno da tecnointeração". O professor do Curso de Comunicação e pesquisador do Núcleo de Estudos em Comunicação (Necom), no IELUSC, em Joinville (SC), discute os dispositivos tecnomidiáticos retomando a noção de interface na pesquisa e apontando a midiatização e a mediação como processualidade. Por fim, o trabalho faz uma tentativa de localizar o conceito de processos midiáticos como lugar de compreensão dos fenômenos tecnointeracionais ao discutir as tecnologias informacionais enquanto dispositivos que produzem e reproduzem o social e possibilitam a interação social.

A estudante de jornalismo da Universidade Católica de Pelotas, Maria Clara Aquino, apresentou um estudo denominado "Um mapeamento histórico do hipertexto", que mostrou um histórico do surgimento e do desenvolvimento do hipertexto, comparando a sua atual aplicação nas páginas Web com a sua noção básica formada em séculos passados. A universitária também confrontou os projetos que utilizam como base a construção coletiva do hipertexto, no intuito de resgatar os propósitos inicias deste tipo de escrita.

Interessante e pertinente, o *paper* "Realidade Virtual, do Sensorama a Caverna Digital", exposto pelo mestrando em Comunicação Social (PUCRS), Vagner de Carvalho Silva, fez questão de deixar de lado o debate constante sobre o real e o virtual e realizou um levantamento do caminho que vem sendo trilhado pela utilização da Realidade Virtual. O estudo aponta algumas utilizações, condições para a mesma, e ainda, algumas pesquisas realizadas, além de registrar os primeiros experimentos até os mecanismos utilizados no Brasil atualmente.

O IV Encontro da Rede Alcar será realizado em 2006, em São Luis (MA) e já estendemos o convite a todos os pesquisadores na área da História da Mídia Digital.

(*) Coordenador do GT da História da Mídia Digital e doutor em Jornalismo Digital pela ECA/USP

GT de História da Midiologia

O GT de História da Midiologia foi criado em 2005, reunindo-se pela primeira durante o Encontro Nacional da Rede Alcar em Novo Hamburgo, por iniciativa do Prof. Dr. José Marques de Melo. Ao propor sua fundação, o coordenador argumentou que faltava espaço para acolher os trabalhos referentes à trajetória dos processos multimidáticos, geralmente estudados comparativamente, , no conjunto

APÊNDICE

dos grupos temáticos em funcionamento. Acrescentou que, de modo semelhante, ficavam excluídos os trabalhos dedicados ao resgate da memória daqueles fenômenos pré-midiáticos e pós-midiáticos que não se enquadram rigororamente no escopo dos demais GTs, além daqueles voltados para historicizar os projetos metamidiáticos, que focalizam o ensino das profissões midiáticas e a pesquisa de objetos midiáticos, tanto no âmbito das universidades quanto das empresas ou das organizações sociais.

Foram recebidos mais de 30 resumos para avaliação preliminar, tendo sido selecionados 20 deles, dos quais apenas 17 lograram encaminhar os textos finais para inclusão dos Anais do Encontro. Compareceram a Novo Hamburgo para apresentar comunicações das suas pesquisas os autores de 16 trabalhos. Houve apenas uma defecção, devidamente justificada.

A comunidade embrionária de História da Midiologia, no território da Rede Alcar, está constituída por 32 participantes, considerando que cinco trabalhos inscritos foram produzidos em equipe. Esse grupo é formado por pesquisadores situados em 8 diferentes unidades da federação brasileira: Maranhão, Espírito Santo, Rio de Janeiro, São Paulo, Mato Grosso do Sul, Minas Gerais, Santa Catarina e Rio Grande do Sul. Eles procedem de 17 instituições, sendo 16 universitárias e 1 situada fora do campus (caso da AMI – Associação Maranhense de Imprensa). Na lista das entidades universitárias, 4 são públicas (Universidade Federal do Rio Grande do Sul, Universidade Federal de Santa Maria, Universidade Federal do Espírito Santo, Universidade Federal de Mato Grosso do Sul e Universidade Federal do Rio de Janeiro), 5 são comunitárias (Universidade Metodista de São Paulo, PUC Minas, Universidade de Chapecó, Universidade do Cale dos Sinos e Centro Universitário do Vale do Taquari), 7 são privadas (Universidade de Marília, Universidade Presidente Antônio Carlos, Centro Universitário Alcântara Machado, Centro Universitário do Espírito Santo, Centro Universitário Monte Serrat e ISCA - SP).

Os trabalhos foram agrupados em 3 sessões temáticas:

1) **História da midiologia: objetos, fontes e projetos**

Psicotecnologia da escrita: o recuo no tempo (Maria Luiza Cardinale Baptista – UNISINOS / UFRGS), Notícias e visões do Brasil no século XV *(Maria Cecília Guirado (UNIMAR- SP)*, Antecedentes da integração do Mercosul e surgimento da mídia terciária nas terras de fronteira do Brasil Meridional *(Ada Cristina Machado da Silveira– UFSM)*, Projeto Cultural O Taquaryense : relatos da criação de um Museu-Vivo de Comunicação no Vale do Taquari *(Elizete de Azevedo Kreutz e Leonel José de Oliveira – UNIVATES – RS)*, Acervo midiático resgata a história da imprensa chapecoense *(Dirceu Luiz Hermes – UNOCHAPECÓ – SC)*.

2) **A construção da memória midiológica brasileira,**

Para não dizer que não falei de flores: a modernidade do projeto pedagógico fundador do curso de jornalismo da ECA-USP e seu impacto nacional (Ruth Penha Alves Vianna – UFMS), *35 anos Curso de Comunicação Social da UFMA: um olhar sobre esta História* (Roseane Arcanjo Pinheiro – AMI – MA), *Produção midiológica do Grupo de São Bernardo: Análise taxionômica e cognitiva das dissertações e teses do Programa de Pós-Graduação em Comunicação da UMESP, período 1981-2003* (William Pereira de Araújo- UMESP), *Recuperação, Sistematização e Divulgação da Produção Científica em Comunicação Social no Espírito Santo* (Juçara Brittes – UFES), *Os estudos sobre a TV por assinatura no Brasil* (Graça Penha Nascimento Rossetto – FAESA – ES).

3) **Biografias de artífices da midiologia: personalidades e instituições.**

Cásper Líbero entre o Profissional e o Mito: Inventário Crítico das Fontes Bibliográficas e Hemerográficas (Gisely Valentim Vaz Coelho Hime – UniFIAM – SP), Danton Jobim: no rastro da operação Condor (José Amaral Argollo – UFRJ), O legado Pioneiro de Luiz Beltrão (Maria Cristina Gobbi – UMESP), 40 anos da revista pioneira das ciências da comunicação no Brasil: Comunicações & Problemas (Rosa Dales Nava – Unimonte - SP / UNIPAC –MG), Pompeu de Sousa: o jornalista que transformou o Jornalismo (Rosemary Bars Mendez - UniFIAM -SP e ISCA- SP), Memória dos jornais mineiros do século XIX: Revisão crítica das fontes bibliográficas (Jairo Faria Mendes – PUC Minas – Arcos / MG).

Participaram da coordenação das sessões temáticas as professoras doutoras Maria Cristina Gobbi (UMESP) e Juçara Brittes (UFES).

A plenária final do GT decidiu eleger como seu coordenador o Prof. Dr. José Amaral Argolo (UFRJ) e priorizar para o encontro de São Luis (2006) os trabalhos diretamente relacionados com o tema central do evento: A luta pela liberdade de imprensa no Brasil – Revisão Crítica dos 300 anos de censura. Recomendou-se finamente que a seleção dos futuros trabalhos inscritos no GT se faça a partir do conceito de Midiologia constante do capítulo "Xadrez Midiológico" do livro *Midiologia para Iniciantes* (Caxias do Sul, Editora da UCS, 2005), de autoria de José Marques de Melo.

Além de agradecer a adesão dos colegas fundadores do GT, o professor Marques de Melo deu posse ao coordenador eleito, que se comprometeu a constituir um comitê *ad hoc* com a finalidade de avaliar o mérito dos trabalhos inscritos para o encontro do próximo ano.

Junho

Memória possível do III Encontro da Rede Alfredo de Carvalho
Profª. Drª. Maria Berenice da Costa Machado
Curso de Publicidade e Propaganda / Centro Universitário Feevale e Faccat
A história é um esforço para melhor conhecer, é uma coisa em movimento. (Marc Bloch)

E a memória continua, implacável, atravessando fronteiras de tempo e de espaço,
nos dizendo a cada momento quem somos, onde estamos e muitas vezes por quê.
(Ivan Izquierdo)

Imaginemos alguns personagens: Johannes Gutenberg (1398-1468) inventor do sistema de caracteres móveis, que trouxe grande desenvolvimento à arte tipográfica e à imprensa; Alfredo de Carvalho, historiador pernambucano, responsável pelo inventário do primeiro centenário da imprensa brasileira, em 1908; Plínio Saraiva, autodenominado jornaleiro que lutou para dar continuidade ao seu semanário, *O Taquaryense*, que em pleno século XXI segue sendo impresso com a mesma tecnologia inventada por Gutenberg; José Marques de Melo, jornalista, professor, pesquisador, Diretor Científico da Cátedra Unesco de Comunicação para o Desenvolvimento Regional, idealizador da Rede Alfredo de Carvalho, projeto que se desenvolve desde 2001 e que deverá alcançar 2008, promovendo "ações públicas destinadas a comemorar os 200 anos de implantação da imprensa no Brasil, preservando sua memória e construindo sua história".

Estes quatro personagens, ligados à história da imprensa global, fazem parte, também, da memória do III Encontro da Rede Alcar, pois real ou virtualmente fizeram-se "presentes" no evento produzido com amorosa persistência e profissionalismo por professores acadêmicos e funcionários da Feevale e da Univates. Objetivamos neste ensaio fazer uma síntese do Encontro sobre a História da Mídia, destacar o que de mais especial ocorreu durante seus três dias, desejando contribuir para a preservação da própria memória da Rede Alcar.

O olhar sobre os acontecimentos e seus atores será dirigido por marcos teórico-metodológicos compatíveis com o fazer científico e com a curiosidade publicitária que instigou, também, o espírito da pesquisadora. No relato que segue, transitaremos entre dois campos – histórico e jornalístico - buscando o registro e a fidelidade aos fatos, ciente de que a condição de observadora participante do evento fará emergir ângulos originais e, até, inusitados. À subjetividade do autor, que conta a sua história, o professor Gargurevich (2005) contrapõe a liberdade do leitor com a sua maneira própria de ler. O caminho que percorremos buscou recompor o Encontro a partir dos seus próprios documentos – site, CD-Rom, impressos – da cobertura da imprensa regional e dos autores presentes e/ ou citados no evento.

História e Memória
A Rede Alcar foi constituída com a missão de trazer à reflexão a importância da preservação da memória da Imprensa para a construção da história midiática brasileira. Esta é uma preocupação que vem desde as tribos, que reconheciam a importância para a sobrevivência, que o conhecimento e a experiência dos mais velhos chegassem aos seus descendentes. Os povos tribais, no entanto, foram limitados pela transmissão oral. A invenção da escrita, e mais especialmente a prensa de Gutenberg, deu início à história, tornando possível armazenar conhecimentos em uma escala muitas vezes superior àquela até então existente.

Cabe aos atuais sujeitos, amparados pelas modernas tecnologias das comunicações – impressa, eletrônica e digital – dinamizar a circulação, democratizar o acesso à informação, deixar memória, ou seja, legar às próximas gerações cultura material, fruto da pesquisa que envolve fatos e biografias das mais variadas natureza, o que possibilitará revitalizar de modo permanente o passado e o presente, constituindo, dessa maneira, o que Izquierdo (1998, p. 101) entende como comunidade ou nação: "(..) a memória faz com que sejamos indivíduos, e com que os indivíduos formem comunidades ou nações em que o que os liga são suas memórias em comum".

APÊNDICE

A dimensão do evento

O III Encontro Nacional da Rede Alfredo de Carvalho, cujo tema central foi *História da Mídia Regional*, aconteceu em Novo Hamburgo (RS), entre os dias 14 e 16 de abril de 2005, com cerca de 300 inscritos, entre professores, pesquisadores, acadêmicos, profissionais da Comunicação, representantes de associações de classe e sindicais, vindos de 16 estados brasileiros. O evento foi sediado pelo Centro Universitário Feevale, que o organizou em parceria com a Rede Alfredo de Carvalho e com a Univates, contando, ainda, com o apoio da Cátedra Unesco/Umesp de Comunicação para o Desenvolvimento Regional – Brasil, do Museu Hipólito José da Costa, da Associação Rio Grandense de Imprensa (ARI), da Secretaria da Cultura - Governo do Rio Grande do Sul, da Financiadora de Estudos e Projetos - Ministério da Ciência e Tecnologia (FINEP), da Universidade Federal de Santa Catarina, do Sindicato do Jornalistas, da Federação Nacional dos Jornalistas (FENAJ) e da Refinaria Alberto Pasqualini (REFAP).

A importância da Rede Alcar

A Rede Alcar, constituída em 2001, durante reunião na Associação Brasileira de Imprensa (ABI), com o propósito preservar a memória da mídia brasileira, homenageia o pesquisador Alfredo de Carvalho. Desde então, são promovidos encontros em regiões distintas, com a finalidade refazer, atualizar e aprofundar as discussões sobre a mídia no País. O formato rede, como lembrou o Prof. Gargurevich (2005), acolhe *"todas las organizaciones que trabajan en investigación, fomento, profesionalización, producción mediática así como cualquier otro sector vinculado a este campo de actividad intelectual (...) ejemplo de unidad en búsqueda de un gran objetivo común"*. E esta, segundo o Prof. J. M. de Melo, foi a intenção da Alcar, ao adotar tal configuração: ter liberdade para crescer e se ramificar nas mais diversas direções.

O crescimento numérico dos trabalhos inscritos e a diversidade temática consolidam a Rede, que contou com um paper sobre Biodireito-Medicina, apresentado no GT História da Mídia Digital. Significativo, também, é o reconhecimento dos propósito da Rede por esse grupo de Biodireito-Medicina: "Num país que lê pouco e onde o analfabetismo funcional salta aos olhos, o trabalho da Rede Alfredo de Carvalho – Rede Alcar – desponta como uma iniciativa fundamental para a integração da imprensa à sua própria memória e à da sociedade" (Disponível: www.biodireito-medicina.com.br, acesso 25/4/2005, 15:21).

Marcas originais

Durante os três dias do evento, os participantes do III Encontro da Rede Alcar estiveram reunidos com ícones da Comunicação brasileira e internacional. A programação caracterizou-se pela diversidade de formatos - conferência, mesas redondas, colóquios, grupos de trabalhos – e pelo debate das questões que emergiram durante as apresentações. Houve, também, uma sessão coletiva de autógrafos e o Fórum dos Professores de Relações Públicas, que se propôs a pensar sobre "Os reflexos das diretrizes curriculares no ensino de Relações Públicas".

Dois atos emblemáticos marcaram a memória do III Encontro da Rede ALCAR: no primeiro dia, a Profª. Ms. Paula Cundari foi a oradora na homenagem especial ao jornalista Mário Gusmão, fundador do Grupo Editorial Sinos e vice-presidente da Associação Nacional dos Jornais (ANJ), e à Associação Riograndense de Imprensa, que está comemorando este ano 70 anos da sua própria fundação e 100 anos de nascimento do seu primeiro presidente, o escritor Erico Verissimo. No encerramento, houve a inauguração do "Museu Vivo de Comunicação O Taquaryense", na cidade de Taquari, iniciativa do Centro Universitário Univates.

Presença marcante foi a do Diretor do Museu Nacional da Imprensa de Portugal, jornalista Luis Humberto Marcos, que acompanhou o Encontro da Rede ALCAR e a inauguração do novo museu gaúcho, sacramentando o protocolo de cooperação, assinado outubro do ano passado, entre o museu português e a Fundação Vale do Taquari de Ensino Superior (FUVATES), com vista à criação de um Museu de Imprensa em Taquari, baseado no espólio do jornal centenário *O Taquaryense*.

Outro participante destacado foi o vice-governador Antonio Hohlfeldt, que no exercício da chefia do Estado do RS, esteve presente à solenidade de abertura do Encontro. No segundo dia, Hohlfeldt participou, na condição de autor, da sessão coletiva de autógrafos e, na seqüência, como acadêmico que é, coordenou e foi um dos apresentadores do colóquio sobre o escritor e jornalista gaúcho Erico Verissimo.

Excurso: um dia de Gutenberg

Conectar-se com a era de Gutenberg e sua tecnologia era um convite tácito que Plínio Saraiva, filho do fundador d'*O Taquaryense*, fazia aos que o visitavam. Falecido em agosto de 2004, aos 101 anos, Saraiva manteve-se ativo no comando do jornal, inclusive provendo a sua existência, até seus últimos dias, alimentando o sonho da continuidade da obra iniciada por seu pai. O diretor do jornal conseguiu contagiar os pesquisadores da Univates, Profª Drª. Elizete de Azevedo Kreutz e Prof. Ms. Leonel José de Oliveira, que a partir de 2002, com o patrocínio da Certaja e Certel, cooperativas da região, com o apoio da Prefeitura, da Associação Comercial e Industrial de Taquari e da Lei de Incentivo à Cultura do Governo do Estado do Rio Grande do Sul, levaram adiante o projeto do Museu-Vivo, auxiliados por cinco alunos bolsistas de iniciação científica. O reitor da Univates, Prof. Ms. Ney José Lazzari, por ocasião da inauguração museu, reconheceu que o compromisso da universidade não fica restrito ao presente e ao novo, mas estende-se à recuperação do passado e à preservação da história.

O Taquaryense, semanário com quatro páginas, fundado em 1887, mantém os mesmos processos de produção, edição, impressão e circulação desde a sua criação, no século XIX, utilizando os tipos móveis idealizados por Gutenberg. Este jornal, terceira publicação mais antiga do Brasil em funcionamento e a segunda do Estado de Rio Grande do Sul, vem noticiando há mais de um século os grandes acontecimentos, como a descoberta da penicilina, as duas guerras mundiais, a proclamação da República e, até mesmo a abolição da escravatura. Ausente n'*O Taquaryense*, segundo o sobrinho do fundador do jornal, só o naufrágio do Titanic.

O inusitado na trajetória do jornal do interior do RS, que ainda usa composição manual, será a sua capacidade de globalizar tempo, espaço e tecnologias, em plena era da comunicação digital: "transformado em um Museu-Vivo de Comunicação, o jornal rompe suas fronteiras usuais, ampliando seu espectro de ação e abrindo espaço para novas missões: a abertura de seu acervo propicia o contato com a história da região; a abertura de suas portas com sua forma de composição, a história da imprensa e de suas técnicas" (UNIVATES: 2005).

Assim a restauração do patrimônio físico d'*O Taquaryenese* – prédio e móveis (foram feitas réplica do mobiliário, uma vez que os originais estão sendo restaurados para futura exposição no Instituto Plínio Saraiva) - coloca-o no circuito dos museus abertos à visitação pública, cumprindo as funções de conservar, estudar, valorizar e expor para deleite e educação do público, coleções de interesse artístico, histórico e técnico. Com a digitalização do acervo em microfilmagem, disponível em CD-Rom e na Internet, o município de Taquari, povoado no séc. XVIII por famílias de açorianos, restabelecerá laços com Portugal, uma vez que o acervo do jornal passará a integrar o Museu Virtual da Imprensa da Lusofonia gerenciado, a partir da cidade do Porto, pelo Museu da Imprensa de Portugal. Nesse ambiente virtual – será o primeiro brasileiro a integrar tal museu – *O Taquaryense* estará disponível para consultas em qualquer parte da rede planetária.

Plínio Saraiva, não esteve presente atomicamente na inauguração do *Museu-Vivo de Comunicação O Taquaryense,* mas sua obstinação jornaleira e seu cuidado com a tradição, a cultura e a preservação da história ficarão gravados na memória dos que assistiram o documentário realizado pelos acadêmicos da Univates, exibido no cinema da cidade. A par da inauguração, foi feita a impressão ao "vivo" de uma edição comemorativa do jornal *O Taquaryense*, ocasião em que algumas das personalidades presentes deram sua contribuição compondo seus nomes.

Outros destaques da programação

Na abertura do Encontro, a coordenadora do curso de Comunicação Social da Feevale, Prof. Dra. Paula Puhl, destacou que o evento seria preparatório para os 200 anos da imprensa, a ser comemorado em 2008, e que buscava incentivar a pesquisa e a produção de estudantes de graduação, pesquisadores, professores, empresários e pós-graduados. Na seqüência, o Prof. Dr. José Marques de Melo observou que tal iniciativa contribui para a consolidação do projeto Universidade Feevale, que tramita no Ministério da Educação, pois é função da academia sensibilizar as novas gerações para a importância da preservação e do resgate da história da mídia, condição que permite comparar o presente com o passado, evitando repetir erros. Antonio Hohlfeldt, governador em exercício naquela data, lembrou o caráter comunitário de Instituições de Ensino Superior como a Feevale e salientou a importância de eventos como a Rede Alcar, pois o Estado do RS já perdeu muitos dos documentos que contam a história da mídia.

Inaugurou os trabalhos a conferência do Prof. Dr. Juan Gargurevich (Peru), titulada "Historiografia Midiática: Singularidades Latino-Americanas". O conferencista identificou três grupos de esforços sistemáticos de história da imprensa e dos meios de comunicação de massa na América Latina:

APÊNDICE

o Grupo de Trabalho Historia da Información, da Asociación Latinoamericana de Investigadores de la Comunicación (ALAIC), por ele coordenado, a Red de Historiadores de la Prensa y el Periodismo en Iberoamérica, promovida por Celia del Palacio, desde Guadalajara/ México e o grupo brasileiro da Rede Alfredo de Carvalho, inspirado pelo Prof. José Marques de Melo. Para o diretor da Escola de Comunicação da Universidade Naciobal Mayor de San Marcos, os esforços desses grupos de pesquisa são como o trabalho dos artesãos mexicanos que manipulam criativamente cores e texturas para a confecção de tecidos: "*Los distintos tejidos dan cuenta de las varias maneras de contar la historia*"; ao final, não há dois que sejam iguais pois "*cada historiador trae consigo su propia experiencia y su manera personal de vivir la vida*". O professor fez um balanço do resultado do resgate histórico e considerou que "*no hay ni peor ni mejor texto histórico pues hasta los más injustos o desacertados fueron, al final también, auténticos productos históricos (...)*" (GARGUREVICH:2005).

O pesquisador peruano lembrou o historiador brasileiro Sodré, pois este articulou o estudo da imprensa com o da própria sociedade:

"*Por muchas razones, fáciles de contar y de demostrar, la historia de la prensa es la historia del desarrollo de la sociedad capitalista. El control de los medios de difusión de ideas e informaciones – que se realiza a lo largo del desarrollo de la prensa como reflejo del desarrollo capitalista en que está inmersa- es una lucha en que aparecen organizaciones y personas de la más diversa situación social, cultural y política, correspondiendo a diferencias de intereses y aspiraciones*" (GARGURE-VICH:2005).

O evento prosseguiu com quatro mesas redondas que versaram sobre a *Memória da Mídia Regional: Singularidades Brasileiras* - tema apresentado pelo jornalista Flávio Tavares (RJ), que apontou a principal singularidade da memória brasileira: não ter memória. A Prof. Dra. Esther Bertoletti (Biblioteca Nacional do Rio de Janeiro) expôs os combates e batalhas travados para defender os acervos hemerográficos, pois a Lei de Depósito Legal não é cumprida no País. Os legados biográficos: dos arquivos pessoais aos registros da história oral foi tema da Prof. Dra. Alzira Alves de Abreu (Fundação Getúlio Vargas) que relembrou um dos preceitos do bom jornalismo "jornalista não é notícia", observando, ainda, que o jornalismo está se tornando profissão feminina. A prof. Dra. Erotilde Honório (UniFor) trouxe incursões da documentação radiofônica cearense.

A segunda mesa focou a Memória das Profissões e da Mídia Regional: Singularidades Gaúchas; iniciou com a Prof. Dra. Doris Hausen (PUCRS) explanando sobre o rádio, que considera um contador de histórias; na seqüência, a Prof. Dra. Martha d'Azevedo (UFRGS/Instituto Alberto André) recuperou os primórdios da profissão de Relações Públicas no estado; coube à Prof. Dra. Beatriz Dornelles (PUCRS) a memória da imprensa, contada a partir da pesquisa com os jornais do interior do RS. Encerraram a apresentação o publicitário Pedro Schneider (News PS/ NH) descrevendo a trajetória da publicidade regional e o jornalista Sérgio Reis (FEPLAM) relatando a implantação da televisão no RS e a primeira transmissão colorida, em rede nacional, a partir da Festa da Uva, em Caxias do Sul.

Na seqüência, outra mesa com Ícones da Mídia Brasileira: o prof. Dr. Marco Morel (UERJ) falou sobre o jornal de Frei Caneca, considerado o mártir da liberdade, e da importância do religioso ter inaugurado uma das primeiras edições de jornais brasileiros. A Profª. Dra. Marialva Barbosa (UFF) apresentou o irreverente representante do jornalismo romântico, Barão de Itararé, e seu jornal *A Manha* que circulou de 1926 a 1952, seguindo um estilo humorístico. A prof. Dra. Ana Arruda Callado (UFRJ) encerrou a mesa com a história de Adalgisa Nery, poetisa que se tornou uma cronista política.

A última mesa tratou de Ícones da Mídia Gaúcha: o legado de Alberto André, apresentado pelo jornalista Jayme Copstein (ARI) que antes de iniciar sua explanação observou que o poder no RS não pode ser separado das biografias de Breno Caldas e Maurício Sirotsky, ao contrário de André, cuja carreira jornalística se iniciou no jornal católico *A Nação*, tendo enveredado, posteriormente, pelo caminho do urbanismo. O legado de Breno Caldas foi trazido por Walter Galvani (JC/ABC), que tal que Gabriel Garcia Marques, aproxima o jornalismo da literatura. O jornalista e escritor observou, também, que a imprensa vem deixando o essencial para se preocupar com o acessório; concluiu lembrando a regra do bom jornalista – desconfiar de tudo e de todos, até de você mesmo. O legado de Maurício Sirotsky coube ao jornalista Lauro Schirmer (RBS) que recordou que o fundador da RBS desenvolveu, longe das grandes capitais no Brasil, um canal de TV com programação local.

Integraram, também, a programação da Rede Alcar dois colóquios acadêmicos: o primeiro discutiu "O desafio de resgatar e preservar a memória de Landell de Moura - precursor brasileiro das telecomunicações"; participaram o Prof. Dr. César Augusto Azevedo dos Santos (UPF) que falou sobre o pioneirismo e o esquecimento que cercam os feitos do padre gaúcho; o Prof. Esp. Hamilton Almeida relatando seu esforço para construir a biografia do pioneiro gaúcho, instigado pela frase de um dos seus professores: "não foi Marconi quem inventou o rádio, foi Landell de Moura. Mas sabe-se pouco sobre este padre". O aluno paulista juntou suas economias e veio a Porto Alegre pesquisar junto á família do padre e na Igreja do Rosário, ciente que o desafio de todo o pesquisador é deixar suas convicções e buscar a verdade. O jornalista português Luis Humberto Marcos, contribuiu salientando um dos problemas dos países não anglo-saxãos, é que as mentiras muitas vezes repetidas viram verdades. Completou a história de Landell de Moura o pesquisador Ivan Dorneles Rodrigues (Porto Alegre) que apresentou filmes e réplicas de protótipos do telégrafo e rádio transmissores do padre. O segundo colóquio exibiu algumas das faces de Erico Verissimo: o jornalista Erci Thorma (ARI) viu-o como fundador da Associação Riograndense de Imprensa; a Profª Ms. Aline Strelow (UFRGS) seu trabalho como editor da Revista do Globo e o Prof. Dr. Antonio Hohlfeldt (PUCRS) traçou um panorama geral da figura do Erico Verissimo enquanto jornalista.

Grupos de Trabalho

O III Encontro da Rede Alcar contou com dez Grupos de Trabalho (GTs), com temáticas sobre a História do Jornalismo, da Publicidade e Propaganda, das Relações Públicas, da Mídia Impressa (Livro, Revista, Jornal), da Mídia Sonora (Rádio, Disco, Música), da Mídia Visual (Fotografia, Quadrinhos, Cartazes), da Mídia Audiovisual (Cinema, TV, Vídeo), da Mídia Digital (Web e NTCs), da Mídia Alternativa e da Midiologia. Este último GT, História da Midiologia, foi criado por iniciativa do Prof. Dr. José Marques de Melo, reunindo-se pela primeira vez neste ano, sob a sua coordenação. A proposta desse novo GT é tornar-se espaço para acolher os trabalhos referentes à trajetória dos processos multimidiáticos, o resgate da memória daqueles fenômenos pré e pós-midiáticos e daqueles voltados para historicizar os projetos metamidiáticos, que focalizam o ensino das profissões midiáticas e a pesquisa de objetos midiáticos, tanto no âmbito das universidades quanto das empresas ou das organizações sociais.

Os dez GTs somaram 181 pesquisas inscritas, número que consolida o crescimento da Rede ALCAR, tendência que já havia sido observada no segundo encontro em Florianópolis, que registrou 113 inscrições, quase o dobro dos 65 *papers* da primeira edição no Rio de Janeiro. A quantidade trouxe, também, diversidade e pluralidade à Rede, conforme relatou o coordenador do GT de História da Mídia Digital, Prof. Dr. Walter Lima, no Jornal da Rede Alcar: "A diversidade dos objetos e temas pesquisados revelou que o grupo está se consolidando por meio de um perfil multidisciplinar, pois realiza cruzamentos dos conhecimentos adquiridos em outras áreas da ciência, como a de Exatas e Biológicas, além de fortalecer o principal objetivo do GT: criar uma consciência conservacionista, ou seja, escrever a história do cotidiano digital".

Expressa essa diversidade a pesquisa da rede Biodireito-Medicina "De e-groups a website: a trajetória de Biodireito-Medicina, trabalho de comunicação alternativa que desafia o *agenda-setting* e é referência entre tratadistas do Biodireito", apresentada no GT por Celso Galli Coimbra (advogado e fundador do grupo Biodireito-Medicina online) e Cláudia Viviane Viegas (doutoranda em Engenharia e Gestão do Conhecimento (UFSC) e professora do Centro Universitário Feevale). O trabalho descreve a trajetória de um processo de comunicação via Internet, em Biodireito e Medicina, iniciado em janeiro de 2000. Através de grupos de e-mails (e-groups), seus participantes discutem, por exemplo, os critérios declaratórios de morte encefálica para efeito de transplante de órgãos humanos.

O GT História da Publicidade e da Propaganda inovou o registro e a perpetuação da sua produção; além de disponibilizar as pesquisas no CD-Rom do evento, lançou, durante III Encontro, o livro *Propaganda, história e modernidade*, organizado pelo coordenador do GT, Prof. Dr. Adolpho Queiroz, a partir dos textos apresentados no grupo.

A continuidade da Rede Alfredo de Carvalho

A Alcar nasceu rede para estimular o crescimento, sem rigidez, buscando atrair pesquisadores e historiadores do tema Imprensa e Mídia no Brasil. A partir da terceira edição, seus integrantes registraram a necessidade de irem se auto-organizando e regulamentando, discussão que emergiu durante a sessão plenária de avaliação do evento. Dessa maneira, decidiram pela elaboração de um ementário caracterizando cada GT, o que tornará possível concentrar a temática, facilitando tanto a inscrição do trabalho quanto a sua distribuição pelos GTs. A tarefa que será coordenada pelo Prof. Francisco Karam (FENAJ/UFSC). A quarta edição da Rede Alcar ficou agendada para São Luis do Maranhão, em 2006, tendo como tema central "A luta pela liberdade de imprensa no Brasil – Revisão Crítica dos 300 anos de censura".

APÊNDICE

Referências

BALANÇO preliminar do encontro 2005 em Novo Hamburgo: avanços e conquistas. Jornal da Rede Alcar, redealcar@metodista.br, ano 5, n. 53 , 4 mai. 2005.

FLORES, Moacir. **Dicionário de História do Brasil.** Porto Alegre: EDIPUCRS, 1996.

GARGUREVICH, Juan. La nueva historia de la comunicación y la información en América Latina. 3º Encontro Nacional da Rede Alfredo de Carvalho, 2005, Novo Hamburgo. CD-ROM.

HOHLFELDT, Antonio e GOBBI, Maria Cristina. **Teoria da comunicação: antologia de pesquisadores brasileiros.** Porto Alegre: Sulina, 2004.

IZQUIERDO, Iván. **Tempo e Tolerância.** Porto Alegre: Ed. Universidade/ UFRGS/ Sulina, 1998.

UNIVATES. **Museu-Vivo de Comunicação O Taquaryense.** Lajeado, 2005. CATÁLOGO.

Jornais

ENCONTRO da Rede Alcar começa com homenagens a jornalistas. **Jornal NH**, Novo Hamburgo, 25 abr. 2005.

ENCONTRO da Rede Alcar é sucesso. **Jornal da Feevale**, Novo Hamburgo, nº 14, abr. 2005.

JORNAL vira museu vivo. **Zero Hora**, Porto Alegre, 20 abr. 2005.

MEMÓRIA da imprensa é preservada. **Correio do Povo**, Porto Alegre, 16 abr. 2005.

MUSEU-Vivo O Taquaryense. **TRI**: Jornal Laboratório da Agência Experimental de Comunicação, Novo Hamburgo, nº 3, abr. 2005.

O TAQUARYENSE amplia ações e se insere na História do Jornalismo Brasileiro. **O Taquaryense**, Taquari, ano 118, nº 10, e abr. 2005.

Sites

www.biodireito-medicina.com.br
www.coletiva.net
www.feevale.br/redealcar
www.jornalismo.ufsc,br/redealcar
www.metodista.br/unesco

Julho

Novo ementário dos Grupos de Trabalho (GTs)

A plenária da Rede Alcar, reunida em Taquari (RS), no último mês de abril, decidiu fazer uma revisão dos Grupos de Trabalho, no sentido de evitar conflitos temáticos e superposições de conteúdos. Essa revisão foi coordenada pelo Vice-Presidente da Rede Alcar, Prof. Dr. Farncisco Karam. Depois de consultar todos os coordenadores de GTs foi elaborado um novo ementário, transcrito a seguir:

História do Jornalismo

História do jornalismo: aspectos teóricos e conceituais. Estudos de jornalismo: aspectos históricos. Os jornais como lugares de construção historiográfica. Os jornais como objeto de estudos históricos. Aspectos da conformação do campo profissional. A trajetória histórica do jornalismo e dos jornalistas no Brasil. Estudos de caso referentes a espaços sociais e veículos determinados. Os jornais como fonte historiográfica.

Coordenadora: Profa. Dra. Marialva Barbosa (UFF)

E-mail: mcb1@terra.com.br

História da Publicidade e da Propaganda

O GT de Publicidade e Propaganda se dispõe a recuperar aspectos históricos da profissão de publicitário e das agências de propaganda, bem como das suas interfaces com a mídia, o marketing e a política, buscando conhecer suas origens e particularidades históricas, seus principais atores, a evolução da sua linguagem, seu ensino e pesquisa, seus aspectos estéticos e ideológicos.

Coordenador: Prof. Dr. Adolpho Queiroz (UMESP)

E-mail: adolpho.queiroz@metodista.br

História das Relações Públicas

Pesquisas que focalizam a história dos processos de relacionamento estabelecidos entre os públicos e as organizações; a origem e contexto das ações comunicacionais existentes nas instituições públicas, privadas e não governamentais; a evolução dos conceitos e práticas de Relações Públicas; a trajetória do ensino e de cursos para a formação acadêmica na área.

Coordenadora: Profa. Dra. Cláudia Moura (PUCRS)
E-mail: cpmoura@pucrs.br

História da Mídia Impressa

Focaliza a história da imprensa como mídia (massiva, erudita ou popular), valorizando sua relevância como mais antigo suporte industrial da informação no Brasil. O grupo tem recebido predominantemente trabalhos sobre a produção, a edição e a leitura de jornais, mas está aberto aos estudos sobre revistas, livros, volantes, enfim sobre os processos comunicacionais que fluem através dos impressos brasileiros.

Coordenador: Prof. Dr. Luis G. Tavares (NEHIB)
E-mail: editor@alba.ba.gov.br

História da Mídia Sonora

O grupo abrange trabalhos de pesquisas históricas sobre o rádio ou outros suportes que trazem a linguagem do áudio. Estuda-se a especificidade da linguagem, dos formatos, dos gêneros, da tecnologia, dos efeitos na recepção e busca-se resgatar personagens, programas, sonoridades ou a cobertura de episódios que marcaram a vida da sociedade brasileira, valorizando a diversidade regional.

Coordenadora: Profa. Ms. Ana Baum (UFF)
E-mail: anabaumw@yahoo.com.br

História da Mídia Visual

Coordenadora: Profa. Dra. Sonia Luyten (UNISANTOS)
O grupo pretende reunir trabalhos de pesquisa que focalizem os processos midiáticos pictóricos, como: quadrinhos, cartuns, fotografias, cartazes e congêneres, captados exclusivamente pela visão (com exceção da imprensa convencional).

E-mail: sonialuyten@hotmail.com

História da Mídia Audiovisual

Resgatar, sistematizar e debater a história e temas pertencentes à comunicação audiovisual (cinema, televisão, vídeo e novas mídias interativas que combinem palavra, imagem e som), desde o seu advento até os dias atuais, no cenário brasileiro e em estudos comparativos com o cenário internacional. Retratar personagens pioneiras e suas descobertas.

Coordenadora: profa. Dra. Ruth Vianna (UFMS)
E-mail: viannar@terra.com.br

História da Mídia Digital

Objetivo é construir a memória dos conteúdos digitais disseminados por intermédio da mídia on-line (redes de computadores), off-line (CD-ROM, DVD) e por dispositivos de comunicação sem fio como celular e assistente digital pessoal (Personal Digital Assistant - PDA), revelando processos, formas, técnicas e experiências precursores desse novo sistema de comunicação social.

Coordenador: Prof. Dr. Walter Lima (UniFIAM)
E-mail: digital@walterlima.jor.br

História da Mídia Alternativa

A presença de veículos alternativos (impressos e eletrônicos) na história, compreendendo os seguintes enfoques: mídia alternativa em tempos de repressão; mídia nos movimentos de resistência; comunicação nas organizações populares; mídia e minorias representativas; demais formatos e

APÊNDICE

alternativas de produção independente. As pesquisas envolvem o resgate dos meios alternativos e sua participação em determinado período histórico, características da mídia alternativa e abordagens teórico-conceituais sobre o tema.

Coordenadora: Profa. Ms. Karina Woitowicz (UEPG)

E-mail: karinajw@uepg.br

História da Midiologia

O GT de História da Midiologia foi criado para acolher os trabalhos referentes à trajetória dos processos multimidiáticos, geralmente estudados comparativamente, bem como aqueles dedicados ao resgate da memória dos fenômenos pré-midiáticos e pós-midiáticos, cujos suportes tecnológicos são singulares pela própria natureza. Pretende também abrigar os estudos voltados para historicizar os projetos metamidiáticos, que focalizam o ensino das profissões midiáticas e a pesquisa de objetos midiáticos, tanto no âmbito das universidades quanto das empresas ou das organizações sociais.

Coordenador: Prof. José Amaral Argolo (UFRJ)

E-mail: argolo@eco.ufrj.br

Agosto

IV Encontro Nacional da Rede Alcar: AMI promove concurso para logomarca

A Associação Maranhense de Imprensa (AMI), entidade que reúne profissionais da mídia no Maranhão, abriu inscrições para o Concurso de Criação da Logomarca e Manual de Aplicação do IV Encontro Nacional da História da Mídia. O evento acontece de 30 de maio a 2 de junho de 2005, em São Luís, e a convocatória nacional para inscrições de trabalho já está disponível para os interessados no site da ami - www.ami-ma.com.br

O encontro integra as ações do Projeto Imprensa 200 Anos – Memória Maranhão. A promoção do Encontro é da Rede Alfredo de Carvalho para o Resgate da Memória da Imprensa e a Construção da História da Mídia no Brasil – Rede Alcar e Associação Maranhense de Imprensa e será realizado por integrantes da Rede Memória: AMI, Faculdade São Luís, UFMA, UniCeuma e parceiros interessados (veículos de comunicação, agências de propaganda, assessorias de imprensa, etc).

Segundo explica o coordenador do concurso, jornalista Paulo Washington, a AMI resolveu lançar este desafio aos profissionais e estudantes da área da propaganda e publicidade com o objetivo de integrar os profissionais das Agências de Propaganda e Publicidade, bem como as próprias agências ao projeto.

O concurso também é aberto a estudantes devidamente matriculados nos cursos de Comunicação. As inscrições devem ser encaminhadas para o e-mail ami@ami-ma.com.br com cópia para amipravaler@yahoo.com.br. Os trabalhos devem ser enviados até o dia 15 de agosto/2005.

REGULAMENTO DO CONCURSO DE LOGOMARCA

Art. 1º - Da finalidade

O Concurso de Logomarca para criação de marca e aplicações para o IV Encontro Nacional da História da Mídia é uma iniciativa da Associação Maranhense de Imprensa , entidade sem fins lucrativos, voltada para o desenvolvimento de atividades que visam a valorização e integração dos profissionais da comunicação no Estado do Maranhão

Art. 2º - Da Justificativa

A imprensa brasileira e maranhense carece de iniciativas que visem preservar sua memória, articulando-a ao processo histórico e aos desafios do fazer jornalístico. O jornalista, enquanto sujeito de sua história, participa ativamente dos fatos que decidem o destino das sociedades.

Contar a história da imprensa é contar a história da própria sociedade e deixar significativa contribuição para as futuras gerações. No Maranhão, pensando em contar toda essa história, a Associação Maranhense de Imprensa lançou em novembro de 2004 o projeto Imprensa 200 Anos – Memória Maranhão.

Uma das atividades desse grande projeto que prevê, entre outras coisas, uma campanha pelo Memorial da Imprensa, é sediar de 30 de maio a 2 de junho de 2006 o IV Encontro Nacional da História das

Mídias. A promoção do Encontro é da Rede Alfredo de Carvalho para o Resgate da Memória da Imprensa e a Construção da História da Mídia no Brasil – Rede Alcar e Associação Maranhense de Imprensa e será realizado por integrantes da Rede Memória: AMI, Faculdade São Luís, UFMA, UniCeuma e parceiros interessados (veículos de comunicação, agências de propaganda, assessorias de imprensa, etc).

Assim sendo, a AMI resolveu lançar o Concurso de Logomarca com o objetivo de integrar os profissionais das Agências de Propaganda e Publicidade, bem como as próprias agências ao projeto.

O projeto será coordenado pelo Jornalista Paulo Washington, diretor da Associação Maranhense de Imprensa

Art. 3ª - Das inscrições

Podem se inscrever profissionais da área de propaganda e publicidade, bem como as próprias agências. O concurso também é aberto a estudantes devidamente matriculados nos cursos de Comunicação.

As inscrições devem ser encaminhadas para o e-mail ami@ami-ma.com.br com cópia para ami-pravaler@yahoo.com.br Os trabalhos devem ser enviados até o dia 15 de agosto.

Não será cobrada taxa de inscrição para apresentação dos trabalhos

Ao encaminhar o projeto o autor/autores devem indicar: nome do autor e/ou autores envolvidos no projeto, logomarca, contatos (telefone e endereço eletrônico).

Os trabalhos inscritos não serão devolvido nem utilizados pela Associação para outras campanhas

Art. 4º - Do Julgamento

A campanha vencedora será escolhida pela diretoria da Associação Maranhense de Imprensa. A AMI divulgará o resultado no dia 20 de agosto de 2006, às 18 horas, na reunião da Secretaria Executiva do IV Encontro Nacional de História da Mídias

Art. 5 - Da Premiação

O vencedor receberá um certificado do IV Encontro Nacional da História da Mídia e sua marca será aplicada em todo o material de divulgação do encontro com a indicação apoio A AMI dará ampla divulgação ao resultado final do concurso por meio da rede local de jornalistas e da rede nacional de pesquisadores da Rede Alfredo de Carvalho.

O vencedor terá sua marca aplicada no site do IV Encontro Nacional de História da Mídia como apoio. O site ficará no ar até o período de um ano após o evento.

Art. 6º - Das Disposições Finais

Os vencedores aceitam expressamente, no momento em que se inscrevem, que nenhuma remuneração lhes será concedida sob qualquer pretexto pela reprodução, não havendo necessidade de nenhuma autorização formal dos autores para a mesma, observados por parte da AMI.

A campanha vencedodra fará parte do banco de dados da AMI e da Rede Alfredo de Carvalho e seus autores concederão ao aos promotores do evento o direito de reproduzir ou permitir a reprodução, no todo ou em parte, em qualquer território (Brasil e Exterior), desde que tal reprodução tenha se constitua de material de divulgação das atividades do bicentenário da imprensa brasileira.

Os inscritos aceitam, em todas as suas condições, o presente Regulamento. Aceitam também as decisões que vierem a ser tomadas pela Diretoria da AMI, reconhecendo a sua soberania, não cabendo recurso da decisão. Os casos omissos serão resolvidos pela Diretoria da AMI em conjunto com a Secretaria Executiva do Encontro.

Setembro

Campina Grande (PB) vai sediar Seminário Nordestino de História da Mídia

A Universidade Estadual da Paraíba , sob os auspícios do Centro de Ciências Sociais Aplicadas, e por iniciativa do Departamento de Comunicação, promove o I Seminário História da Mídia Regional, agendado para o período: 20 a 22 de outubro de 2005, na cidade de Campina Grande - PB.

O evento está sendo coordenado pelo Prof. Dr. Luiz Custódio da Silva (UEPB), que anuncia o seguinte programa:

Dia 20 de outubro. – Quinta Feira
Horário: 19h
Local: Teatro Rosil Cavalcanti.

APÊNDICE

Palestra de abertura: Resgatando a Memória da Imprensa para Construir a História da Mídia: Utopias da Rede Alfredo de Carvalho

Professor Dr. José Marques de Melo (USP/Metodista)

Dia 21 de outubro. – Sexta Feira

Horário: 09h

Local:Teatro Rosil Cavalcanti.

Mesa-redonda: Pesquisa, História e Mídia Regional: Repensando Procedimentos Metodológicos.

Expositores: Rosa Godoy (UFPB); José Otávio de Arruda Melo (UEPB) Regina Behar (UFPB) Maria Luíza Nóbrega de Moraes (UFPE).

14h as 17h

Local: Departamento de Comunicação da Universidade Estadual da Paraíba.

Reunião dos Grupos Temáticos. (apresentação e debate dos trabalhos inscritos)

Horário: 19h

Local Teatro Rosil Cavalcanti

Mesa Redonda: Rede Alfredo de Carvalho: A Consolidação da Pesquisa Histórica na Mídia Regional Brasileira.

Expositores: Prof . Dr. José Marques de Melo (Usp/Metodista); Maria Luíza Nóbrega de Moraes (UFPE); Moacir Barbosa. (UFRN); Erotildes Honório (UNIFOR), Rossana Gaia (CEFET-AL), Edvania Kátia (AMI)

22 de outubro - Sábado

Horário: 09h

Local: Teatro Rosil Cavalcanti.

Mesa Redonda: História, Memória e Mídia Regional: Novos temas, novas abordagens.

Expositores: Aline Grego (Universidade Católica de Pernambuco); João de Lima (UFPB); Wellington Pereira (UFPB)

A inscrição de trabalhos obedecerá à mesma sistemática vigente nos encontros nacionais, cujas diretrizes reproduzimos a seguir:

1. GRUPOS TEMÁTICOS (GTs)

Poderão inscrever-se em qualquer do Grupos Temáticos mantidos pela Rede Alcar (vide lista abaixo) as seguintes modalidades de trabalhos:

a) Comunicações Científicas - CC (artigos escritos por docentes, pesquisadores e/ou estudantes de pós-graduação):

b) Iniciação Científica - IC (trabalhos produzidos por estudantes dos cursos de graduação);

c) Memórias de experiências ou Depoimentos de especialistas - MD (textos produzidos pelos profissionais ou empresários que atuaram como testemunhas oculares da história da mídia ou das respectivas profissões)

Calendário:

Envio dos Resumos: de 1 a 30 de setembro

O resumo deverá conter aproximadamente entre 10 e 15 linhas e apresentar, no início, título, nome do autor, titulação ou graduação, instituição a que pertence, unidade de federação, endereço digital e Grupo Temático escolhido. Os resumos devem ser enviados para o endereço eletrônico do coordenador do Seminário, aguardando confirmação de recebimento.

Divulgação do aceite:

Os aceites serão enviados na medida em que os resumos forem sendo avaliados pelo comitê local..

O envio dos Textos Completos deve ser feito de preferência até o dia 14 de outubro. Em casos excepcionais, previamente acertados com o Coordenador do Seminário, os autores dos resumos aceitos poderão ser entregues no dia de inauguração do Seminário.

NORMAS EDITORIAIS

O trabalho deve conter:

Título: em negrito, fonte Times New Romam, 14, alinhamento esquerda

Autor(es): último sobrenome em maiúsculas, titulação ou graduação, identificação da instituição e unidade de federação.

Resumos: Além de incluir o título e o(s) autor(es), o resumo deve ser formatado em Word, fonte Times News Roman, tamanho 12, contendo 10 a 15 linhas e pelo menos três palavras-chave, a primeira ancorada na temática do respectivo GT e as demais especificando sub-áreas temáticas ou interfaces disciplinares.

Texto: alinhamento justificado; Word; fonte Times New Romam , tamanho 12; espaço entrelinhas de 1,5, margem superior/inferior e esquerda/direita 3 cm, de 10 a 15 páginas, incluindo bibliografia.

Grupos Temáticos da Rede Alcar

História do Jornalismo

História da Publicidade e Propaganda

História das Relações Públicas

História da Mídia Impressa

História da Mídia Sonora

História da Mídia Visual

História da Mídia Audiovisual

História da Mídia Digital

História da Mídia Alternativa

História da Midiologia

Informações sobre o evento (inscrições, logística, itinerário etc) podem ser obtidas diretamente com o Coordenador do Seminário, Prof. Luiz Custódio, através do email:

profcustodio@ibest.com.br/profcustodio@ibest.com.br

Tel. Departamento: 83 xx 3310 9745 / 3310 9343/

Residência: 83 xx 3321 2387

Outubro

UFMS lidera instalação da Rede Alcar, em parceria com outras instituições regionais

O núcleo regional da Rede Alcar (Rede Alfredo de Carvalho) no Mato Grosso do Sul está sendo constituído no Curso de Jornalismo da Universidade Federal de Mato Grosso do Sul (UFMS), após aprovação na reunião ordinária do Conselho do Departamento de Comunicação Social/Jornalismo (DJO/CCHS) realizada no dia 31 de agosto de 2005. Os coordenadores regionais são os professores doutores Mauro César Silveira e Ruth Penha Alves Vianna e os consultores científicos são os professores doutores Greicy Mara França, Jorge Kanehide Ijuim e Marcia Gomes Marques, os professores mestres Daniela Ota, Edson Silva e Marcelo Vicente Cancio Soares, e os professores Mario Marques Ramires e José Marcio Licerre. Essa equipe contará com o apoio de acadêmicos bolsistas de iniciação científica, integrados em projetos de pesquisa em desenvolvimento do DJO/CCHS.

Um dos primeiros objetivos do núcleo é promover a articulação com as demais instituições de ensino superior na região - Universidade Católica Dom Bosco (UCDB), Universidade para o Desenvolvimento do Estado e da Região do Pantanal (UNIDERP), e Faculdade Estácio de Sá - e com o Sindicato dos Jornalistas Profissionais de Mato Grosso do Sul (Sindjor-MS), integrando pesquisadores e jornalistas que atuam na preservação da memória da mídia regional. A preocupação norteadora das atividades é a de resgatar a história da imprensa brasileira nestes 200 anos, conforme os princípios estabelecidos pela Rede Alfredo de Carvalho em âmbito nacional, de acordo com a metodologia proposta por Marcos Morel (Departamento de História - UERJ) e Marialva Barbosa (Programa de Pós-Graduação em Comunicação - UFF), mas com ênfase no passado da produção jornalística da região do hoje Mato Grosso do Sul e fronteiras com a Bolívia e o Paraguai. O trabalho inicial do núcleo é o de mapear a produção científica, na graduação e na pós-graduação, que trate do objeto de estudo da rede, nos diferentes formatos - do impresso ao digital. A equipe conta ainda com a experiência do grupo "Mídias sem Fronteiras", ativo na base do Diretório dos Grupos de Pesquisa no Brasil do CNPq, que sucede o grupo "Jornalismo: História e Ética", responsável pela estruturação de um site (http://guerragrande.ledes.net) que reúne estudos em torno da guerra do Paraguai, um dos marcos históricos da região. Esse portal de jornalismo e história disponibiliza a coleção completa dos jornais

APÊNDICE

paraguaios produzidos durante o conflito militar (Cabichuí e El Centinela), das charges produzidas pela imprensa na Corte de D. Pedro II e, no momento, digitaliza a única publicação brasileira sobre o episódio, o Paraguay Illustrado, editado no Rio de Janeiro. O acervo inicial do núcleo conta ainda com resultados de pesquisa realizada com apoio do CNPq pela professora doutora Ruth Vianna, que mapeou a imprensa de Mato Grosso e Mato Grosso do Sul, nos anos de 1993 e 1995, reunidos em 40 fitas de vídeo Betacam e volumoso material impresso. São trabalhos que fundamentam uma das linhas de pesquisa do Departamento de Comunicação Social/Jornalismo na construção do curso de Mestrado em Comunicação da UFMS, em fase de implantação, e que tem como eixo programático "Comunicação e Cultura Regional".

Os coordenadores sugerem que a oficialização do núcleo ocorra até o mês de dezembro, com uma aula magna do professor doutor José Marques de Melo e a participação de jornalistas e historiadores da região, aberta aos acadêmicos de todos os cursos de Comunicação de Mato Grosso do Sul. Uma sugestão de data para a realização do evento é o 12 de novembro, sábado, em alusão aos 141 anos do marco inicial da guerra do Paraguai - o apresamento do vapor Marquês de Olinda pelas tropas de Solano López -, episódio que determinou a ocupação da região sul da antiga província do Mato Grosso e o surgimento da cidade de Campo Grande. As possibilidades da programação do lançamento do núcleo incluem uma exposição de charges e a exibição de vídeos e das fotos produzidas nos campos de batalha no Paraguai, consideradas as primeiras manifestações de fotojornalismo na história da América Latina.

Novembro

Ecos de Campina Grande e alardes do Maranhão

O Presidente da Rede Alfredo de Carvalho, professor José Marques de Melo, visitou as cidades de São Luis (Maranhão) e Campina Grande (Paraíba), durante o mês de outubro, participando de atos públicos destinados a fortalecer a comemoração do bi-centenário da imprensa brasileira.

Em São Luis, onde esteve a convite da Universidade Federal do Maranhão para ser homenageado como fundador , há 35 anos, do seu Curso de Comunicação Social, o professor Marques de Melo teve oportunidade de se reunir com a Presidente da AMI – Associação Maranhense de Imprensa e representantes dos patrocinadores potenciais do IV Encontro Nacional de História da Mídia. Os preparativos para o nosso encontro 2006 estão bastante avançados. Nessa ocasião, foi iniciada a negociação com o comitê organizador local no sentido de definir os convidados para palestras e mesas redondas. Esperamos, na edição de dezembro, anunciar a lista dos convidados nacionais e regionais.

Em Campina Grande, o presidente da Rede Alcar, fez a conferência de abertura do I Seminário de História da Mídia Regional, no auditório do Centro de Pós-Graduação da Universidade Estadual da Paraíba. O evento contou com meia centena de trabalhos inscritos, procedentes do Maranhão, Piauí, Ceará, Rio Grande do Norte, Paraíba, Pernambuco, Alagoas e Bahia. Reunindo historiadores e midiólogos, o seminário foi coroado de sucesso, registrando uma audiência de mais de 100 participantes, entre estudantes e profissionais da mídia local. O relato completo do evento será divulgado na próxima edição deste jornal, através de texto escrito pelo Prof. Dr. Luis Custódio da silva, organizador do seminário.

Dezembro

Encontro do Maranhão vai discutir 300 anos da censura no Brasil

A História do Brasil se caracteriza pela ausência da imprensa em território nacional durante todo o período em que permanecemos como colônia portuguesa.. As tentativas realizadas no sentido de fazer funcionar prelos e editoras foram sendo frustradas pela convergência de inúmeros fatores sócio-culturais, como bem o documenta MARQUES DE MELO em seu livro "História Social da Imprensa" (Porto Alegre, Edipucrs, 2003).

Uma das causas desse retardamento histórico foi justamente a censura exercida pelo Governo Português, que confiscou tipografias e censurou livros, desde o século XVIII.

A primeira investida da censura portuguesa ocorreu em 1706, mandando seqüestrar uma tipografia instalada na cidade do Recife. Desde então, a censura estatal tem sido uma constante na trajetória midiática brasileira, ora explícita, ora disfarçada.

Resgatar e debater esse capítulo da nossa História constitui o propósito do IV Encontro Nacional de História da Mídia, agendado para a capital maranhense, no período de 30 de maio a 2 de junho de 2006.

Organizado pela Associação Maranhense de Imprensa – AMI – o evento tem a seguinte programação:

Dia 30 (Terça-feira)
Manhã – Credenciamento e distribuição de pastas aos participantes previamente
inscritos
Tarde – Visita ao Centro Histórico da cidade
15h-18h - Reunião de Trabalho do Comitê Executivo da Rede Alcar com os
Coordenadores de Grupos Temáticos (GTs) e os Coordenadores de Núcleos Regionais (NRs)
20h – Solenidade de Abertura
Prof. Dr. José Marques de Melo – Presidente da Rede Alçar
Jornalista Edvânia Kátia – Presidente da AMI
Prof. Aldy Melo – Reitor do UniCeuma
Prof. Fernando Ramos – Reitor da UFMA
Prof. Ms. Geraldo Demosthenes Siqueira – Diretor Geral da Faculdade São Luís
Prefeito de São Luís Tadeu Palacio
Governador do Estado José Reinaldo Tavares
21h30 - Coquetel de recepção aos participantes e sessão de lançamento de livros, revistas e outros produtos culturais.

Dia 31 (Quarta-feira)
8h-9h– Reabertura das inscrições para novos participantes
9h-10h30 – Painel Inaugural
Tema: Censura à Mídia no Brasil, 1706-2006
Coordenador: Prof. Dr. José Marques de Melo – Presidente da Rede Alcar e Diretor da Cátedra UNESCO/METODISTA de Comunicação
Expositores:
Da Colônia à República – Escritor Antonio Costella (São Paulo)
Balanço do Século XX – Prof. Dr. Sergio Mattos (UFBA - Salvador)
Desafios do Século XXI - Professor e Jornalista Sérgio Murilo (FENAJ, Brasília)
Cenários Maranhenses _ Poeta e Jornalista Ferreira Gullar (Rio de Janeiro)
Comentarista - Prof. Ms. Ed Wilson Araújo
11h-12h30 – Mesa Redonda 1
Tema - Mídia e Cidadania: Direitos e Deveres, Filtros e Controles
Coordenador: Prof. Dr. Francisco Karam – Vice-Presidente da Rede Alcar e Diretor da Cátedra FENAJ/UFSC de Jornalismo
Expositores:Prof. Dr. Dênis de Moraes (UFF – Niterói, RJ),Prof. Dr. José Amaral Argolo (UFRJ – Rio de Janeiro),Profa. Dra. Paula Puhl (FEEVALE – Novo Hamburgo, RS) e Dr. Nicolao Dino (Presidente da Associação Nacional dos Procuradores da República)
Comentarista: Poeta e Jornalista José Louzeiro (Rio de Janeiro)
14h-16h – Mesa Redonda 2:
Tema: A Luta pela Liberdade no Exercício das Profissões Midiáticas
(Jornalismo, Propaganda e Relações Públicas)
Coordenador: Prof. Dr. Francisco Gonçalves - Coordenador do Curso de Comunicação da UFMA
Expositores: Profa. Dra. Marialva Barbosa (UFF – Niterói, RJ), Prof. Dr. Adolpho Queiroz (UMESP – São Bernardo do Campo, SP), Profa. Dra. Claudia Moura (PUCRS – Porto Alegre, RS), Prof. Dr. Ferreira Júnior (UFMA)
Comentarista: Celso Gomes (Fórum Nacional de Comunicação e Justiça)
16h-16h30 – Intervalo para o cafezinho
16h30-18h30 – Mesa Redonda 3
Tema: Mídia Regional, Liberdade de Expressão e Direito à Comunicação
Coordenador: Jornalista Paulo Washington – diretor da AMI
Expositor: Jornalista Lúcio Flávio Pinto (Belém, PA)
Debatedores:

APÊNDICE

Jornalista Pedro Freire (Diretor de O IMPARCIAL)
Jornalista Ribamar Corrêa (Diretor de Redação de O ESTADO DO MARANHÃO)
Jornalista Lourival Bogéa (Jornal Pequeno)
Comentarista - Jornalista Franklin Douglas – (UFMA e ONG Travessia)
18h30-20h – Intervalo para a merenda
20h30 –Programação cultural

Dia 01 (Quinta-feira)
8h-10h – Mesa Redonda 4
Tema – A luta pela liberdade de expressão na mídia hegemônica (Mídia Impressa, Mídia Sonora e Mídia Audiovisual)
Coordenador: Prof. Msc. Carlos Agostinho Couto (Faculdade São Luís)
Expositores: Prof. Dr. Luiz Guilherme Tavares (FIB – Salvador, BA), Profa. Dra. Ana Baum (UFF – Niterói, RJ), Ruth Vianna (UFMS – Campo Grande, MS) e Prof. Ms. Ester Marques (UFMA)
Comentarista: Jornalista Walter Rodrigues (Colunão)
10h-10h30 – Intervalo para o cafezinho
10h30-12h30 – Mesa Redonda 5
Tema - A luta pela liberdade de expressão na mídia emergente (Mídia Visual, Mídia Digital e Mídia Alternativa)
Coordenador: Prof. e Publicitário Marcos Duallibe (Uniceuma)
Expositores: Prof. Dr. Robson Bastos (UNISANTA – Santos, SP), Prof. Dr. Walter Lima (UniFIAM – São Paulo, SP), Profa. Ms. Karina Woitowicz (UEPG – Ponta Grossa, PR) e Prof. Ms. Marcos Fábio - (FSL)
Comentarista: Jornalistas Ricardo Noblat
12h30-14h – Intervalo para almoço
14h – 16h – Grupos de Trabalho :
GT1 – História do Jornalismo
GT2 – História da Publicidade e Propaganda
GT3 – História das Relações Públicas
GT4 – História da Mídia Impressa (Livro, Revista, Jornal)
GT5 – História da Mídia Sonora (Rádio, Disco, Música)
GT6 – História da Mídia Visual (Fotografia, Quadrinhos, Cartazes)
GT7 – História da Mídia Audiovisual (Cinema, TV, Vídeo)
GT8 – História da Mídia Digital (Web e NTCs)
GT9 – História da Mídia Alternativa
GT10 – História da Midiologia
16h-1630 – Intervalo para o cafezinho
16h30-18h30 - Grupos de Trabalho:
GT1 – História do Jornalismo
GT2 – História da Publicidade e Propaganda
GT3 – História das Relações Públicas
GT4 – História da Mídia Impressa (Livro, Revista, Jornal)
GT5 – História da Mídia Sonora (Rádio, Disco, Música)
GT6 – História da Mídia Visual (Fotografia, Quadrinhos, Cartazes)
GT7 – História da Mídia Audiovisual (Cinema, TV, Vídeo)
GT8 – História da Mídia Digital (Web e NTCs)
GT9 – História da Mídia Alternativa
GT10 – História da Midiologia
18h30-20h - Intervalo para a merenda
20h30 –Programação cultural

Dia 15 (Sexta-feira)
8h-10h – Grupos de Trabalho:
GT1 – História do Jornalismo
GT2 – História da Publicidade e Propaganda
GT3 – História das Relações Públicas
GT4 – História da Mídia Impressa (Livro, Revista, Jornal)
GT5 – História da Mídia Sonora (Rádio, Disco, Música)
GT6 – História da Mídia Visual (Fotografia, Quadrinhos, Cartazes)

GT7 – História da Mídia Audiovisual (Cinema, TV, Vídeo)
GT8 – História da Mídia Digital (Web e NTCs)
GT9 – História da Mídia Alternativa
GT10 – História da Midiologia
10h-10h30 – Intervalo para o cafezinho
10h30-12h30 – Plenária dos Grupos de Trabalho:
GT1 – História do Jornalismo
GT2 – História da Publicidade e Propaganda
GT3 – História das Relações Públicas
GT4 – História da Mídia Impressa (Livro, Revista, Jornal)
GT5 – História da Mídia Sonora (Rádio, Disco, Música)
GT6 – História da Mídia Visual (Fotografia, Quadrinhos, Cartazes)
GT7 – História da Mídia Audiovisual (Cinema, TV, Vídeo)
GT8 – História da Mídia Digital (Web e NTCs)
GT9 – História da Mídia Alternativa
GT10 – História da Midiologia
12h30-14h – Intervalo para almoço
14h-17h - Plenária da Rede Alfredo de Carvalho
18h – Encerramento do Encontro
20h – Festa de confraternização
A inscrição de trabalhos deve obedecer as seguintes diretrizes:

CALENDÁRIO PARA INSCRIÇÃO DE TRABALHOS:
Envio dos Resumos: de 3 de janeiro a 17 de março de 2006
Comunicação dos Aceites: até 31 de março de 2006
Envio dos Textos Completos: até 25 de abril de 2006

GRUPOS TEMÁTICOS
Poderão inscrever-se nos Grupos Temáticos as seguintes modalidades de trabalhos:
a) Comunicações Científicas - CC (artigos escritos por docentes, pesquisadores e/ou estudantes de pós-graduação):
b) Iniciação Científica – IC (trabalhos produzidos por estudantes dos cursos de graduação);
c) Memórias de experiências ou Depoimentos de especialistas - MD (textos produzidos pelos profissionais ou empresários que atuaram como testemunhas oculares da história da mídia ou das respectivas profissões)
A remessa dos resumos e/ou textos completos deve ser feita diretamente ao coordenador de cada evento
Coordenadores dos GTs:
História do Jornalismo
Coordenadora: Marialva Barbosa (UFF) / e-mail: mcb1@terra.com.br
História da Publicidade e Propaganda
Coordenador: Adolpho Queiroz (UMESP) / e-mail: adolphoq@metodista.br
História das Relações Públicas
Coordenadora: Claudia Moura (PUCRS) / e-mail: cpmoura@pucrs.br
História da Mídia Impressa
Coordenador: Luis G. Tavares (FIB) / e-mail: editor@alba.ba.gov.br
História da Mídia Sonora
Coordenadora: Ana Baum (UFF) / e-mail: ana.baum@ig.com.br
História da Mídia Visual
Coordenador: Robson Bastos (UNISANTA) / email: robsons@zaz.com.br
História da Mídia Audiovisual
Coordenadora: Ruth Vianna (UFMS) / e-mail: viannar@terra.com.br
História da Mídia Digital
Coordenador: Walter Lima (UniFIAM) / e-mail: digital@walterlima.jor.br
História da Mídia Alternativa
Coordenadora: Karina Woitowicz (UEPG) / email: e-mail: karinajw@uepg.br
História da Midiologia
Coordenador: José Amaral Argolo (UFRJ) / email: jaargolo@globo.com

Título	**Imprensa Brasileira** **Personagens que Fizeram História - vol. 3**
Organizador	**José Marques de Melo**
Capa	**Guen Yokoyama**
Revisão	**Damiana Rosa de Oliveira**

Formato	**20,5 x 27,5 cm**
Tipologia	**Minion**
Papel	**Cartão Triplex 350 g/m² (capa)** **Chamois Fine 80 g/m² (miolo)**
Número de páginas	**304**
Tiragem	**2000**

editoração, ctp, impressão e acabamento

imprensaoficial

Rua da Mooca, 1921 São Paulo SP
Fones: 2799-9800 - 0800 0123401
www.imprensaoficial.com.br